权威·前沿·原创

皮书系列为

“十二五”“十三五”国家重点图书出版规划项目

泉州经济社会发展报告（2018）

REPORT ON ECONOMY AND SOCIAL DEVELOPMENT OF QUANZHOU (2018)

主　编／刘义圣
副主编／谢志忠

社会科学文献出版社
SOCIAL SCIENCES ACADEMIC PRESS (CHINA)

图书在版编目（CIP）数据

泉州经济社会发展报告. 2018 / 刘义圣主编. -- 北京：社会科学文献出版社，2018. 10
（泉州蓝皮书）
ISBN 978 - 7 - 5201 - 3656 - 3

Ⅰ. ①泉… Ⅱ. ①刘… Ⅲ. ①区域经济发展 - 研究报告 - 泉州 - 2018 ②社会发展 - 研究报告 - 泉州 - 2018
Ⅳ. ①F127. 573

中国版本图书馆 CIP 数据核字（2018）第 232976 号

泉州蓝皮书
泉州经济社会发展报告（2018）

主　　编 / 刘义圣
副 主 编 / 谢志忠

出 版 人 / 谢寿光
项目统筹 / 高　雁
责任编辑 / 高　雁　王春梅

出　　版 / 社会科学文献出版社 · 经济与管理分社（010）59367226
地址：北京市北三环中路甲 29 号院华龙大厦　邮编：100029
网址：www. ssap. com. cn
发　　行 / 市场营销中心（010）59367081　59367018
印　　装 / 三河市龙林印务有限公司

规　　格 / 开 本：787mm × 1092mm　1/16
印 张：31. 75　字 数：478 千字
版　　次 / 2018 年 10 月第 1 版　2018 年 10 月第 1 次印刷
书　　号 / ISBN 978 - 7 - 5201 - 3656 - 3
定　　价 / 148. 00 元

皮书序列号 / PSN B - 2018 - 756 - 1/1

福建民营经济发展研究院、泉州师范学院中国经济研究中心、泉州师范学院侨乡区域经济发展研究中心、泉州师范学院云计算物联网电子商务智能福建省高校工程研究中心阶段性研究成果

《泉州经济社会发展报告（2018）》
编　委　会

主要编撰者简介

刘义圣　男，1958年7月生，汉族，福建福州人，中共党员，现任泉州师范学院陈守仁商学院二级教授、博士生导师。1978年考入北京大学经济学系本科；1988年师承著名经济学家、北京大学经济学院胡代光教授，获硕士学位；2005年师承著名经济学家、福建师范大学经济学院陈征教授，获博士学位。长期以来，主要围绕西方经济学理论在我国的应用以及改革开放中出现的新情况、新问题进行研究，撰写了《中国利率市场化改革论纲》（北京大学出版社）、《中国资本市场的多功能定位与发展方略》（社会科学文献出版社）、《发展经济学与中国经济发展策论》（社会科学文献出版社）、《利息理论的深度比较与中国应用》（长春出版社）等14部著述，并先后参加《西方经济思想评论》（厉以宁主编）、《凯恩斯主义与中国经济》（厉以宁主编）、《闽台经济关系：历史·现状·未来》等论著的撰写工作，在国家正式刊物发表论文140余篇，其中CSSCI期刊100多篇，在《经济学动态》《数量经济技术经济研究》《宏观经济研究》《台湾研究》《新华文摘》等国家权威期刊发表论文18篇。曾获福建省社会科学优秀成果奖一等奖2个，二等奖4个，三等奖1个。2005年主持的一项国家社科基金项目被评为全国哲学社会科学基金项目优秀成果。2014年新获一项国家社科基金项目"利率市场化后我国央行基准利率问题研究"。现任中华全国外国经济学说研究会常务理事。2001年入选"百千万人才工程"，2005年开始享受国务院政府特殊津贴，2014年被评为福建省第一批哲学社会科学领军人才。

谢志忠 男，1970 年 11 月生，汉族，福建仙游人，九三学社社员，泉州师范学院陈守仁商学院教授，博士生导师，金融工程专业主任，全国农村金融学科组副组长，教育部社科基金评审专家，教育部博士基金评审专家，教育部本科专业评审专家，福建省九三学社经济委员会副主任，福建农林大学海峡经济区发展研究中心研究员，（农业部）海峡两岸农业技术合作中心两岸农村金融研究部首席研究员，福州市农村商业银行高级管理顾问，两岸金融研讨会筹备委员（中国台湾），福建省统计局高级统计师评审委员，中华两岸农业交流发展协会大陆顾问。长期致力于区域可持续发展和农村金融的教学和科研工作，先后主持或参与完成了国家自然基金、国家软科学基金、教育部人文社科基金、福建省社科基金、福建省教育厅、福建省自然基金、福建省科技厅等课题 43 项，已发表学术论文 200 多篇，专著 5 部，作为副主编编写教材 3 部，参与的科研项目获福建省社科优秀成果一等奖 3 项。其主要学术成就地位：第一，农村金融理论与实践系列研究具有国内领先水平；第二，孔子学院经贸发展系列研究具有国内领先水平；第三，福建省区域经济可持续发展系列研究具有福建省先进水平。

摘 要

《泉州经济社会发展报告（2018）》是关于泉州经济社会发展第三本系统的年度研究报告。本书主要由泉州师范学院牵头，邀请行业内的专家、学者共同编撰。全书由总报告、经济篇、社会文化篇、县域篇、企业篇、附录六部分构成，分别从经济、社会文化、县域、企业等层面，研究勾勒2017年泉州经济社会发展的全貌，剖析经济社会发展中的焦点、热点和重点问题，分析发展趋势并思考解决问题的对策。

经济篇，深入剖析了2017年泉州经济发展形势，泉州与福州经济发展水平，工业经济、农业农村经济、对外贸易以及现代服务业的发展现状；同时，该篇还从泉州市粮食安全问题、经济技术开发区经济社会发展、房地产健康发展、产业集群核心竞争力提升、中小企业的转型升级等方面展开详细研究，并针对发展中出现的问题提出了相应的对策建议。

社会文化篇，围绕近年来人们关注的健康发展战略、养老产业发展问题、文化产业发展问题、社会保障水平、公共文化服务供给、海丝文化、居民法律意识等进行研究，还对当前泉州社会发展面临的主要问题与挑战做了进一步的分析，从而提出相应的解决对策并预测了未来泉州社会文化发展的基本态势。

县域篇，就泉州所辖各县市，包括晋江、石狮、安溪、惠安、南安、永春、德化的经济实力展开深入分析，对泉州2017年各县市经济竞争力模型的分析，为进一步正确认识泉州县域经济发展状况提供了参考，使人们可以了解各县市在区域经济发展中的竞争力及地位。

企业篇，多方位地研究了不同企业的发展状况，不仅全面分析了泉州湾洛阳江河口红树林湿地的发展、新时代下泉州农商银行的新征程、乡村振兴战略下的泉州农商银行普惠金融实践，还探讨了泉州市丰泽区留学人员创新创业园、惠安隆富石材制品有限公司、洲建集团有限公司以及中国鞋都电商创业园的发展情况。

本书编撰力求贴近泉州经济社会发展的实际，关注其发展热点和难点问题，通过进一步总结经验、开拓创新，担当服务泉州经济社会发展的重任，积极为泉州经济社会发展建言献策。

关键词： 泉州　经济形势　社会发展　海丝文化

Abstract

Report on Economy and Society Development of Quanzhou (2018) is the third annual research report on the development of Quanzhou's economy and society. The book is the collaborative effort a number of Quanzhou Normal University and industry experts recruited by it. The book consists of six parts, namely, "General Reports" "Research on Economy", "Research on Society and Culture", "Research on Counties", "Research on Enterprises" and "Appendix" . Centered on economy, society and culture, counties and enterprises, the book presents a complete picture of the development of Quanzhou's economy and society, examines the focal points and key issues of development, analyzes the trends of development and offers recommendations and solutions to the issues.

The "Economic Analysis" part deeply analyzes the general situation of Quanzhou's economic development in 2017, the economic development level of Quanzhou and Fuzhou, the current situation of Quanzhou's industrial economy, agricultural and rural economy, external trade and modern service industry. This part also makes the detail researches on the food security of Quanzhou, the development of economic and technological development area, the health of real estate, the competitiveness promotion of industrial cluster and the transformation and upgrading of minor enterprises. Meanwhile, some corresponding suggestions are put forward to solve the problems appearing in the development.

The "Society and Culture Analysis" part concentrats on the issues of health development strategy, pension industry, culture industry, the level of social security, the supply of public cultural services, the culture of 21st-Century Maritime Silk Road and legal consciousness of residents. This part also analyzes the main problems and challenges during the social development of Quanzhou, presents the corresponding solutions and predicts the basic trend of social and cultural development of Quanzhou in the future.

The "Area Reports" part analyzes the economic strength of counties in Quanzhou based on the econometric model, including Jinjiang, Shishi, Anxi, Huian, Nan'an, Yongchun, Dehua. Relying on the results of econometric analysis, this part not only provides the reference for the further correct understanding on economic development of every county, but also makes sense of the opposition and competitiveness of every county.

The "Enterprises Reports" part researches the development of different enterprises in many aspects. It analyzes the development of Mangrove wetland in the estuary of Luoyang River in Quanzhou Bay, the new strategy of Rural Commercial Bank of Quanzhou and its practice on inclusive finance under the background of the strategy of rural vitalization. Meanwhile, this part also discusses the current situation of Innovation and Entrepreneurship Park of the Students Studying abroad in Quanzhou, Longfu Limited Company for Stone Products in Huian, Zhoujian Group, Chinese Footwear Business Venture Park.

Every effort has been made to ensure that this book captures the reality of the development of Quanzhou's economy and socity, sheds light on the key trend and issues. Relying on the further experience and innovation, this book strives to serve the development of Quanzhou's economy and society, and provides some reasonable suggestions and solutions.

Keywords: Quanzhou; Economic Development; Social Development; Maritime Silk Culture

序

泉州，因刺桐港而享誉全世界，是“21 世纪海上丝绸之路”的起点，因深远厚重的历史文化而闻名，是中国首个东亚文化之都。在这个历史悠久而又不乏现代化气息的城市中，活跃着一种叫作“爱拼才会赢”的城市精神。正是这种精神，鼓励着泉州人民立足实际，奋力打造特色经济；泉州积极推进惠民政治，大力弘扬多元文化，努力建设创新社会，持续改善生态环境。目前，泉港“石化基地”、丰泽“中国树脂工艺之乡”、晋江“中国鞋都”、石狮“中国服装名城”、南安“中国建材之乡”、惠安“中国石雕之乡”、德化“工艺陶瓷之乡”、永春“芦柑之乡”、安溪“乌龙茶之乡”等特色经济地区已形成并驰名海内外，成为泉州对外交流的活名片；专业化、基地化、区域化、集群化的生产加快了城乡一体化进程，带动大泉州城市建设与繁荣，城乡面貌发生历史性巨变，具有闽南侨乡特色的泉州湾都市群雏形初现，泉州以组团式、海湾型的城市形态进入福建省三大中心城市行列。

截至 2017 年，泉州实现 GDP 连续 19 年居福建省首位。一年来，面对复杂多变的外部环境和经济下行压力，泉州市上下深入学习贯彻习近平总书记系列重要讲话精神和中央及省委、省政府重大决策部署，着力稳增长、控风险、谋长远，经济运行稳步回升，金融风险有效化解，产业格局更加优化，实现地区生产总值 7548.01 亿元，增长 8.4%，主要经济指标保持较快增长；集中力量办成一批影响全局、关系民生的大事、要事、实事，有力地推动泉州发展迈上新台阶。但是，随着改革开放的不断深入和市场经济体制的逐步完善，泉州市也萌生出结构调整与保持经济稳定增长、产业转型升级与增强创新动力、要素成本上升与保持区域竞争力、城镇化加速与公共服务均衡发展等诸多不平衡、不协调的矛盾。这些实践中所反映的矛盾问题，都需要理论界的科研工作者深入调研、详细探讨，并提出合理的对策建议。从这个层面说，泉州师范学院牵头编撰的《泉州经济社会发展报告（2018）》一书的出版意义重大，力图为泉州市委市政府把握年度经济社会发展形势、制定科学的决策方针提供可信的理论参考和贴近现实的政策建议，为社会各界认识泉州、服务泉州、解读泉州、推介泉州、展望泉州创建准确、客观的信息交流平台。

泉州师范学院是泉州市唯一一所省属本科院校，肩负着从泉州实际出发，为地方治理服务，为公共决策服务，为地方经济社会实现创新、协调、绿色、开放、共享发展的历史重任。近年来，围绕建设“创新、智造、海丝、美丽、幸福”的现代化工贸港口城市，泉州师范学院凭借中国经济研究中心、侨乡区域经济发展研究中心、福建民营经济发展研究院以及云计算物联网电子商务智能福建省高校工程研究中心等研究平台，不仅注重泉州产业转型升级、公共服务、法律以及传统文化等方面的研究，还对有关智能制造与数控一代、创新金融、中国（福建）自由贸易试验区和21世纪海上丝绸之路核心区建设、乡村振兴、华侨等热点问题展开探讨，力争为泉州经济社会的发展奠定坚实的理论基础，进一步活跃理论界和实务界对泉州问题的研究，催生和引发更多科研成果。

泉州经济社会的发展，需要创新智库建设模式。当前，面对全球复杂多变的经济社会形势，泉州师范学院作为泉州经济社会发展的人才基地和智库，在未来必须牢牢把握新时期经济社会发展的脉络，准确判断泉州市经济社会发展所处的阶段特征和历史方位，进一步总结经验、开拓创新，承担起服务地方经济社会发展的重任，积极为泉州市经济社会发展建言献策，把泉州经济社会发展报告编撰工作当成泉州市创新智库建设模式的重要内容，努力使今后每年一本的报告质量更好、科学性更高、可操作性更强，真正发挥经济社会发展报告在地方治理中的咨询决策作用。

目 录

Ⅰ 总报告

Ⅱ 经济篇

Ⅲ　社会文化篇

Ⅳ　县域篇

Ⅴ 企业篇

Ⅵ 附录

皮书数据库阅读**使用指南**

总 报 告

General Reports

B.1 2017~2018年泉州经济形势分析与预测

刘义圣　叶　颉　谢志忠*

摘　要： 泉州市委市政府为全面贯彻落实党的十九大精神，坚持以习近平新时代中国特色社会主义思想为指导，坚持稳中求进工作总基调，坚持新发展理念，按照高质量发展的要求，主动融入新福建建设大局。本报告在论述2017年泉州市经济运行状况的基础上，对其存在的主要困难及问题进行了全面剖析，阐述了2017~2018年泉州经济形势与展望，并提出2018

* 刘义圣（1958~），男，福建福州人，泉州师范学院二级教授，博士生导师，研究方向为政治经济学；叶颉（1988~），女，福建沙县人，泉州师范学院讲师，博士，研究方向为农村经济、产业经济；谢志忠（1970~），男，福建仙游人，泉州师范学院教授，博士生导师，研究方向为农村金融。

年泉州市经济发展的几点对策建议。

关键词：　泉州　经济形势　高质量发展　乡村振兴战略

一　2017年泉州经济运行状况

（一）整体状况

2017 年，泉州经济运行基本面保持稳定，总体平稳较快增长。泉州市经济增长稳中有升，全市实现地区生产总值 7548.01 亿元，比 2016 年增长 8.4%，居全省第 1 位，实现了连续 19 年领跑全省。其中第一产业增加值为 198.03 亿元，增长 0.9%；第二产业增加值为 4397.78 亿元，增长 7.2%；第三产业增加值为 2952.19 亿元，增长 10.6%。第一、二、三产业对 GDP 增长的贡献率分别为 0.3%、51.3% 和 48.4%，分别拉动 GDP 增长 0.03 个、4.3 个和 4.1 个百分点。三次产业所占比重的比为 2.6∶58.3∶39.1（见表 1）。

主要特点：农业生产稳步推进；工业生产稳中有升；服务业发展稳中向好；固定资产投资增加；消费需求保持较快增长；外贸出口稳中趋缓；民营经济活力增强。

表 1　2013～2017 年泉州总体经济变化概况

单位：亿元，%

项目	2013 年	2014 年	2015 年	2016 年	2017 年
生产总值	5218.00	5733.36	6137.74	6646.63	7548.01
比上年增长	11.5	10.1	8.9	8.0	8.4
三次产业所占比重的比	3.3∶61.8∶34.9	3.0∶62.0∶35.0	2.9∶61.0∶36.1	3.0∶58.7∶38.3	2.6∶58.3∶39.1

资料来源：《泉州市国民经济和社会发展统计公报》（2013～2017 年）。

（二）农业

2017 年，泉州市农业农村工作深入贯彻落实中央、全省农村工作会议以及省、市党代会精神，以提高农产品市场竞争力为中心，以拓展、延伸农业功能为抓手，扎实推进农业供给侧结构性改革。2017 年，泉州市农业加快发展，全年完成农林牧渔业产值 358.14 亿元，增长 1.0%。其中农业产值为 148.26 亿元，增长 3.6%；林业产值为 4.94 亿元，增长 11.2%；牧业产值为 61.72 亿元，增长 1.4%；渔业产值为 133.74 亿元，下降 2.3%；农林牧渔服务业产值为 9.48 亿元，增长 5.2%。主要农产品产量增长平稳，粮食总产量达到 71.12 万吨，农业现代化稳步推进。

（三）工业和建筑业

2017 年，泉州市完成工业增加值 3926.19 亿元，增长 7.7%，工业对经济增长的贡献率达 48.6%，工业发展稳中有升。其中规模以上工业增加值为 3328.10 亿元，增长 8.3%。全年规模以上工业实现销售产值 13626.35 亿元，增长 13.6%。工业经济运行呈现三个特点。一是行业基本面保持稳定。37 个行业大类中有 30 个行业实现增长；20 种主要工业产品中 17 种产品产量实现增长。二是传统、重化、高新“三大板块”渐成格局。传统产业发展势头良好，纺织鞋服、建材家居、食品饮料、工艺制品规模以上工业增加值分别增长 8.0%、9.3%、8.5% 和 11.0%。重化产业发展稳中趋缓，重工业占比提升，由 2016 年的 36.0% 提高至 37.3%，石油化工、机械装备两大重化产业规模以上工业增加值分别增长 3.9% 和 10.6%，高新技术产业发展加快，实现规模以上工业增加值 499.54 亿元，增长 8.0%。三是龙头企业增势良好。全市 469 家规模以上工业龙头企业销售产值为 5811.67 亿元，增长 14.9%，增速比全市规模以上工业企业销售产值增速高 1.3 个百分点。

（四）服务业

2017 年，泉州市服务业也实现了平稳较快增长。从增速看，2017 年总体保持平稳较快发展；从产业结构变动看，三产占比创历史新高；从对经济增长的贡献看，服务业对经济增长的贡献率稳步提升；从服务业内部结构变化看，现代服务业发展加快。受“互联网 +”经济快速发展，邮政快递、租赁和商务服务业等现代服务业发展加快的影响，全年交通运输、仓储和邮政业增加值增长 8.8%，其他营利性服务业增加值增长 26.9%。“海丝泉州”品牌效应和“东亚文化之都”美誉影响扩大，“海丝 + 古城 + 旅游”的旅游格局发展势头良好。

（五）固定资产投资

2017 年，泉州市全年完成固定资产投资 4123.80 亿元，增长 10.0%（见表 2）。其中项目投资为 3423.15 亿元，增长 12.5%；房地产开发投资为 700.66 亿元，下降 0.8%。固定资产投资按三次产业分，第一产业投资为 78.84 亿元，增长 25.7%；第二产业投资为 1625.57 亿元，增长 19.0%；第三产业投资为 2419.39 亿元，增长 4.3%。工业投资为 1620.74 亿元，增长 19.6%，占固定资产投资的比重为 39.3%。基础设施投资为 1018.78 亿元，下降 3.5%，占固定资产投资的比重为 24.7%。高技术产业投资为 279.36 亿元，增长 16.5%，占固定资产投资的比重为 6.8%。从投资机构来看，投资机构有所优化。投资占比提高，全市工业投资占全市固定资产投资的比重由 2016 年的 36.2% 提高至 39.3%，增长 3.1 个百分点。主导产业投资增长加快，纺织鞋服业完成投资 494.73 亿元，增长 36.6%，机械装配业完成投资 398.54 亿元，增长 21.1%，增速分别比 2016 年提高 25.8 个和 6.2 个百分点。高技术产业投资保持较快增长，全市高技术产业投资增长 16.5%，信息传输、软件和信息技术服务业投资增长 46.4%。发展传统、重化、高新“三大板块”渐成格局，在手大项目投资总额分别达 521 亿元、730 亿元和 1089 亿元，龙头企业增势良好。

表2　2013～2017年固定资产投资及其增长速度

单位：亿元，%

项目	2013年	2014年	2015年	2016年	2017年
固定资产投资	2443.51	2847.33	3406.25	3748.01	4123.80
比上年增长	24.5	17.6	18.5	10	10

资料来源：《泉州市国民经济和社会发展统计公报》（2013～2017年）。

（六）国内贸易

2017年，泉州市消费需求保持较快增长，全年实现社会消费品零售总额3033.95亿元，增长11.4%，增速同比提高0.6个百分点，比年度预期目标高0.4个百分点，对经济增长的拉动作用不断提高；出口需求有所减弱，全年出口额为1046.6亿元，比2016年下降2.1%。从消费结构看，消费升级类商品零售额增长快于传统消费。一是住房相关商品销售形势较好。全市限额以上商贸企业建筑及装潢材料类商品零售额增长58.7%，五金、电料类商品零售额增长33.7%，家用电器和音像制品类商品零售额增长22.9%，家具类商品零售额增长19.9%。二是文化娱乐类商品热销。全市限额以上通信器材类商品零售额增长45.0%，文化办公用品类商品零售额增长19.1%，儿童玩具类商品零售额增长22.1%。三是出行相关消费回升。限额以上汽车类商品零售额增长15.0%，石油及制品类商品零售额增长9.3%，增速分别比2016年提高9.1个和13.7个百分点。四是传统零售业销售回暖。全市限额以上大型超市零售额由2016年的下降3.9%转为增长0.4%；专业店零售额增长19.2%，增幅比2016年提高11.7个百分点；专卖店零售额增长11.2%，同比提高2.1个百分点。

（七）对外经济

2017年，泉州市出口交货值为2178.45亿元，增长10.2%。全年进出口总额达1567.6亿元，比2016年增长2%，以美元计价为231.5亿美元，下降0.5%。其中出口额为1046.6亿元，下降2.1%，以美元计价为154.5亿美元，下降4.5%；进口额为521.1亿元，增长11.3%，以美元计价为77亿美元，增长8.8%。进出口顺差为525.5亿元，以美元计价为77.5亿美元，比2016年减少13.54亿美元。

（八）民营经济发展

自改革开放以来，泉州作为中国民营经济发展的重要阵地、制造业发展的重要基地，成为福建省乃至全国发展最快、最具活力的地区之一。尤其在制造业等传统产业，创造出“晋江经验”和“泉州现象”的泉州民营经济，成为地方经济的主导力量，成为泉州经济最大的活力源泉。2017年，泉州新动能加快集聚，发展活力不断释放。新经济对经济增长贡献提高，高技术产业投资占比提高，新产品快速增加，新业态蓬勃发展。民营经济活力不断增强，截至2017年末，工商登记民营企业为20.74万家，比2016年末新增4.39万家；个体工商户为47.66万家，比2016年末新增11.95万家。全年实现民营经济增加值为6183.51亿元，增长8.5%，增速同比提高0.7个百分点。

二　2017年泉州经济运行存在的主要困难及问题

（一）总体经济结构不尽合理

近几年来，泉州的经济发展保持稳步提升势头，地区生产总值持续增长，但总体经济运行的质量和效益有待提高，经济发展还不够协调，究其根源仍在于经济结构不尽合理。“三期叠加”的阶段性特征给泉州经济发展带来了显著的增长压力。主要表现为以下几点。一是产业结构明显不合理。2017年泉州第一、二、三产业所占比重的比为2.6∶58.3∶39.1，呈“二、三、一”型产业结构，从中可以看出，工业结构的比例仍然偏重，第三产业（如服务业）的发展潜力还需大力挖掘。二是作为第二产业主体的工业，仍以传统制造业为主，其发展受工业化和城市化滞后的制约。另外，高新技术产业比重较小，企业发展的质量和效益不高。三是各县域经济发展不平衡、不充分。近年来，晋江、石狮等沿海县（市）发展较快，德化、安溪、永春等山区县和欠发达地区都取得了快速增长，安溪、永春同比增长率都在8.5%以上，发展态势良好，但还是存在发展后劲不足的现象。晋江地区生产总值最高，达1981.5亿元，然而德化县的生产总值只有221.05亿元，县域差距较大（见表3）。

表3　泉州各县域地区生产总值状况

单位：亿元，%

地区	2016年地区生产总值	2017年地区生产总值	同比增长
泉州市	6646.63	7548.01	8.4
鲤城区	410.02	464.96	7.5
丰泽区	518.18	590.96	8.6
洛江区	154.59	175.95	9.7
泉港区	407.39	526.89	8.6
石狮市	703.73	772.65	8.5
晋江市	1744.24	1981.5	8.2
南安市	898.14	977.38	8.5
惠安县	819.71	949.31	8.2
安溪县	466.37	515.33	8.9
永春县	329.62	373.31	8.7
德化县	194.83	221.05	7.7

注：全市与各县（市、区）分级核算。
资料来源：泉州市《2018年统计手册》。

（二）企业自主创新能力不足

近年来，虽然泉州高新技术产业发展势头良好，但就泉州民营企业来看，其作为科技创新主体，科研基础条件相对薄弱。泉州企业竞争力不强，自主创新能力弱，核心技术缺乏，管理水平不高和组织结构缺乏创新等，这些问题的存在都制约泉州民营企业的稳定健康发展。改革开放以来，泉州非外源性民营经济发展较快，但这也在客观上阻碍了外资进入泉州，形成缺乏外资进入的“鲶鱼效应”，不但阻碍了企业新型管理方式的更新和高技术管理人才的流入，而且使得泉州民营企业在资源配置、企业管理方法和技术革新上都缺乏必要的创新。而就泉州市工业产业结构发展情况来看，区域创新能力不强的状况尚未改变，最主要的原因还是在于企业创新能力不足，高新技术企业数量少，且产品技术含量不高，多数企业自主创新能力较弱，技术理念和手段都相对落后。目前，泉州市传统优势产业以劳动密集型产业为主，这也导致了产业对创新资源吸纳程度和依存程度较低。同时，有些以科技创新为主的民营企业的科研基础条件相对薄弱，创新能力不足，极大地阻碍了其转型。

（三）融资和投资环境有待优化

从国内政策环境来看，目前泉州市政府虽实行了一系列扶持中小企业发展的政策，但在通常情况下，中小企业并不能享受同国有企业相同的待遇和优惠。就企业融资而言，近几年来，泉州中小企业的贷款存在相对较大的缺口，大部分中小企业由于自身条件的限制，难以得到银行的长期贷款支持。一方面，很多银行贷款利率和贷款门槛要求相对较高，使得中小企业在融资方面遭遇阻碍，严重损害了中小企业的发展积极性，中小企业仍存在“融资难”现象；另一方面，企业融资和投资体制不健全，金融资本市场发育相对缓慢。

从国际环境来看，我国自加入 WTO 以来，政府提供了许多优惠的招商引资政策，并且我国劳动力和原材料丰富，吸引了大量的外商投资。但外贸方面仍存在薄弱环节。泉州的外贸企业很多，大量外资的进入导致以美国为主的一些国家要求人民币升值，这对泉州中小企业来说，将直接导致外汇减少，影响企业的收入。特别是近年来我国中小企业的出口产品经常被排挤，受到美国、日本、欧盟等的产品的影响，再加上我国物美价廉的产品较多，部分国家对我国奉行贸易保护主义政策，这也在一定程度上阻碍了泉州企业的发展。

（四）人才资源需求缺口短期内难以解决

人才资源是第一资源，人才在推动经济社会发展中起着至关重要的作用。当前，泉州市人才资源状况与经济社会的需求还不相匹配，不能适应发展的新形势、新要求。主要表现如下。一是人才总量相对不足。二是高层次人才和高技能人才相当匮乏，特别是具有一定产品开发能力、独立开展科研活动的高科技人才，熟悉国际惯例和世贸组织规则的高级管理人才等。三是人才分布不合理，民营经济的三大主导产业和五大支柱产业的专业人才数量在全市专业技术人才总量中占比偏小，企业经营管理人才队伍整体素质不高，职业经理人体系尚未形成。企业用工结构性问题突出，供需不相适应，人力资源市场上充斥着大量普通工人，这也在一定程度上影响了泉州企业的成长和经济的发展。

（五）金融支撑体系亟待完善

伴随泉州金融改革实验推进，泉州金融业持续扩大，金融业增加值对GDP的贡献稳中向好，近几年来的平均贡献率约为5%，不过仍存在许多问题，泉州各县区金融业发展尽管互有长短但是并不平衡。近年来，泉州城区面积扩大，然而，相应配套设施建设跟不上前进步伐。现有的硬件设施和软件水平不足以吸引国内、国际较高水平的金融机构平台来泉州设立公司或者分支机构。金融支撑力度不够，金融风险日益凸显，金融风险防控压力加大。不良贷款持续暴露，银行业不良贷款率增加，个别银行抽贷、压贷、惜贷现象仍然存在，企业面临资金链断裂的风险加大；企业融资渠道仍较单一，社会融资规模出现收缩；原本采用的互保联保风险凸显，抵押担保难的问题难以突破。不容乐观的金融风险形势表明建立更完善、安全的金融支撑体系具有紧迫性。

三　2017 ~2018年泉州经济形势分析与展望

2017年，全球经济持续复苏回暖，世界经济迎来逐步向好局面。世界

经济增速和增长预期提升，发达经济体经济增长势头良好，新兴市场和发展中经济体增速平稳回升。一年中，全球贸易和投资回暖，主要大宗商品价格回升，全球贸易呈现扩张趋势。但未来世界经济不稳定、不确定性因素较多，回升基础仍然薄弱，起伏波动较大，面临的风险、威胁仍未消散。一方面，世界经济增长遭受着贸易保护主义与逆全球化潮流的威胁，宽松货币环境下催生的资产泡沫不断累积，全球债务水平过高，发达经济体货币政策转向引发的外部效应逐渐显露；另一方面，虽然各方努力推进全球宏观经济政策协调，但美国贸易政策状况频出、英国脱欧谈判举步维艰、地缘政治局势不稳等都给全球贸易笼罩了一层阴云。发达经济体货币政策逐步转向通过缩减资产负债表、推高利率来收缩流动性。2017 年以来，美联储升息步伐提速，并正式提出缩减资产负债表计划，欧元区和日本的量化宽松政策在经济增速提升的形势下显现出转向迹象。从国内情况来看，2017 年“稳增长、稳预期、稳市场”是中国经济政策的着力点；需重点防范人民币贬值和资本外流风险，加快“去产能”和“去库存”步伐，想方设法调动民间投资积极性，防止外贸溃败性下滑。总之，应对乱象丛生的国际形势，中国要纵观全局，审时度势，趋利避害，密切关注和研究国际经济走势，特别是美国的政策走向，努力推动中国经济持续健康稳定发展。

2017 年的中国经济增长率为 6.9%，高于外界预期，这也是中国近 7 年来经济首次加速增长。2017 年以来，中国经济延续回稳向好态势，国民经济呈现运行平稳、结构优化、动能转换、质量效益提升的态势。全社会固定资产投资增速小幅回落，消费增速总体平稳，进出口增速显著大幅回升，居民收入稳定增长。其中第一、二产业增速平稳，第三产业对经济增速贡献显著，增加值占比继续提高。从经济结构上看，2017 年 GDP 中房地产业部分同比增速较 2016 年的 8.6%，大幅下滑至 5.6%；金融业部分增速由 2016 年的 5.7% 下降至 4.5%；工业部分增速则由 2016 年的 6.0% 加快至 6.4%。这些结构数据都表明，中国正在以较为健康的方式成长着，中国的经济已经进入了增长较平稳的新常态。

2018 年是全面贯彻落实党的十九大精神的开局之年，是“十三五”规划中期评估年，也是决胜全面建成小康社会的关键之年。经济社会发展具有良好支撑基础和许多有利条件，与民生密切相关的就业、物价保持基本稳定，发展质量和效益有望持续提升，中国经济将在新常态下继续保持稳中向好发展态势。党的十九大指明了中国经济发展与转型的新方向。一是会继续深化供给侧结构性改革，突出服务实体经济，继续推行“三去一降一补”，调整经济结构，实现要素资源最优配置；二是启动新一轮工业革命，高端制造、先进制造业、互联网、大数据、人工智能等方面将是主攻方向；三是首次提出“实施乡村振兴战略”，“三农”将大有可为；四是雄安新区将是对内区域战略的着力点，“一带一路”将是对外发展的主方针；五是“在本世纪中叶建成富强民主文明和谐美丽的社会主义现代化强国”的中长期目标中“美丽”一词是新增加进去的，意味着经济发展必须生态优先、绿色优先。

近年来，党中央高度重视福建省的发展，在省委、省政府的坚强领导下，福建省按照“再上新台阶、建设新福建”的决策部署，紧扣“机制活、产业优、百姓富、生态美”的发展目标，牢牢把握稳中求进工作总基调，坚持以新发展理念适应、把握、引领经济发展新常态。

从泉州市域来看，泉州市 2017~2018 年经济总体保持平稳较快发展，大部分主要经济指标呈现平稳回升态势。总体经济基本面稳定，农业生产稳步推进，工业发展稳中有升，服务业拉动经济作用增强，对外贸易增幅较大，CPI 总体保持稳定，新旧动能转换持续推进，供给侧结构性改革效果逐步显现，但仍存在许多问题：经济运行质量不高；总体经济结构不均衡；缺乏技术创新，人才资源不足，科技对经济增长贡献率偏低；投资环境不够优化，对外开放水平还不够高；民营企业规模单一等，因此，必须从产业体系建设、区域协调发展、人才建设、科技创新建设、投资环境及对外格局等方面着手推动泉州经济的发展，为泉州经济注入新的活力。

2018 年第一季度泉州经济延续 2017 年以来的平稳增长态势，大部分经济指标增速居全省前列。1~4 月全市规模以上工业增加值增长 8.3%，第三产业增加值增长9.1%，限额以上社会消费品零售额增长21.3%，出口商品总值增长19.1%，消费增速创近年来新高。基于泉州市经济发展的国内外环境与内在条件，可以预见，泉州市2018年总体经济运行态势仍将保持平稳，呈现稳中有进、进中转优的特点。泉州市2018年农业总产值可望增长4%左右，工业增加值增长在8.2%以上；全社会固定资产投资增幅在14%左右，而且主要投向制造业和基础性领域；利用外资和对外贸易谨慎乐观；社会消费品零售总额可望有13%左右的增长区间，全市生产总值增长率在8.1%左右。

四　2018年泉州经济发展的几点建议

（一）助推“1234”现代产业体系建设

“1234”现代产业体系，即力争2020年GDP近万亿元、工业总产值近2万亿元，基本形成传统、重化、高新技术三足鼎立，实现服务业产值占GDP比重超40%的目标。体系中的“3”指的就是传统、重化、高新技术这三大板块。传统产业转型升级，重化产业做大做强，高新技术产业大力发展。其中传统产业是泉州发展的传家宝，重化产业以其“大块头”的吨位，为泉州经济发展提供强有力支撑，高新技术产业拥有无限可能，将引领泉州转型攻坚，向更高端、高质量方向发展。

2018年，泉州要致力于推动“1234”现代产业体系发展。加快传统产业转型升级和进行产业发展规划引导，给“泉州模式”赋予新的增长动力，以智能化改造、供应链整合等方式提升产业优势。鼓励泉州龙头企业开展战略并购，通过技术升级、兼并重组等方式发展、壮大传统优势产业，瞄准国际化标准，保持泉州市传统优势产业在国内的行业地位；推动快速增长的中型企业做精做细，抓住发展机遇，向细分行业龙头迈进；引导小微型企业进行专业化、差异化经营，与大中型企业建立良性协作配套关系。

（二）积极实施乡村振兴战略

2017年10月18日，习近平总书记在党的十九大报告里首次提出了“乡村振兴”战略，明确了“产业兴旺、生态宜居、乡风文明、治理有效、生活富裕”的总要求。泉州立足市情、农情来实施、突出振兴战略、泉州特色。一是建设美丽乡村，促进绿色发展，充分利用乡村自然禀赋和民俗特色发展旅游业，打造乡村旅游休闲集镇和特色村。二是深化农村集体产权制度改革，保障农民财产权益，壮大集体经济。促进农村一、二、三产业融合发展，支持和鼓励农民就业创业，拓宽增收渠道。三是发展农村电子商务，线上线下营销农特产品，培育农产品电商示范乡镇，例如加大力度扶持安溪茶叶、永春芦柑等农特产品的电商系统项目建设。四是发展以信用为基础的小额信贷，为农业经营主体、小农户生产提供有效金融服务。

（三）力促区域经济协调发展

泉州各县区经济发展的不充分、不平衡仍制约着泉州经济整体水平的提升，为进一步发展，泉州要着力促进区域经济的协调性、平衡性发展，补齐“短板”，形成优势互补、发展共享的区域发展空间布局。推动各县区城镇化建设，依靠各县区的特有优势、历史文化特色、产业发展需求等方面进行规划和布局，因地制宜，建设具有地方特色的区域经济。充分发挥区域自然禀赋、资源条件、民俗民风、区位特征等优势进行开发，“宜工则工、宜农则农、宜游则游”，扬长避短。晋江、石狮等沿海县（市）发展较快，而安溪、永春、德化等山区县发展较为缓慢，城乡差别明显。对安溪、永春、德化等山区县，要积极引导金融机构加大对其扶持力度，把特色产业园区作为该地区产业发展的重要载体，推动产业园区从单一生产型向多元化、多功能转型，促进产业与城市互动融合、协调发展。晋江市利用“晋江模式”“晋江经验”的优势，继续发挥其工业优势。石狮市应该立足行政区域较小、乡镇之间发展差距不大的实际，把全市作为一个城

市进行规划。南安市可以根据沿海、中部区域和山区发展不平衡的实际，多极化发展，通过区域中心带动，促进城乡经济社会整体腾飞。德化县可以利用城关良好的产业基础和商业氛围，促进城关率先发展、协调推进。通过打造将地方特色和时代特色相结合的区域经济，推动经济协调并进发展。

（四）优化民间投融资环境

从投融资角度来看，泉州的企业融资和投资体制不健全，金融资本市场发育相对滞后，尤其是中小企业仍存在“融资难”的情况。优化民间投资环境，一是政府要加大政策支持力度，规范民间融资，推动民间投资主体多元化，进一步完善中小微企业贷款风险补偿机制，引导金融机构向中小企业发放贷款，改善民间投资环境，有效防范金融风险。完善民营企业公开、公正、公平地参与市场竞争的制度环境，赋予民营企业家参加政策决策的机会与权利。二是企业要提高自身的综合实力，重视优化产品设计和技术创新，加大研发投入和人才引进力度，扩大市场份额，提高产品市场竞争力，瞄准国际化水平，吸引外资。

（五）提高企业科技创新能力

创新是引领发展的第一动力，是建设现代化经济体系的战略支撑。泉州企业要瞄准世界科技前沿，坚持将创新驱动战略放在发展全局，重视科技创新，强化基础研究，实现前瞻性基础研究、引领性原创成果重大突破。“泉州制造 2025”和“数控一代”试点示范有赖于企业的科技水平和创新能力，泉州企业要把经济增长的立足点放在技术进步上，加大企业科技创新力度。一是出台相关政策支持各类科技平台和资源向企业、社会开放，实现科技创新服务资源的信息化集成、高效利用和开放共享。二是进一步提升产业集聚度和关联度，加强产业间的交流和合作，提供信息推进虚拟合作经营的开展，加强科技创新的风险保障体系建设，整合社会各界力量，从整体上推进泉州民营企业的转型升级。三是以“数控一代”

试点示范、建设国家自主创新示范区为契机，大力激发“产学研用”结合体制机制本身的创新，发展纺织、鞋服、食品、建材等产业的智能装备和工业机器人，使“泉州制造”迅速走向世界。四是建立有效的激励机制，充分调动科技人员和广大职工参与企业科技创新的积极性，鼓励职工广泛开展技术发明、技术革新活动，调动一切积极因素加快企业的技术创新步伐。

（六）加强产业人才队伍建设

健全完善人才市场体系，解决泉州高层次产业人才不足以及人才资源分布不合理的问题，加大产业人才资源的市场优化配置力度。健全完善有利于泉州人才引进的落户优惠政策，全面放开对高级人才、紧缺人才和企业经营管理人才的户口限制。加强面向民营经济的博士后工作站平台、留学人才创业园区等人才载体建设，把招商引资和招才引智结合起来，重点引进产业发展急需的高层次经营管理人才、专业技术人才和高级技能人才。实施“海外人才和留学人员带项目来泉创业服务计划”，加大对高层次留学人才回国的资助力度，建立留学人才项目风险投资补偿机制。健全完善职业教育与产业需求紧密结合的政策措施，创新职业教育助推制造业发展的体制机制，保障产业转型升级的高技能人才和熟练工人需求。

（七）推动形成全面开放新格局

要以“一带一路”建设为重点，利用泉州海上丝绸之路起点的优势，坚持“引进来”和“走出去”并重，以“海丝先行区”建设为引领形成陆海内外联动、东西双向互济的开放格局。拓展对外贸易，培育贸易新业态、新模式，推进贸易强国建设。实行高水平的贸易和投资自由化便利化政策，全面实行准入前国民待遇加负面清单管理制度，大幅度放宽市场准入，扩大服务业对外开放，保护外商投资合法权益。凡是在我国境内注册的企业，都要一视同仁、平等对待。鼓励“走出去”民营企业在泉州设立海外业务总部，探索开展准离岸贸易和国际结算中心业务。着力推进金融服务企业对外支持体系建设，简化和改进直接投资外汇管理，为企业境外投资贸易提供更加便利的外汇管理服务。优化区域开放布局，加大西部开放力度。赋予自由贸易试验区更大改革自主权，探索建设自由贸易港。创新对外投资方式，促进国际产能合作，形成面向全球的贸易、投融资、生产、服务网络，加快培育国际经济合作和竞争新优势。

B.2
泉州社会发展现状与展望

赵东喜　帅泽明*

摘　要： 随着党的十九大的召开和习近平新时代中国特色社会主义思想的形成，我国进入了全新的发展阶段，泉州社会发展也迎来新的契机。在以人民为中心的发展思想下，社会发展在国家总体发展战略体系中的位置和作用将更加凸显。本报告回顾了2017年泉州社会发展基本形势，并进一步分析泉州社会发展的突出特点与主要问题，预测了2018年社会发展的态势，从而为泉州社会进一步发展提出相应的对策建议。

关键词： 泉州　社会形势　社会治理

2017年，泉州全市上下认真学习贯彻党的十九大精神与习近平新时代中国特色社会主义思想，泉州市委市政府坚持稳增长、控风险、谋长远，经济平稳运行，发展质量持续提升，社会事业全面进步，人民生活更加幸福。叠加推出惠民生与补短板举措，落实市委“四心”工程，有力地推动泉州发展迈上新台阶。荣膺国家森林城市，蝉联全国文明与卫生城市，以及获得综治最高奖“长安杯”。2018年是全面贯彻党的十九大精神的开局之年，是决胜全面建成小康社会的重要一年，泉州经济将延续2017年中高速增长态

* 赵东喜（1970～），河南郑州人，福建师范大学福清分校副教授，博士，研究方向为宏观经济理论与应用；帅泽明（1964～），男，祖籍湖南，出生于台湾台北，泉州师范学院副教授，博士，研究方向为区域经济。

势，但拉动经济的“三驾马车”有较大下行压力。在经济调结构、提质量、增潜力，实施乡村振兴战略，增进发展新动能的同时，民生财政投入仍将保持大比例、高速增长，打赢三大攻坚战，基本公共服务供给水平将大幅度改善，社会事业将更好发展，人民福祉将获得更大增进。

一　2017年泉州社会发展基本形势

（一）着力稳增长、控风险，经济稳步回升

2017 年，泉州着力稳增长、控风险、谋长远，主导产业、特色产业、新兴产业发展更加协调，传统、重化、高新技术“三大板块”渐成格局，实体根基更加坚实，“中国制造 2025”样板城市加快建设，轻重并举、三产繁荣、深度融合的现代产业体系初步形成。经济发展稳定回升，实现地区生产总值 7548.01 亿元，同比增长 8.4%，连续 19 年经济总量保持全省第一。第一、二、三产业增加值分别增长 0.9%、7.2%、10.6%。三次产业所占比重的比由 2016 年的 3.0∶58.7∶38.3 调整为 2.6∶58.3∶39.1。按常住人口计算，人均地区生产总值同比增长 7.5%。农业生产能力稳步提升，农村一、二、三产业快速融合。2017 年，完成农林牧渔业产值 355 亿元，比 2016 年增长 1.0%，安溪获批创建国家级现代农业产业园。制造业发展质量持续提升。实体根基更加稳固，主导产业快速高端化，产业集群竞争力持续增强。2017 年，全部工业实现增加值增长 7.7%，培育“数控一代”示范产品、列入国家级智能制造项目分别为 138 个与 5 个，建成纺织服装、石油化工、机械装备等六个千亿元产业集群。消费与投资等内需缓中有升，外需处在艰难调整之中。社会消费增长快，消费品零售总额比 2016 年增加 11.4%，居三大需求之首，比固定资产投资和出口增速快 1.4 个百分点。固定资产投资增长 10.0%，增速与 2016 年持平。出口下降 2.1%，下降幅度较 2016 年缩小。对海丝沿线国家出口增长明显加快，对俄罗斯出口大幅度增长。供给侧结构性改革深入推进。金融风险有效化解。加大不良贷款处置

力度，严厉打击恶意逃废债，不良贷款率控制在较低水平。降成本、减负增效效果明显。清理涉企政府性收费 44 项，全市共减税降费约 19.3 亿元。

（二）民生领域支出持续增加，基本公共服务提质增效

2017 年泉州市委、市政府，叠加推出改善民生的政策与措施，持续把 70% 以上地方财政支出用于民生建设领域，助推为民办实事项目顺利推进，定向精准补民生短板，扎实推进精准扶贫、脱贫。2017 年市本级民生支出占一般公共预算支出的 71.5%，同比增长 4.4%。一是扎实为民办实事。投入 1.64 亿元保障“四心工程”建设，完成 33 件为民办实事项目，实施补齐民生短板项目 132 个。二是污染整治与防灾抗灾，加快建设国家生态文明试验区。投入 2.81 亿元，加强中心城市防洪治涝，统筹 3.15 亿元进行重点流域生态保护和小流域环境综合整治。三是落实精准扶贫、精准脱贫和强农惠农政策。增加财政投入，支持落实发展特色现代农业等强农惠农政策，加快基础设施建设、产业扶贫等，贫困地区发展能力增强。农林水支出 5.07 亿元，同比增长 21.8%。确定 30 个市级扶贫开发重点帮扶村，对 10 个省级扶贫开发帮扶村实施帮扶项目 214 个。实施“造福工程”并搬迁安置 10808 人。四是乡村振兴战略有序推进，“三农”发展基础地位夯实稳固。农业发展方式加快转变，农业规模化、产业化、信息化、标准化水平取得“新提升”，农村一、二、三产业深度融合发展，现代农业产业体系优化完善。新型农业经营主体规模扩大，特色现代农业“接二连三”融合发展，农业科技化和信息化水平跨上新台阶。2017 年，完成农林牧渔业产值 355 亿元，基本完成农村土地承包经营权确权登记颁证工作。

教育普惠化水平进一步提升。办好人民满意的教育，继续提高全社会义务教育一体化水平，继续扩大优质基础教育资源供给规模，提升均衡发展水平。注重学前教育的公益性与普惠性，通过新扩建公办幼儿园等扩大学前教育资源供给规模。外来务工人员随迁子女与本地学生享受平等受教育权利。新增公办幼儿园学位、中小学学位各 1 万个。推进高

等教育内涵式发展，提升高等教育、职业教育服务产业转型升级能力与水平。启动技能名师工作室与现代学徒制试点建设，现代学徒制试点的区域主要产业覆盖面大幅度扩大。大力改善与优化双创环境，建成福建省大学生创新创业基地（泉州）。2017 年末，全市幼儿园有 1503 所，在园幼儿有 38.43 万人，学前三年入园率为 97.9%，义务教育阶段外来务工人员子女在校生为 37.01 万人。

优质医疗资源与卫生服务供给有效性增强，健康保障水平持续提升。提高医疗资源与卫生服务供给一体化水平，扩大优质医疗卫生资源的供给规模，公共卫生服务保障能力提升。深化医疗卫生体制与公立医院改革，建立院长年薪制与“名医带徒”等制度，实施基层医疗卫生服务能力三年提升工程。2017 年，新增医疗机构床位 2512 张，2017 年末共有医生 15903 人，注册护士 18489 人。农村 100% 有医疗点。

养老服务体系更加完善，养老服务能力提高。推进医疗卫生事业和养老服务融合发展。加大投入，助推养老服务机构、市社会福利中心等社会福利事业项目加快建设。2017 年，新建农村居家养老服务站 135 个，全市新增养老床位 1460 张。

公共文化服务体系进一步完善，文化传承与保护力度持续加大。公共服务设施加快完善，深化公共文化服务体制改革，公共文化服务提质扩量。加大对闽南戏曲等文化遗产的保护和利用，实施古城文化复兴计划，加快历史文化街区等文化保护工程建设，推进“古泉州（刺桐）史迹”申遗工作，增强区域文化的影响力。一是公共文化服务设施快速完善。2017 年，公共文化中心建设加快推进，市少儿图书馆投入使用。24 小时街区自助图书馆与村文化中心示范点分别为 46 个与 24 个。2017 年末，全市共有各类艺术表演团体 12 个，乡镇文化站 164 个。二是公共文化产品和服务供给水平提升。成功举办联合国教科文组织青年创意与遗产研习班等 3 项赛事。三是闽南文化生态保护区建设持续推进，区域文化影响力增强。2017 年，16 个申遗点相关文物修缮与环境整治工作加快推进，永春苦寨坑原始青瓷窑址当选年度中国十大考古新发现。

（三）居民就业与社会保障一体化水平进一步提升

居民就业水平稳步提高。实施就业优先发展战略，促进多渠道多形式就业。加大政策引导，鼓励以创业带动就业，保持就业局势稳定。2017 年新增城镇就业人员 12.64 万人，有 2574 名下岗人员实现了再就业；农村劳动力转移就业 3.90 万人，年末城镇登记失业率为 1.28%。

社会保障体系一体化水平提升。一是城乡医疗、养老保险待遇水平稳步提升。建立统一的城乡居民基本医保制度，全民参保登记计划全面实施。2017 年末，参加养老保险人数比 2016 年增加 15.61 万人。全市参加职工基本医疗保险、城镇居民基本医疗保险、新型农村合作医疗的人数分别为 116.35 万人、41.59 万人和 563.7 万人，新农合参合率达 99.97%。二是社会福利和救助事业健康发展。建立健全救助标准自然增长机制与特困人员救助供养制度。2017 年末，全市收养性社会福利单位有 403 个，城镇老年收养性福利机构、社区养老服务机构和设施分别为 18 个、237 个。城市、农村分别有 1.04 万人、6.09 万人得到最低生活保障救助。全年筹集社会福利资金 3.47 亿元。三是住房保障能力提高。2017 年，基本建成保障性安居工程 2.6 万套，改造石结构房屋 3600 万平方米，德化进城务工人员安居项目荣获中国人居环境范例奖。

（四）城乡一体化协调发展

乡村振兴战略快速推进，新农村建设进一步完善，城市基础设施建设不断推进。乡村振兴战略有序推进，“三农”发展基础地位夯实稳固。农业发展方式加快转变，农业规模化、产业化、信息化水平取得新提升，农村一、二、三产业深度融合发展。新型农业经营主体规模扩大，特色现代农业“接二连三”融合发展，农业科技化和信息化水平跨上新台阶。2017 年，新增农业新型经营主体、培育农业物联网示范企业分别为 500 家以上、12 家。村庄人居环境整治工作快速推进。启动农村污水垃圾治理三年专项行动计划，2017 年，持续推进生猪养殖和农业面源污染整治工作，新增 480 个行政村实现垃圾常态化治理。永春流域综合治理成为全国典型案例，获得中国人居环境范例奖。农村公共设施建设更加完善。266 个行政村新建污水处理设施，建设改造三格化粪池 6.5 万户。2017 年全市创建人居环境整治村、美丽乡村示范宜居村分别为 60 个与 30 个。

环湾区域城市能级与品位持续提升。全域协同、合力推进环湾区域城市能级和品位持续提升，环湾中心城市建设快速推进。环泉州湾城乡一体化规划完成，城市关键点、精品点建设快速推进。海丝新城加快环湾向湾生长，人气、业态、服务加速集聚。2017 年环湾建成区达 220 平方公里，较 2016 年增加 6 平方公里。完善城市规划建设。推进“七个一”示范工程，一批古大厝、特色建筑加快修缮修补。美化城市环境，提升绿化率。高速出入口等关键节点绿化工程加快建设，改建 14 条特色树种景观路，沉洲等水线绿道公园建成开放，完成“2 + 2”生态景观提升工程建设。

（五）生态文明，美好家园加快建设

坚持绿色发展，继续推进生态文明建设，泉州可持续发展基础更加稳固。全民生态文明意识进一步提升，文明、绿色的生活方式和消费模式得以倡导。生态功能区保护能力提高，生态文明体制机制持续完善。严格规划主体功能区布局，推进国土空间科学开发。强化生态功能区管理，加强重点生态功能区保护。2017 年，深入推进晋江自然资源资产统一确权登记、永春空间规划编制等省级试点工作。全年全市城市生活垃圾无害化处理率、城市污水处理率分别为 98.63%、92.14%。荣膺国家森林城市，蝉联全国文明城市。

（六）社会治理水平进一步提升

推进城市精细化管理与社区治理现代化，全面建设平安、诚信、安全的泉州。创新城市管理模式与机制，制定与实施严格的责任制与考评制度，持续开展市容市貌综合整治工作。全覆盖的食品药品监管体系更加完善，开展

对危化、交通等重点生产施工领域的生产安全专项整治工作，推进与深化安全生产监督与管理。社会组织体制改革加快推进，社会组织参与社会救助和公益慈善事业积极性提升，社会组织活力增强。开展安全生产大检查，深化隐患排查治理体系建设，公共安全得到有效维护。深入推进“餐桌污染”治理，食品药品安全得以有效保障，2017 年共发生生产安全事故 377 起，较 2016 年下降 22.6%。推进“雪亮工程”，严厉打击各类刑事犯罪，社会治安综合治理取得新成效。

二　泉州社会发展面临的主要问题与挑战

（一）经济高质量发展的内生动力弱，产业转型升级更加困难

2017 年以来，随着泉州经济社会发展迈上新台阶，经济增速回调压力大，经济结构优化升级难度增大。产业转型“博弈”期青黄不接，优势制造业发展出现衰退趋势，而同时高新技术产业发展新优势正在培育中，规模效应尚未形成。农业农村基础较为薄弱，现代化农业发展缓慢，第三产业比重偏低，科技创新、人力资源潜力不足，加上外需不振和内需不足的双重制约，经济持续稳定发展的后劲与新动能有待加强。供给侧结构性改革正在深入，大众创业、制度红利等新增长因素作用尚未显现。一是农业基础薄弱、第三产业不够发达，面临对第二产业特别是制造业的依赖性挑战。泉州第二产业的占比仍然较高，且大多是低端制造业、外贸型企业，虽然国家出台了金改区、中国制造 2025 等多个政策，但是传统制造业转型升级困难，同时，工业产品同质化现象严重、附加值低、核心竞争力不足等问题也开始显现，这在未来可能造成严重的路径依赖和转型升级的困难。泉州农业经济在区域经济中所占比重过低，以及第三产业不足，造成经济体系不够健全，特别是作为现代经济生活重要组成部分的交通、通信、金融保险、科技开发、信息咨询等服务业比较落后，难以满足企业转型升级、创新、高质量发展的需求。二是内

需升级多样化，面临外需减弱的挑战。新时代人民美好生活需要日益广泛，消费升级加快，不仅对物质文化生活提出了更高要求，而且在民主、法治、安全、环境等方面的要求日益增长，这对社会产品与服务供给，以及多元化公共服务供给提出了新的挑战。泉州出口结构仍然以传统劳动密集型产品、机电产品出口为主，纺织鞋服、陶瓷工艺等劳动密集型产业的传统出口商品竞争优势正在减弱，新一代信息技术、智能装备等高新技术产品竞争优势尚未形成。

此外，面临的挑战还有，制造业升级提质发展遭遇瓶颈、新旧增长动力转换艰难、重大项目生成落地困难、投资驱动后劲不足等。

（二）民生改善存在短板，优质公共服务资源供给相对不足

泉州城乡公共服务基础建设发展水平仍存在一定差距，优质教育、医疗、养老资源供给相对不足，农村相对城区仍比较落后。2017 年，居民家庭人均可支配收入增速呈现逐渐放缓的迹象，持续增长的难度加大。旧区改造方面，后期剩余的旧改地块都是“硬骨头”，改造难度会越来越大。交通拥堵、停车难等问题比较突出，多元公共服务与人民群众新期待还有一定差距。一是优质医疗资源向农村、基层流动困难。网络化城乡基层医疗卫生服务机制、优质资源流动机制、公立医院改革、分级诊疗体系、大病救助制度等均不够完善、健全。二是优质学前教育资源城乡、校际差别大，公办幼儿园占比低，优质教育资源分布不均衡。三是就业质量和人民收入水平仍有改善空间。就业问题是最大的民生问题，就业质量不高，劳动力市场存在结构性矛盾，全方位公共就业服务体系仍需完善。政府、工会、企业共同参与的劳动协商协调机制有待完善。四是多元民生服务与人民群众新期待有差距。社会在加快发展、加速转型，人民群众对民生公共服务需求日益多元化。居民对社会公共产品服务的需求向高层次与多样化方向发展，这对社会公共服务供给提出了新的更高的要求。城乡文化基础设施差异大，城乡公共文化设施布局、服务供给不均衡，基层、农村、边远山区文化基础设施落后。

（三）基础设施建设仍有完善空间，人口环境资源瓶颈约束加剧

城市规划建设管理水平有待提升，基础设施相对落后。资源环境约束趋紧，生态保护、污染防治、节能减排工作仍需持续用力。水、大气、土壤等生态资源环境承载能力对一个地区经济社会发展影响较大，随着经济的快速发展，泉州解决环境治理与保护问题压力加大。一是资源环境制约效应日益显著。重化产业比重高，污染物排放削减存量的空间有限，节能减排面临较大压力。二是环境保护基础设施仍需完善。部分城镇面临污水处理厂污水管网的建设配套系统性不足问题，沿江乡镇及部分人口密集城镇的生活污水收集集中处理率不高。

（四）政府职能、营商环境仍需进一步转变和优化

政府职能转变不够到位，一些工作人员的素质、能力和作风不适应新要求，营商环境仍需优化。事关全局的重要领域和环节与实施赶超三年行动计划、打赢三大攻坚战等仍有不相适应的地方。政府部门要增强担当、作为的积极性，稳固保持“走前列”优势。政府激励约束机制不健全，在招商、脱贫攻坚、污染治理、风险化解等工作中要强化正向激励，健全考核机制，增强干部人才队伍的担当、踏实做事的热情与能力。“放管服”改革有待进一步深化，行政审批自由裁量权存在不规范、缺乏有效约束的问题。政务服务平台不完善，要建立完善“互联网＋政务服务”一体化平台，营造一流的国际营商环境。

三　2018年泉州社会发展的基本态势与建议

2018 年是贯彻党的十九大精神的开局之年，是决胜全面建成小康社会、实施“十三五”规划承上启下的关键一年，泉州在新发展理念的指引下，应按照高质量发展要求，坚持稳中求进，深度融入新福建建设大局，深化供给侧结构性改革，着力调结构、提质量，统筹推进城市建设、民生补短、防

风险等工作，扎实打好“三大攻坚战”，促进经济社会持续健康发展，决胜全面建成小康社会。

2018 年泉州经济保持稳定回升态势与中高速增长，固定资产投资增速会适度提高，消费需求保持 11% 左右水平增长，但是，消费层次会进一步提升。地方财政对民生的投入维持高比重，从而助推补齐民生短板，织密社会保障网，公共服务提质增效。创新驱动被置于更加突出的位置，供给侧结构性改革深入推进，强化工业支撑，扩大三产贡献；转型升级大步挺进，“三大板块”加快形成新优势，“1234”现代产业体系更加健全；环湾区域片区建设全面铺开；“四心”工程深入推进，防范化解重大风险、精准脱贫、污染防治三大攻坚战打实打赢，人民福祉显著增进。

（一）加快结构调整，建设现代化经济体系

1. 全力推进产业升级优化

继续深入实施“泉州制造 2025”和“数控一代”示范工程，把高质量发展与实现赶超有机统一起来，在转型升级上迈开大步。夯实一产发展基础，扩大三产贡献，发展智能制造、服务型制造、绿色制造，着力发展高技术行业及机器人替代等智能制造产业，使高新技术成为泉州经济发展新动能，全力推进传统产业、重化产业、高新技术产业“三大板块”形成新的竞争优势，构建现代产业体系。一是加快传统产业升级。鼓励中小企业向“专精特新”方向发展，树立“泉州制造”品牌形象。二是推进高新技术产业规模化发展，加快形成区域发展新动能。引导企业发展集成电路、光电光伏、高新材料、微波通信、工业机器人等产业，重点培育新一代信息技术、生物与新医药、新材料、新能源、节能环保等新兴产业，着力培育集成电路产业、化合物半导体产业、石墨烯产业，推动形成规模效应，增进经济发展新动能。三是现代服务业扩量提质。实施加快发展现代服务业行动，推动服务业与第一、二产业深度融合。实施服务业倍增计划，引导发展研发设计、信息服务、供应链管理等服务外包产业，培育服务型制造示范企业。四是发展总部经济，打造现代商务集聚中心。以企业总部、泉商回归企业、金融企

业及“三创”产业汇集的现代商务中心为定位，突出商务办公、金融商贸、信息交流、投资营销、技术研发、“双创示范”等高端商务功能，打造高端总部和三创产业集聚中心。五是千方百计扩大投资，增强发展后劲。持续开展“项目攻坚年”活动，推进在建重点项目建设，加大开工项目投资。加大政府基础设施投资，扩大需求。

2. 加快实施乡村振兴战略，推进农业农村现代化

一是实施产业振兴工程。落实粮食安全行政首长责任制与农业功能区制度。完善融合发展体系，推进农村一、二、三产业融合发展。加快培育新型农业经营主体，形成以家庭承包农户为基础，专业种养大户、家庭农场和合作农场、农民专业合作社为骨干，农业龙头企业为核心，领军型企业为引领，其他组织形式为补充的多样化新型产业融合经营主体，完善利益联结机制。培养农业物联网示范企业和乡村旅游示范点，发展田园综合体。二是实施农民增收工程。发挥新型农业经营主体的带动作用，引导更多农民抱团致富，支持农民合作社、家庭农场壮大提升。加快土地流转，促进农民增收，发展适度规模经营。

（二）民生领域攻坚补短，增进民生福祉

继续提高公共服务普惠化、均等化与可持续性水平，继续加大财政向民生领域的投入。加大财政向养老、教育、卫生与社会保障等民生领域的投资力度，提高城乡与人群间公共服务供给一体化水平。强化政府职责，推进公共服务共建共享，进一步补齐优质教育、医疗、养老资源供给等民生领域的服务供给短板，增强就业与保障、文化、公共安全等公共服务供给有效性，增加群众幸福感。

一是增加优质教育资源供给。全面普及学前教育，建立政府主导、社会参与、公办民办并举的办园体制，增加具有公办性质的学前教育资源。深入实施“全面改薄”，推进优质高中建设、“小片区管理”，着力解决中小学生课外负担重、“择校热”等问题。提高普惠性幼儿园覆盖率，解决好婴幼儿照护和儿童早期教育服务问题。提高职业教育与普通本科高校教育质量。二

是提升民众健康保障水平。建立健全公共卫生服务体系，提升医疗服务水平，努力让群众享有更高水平的医疗服务。深化医改工作，提高公立医院综合改革实效；组建城市医疗集团与县域医共体，完善医疗资源融合共享机制。三是进一步健全社会保障体系。加大对灵活就业、创业项目的扶持力度，推动高校毕业生、退伍军人和城乡就业困难人员就业。抓好保障性安居工程工作，加大对失地失海农民保障力度。四是加大对以居家为基础的养老服务有效供给力度。完善以居家为基础、社区等为补充的养老服务有效供给模式，完善多层次的养老服务机制与体系。制定与实施城乡社区居家养老服务改革创新发展的政策措施，推进医疗卫生事业和养老服务融合发展。通过创新养老服务供给方式，加大扶持力度，鼓励民间资本投资养老服务业，促进养老服务供给主体多元化。五是加强平安泉州建设。坚持社会协同与公众参与的社会治理体制创新，提高社会治理的精细化程度与社区治理现代化水平。推进平安、法治泉州建设，全面深化公安改革，推进“雪亮工程”、智慧天网建设，依法打击违法犯罪活动，定期开展社会治安综合治理专项整治活动，降低违法犯罪率。认真落实信访工作责任制，加强信访法制化建设。落实食品药品安全地方政府负总责制度，定期、不定期开展食品药品安全整治行动，有效遏制食品与药品安全事故。深入创建国家食品安全示范城市。

（三）推动“海丝”新城建设

一是提升古城质量。做好申遗点遗址保护开发工作。制定传统建筑修缮技术导则，疏解古城功能，恢复历史空间。推进活态化利用。盘活古城公房、古大厝资源，科学布局本地文创产业，建设旅游集散和游客服务驿站，培育精品酒店群和非遗活态展示空间，优化古城业态。推进生态型修复与水环境整治工作，打造水清、岸绿、景美的城市地标。二是加快新城集聚发展。统筹布局，突出特色，优化城市空间布局。启动新一轮城市总体规划修编，推行“多规合一”，推进环湾各组团协调发展，形成同城化发展合力，组团式开发。加快推进东海、城东、晋东、台商区、北峰、江南等组团的片区开发和改造，完善居住、商务、休闲、文教、医疗等功能，培育新城核心区，形成“一湾两江”城市展示面。

（四）突出绿色发展，加快建设生态文明试验区

要始终把生态文明理念深植于社会治理与施政的整个过程，加强环境保护、生态保护和生态修复，贯彻“绿水青山就是金山银山”发展理念，加快建设生态文明试验区。完善资源环境生态红线分区分类管控以及水资源管理的“三条红线”制度，推行节能、碳排放权和水权交易制度，持续完善两江上游水资源保护补偿体制机制，严格推行实施重点生态功能区保护制度与环境损害责任终身追究制度。因地制宜建设安全生态水系，认真落实“河长制”“湖长制”，打造流域环境生态样板。引导节约循环经济发展。完善用能企业监督管理体制，推进德化陶瓷、泉港石化等国家级循环经济园区升级发展。

经 济 篇

Economic Analysis

B.3
泉州与福州经济发展水平比较分析及发展战略研究

刘义圣　林 勇　谢志忠*

摘　要： 本报告分析泉州市与福州市经济发展水平的总体现状，并进一步对两地经济发展总量与质量进行预测分析，同时总结出泉州的发展优势及面临的挑战，认为今后泉州经济发展的关键在于成功转型升级，减少对工业特别是轻工业的依赖，由劳动力密集型制造业转向技术密集型制造业，加快第一产业、第三产业和高科技行业发展速度。最后提出新时期泉州市经济可持续发展战略的路径选择等。

* 刘义圣（1958～），男，福建福州人，泉州师范学院二级教授，博士生导师，研究方向为政治经济学；林勇（1965～），男，湖北恩施人，福建社会科学院研究员，泉州师范学院讲座教授，研究方向为区域经济、世界经济、国际移民、华人华侨；谢志忠（1970～），男，福建仙游人，泉州师范学院教授，博士生导师，研究方向为农村金融。

关键词： 经济发展水平　比较分析　预测分析　可持续发展战略

2017 年泉州市 GDP 为 7548.01 亿元，同比增长 8.4%，连续 19 年排名福建省第一；福州紧随其后，排名第二，为 7104.02 亿元，同比增长 8.7%。由于近年来福州经济增速高于泉州，如果考虑到人口因素，则实质上二者差距微乎其微。早在 2016 年由于福州市的增速超过泉州市，两地差距日趋减少。2016 年泉州市 GDP 为 6646.63 亿元，排名全国第 23，超过福州的 6197.77 亿元和厦门的 3784.25 亿元，但是在衡量城市财力的公共财政收入上仅排名中国城市第 37，为 388.3 亿元，远落后于福州的 560 亿元。从这里可以看出，福州目前赶超泉州的势头很强，泉州经济发展面临福州快速赶超的强劲压力。

一　泉州与福州经济发展水平分行业的描述性比较分析

（一）GDP 及其增速比较

泉州 2017 年全年实现地区生产总值（GDP）为 7548.01 亿元，比 2016 年增长 8.4%（见图 1）。常住人口为 865 万人。经济总量连续 19 年保持全省第一。其中第一产业增加值为 198.03 亿元，增长 0.9%；第二产业增加值为 4397.78 亿元，增长 7.2%；第三产业增加值为 2952.19 亿元，增长 10.6%。第一、二、三产业对 GDP 增长的贡献率分别为 0.3%、51.3% 和 48.4%，分别拉动 GDP 增长 0.03 个、4.3 个和 4.1 个百分点。三次产业所占的比重的比为 2.6∶58.3∶39.1。按常住人口计算，人均地区生产总值为 87615 元（按年平均汇率折合为 12977 美元），比 2016 年增长 7.5%。

2017 年福州市全年实现地区生产总值为 7104.02 亿元，比 2016 年增长 8.7%（见图 2）。其中第一产业增加值为 519.49 亿元，增长 3.7%；第二产

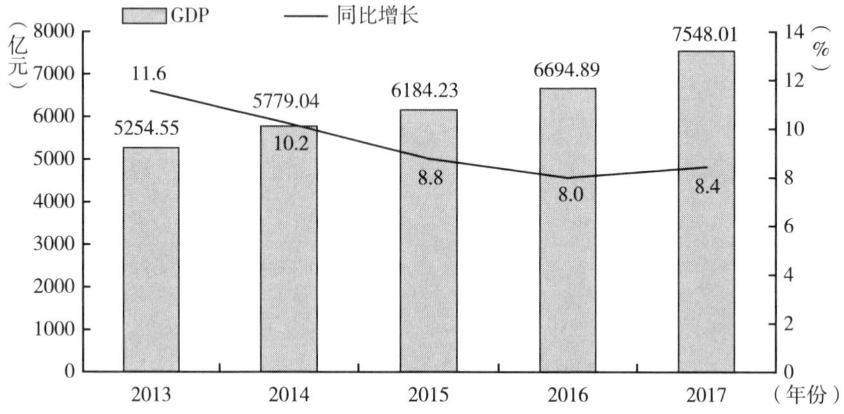

图1　2013～2017 年泉州市 GDP 及增速情况

资料来源：泉州市统计局统计资料。

业增加值为 2962.94 亿元，增长 6.9%；第三产业增加值为 3621.60 亿元，增长 11.0%。第一产业增加值占地区生产总值的比重为 7.3%，第二产业增加值的比重为 41.7%，第三产业增加值的比重为 51.0%。三次产业占 GDP 比重之比为 8.0∶41.9∶50.1，人均地区生产总值为 93290 元，比 2016 年增长 7.6%。2012～2017 年，福州 GDP 增速分别达 12%、11.5%、10.10%、9.6%、8.5% 和 8.7%。

两相比较，我们发现虽然泉州的 GDP 超过福州 443.99 亿元，增速略低于福州（泉州为 8.4%，福州为 8.7%），但是福州人均 GDP 超过泉州 5975 元，增速基本相当（福州为 7.6%，泉州为 7.5%）。就产业构成变化而言，福州第一产业增速更快（福州为 3.7%，泉州为 0.9%），增加值超过泉州 321.46 亿元；泉州第二产业的优势明显，福州增速仅略快于泉州（泉州为 6.9%，福州为 7.2%），增加值超过福州 1434.84 亿元；福州第三产业增速与泉州基本相当（福州为 11%，泉州为 10.6%），但增加值超过泉州 669.41 亿元。

从上面的 GDP 及其增速比较来看，福州同泉州经济差距正在缩小。从三次产业的 GDP 比较来看，福州的第一和第三产业增加值超过了泉州 990.87 亿元；就 2016～2017 年增加值而言，泉州第二产业优势明显，

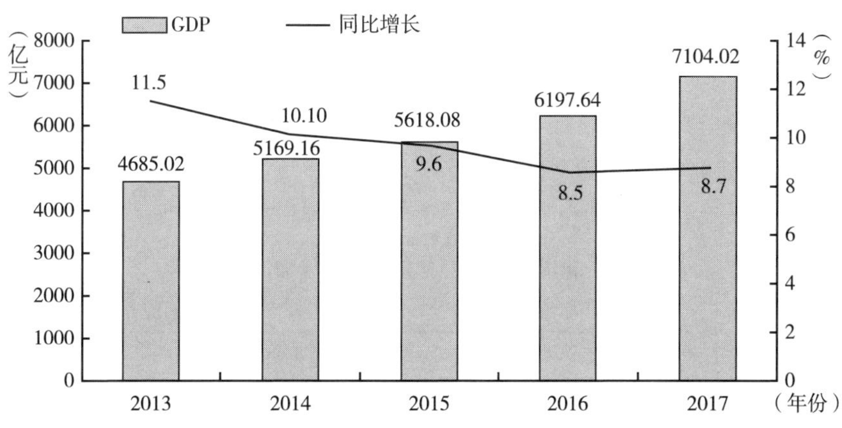

图 2　2013～2017 年福州市 GDP 及增速情况

资料来源：《福州市国民经济和社会发展统计公报》（2013～2017 年）。

对第二产业特别是工业的倚重情况严重，而第一、第三产业相对较弱，而福州则刚好相反。从产业结构方面看，福州第三产业占比达 51.0%，泉州仅为 39.1%，福州目前经济总量少于泉州，福州的产业结构更加合理。

（二）工业增加值比较

2017 年泉州规模以上工业企业增加值几乎是福州的两倍，股份制企业增加值是福州的近 6 倍，外资企业增加值是福州的 7 倍多，非公有制企业增加值是福州的两倍多，泉州在工业方面的优势是很明显的。泉州工业发展整体上超过福州，其中泉州的私有企业、集体企业、股份制企业和外商及港澳台商投资企业的发展速度都超过了福州，但是福州的国有企业的发展速度超过了泉州。同时，在福州工业中，汽车产业、机电产业、光电产业、电子信息产业、新材料产业、生物医药产业等占主流，高投资、高技术的产业比较多，发展后劲更大。在泉州的工业中，纺织服装业、鞋帽产业、食品工业、机械装备业、石油化工业、水暖建材业、石头加工产业占主流，属于轻工及劳动密集型产业，是现阶段需要转型升级的产业，所以泉州经济发展这两年比较迟缓。

（三）建筑业比较

通过泉州与福州在全社会建筑业实现增加值的相关数据方面的比较可以看出，福州建筑业总产值、增加值和增速都超过了泉州（见表1）。

表1　2017年全社会建筑业实现增加值情况

单位：亿元，%

项目	泉州	福州
增加值	474.19	698.20
增速	3.5	4.4
建筑业总产值(资质等级以上的建筑企业)	1523.93	3581.51
增速	8.1	16.5

资料来源：泉州市统计局、福州市统计局。

（四）农业发展比较

福州农业产业化龙头企业是泉州的两倍多，全年农林牧渔业完成总产值福州也远超泉州近600亿元，福州的农业是其GDP赶超泉州的重要因素之一（见表2）。

表2　2017年农业增长情况比较

项目	泉州	福州
全年农林牧渔业完成总产值(亿元)	358.14	914.87
增速(%)	1	3.7
农业产业化龙头企业(家)	115	299

资料来源：泉州市统计局、福州市统计局。

（五）旅游业比较

从旅游业来看，两地差别不是很明显。其中福州接待的国内游客明显超过泉州；福州旅游总收入超过泉州，其增长势头比泉州更强劲（见表3）。

表3　旅游业发展情况比较

项目	泉州	福州
全年共接待国内外游客	5474.49万人次，增长21.4%	6737.81万人次，增长22.0%
其中国内游客	5329.23万人次，增长21.7%	6606.33万人次，增长22%
境外游客	145.26万人次，增长10.9%	131.48万人次，增长21.0%
全年实现旅游总收入	843.81亿元，增长28.7%	878.54亿元，增长32.4%
其中旅游国内收入	752.55亿元，增长29.6%	—
旅游创汇	13.52亿美元，增长20%	15.01亿美元，增长11.4%

资料来源：泉州市统计局、福州市统计局。

（六）固定资产投资比较

通过对固定资产投资情况的比较可以更加清楚泉州和福州的定位。福州更倾向于均衡发展，固定资产投资并没有特别明显地集中在某一个行业。泉州的工业特别是轻工业可以说是“一家独大”。两相比较，福州整体固定资产投资数额超过泉州，在基础设施投资、第三产业投资方面，固定资产投资增速超过泉州。而泉州第二产业（特别是工业投资）的固定资产投资增速远远超过福州（见表4）。

表4　2017年固定资产投资金额及增长情况

项目	泉州	福州
第一产业投资	78.84亿元，增长25.7%	增长17.0%
第二产业投资	1625.57亿元，增长19.0%	增长5.0%
其中工业投资	1620.74亿元，增长19.6%，占比为39.3%	增长6.6%
第三产业投资	2419.39亿元，增长4.3%	增长15.1%
高新产业投资	279.36亿元，增长16.5%，占比为6.8%	418.72亿元，增长9.4%，占比为7.2%
科学研究和技术服务投资	29.52亿元，增长9.2%	—
教育投资	71.36亿元，增长-9.2%	—
房地产投资	700.66亿元，增长-0.8%	—
基础设施投资	1018.78亿元，增长-3.5%，占比为24.7%	2092.64亿元，增长27.5%，占比为35.9%
民间投资	—	2923.06亿元，增长9.2%，占比为50.2%
全年固定资产投资	4123.80亿元，增长10.0%	5823.39亿元，增长12.3%

资料来源：泉州市统计局、福州市统计局。

（七）教育和科学技术比较

两相比较，泉州在教育和科研方面处于明显的劣势。目前泉州的教育和科研水平不能满足其经济发展和转型升级的需要。科研人才的缺乏是泉州经济发展的最大瓶颈，由此可以看出，福州未来的整体经济发展潜力会超过泉州。教育和科学技术比较见表5。

表5　教育和科学技术比较

项目	泉州	福州
高校数量	18 所	34 所
本科高校数量	5 所	17 所
211 高校数量	0	1 所
在校研究生数量	4530 人	24585 人
普通高等在校生数量	12.61 万人	31.74 万人
福建省创新型企业数量	—	—
国家级创新型企业数量	—	3 家
国家创新型试点企业数量	—	4 家
省级创新型(试点)企业数量	228 家	186 家
高新技术企业数量	总数达 390 家,新认定 113 家	总数达 744 家,新认定 158 家
全年专利申请受理量	47179 件	25580 件
全年专利授权量	25525 件	11266 件
全年共登记技术合同数量	—	1465 项,成交额为 25.71 亿元
全国驰名商标数量	新增 2 个,累计为 154 个	—
中国名牌产品数量	46 个	—
国家地理标志保护产品数量	11 个	—
福建省名牌产品数量	新增 38 个,累计为 304 个	—
全国农业标准化示范区项目数量	11 个	—
福建农业标准化示范区数量	23 个	—
各类专业技术人员数量	11 万人	—
高级职称人员数量	1.28 万人	—
企业博士后科研工作站数量	19 个	—

续表

项目	泉州	福州
累计引进博士后研究人员数量	202 人	—
国家级科技计划项目数量	1 项	—
省级科技计划项目数量	132 项	—
国家科学技术奖数量	1 项	—

资料来源：泉州市统计局、福州市统计局。

（八）对外经济比较

从进出口额比较来看，福州经济发展对国际市场依赖性更大，泉州经济发展对国际市场依赖性更小。由于受到自贸区政策等因素影响，福州外商投资呈正增长态势，而泉州则呈负增长。2017 年福州实际利用外资已超过泉州，从发展趋势看，差距将越来越大，进出口额比较见表 6。

表 6　进出口额比较

项目	泉州	福州
全年进出口总额	1567. 6 亿元，增长 2%	2336. 03 亿元，增长 12. 0%
出口额	1046. 6 亿元，下降 2. 1%	1482. 37 亿元，增长 5. 1%
进口额	521. 1 亿元，增长 11. 3%	853. 66 亿元，增长 26. 4%

资料来源：泉州市统计局、福州市统计局。

（九）金融业发展比较

就泉州而言，2017 年末，泉州市金融机构本外币各项存款余额为 6891. 80 亿元，比 2016 年末增长 1. 5%，其中人民币各项存款余额为 6777. 69 亿元，比 2016 年末增长 2. 1%。在人民币存款中，住户存款余额为 3511. 56 亿元，比 2016 年末增长 6. 6%；企业存款余额为 1906. 07 亿元，比 2016 年末下降 5. 0%。泉州市金融机构本外币各项贷款余额为 6070. 60 亿元，比 2016 年末增长 3. 5%，其中人民币各项贷款余额为 6041. 91 亿元，比

2016 年末增长 4.4%。在人民币贷款中，个人消费贷款余额为 1537.06 亿元，当年新增 431.99 亿元，其中住房贷款余额为 1134.6 亿元，当年新增 265.15 亿元。全年泉州市新设银行机构 1 家。全年证券市场通过发行、配售股票共筹集资金 18.7 亿元，比 2016 年减少 12.41 亿元。其中新发行 A 股 1 只，增发 4 只，筹集资金 14.38 亿元，比 2016 年减少 11.06 亿元；境外新发行上市 2 只，筹集资金 4.32 亿元。截至 2017 年末，累计境内上市公司（A 股、B 股）数量由 2016 年末的 19 家增加到 20 家，总市值为 1603.73 亿元，比 2016 年末减少 9%。

就福州而言，2017 年末，福州市金融机构本外币各项存款余额为 13597.68 亿元，比 2016 年末增长 9.4%，其中非金融企业存款余额为 4960.99 亿元，比 2016 年末增长 4.3%，住户存款余额为 4537.32 亿元，比 2016 年末增长 6.8%；金融机构本外币各项贷款余额为 13746.34 亿元，增长 9.6%，其中短期贷款余额为 3294.39 亿元，下降 0.9%，中长期贷余额款为 10032.66 亿元，增长 17.5%。金融机构人民币存款余额为 13136.68 亿元，比 2016 年末增长 8.8%，金融机构人民币贷款余额为 13320.41 亿元，比 2016 年末增长 9.9%。年末境内上市公司有 43 家，比 2016 年增加 11 家，市价总值为 8340.23 亿元，增长 16.3%；福州市股票、基金交易额为 62796.31 亿元，全年期货交易额为 19948.23 亿元。年末证券市场投资者资金开户数为 311.03 万户，新增 38.81 万户；年末期货公司有 3 家，期货营业部有 30 个；证券公司有 2 家，证券分公司有 26 家，营业部有 128 个。从各项发展指标来看，福州的金融业发展速度已赶超泉州。

（十）其他方面比较

从表 7 可以看出，在社会消费品零售总额、人均社会消费额、城镇化率和资金总量方面，福州都占有一定优势。金融机构本外币存量一个城市吸纳的“资金总量”，能够很好地反映出城市的综合竞争力。就金融机构本外币存量而言，福州实力雄厚，而且增速远高于泉州。此外，虽然泉州 GDP 超过福州，但是在衡量城市财力的公共财政收入时，泉州仅排中国城市第 37

位，为388.3亿元，远落后于福州的560亿元。所以，GDP高的是制造业强大的泉州，资金雄厚的是福州。

表7　其他方面比较

项目	泉州	福州
属性	地级市	省会
社会消费品零售总额	2459.59亿元	3488.74亿元
人均社会消费额	28902元	47530.5元
城镇化率	63.6%	67.7%
资金总量	6891.8亿元(增长1.5%)	13597.68亿元(增长9.4%)

资料来源：泉州市统计局、福州市统计局。

由以上的比较我们发现，福州赶超泉州不仅表现为GDP增长势头强劲，而且是全面赶超。从增长趋势和未来潜力来看，福州的赶超之势不可小觑。泉州最大的优势——制造业的发展势头在逐渐衰退，而同时其他产业的优势尚未建立；福州最大的优势在于产业结构优化，而且其战略性新兴产业迅速崛起，产业更加高端，未来发展潜力很大。

二　泉州与福州经济发展总量与质量的预测分析

（一）泉州与福州经济总量的对比与预测

泉州市地区生产总值已经连续19年位居福建省第一，但从2012年开始，福州市地区生产总值的增速超过泉州，因此，2012年以来，两市的经济总量的差距开始逐渐缩小。截止到2017年底，泉州市地区生产总值为7548.01亿元，福州市地区生产总值为7104.02亿元，两市之间的差距已经从2014年最高的609.88亿元下降为2017年的443.99亿元。问题是，随着时间的推移，福州市的经济总量是否会超过泉州市，如果会，那么大概在什么时候超过？

为了预测两市经济总量的变化，我们用计量经济中的 VAR 模型对两市 GDP 进行实证，从中发现两者的规律性变化。两市经济总量的自回归结果都非常显著，尤其是与滞后一期数据关系非常紧密。回归结果说明时间趋势在 GDP 增长中的重要性，就某种程度而言，带有时间趋势项的方程与真实数据拟合得更好。在上述模型的基础上，对两市 GDP 的未来变化做出预测。需要指出的是，我们在进行实证检验的时候，采用的都是福州与泉州统计年鉴的数据，而统计年鉴的数据是使用 1980 年价格为基期进行核算的，因此，2016 年福州 GDP 与泉州 GDP 分别为 6197.64 亿元和 6694.89 亿元，而 2017 年实际的 GDP 分别为 7104 亿元和 7548 亿元。从不包含时间趋势项的回归方程进行预测，福州和泉州均按照已有 GDP 以及增长速度发展，福州要到 2023 年才有可能超过泉州；按照包含时间趋势项的方程进行预测，福州超过泉州至少还要再晚 2 ~3 年。在已公布的 2018 年第一季度福建省各地市的 GDP 中，我们可以看到，泉州名义增速为 11.95%，略高于全省平均水平，增量位居全省第一，而福州名义增速为 11.7%，基本和全省平均水平相当，所以，泉州在总量上仍然具有一定优势。

（二）泉州与福州经济发展质量的预测分析

1. 两地经济发展实力的对比

衡量一个地区的发展情况除了观察经济增长速度以外，经济结构的优劣也是衡量经济发展水平的重要指标。福州与泉州的经济发展情况同样可以通过能够反映经济结构的指标进行分析。一般而言，经济结构可以通过三次产业的比重、人口因素来衡量，而财政收入与在岗职工的平均工资可以直接反映该地区的经济实力。首先，选择第一产业、第二产业、第三产业作为解释变量，对人均地区生产总值进行回归结果表明：泉州的经济实力毫无疑问体现在其制造业上，第三产业占比相对较低且不显著，而福州的经济实力则体现在农业和第三产业上，目前福州市正在大力发展的农庄休闲旅游或许可以对此做出阐释。再从福州与泉州近年来公共预算收入与支出的情况看，泉州公共预算收入占 GDP 的比重接近 12%，而福州公共预算收入占 GDP 的比重不到 10%，说明泉州制造业的发达为财政提供了稳定的税基；但泉州的预算支出明显少于其预算收入，说明泉州对福建省财政乃至中央财政做了比其他地市更大的贡献；而福州市在 2008 年以前，基本都能够保证财政盈余，但在金融危机发生以后，尤其是我国“四万亿政策”实施以后，财政赤字逐年扩大并在近年来有加速的现象。地区公共预算既反映了该地区政府在经济资源上的动员能力，又是一个地区经济实力的真实体现。从公共预算收入的角度来看，福州的经济实力目前还不具备撼动泉州的能力。

2. 经济发展活力与潜力的对比

从相关数据对比分析可以发现，泉州的小学生在校人数多于福州，这一方面是因为泉州的总人口数超过福州，另一方面也说明泉州的老龄化现象没有福州严重。从居民存款余额来看，福州略多于泉州，说明相对而言福州人更喜欢储蓄，同时其也是消费的反向指标。从实际利用外资情况来看，两市波动幅度比较大，这说明实际利用外资存在很大的不确定性，而福州并没有全面领先泉州，当然，近年来泉州实际利用外资（如合同项目）数额明显少于福州。从固定资产投资情况来看，泉州全面落后于福州，毕竟福州是省会城市，无论是道路桥梁还是其他市政公共工程，泉州与福州都还有很大的差距。

3. 结果分析

通过上述分析可以发现，两市的对比分析并不具备可比性这样的悖论。原因有以下几点。①福州是省会城市，泉州没有任何政治优势。税收收入的很大比例上交中央财政，留在本地的结余不多。在教育、医疗、金融等第三产业方面，泉州全面落后于福州，由此在吸引人才方面落后于福州。②从三次产业来看，泉州的经济结构明显没有福州完整，泉州制造业一业独大是泉州经济充满活力的原因，也是今后制约其升级的瓶颈。③从纯粹依靠市场竞争情况来看，泉州的竞争优势更为明显，而福州依托行政的力量更为强大。换言之，泉州包括民营经济在内的民间力量更为强大。④按照现有人口增长速度来看，泉州人口数量依然具有优势，所以，只要人口不出现大规模流出情况，泉州在未来就并不见得会落后于福州。只是泉州不是经济特区，这使两市未来的竞争充满不确定性。

三　泉州的发展优势及面临的挑战

（一）泉州的发展优势

第一，民营工业经济发达。泉州是中国民营经济重镇，有着“民办特区”的美誉，民营经济几乎涵盖了第二产业、第三产业的所有行业。2013年，泉州民营企业超过7.82万家，其中产值超亿元的企业超过1848家，数量居中国地级市第一；民营经济实现生产总值4291亿元，占全市地区生产总值的82%；工业增加值为2658.89亿元，占全市工业增加值的91.7%；就业人数占全市九成以上，缴纳税金占全市财政收入的81%以上。

第二，品牌之都。凭借改革开放的春风，泉州民企迅速崛起而成为福建经济发展的新动力，泉州是福建的品牌之都。全市有中国知名品牌142个，居全国所有城市的首位，被称为“中国品牌之都”；知名的品牌如鞋业中的361°、鸿星尔克、乔丹、匹克等；服装品牌则有九牧王、七匹狼、富贵鸟；食品类的品牌有达利食品，这些品牌大部分集中在鞋业、食品、服装行业。名牌产品在泉州经济发展中具有主导地位，成为名副其实的经济支柱，“品牌经济”已扎根本土。

第三，小微企业众多。小微企业是泉州经济的重要组成部分，截至2012年末，泉州共有各类市场主体25.77万户，其中小微企业近7.82万户，若将个体工商户也计入小微企业范围，则小微企业总数为25.48万余户，占比达到了98.87%。

第四，产业集群成熟。泉州在水暖、运动品牌、纺织、石材等方面已形成完整产业集群，千亿元产业集群发展速度总体加快。2017年，全市年产值超千亿元的产业集群达6个，涉及石油化工、建材家居、纺织服装、鞋业、机械装备等行业，同时新增食品饮料产业产值超千亿元。这些产业集群发挥了整体规模效应，成为泉州市民营经济跃升的平台。

（二）泉州经济面临的挑战

1. 福建自贸区建设带来的挑战

（1）总部经济发展面临挑战。近年来，泉州市政府出台扶持总部经济发展的一系列政策，加快东海、城东、滨江和江南等总部经济集聚区建设速度。但相比之下，福建自贸区的政策和资源优势更为突出，对企业总部的吸引力增强。一方面，政策上的劣势可能导致泉州吸引企业总部落户的难度大大增加；另一方面，泉州本地的一些企业总部，其财务中心、营销中心等职能性总部转移，其转移到厦门的可能性将增加。

（2）招商引资特别是高端产业招商的难度加大。福建自贸区在引进外资方面全面实行负面清单管理模式，在负面清单（122 项）之外领域实行备案制，98% 以上的外资项目仅需备案；对一般境外投资项目和设立企业实行备案制，企业在对外投资备案证书申领当日即可办结。取消企业对外投资外汇行政许可事项。同时对自贸区重点业态企业给予资金补助，因此，自贸区在吸引外资方面具有较大的优势。从 2017 年统计数据来看，有自贸区的福州在外商投资方面实现正增长，而泉州则出现负增长。

（3）对高端服务业的发展形成进一步削弱的马太效应。福建自贸区在引进人才方面有较大的优势，因此金融、创意设计等高端服务业有巨大发展潜力。泉州高端服务业发展基础原本就相对薄弱，在自贸区综合政策优势面前，差距将进一步拉大，竞争力和发展空间更难以提升和拓展，对泉州经济结构的改善和转型升级带来更大的挑战。

（4）面临海关特殊监管区发展受限的挑战。福建自贸区实施“境内关外”特殊政策，通关服务更加便利、快捷，这将吸引更多的进出口货物通关，因而对刚升级的泉州保税区的发展带来一定不利影响。

2. 对第二产业（特别是制造业）依赖性的挑战

泉州第二产业的占比仍然较高，且大多是低端制造业、外贸型企业，虽然国家出台了金改区、“中国制造2025”等多个政策，但是在全国，转型过程中出现了一些问题，向先进制造业发展还有很长的路要走。近年来，全球经济低迷，出口增长缓慢，产能开始出现过剩。工业产品同质化现象严重、附加值低，企业转型升级缓慢、核心竞争力不足等问题也开始显现。这在未来可能会造成严重的路径依赖和转型升级的困难。

3. 高层次人才储备不足的挑战

泉州教育科研发展相对不足，人力资源开发整体水平偏低，人才总量不足，高层次人才严重缺乏，特别是具有一定产品开发能力、能独立开展重大科研活动的科技人才，懂得国际惯例、熟悉世贸组织规则的高级经营管理人才，金融、保险人才，取得国际化职业资格的注册会计师、注册设计师等人才更是奇缺。

4. 第三产业不够发达的挑战

泉州的产业集聚程度很高，但是主要集中于一些低技术含量的加工业，产业结构高级化程度不高，第三产业和高科技产业发展不足，经济体系不够健全。特别是作为现代经济生活重要组成部分的交通、通信、金融保险、科技开发、信息咨询等服务业比较落后，难以满足企业的需求。泉州金融服务业发展的政策支持力度有限，相比福州处于劣势。泉州在金融服务业上短板明显。在软件服务业方面，泉州很多人才是软件服务业的从业人员。但是因为泉州主城区的建设较落后，所以其没办法吸引在福厦从事软件服务业的泉州人才回流到泉州来创业。泉州的软件服务业发展不足。

5. 外需拉力减弱的挑战

目前，泉州出口产品仍然以传统劳动密集型产品、机电产品为主。纺织鞋服、陶瓷工艺等劳动密集型传统出口商品竞争优势正在减弱，新一代信息技术、智能装备等高新技术产品竞争优势尚未形成。

四　新时期泉州经济可持续发展战略的路径选择

由上面的比较分析可见，泉州今后经济发展的关键在于成功转型升级，减少对工业特别是轻工业的依赖，劳动密集型制造业应转向技术密集型制造业，加快第一产业、第三产业和高科技行业的发展速度。为此，本报告提出新时期泉州市经济可持续发展战略的路径选择方向。

（一）着力推进泉州现代农业产业发展能力提升及完善系列保障机制

1. 提升现代农业产业发展能力的方向

（1）加快发展海水养殖业。通过加大海水养殖业技术培训和技术推广力度，提升科研人员的研究水平和技术推广人员的业务水平，力争建成泉州海水养殖业科技研发中心、海水养殖业高新技术产业转化基地。深入推进渔业科技入户工程，推广海水养殖优质品种和先进技术，引导海水养殖主体积极采用先进适用的海水养殖技术，解决养殖渔民在生产过程中遇到的各种问题。充分挖掘海水养殖业科技潜力，发挥区位资源优势和泉州对台“五缘”优势，加大培育优势品种养殖产业带，培育建设一批科技含量高、带动能力强、辐射范围广的新型海水养殖业科技示范园区。建立多元化海水养殖业科技投入体系，加大对海水养殖业基础设施和科技研发推广活动的投入力度，形成以政府为主导、企业为主体、金融机构和海水养殖主体广泛参与的多元化科技投入机制。

（2）调整结构，走优势与特色农业发展之路。调整的重点是让泉州地区围绕优势和特色农产品，优化品种结构，大力发展农产品加工业和涉农服务业，加大农产品加工业产业集群建设力度，提高农产品加工转化率，实现就地转化，延长产业链条，把优势和特色农产品做大做强。泉州沿海发达地市由于非农经济较为发达，利用资金、技术及市场优势发展高技术含量和高附加值的优质创汇农业、精品农业，以形成产业优势。

（3）实施品牌战略，走标准化生产之路。要大力推进农业标准化生产，积极实施农业品牌战略。围绕主导产业和特色产品生产需要，制定覆盖产前、产中、产后全过程的农产品质量和生产技术综合标准。重点抓好各县市

主要农产品批发市场和主要农产品集中产地县和快速检测室的建设。加强农业投入品监管、生产过程管理和农产品质量安全检测，鼓励和引导企业进行农产品商标注册和质量认证，生产无公害产品、绿色食品、有机农产品。

（4）创新组织经营形式，走产业化经营之路。一是要培育龙头企业，实施“强龙带动”工程，集中扶持发展一批产业关联度大、市场竞争力强、辐射带动面广的重点骨干龙头企业。二是抓基地建设，做大农业产业规模，形成规模效益。三是发展农民专业合作社。积极引导和鼓励供销社、龙头企业、专业大户以及农村能人创办各类农民专业合作组织。

（5）深化泉台农业合作，走外向型农业之路。要大力发展以泉台农业交流与合作为重点的外向型农业经济。推动泉台区域生产要素跨地区流动，构建区域共同发展平台，在产业对接、经贸协作、文化交流、人才技能交流、旅游合作等方面深入开展多领域、多层次的合作。推进现代农业示范园区建设，深化泉台农业对接，加快推进泉州国家农业科技园区、安溪国家现代农业示范基地、台湾农业技术交流推广中心、惠农台湾农民创业园区等园区建设。

2. 完善泉州现代农业发展的系列保障机制

（1）构建多元化的农业投入机制。一是继续加大财政对农业的投入和支持力度，建立健全财政资金稳定增长的长效机制。二是深化农村金融体制改革，鼓励农村信用社向农业提供贷款；同时，应进一步完善种植业保险、养殖保险、林业保险、渔业保险、住宅保险等政策性农业保险制度，以分担农村金融机构的贷款风险。三是完善政府支持方式，采用政府财政补助、财政贴息、税收和贷款优惠等方式，引导各种经济成分投资农业，鼓励和扶持各类工商业进行农业基础设施建设，从机制上解决农业和农民生产面临的资金问题。

（2）完善推动现代农业科技创新的机制。充分运用现代信息技术、生物技术、新材料技术等高新技术改造传统农业，为现代农业产业体系建设提供科技支撑。要鼓励和支持农业企业、高等院校、科研院所、科技人员开展农业应用基础研究、行业重大共性和关键技术研究，促进农业科研取得重大突破，开发具有自主知识产权的技术和成果，加快推进农业技术成果的集成创新和推广应用。

（3）完善农村人才队伍培养机制。创新农业人才的培养机制，不断完善职业教育、成人教育和普通教育相衔接的农业人才教育培养体系。大力发展农业人才远程教育，建立农业人才终身教育制度。

（二）推进泉州现代制造业转型升级，培育新兴产业集群和总部经济模式

泉州实现制造业转型和产业结构优化升级必须着力发展高技术行业及机器人替代等智能制造产业，使高新技术成为泉州经济发展的新动能。

1. 加快整合发展战略性新兴产业和高新技术产业

加快推进技术渗透性强、附加值高的战略性新兴产业建设，把战略性新兴产业作为泉州经济区新的经济增长点。支持重点项目建设，以技术为支撑，以市场为向导，以企业为主体，培植名优产品。充分利用泉州经济区内优势资源，集中力量发展电子信息、新能源、新材料、生物技术战略性新兴产业，特别是有一定发展基础和前景的信息技术产业、生物技术产业和新材料技术产业。应加快科技创新步伐，重点突破技术难关，并推动科技成果产业化，增强区域的核心竞争力。

2. 着力推进泉州区域经济发展的产业集群战略新思路

构建有利于产业集群发展的体制环境，泉州各地方政府要积极鼓励非公有制经济的发展，营造良好的法制保障环境和投融资环境，大胆进行人事制度改革和科技体制改革，为中小企业的发展提供完善的公共服务。做好产业集群内的各种信息收集和评价工作，对发展目标和竞争对手的水平、进展情况、产量和成果进行预测与研究，并将这些信息提供给企业，其中包括一般信息和为特定产业集群中的企业提供的特殊信息。政府应积极引导、规范竞争，促进合作，地方政府在支持个别大企业发展的同时，应高度重视和支持相关产业的企业合理集聚，并提倡通过中介机构和协会、行会、商会等机构，在企业之间加强各种形式的技术信息交流和物质联系。加强地方公共机

构建设，政府部门应建立专门的中介服务机构以协调和解决产业集群中可能出现的问题，及时公布行业竞争的相关信息，对产业集群内处于种子和创建阶段的企业的成长发挥孵化器功能。

3. 加速整合发展旅游、金融、物流等现代服务业

不断提升旅游资源的品质，加快基础设施和信息化建设，打造国内外知名景区和线路，整合旅游资源，推进跨区域合作，着力发展跨区域旅游。打破地域限制，消除地方主义等行政思想和观念；整合区域金融资源，培育跨省市的金融集群和市场，加大财政投入，大力加快区域内产业的升级，为金融业发展提供有力支撑。此外，现代物流业的市场需求更是突飞猛进，应依托交通和通信基础设施网络，以物流园区为载体，建设以第三方物流企业为支撑的现代物流体系。当前泉州服务业增长依然比较缓慢，尚不具有很大增长潜力，要继续深化“第三产业提升年”，加快推进服务业、制造业的融合发展。进行服务业百大项目建设和重点行业龙头企业培育，扶持“互联网+”、仓配一体化、健康服务、文化创意等新业态，打造一批高端现代服务业集聚区、产业园。同时，结合申遗工作，推动文化和旅游的融合发展，打造“古泉州（刺桐）史迹”文化旅游品牌。

4. 发展总部经济以引导民营企业二次创业

推进建设生态型、创新型、法治型城市。在生态型方面，可以充实城市的绿地系统体系，提高生态环境质量和人居环境舒适度；在创新型方面，可以营造和优化科技创新环境，构建创新人才高地，提高城市居民的人文素质；在法治型方面，强化和完善行政执法与监督机制。制定科学合理的总部经济政策。政府可考虑建立总部经济发展基金，奖励和支持新入驻的总部企业，通过适当有效的税收优惠及财政补贴等经济政策，发挥泉州的比较优势，建立领导干部联系重点总部企业制度，加强政府与企业的沟通，成立总部经济协会，及时分析、评估总部经济的发展情况。推进建设大交通格局，围绕城乡交通一体化、区域交通一体化、各种运输方式一体化，实施交通基础设施建设优先发展战略，构建立体型、网络型、枢纽型的大交通格局，构建以轨道交通和高速道路交通体系为骨干的现代大都市综合交通体系。

（三）着力推进泉州科技创新服务能力建设，实施科技创新驱动发展战略

1. 着力推进泉州县市区区域产业自主创新系统建设

（1）打造泉州县市区区域产业核心竞争力区域自主创新系统需要加强与其他区域自主创新系统的联系，实现与其他系统资源的优化配置，形成具有区域特色的自主创新子系统。鼓励区域企业到区域外设立研发机构或吸收先进的跨国大企业、国内外高校、科研院所来区域内设立研发机构，通过技术的引进、消化、吸收、再创新提高区域的自主创新能力，有条件的区域创新系统可与国际机构进行科技合作，鼓励区域内企业与外商开展国际合作创新活动，鼓励和支持区域龙头企业与国内外同类企业进行专利技术、核心技术、技术标准的交叉授权许可，组建平等的技术战略联盟。

（2）充分调动民营企业自主创新的主观能动性。中小企业特别是科技型中小企业是富有创新活力但承受创新风险能力较弱的企业群体，政府对此类企业的技术创新活动要给予大力支持，政府要给予企业更多的支持和优惠政策，使企业成为科技投入的主体。

（3）加快自主创新支持系统建设。建立好网络化、社会化的科技服务体系，大力培育发展一些科技中介服务机构，使之专业化、规模化，并且建立起庞大的技术扩散体系，以帮助新技术能够在较短时间内扩散并被大量中小企业应用；建立完善的金融保障体系，增加区域自主创新的融资渠道；加强与国内外高等院校和科研院所的联系，做好人才的培养和引进工作，为区域自主创新提供智力支持。

（4）注重自主创新的文化建设，培育出一批富有开拓精神的企业家和决策者。在区域产业发展自主创新战略实施的过程中，要注重发展区域的创新文化，在全社会培育创新意识，倡导创新经济，健全创新机制，大力改善创新环境，营造鼓励科技人员进行创新的政策环境和社会文化氛围，培养出一批具有创新精神的科技创新人才，特别是具有创新精神的决策者、企业家。

2. 着力推进泉州市经济社会发展实现由投资驱动向科技创新驱动转变

完善以市场为导向的技术创新服务体系，充分运用市场化手段创新管理体制机制，充分利用体制机制的引导力为科技创新提供良好的发展环境。不断完善科技创新能力的评价体系，从科研开发能力、科技支撑条件、科技成果转化能力等方面设计科学合理的评价体系。加强高水平科技创新平台建设，整合高等院校、科研机构、创新企业和中介机构等优势资源，对平台的长远发展进行制度设计和合理规划。不断改善软硬件环境，如促进科技创新的软环境，其涉及培育创新、求知的文化观念，着力构建区域科技创新的发展联盟，对相关科技领域联合进行攻关，形成优势互补、提质增效、合作共赢的良性局面。

强化企业科技创新主体地位，引导创新要素向创新主体集聚。从政策、财政投入、金融信贷、服务供给等角度给予企业发展便利，从而引导各类创新要素向企业集聚，使企业真正成为研究开发投入、技术创新活动和创新成果应用的主体。按照“企业主体、政府服务”的原则，政府要切实为科技企业发展谋福利。拓宽中小企业技术创新的融资渠道，支持中小企业进行多层次的资本市场融资，鼓励科技型中小企业在创业板上市。

3. 着力推进泉州市财政投资促进民营企业科技创新公共服务平台建设

根据泉州市民营企业发展的现状及调查情况，建立促进区域民营经济发展急需构建的科技创新公共服务平台，其明确了服务功能、服务方式及资金来源。财政通过投入资金扶持民营企业科技创新公共服务平台建设主要有两种形式——以财政拨款直接补贴；以财政贴息贷款的方式注入启动资金，从而建立以民营龙头企业为主体，政府相关部门、中介机构、企业各方入股的股份公司，并采取“政府引导、资金扶持、企业参与、市场化运作”的运行模式。财政部门应对所投放资金的用途加强监督，保证投入资金用到技术、人才、设备、信息和相关基础设施的建设上，提升资金服务泉州地区企业科技创新效率。科技创新公共服务平台分为技术开发服务平台、科技信息共享体系服务中心、科技中介服务平台、科技人才服务体系。技术开发服务平台：提高技术开发与推广能力；实现技术开发资源的社会化；为民营企业制定行业标准和技术规范，攻克行业基础性、关键性和共性技术难题；着力进行基础性和共性技术的开发合作，共建研发基地，提高研发信息的共享水平，营造协作化创新体系；促进研发平台的“产、学、研”合作，促使研发平台与科研院校形成利益共同体。科技信息共享体系服务中心：开展科技信息咨询、市场调查；促进科技信息的采集、编译、推介、利用与转化。科技中介服务平台：发挥中介服务功能，促进民营企业间的科技创新交流；推动区域品牌的创立，减少民营企业间的科技创新无序竞争；降低民营企业制度成本、管理成本和公共成本。科技人才服务体系：构建引进外部高级技术管理人员的准入制度，为入职人员提供培训和继续教育的机会，组建专业技术学院。产品质量检测平台：保证民营企业产品质量安全可靠；促使民营企业产品设计、生产标准化；促进民营企业提高技术水平。

（四）着力推进泉州各县市区区域协同发展机制的有效模式形成

针对泉州地区发展差异比较大的情况，政府应重视分析、研究创新、整合和协调各方资源的决策机制，以促进区域整体发展呈现新态势，这具有推动泉州地区经济建设和和谐社会构建的重要作用。但目前泉州各县市区区域协同发展总体上仍处于起步阶段，多数为自发和零散的，缺乏总体的研究与规划，区域协同发展网络“点稀、线少、面虚”，区域协同发展新机制没有有效建立。区域协同发展新机制的构建有助于推动福建省内部形成一个有机的整体，相互促进、相互协同，通过良性竞争与紧密合作，与区域外部融洽区域经济关系，创造最佳整体效益，进一步形成优势互补、整体联动的经济、社会、文化和生态可持续发展格局，从而进入区域内外高度和谐、协同发展的高级阶段。

（1）政府应摸清泉州各县市区区域协同发展现状，及时掌握区域协同发展的演进规律和发展变化趋势，并在此基础上为进行区域环境资源的合理规划与配置提供可靠依据。

（2）政府应构建泉州各县市区区域经济、社会资源和环境要素全面发展的机制和框架，从而形成一个结构优化、富有活力、高效持续的区域社会经济系统，以有效解决泉州各县市区区域经济持续发展的资源与环境约束问题。

（3）政府应提升对协同发展的认识水平并树立新的协同发展观，促进有关政策法规的进一步完善，并为泉州各县市区地方政府制定区域协同发展规划提供可靠的数据和参考。

（4）政府应建立跨泉州各县市区的组织协同发展机构及其运行机制，开展在区域经济宏观发展框架下的区域社会经济资源规划工作并进行规划实施体系建设，有效地构建行业与企业的自组织协调机制，建立跨九地市的点轴开发区域经济地域系统，并建立衡量地方经济发展与考核政府政绩的区际协调与保障机制，泉州各县市区需要一个超越地方利益的组织，建立泉州各县市区之间的利益共享机制和协调机制。区域协同发展是一种多赢的发展模式、科学合理的协同发展政策制度框架，能够为泉州各县市区区域协同发展、促进和谐社会形成创造有利条件。

（五）着力推进泉州区域可持续发展能力有效提升

推进泉州区域可持续发展能力提升和产业联动发展，实现区域产业优势互补，从而带动泉州县市区产业转型升级、增强区域竞争力。坚持生态优先，构建泉州县市区生态保护协同机制，要实现产业发展与生态保护之间的协调与融合，实行最严格的生态保护制度，通过发展与生态环境相适应的产业，在促进地区经济进步的同时更好地实现对生态环境的保护。加强规划协调，产业协同发展关键在于加快高技术产业、高品质服务业的协同发展，坚持产品价值链分工形式，形成各具特色与优势的高端产业集群，形成开放泉州区域内包容的产业创新体系，形成泉州地区新的产业多样化发展格局。

树立创新、协调、绿色、开放和共享区域发展新理念，认真落实泉州主体功能区规划和地方规划中各县市发展战略，以优势补短板，利用各个县市最具代表性的子系统来引领发展，增强系统协调性。加强县市区域联动和优化区域职能与产业分工，对发展水平落后的县区加大帮扶力度以及通过增加财政投入提升基础设施水平，改善教育和医疗等福利环境，最重要的是在注重区域系统间协调发展的同时发展现代服务业，以提高地区的经济发展水平。泉州市政府推进可持续发展能力建设的思路包括以下两个方面。①外部方面。如提高争取更多、更好的外部资源（包括上级政府和中央政府的支持、对海外资源的利用和抓住国际产业转移机遇）的能力。②内部方面。如环境生产力与承载力的培育、提升，传统经济及产业的改造、升级（如进行规模化、集约化、知识化、信息化发展等，通过技术升级、资金整合、市场开拓等提高自然资源利用率）。总体上来看，要重点培育六个环境产业：生态建设业、污染物无害化业、废弃物再利用业、生物分解产业、绿色科技产业以及管理咨询业。

（六）着力推进泉州经济增长潜力培育的人才战略转变

泉州经济发展面临的较大瓶颈是制造业转型和产业结构优化升级，而人才是实现转型、升级的关键，因此必须大量引进人才。泉州吸引人才的优势在于它是东部沿海经济发达城市中房价最便宜的城市，没有之一，在吸引人才方面具有强大竞争力。2016 年底，泉州中心区的房价只有约 1.1 万元/平方米。当时厦门中心区房价已经超过 4 万元/平方米，福州中心区超过 2 万元/平方米，连广东的中山这种地方，中心区房价都超过 1.5 万元/平方米。虽然 2017 年以来，泉州的房价有了一番补涨，到 9 月的时候中心区房价涨到了约 1.4 万元/平方米，但即便如此，这也依然是东部沿海城市中最便宜的房价。我们应该充分利用这一独特优势加大人才引进力度。继续围绕纵深推进人才“港湾计划”，大力实施“人才分类评价改革”“人才总量倍增”“深化泉台人才交流合作”三个专项行动方案。要坚持市县联动，将人才发展体制机制改革向纵深推进，加快转变人才管理职能，充分发挥市场的决定性作用，调动各类市场的主体的积极性。要坚持问题导向，健全完善柔性引才、基础性人才、人才创新创业投融资、泉台人才交流合作等政策。要坚持引育并重，既努力扩大增量，也着力盘活存量，推动人才总量倍增。要坚持紧贴产业，把推动人才科研成果转化，作为人才工作的最终落脚点，着力打通成果转化为现实生产力的“最后一公里”。

泉州县市区要大力增加科技创新人才集聚中的人力投入，提出更多的优惠政策，吸引更多的 R&D 科技活动人员和科研机构 R&D 人员。要加大财力

投入，物力投入，提高科技成果的转化水平，扩大科技财政支出和 R&D 经费政府资助范围，为创新人才集聚提供资金支持和良好的基础设备。同时要注重科技成果的转化，提高技术市场合同的成交额，另外吸引更多的 R&D 人员集聚，提高 R&D 人员的工作效率，增加更多的科研交流平台，提高科技创新支出水平。要注重改善科技创业环境，吸引高新技术 R&D 人员集聚泉州，注重高校与泉州市政府的交流，实现高校科技人才协调发展。加大科技人才交流力度，建立技术创新联盟机制，构建更多科技创新创业人才交流平台，例如举办泉州县市区科技人才交流座谈会、泉州县市区产业人才对接洽谈会、泉州市高校人才研讨会等。

B.4
2017年泉州工业发展形势分析与对策建议

许旭红　吴庆春*

摘　要： 2017年泉州工业发展呈现“平稳增长，主导产业增速提高，工业结构持续优化，智能制造纵深推进，龙头企业培育机制持续优化，高科技企业群体壮大”的总体特征。为了保持工业发展稳中向好的态势，本报告分析泉州工业发展现状及特点，指出泉州工业发展中存在的主要问题，并提出加快泉州工业发展的若干建议。

关键词： 泉州　工业结构　去产能

在我国制造业全面转型、努力实现制造强国目标的大背景下，泉州市作为中国制造业发展的一个典型城市，对于制造业的转型升级具有重要示范意义。作为“中国制造2025”示范城市试点之一，泉州市积极深化供给侧结构性改革、深入实施创新驱动发展战略、优化产业结构、促进制造业转型升级。2017年全市工业运行呈现提质增效、稳中向好的态势。

一　2017年泉州工业发展状况及特点

泉州是金融实体经济综改区、民营经济试点区，在推动“泉州制造

* 许旭红（1970～），男，福建惠安人，泉州师范学院陈守仁商学院副院长、副教授，研究方向为制造业及区域经济；吴庆春（1981～），男，福建晋江人，泉州师范学院副教授，博士，研究方向为区域金融。

2025”发展方面，从突破技术瓶颈、平台建设、技术改造、成果转换、市场推广、龙头企业培育等方面加大政策扶持，取得了显著成效。2017年全年全部工业实现增加值3926.19亿元，增长7.7%（见图1），工业对经济增长的贡献率达48.6%。其中规模以上工业增加值为3328.10亿元，增长8.3%。全年规模以上工业实现销售产值13626.3亿元，增长13.6%，其中出口交货值为2178.45亿元，增长10.2%。拥有超亿元企业为2523家，比2016年增加215家，其中超10亿元企业为246家，比2016年增加57家。

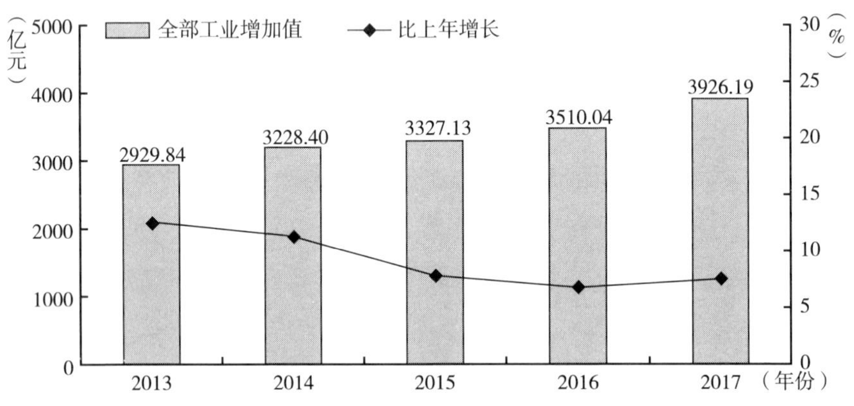

图1　2013～2017年全部工业增加值及其增长速度

资料来源：《泉州市国民经济和社会发展统计公报》（2013～2017年）。

（一）工业生产平稳增长，经济效益持续提高

规模以上工业企业经济效益综合指数为305.4，比2016年上升29.4点，其中总资产贡献率为21.1%，上升1.5个百分点；资本保值增值率为103.1%，下降2.4个百分点；资产负债率为44.5%，下降1.2个百分点；全员劳动生产率26.65万元/人，提高3.87万元/人；流动资产周转率为3.2次，提高0.2次；工业产品销售率为95.9%，提高0.2个百分点。全年规模以上工业企业实现利润总额1074.06亿元，比2016年增长17.6%，其中外商及港澳台商投资企业、股份制企业和股份合作制企业利润分别增长15.3%、20.1%和20.5%。规模以上工业企业亏损额为7.28亿元，减亏

11.03 亿元。全年规模以上工业企业主营业务收入达 10329.31 亿元，同比增长 12.8%，每百元主营业务收入中的成本为 84.02 元，主营业务收入利润率为 8.2%，同比增长 0.2%。2017 年全省各设区市工业增加值完成情况见表 1。

表 1　2017 年全省各设区市工业增加值完成情况

区域	第二产业产值(亿元)	同比增长(%)	规模以上工业增加值(亿元)	位次(位)	同比增长(%)	位次(位)
全省	15770.32	6.9	12146.85	—	8.0	—
泉州	4397.78	7.2	3328.10	1	8.3	2
福州	2962.94	6.9	2202.69	2	8.2	3
漳州	1695.87	7.5	1621.31	3	8.7	1
厦门	1815.92	7.2	1437.16	4	8.1	4
莆田	1146.50	7.4	928.80	5	8.2	3
三明	1095.15	6.8	847.18	6	8.1	4
宁德	876.49	2.0	706.73	7	1.8	6
龙岩	1125.18	6.8	632.52	8	8.1	4
南平	699.12	6.6	533.22	9	8.0	5
平潭	65.34	1.7	6.6822	10	-20.1	7

资料来源：泉州市统计局 2017 年 12 月统计资料。

（二）主导产业增速提高，产业集群发展特色凸显

全市已打造了一批纺织鞋服、机械装备、石化、食品建材等千亿元、百亿元集群，其中纺织鞋服、石化、建筑建材等 5 个产业集群规模超千亿元，成为泉州经济发展的重要支撑。2017 年全市纺织鞋服、石油化工、机械装备、建材家居等主导产业实现增加值 2619.33 亿元，同比增长 8.0%，累计实现销售产值 10461.29 亿元，产销率达 95.7%，对规模以上工业增长的贡献率为 82.2%；食品饮料、工艺制品、纸业印刷等特色产业实现增加值 610.30 亿元，同比增长 10.1%，增幅比 1～11 月提高 0.3 个百分点。其中食品饮料、工艺制品和纸业印刷分别比 1～11 月提高 0.1 个、0.1 个和 1.2 个百分点，累计实现销售产值 2532 亿元，产销率达 96.2%；规模以上高新

技术产业实现增加值499.54亿元，累计实现销售产值2289.19亿元，产销率达96.3%；新兴产业总增加值为74.76亿元，同比增长高达30%，增速高于全市规模以上工业20多个百分点（见表2）。

表2　2017年泉州市规模以上五大传统与五大新兴产业发展情况

单位：亿元，%

项目	增加值	同比增长	销售产值	产销率
规模以上工业	3328.10	8.3	13626.35	95.8
主导产业	2619.33	8.0	10461.29	95.7
纺织鞋服	1151.39	8.0	4498.50	96.7
石油化工	541.58	3.9	1987.37	90.8
机械装备	382.15	10.6	1582.30	96.6
建材家居	689.52	9.3	3078.04	97.4
特色产业	610.30	10.1	2532.00	96.2
食品饮料	259.21	8.5	1036.97	97.9
工艺制品	224.00	11.0	855.56	97.8
纸业印刷	127.09	11.9	639.47	91.8
高新技术产业	499.54	8.0	2289.19	96.3
新兴产业:新一代信息技术	62.8	37.6	267.11	95.0
新兴产业:生物医药	11.96	8.3	44.22	95.0

注：①表中的机械装备口径采用国家统计局装备制造业口径；②表中的高新技术产业仅指规上工业部分。

资料来源：泉州市统计局2017年12月统计资料。

（三）工业结构持续优化，新旧动能加快转换

大力实施创新驱动战略，促进企业优化升级。2017年，泉州产业结构调整稳步推进，规模以上工业中高新技术产业、新兴产业中的新一代信息技术和生物医药增加值分别增长8%、37.6%和8.3%，所占比重与2016年相比都有所提高。六大高耗能行业增加值为903.53亿元，同比增长3.2%，占27.13%，比重比2016年下降，其中有色金属冶炼和压延加工业与化学

原料和化学制品制造业增加值分别下降 13.3%、0.5%。化学原料和化学制品制造业、非金属矿物制品业和有色金属冶炼和压延加工业三个高耗能行业综合能源消费分别下降 3.5%、13.3% 和 2.0%。新增长点对工业生产发挥积极作用，不断加大工业企业技术改造投入力度，推动企业投资，制定新一轮技改投资专项行动计划，健全市、县两级技改项目库，引导企业运用高新技术、先进适用技术改造提升传统产业，推动产业、产品结构优化升级。2017 年全市累计完成工业项目投资 1620.74 亿元，同比增长 19.6%，其中技改投资 968.73 亿元，同比增长 13.9%；全市在建重点项目投资 936.82 亿元，同比增长 35.1%（见表 3），增幅较大，项目投资个数达 8687 个。同时，推动民营企业项目投资，深化实施 17 个重点产业转型升级路线图策划项目招商，进一步加大民企产业项目对接力度，有效促进民企项目生产落地和建设投产，促进晋华集成电路、三安高端半导体、安溪 LED 植物厂以及石墨烯产业等一批大型民营企业项目的发展，为工业产业转型升级和创新发展注入新动能。2017 年泉州新对接民企项目 158 个，投资总额达 1062.61 亿元；已开工项目 70 个以上，开工率达 49.37%，完成投资额 880 亿元。

表 3　2017 年泉州各县（市、区）工业投资完成情况

区域	工业投资（亿元）	同比增长（%）	市在建重点项目(个)	同比增长（%）
全市	1620.74	19.6	936.82	35.1
开发区	20.75	15.7	8.24	166.3
鲤城区(含开发区)	64.70	0.1	36.19	412.6
鲤城区(不含开发区)	43.95	-5.9	27.95	604.8
丰泽区	20.15	-25.1	121.60	169.6
洛江区	28.87	-21.6	29.34	250.2
泉港区	63.48	9.5	24.41	-28.1
石狮市	264.28	25.3	87.95	109.2
晋江市	526.23	42.5	158.31	57.9
南安市	335.13	10.2	105.99	5.3
惠安县(含台商投资区)	153.96	12.8	254.52	12.4

续表

区域	工业投资（亿元）	同比增长（%）	市在建重点项目（个）	同比增长（%）
惠安县（不含台商投资区）	125.61	24.5	120.42	150.7
台商投资区	28.35	-20.4	134.10	-24.8
安溪县	102.76	16.1	68.97	-12.3
永春县	45.80	-0.4	20.86	17.7
德化县	15.39	12.4	28.67	-13.0

资料来源：泉州市统计局 2017 年 12 月统计资料。

（四）智能制造纵深推进，制造业自动化、数字化、智能化建设再上新台阶

泉州市获批“中国制造 2025”示范城市试点后，制订了“泉州制造 2025”计划，积极响应国家制造强国战略号召，在实施智能制造方面进行了有益的探索，并取得了显著的成效。积极推进晋江和洛江两个智能制造试点示范基地和嘉华梅洋等示范点的建设，全市建设 30 个示范性数字化制造、10 个示范性智能化制造企业，培育数字化车间 22 个。在智能装备产业发展方面，实施“数控一代”示范工程，加强高端、高精数控机械装备的研发，提高机械装备企业的数字化设计和生产制造过程自动化水平，增强市场应变能力；在纺织印染行业，研发和应用国产化数控高性能新产品，提高产品差别化和国产数控设备占有率，降低生产成本；在制鞋及服装机械行业，应用先进的数控智能装备，开发一批全自动化生产线，减少劳动用工，降低企业工人成本；在石材、水暖、建筑陶瓷等建材家居产业领域，开发了面向新生代的、客户参与设计的定制化、数字化的水暖产品，运用数字化装备改造生产线，在重点企业建设数字化车间，提高产品质量及加工精度。全市已有近 2000 家规模以上企业参与“数控一代”、智能化改造，占规模以上工业企业数量的 40%，减少劳动用工约 30%。国产替代进口的装备使企业成本降低，缩短产品开发周期，企业生产效率提高。全市规模以上企业装备数控化率每年提升近 10%，为泉州 2025 年进入中国制造业十强市奠定了坚实的基础。

（五）龙头企业培育机制持续优化，工业产业龙头项目建设加快

坚持贯彻省、市产业龙头企业促进计划，在九大产业集群中，努力培育一批占有较大市场份额、代表行业先进水平、具有自主知识产权和国际竞争力的大型企业集团；在科技创新、品牌发展、生产要素保障等方面予以优先扶持。鼓励企业做大做强，发挥龙头企业的产业引领作用，在《关于申报2017年市级技术改造专项资金的通知》中明确，对列入当年度泉州市产业企业目录的龙头企业实施的市级重点技改项目，符合条件的补助金额上浮10%，最高限额可达110万元。与此同时，被列入市级产业龙头企业目录的企业可参与泉州市产业集群协作配套专项资金项目申报。从2016年的补助标准来看，在市域内实际协作配套产品采购金额给予不高于5‰的补助；2015年已获得协作配套专项补助的，按在市域内新增协作配套产品采购金额给予不高于1%的补助，补助最高限额为100万元。在2016年全省培育65家省级工业龙头企业、296家市级龙头企业的基础上，2017年新增市级龙头企业206家，通过落实企业研究开发费用税前加计扣除、企业研发经费投入分段补助等税收优惠政策，以及鼓励龙头企业兼并重组，加快行业整合、产品升级和技术扩散，优化龙头企业投资环境，从而提高企业竞争力。2017年，全市累计产值超亿元企业为2523家，比2016年增加209家，完成工业产值13215.16亿元，占全市工业总产值的93.0%，增长17.1%，其中实现工业产值10亿元以上的企业达246家，比2016年增加57家，累计实现工业总产值6450.85亿元，比2016年增加1379.1亿元，龙头企业带动作用较为显著（见表4）。

表4　2017年泉州市规模以上工业各产值段增长情况

产值段	企业数（家）	累计工业总产值（亿元）	占比（%）	增长（%）
10亿元以上	246	6450.85	45.4	18.6
5亿～10亿元	351	2400.63	16.9	14.6
2亿～5亿元	930	2926.56	20.6	17.0
1亿～2亿元	996	1437.12	10.1	15.1

续表

产值段	企业数（个）	累计工业总产值（亿元）	占比（%）	增长（%）
5000 万元至 1 亿元	978	698. 87	4. 9	8. 0
2000 万 ~5000 万元	839	292. 41	2. 1	-11. 8
2000 万元以下	186	10. 38	0. 1	-96. 1
亿元以上	2523	13215. 16	93. 0	17. 1

资料来源：泉州市统计局 2017 年 12 月统计资料。

（六）高科技企业群体发展壮大，企业创新能力提高

泉州市 2017 年在全省率先推出加快培育高新技术企业的若干措施，进一步发挥政府引导作用，整合各类有利资源，培育和壮大了一批竞争力强的高新技术企业，以科技创新撬动企业转型升级和经济发展。通过加大奖励力度，完善有利于高新技术企业发展的大环境，加快建立市、县、区联动，财税、国资、金融等多部门配合的高新技术企业培育和引进体系。强调建立泉州市高新技术企业培育库，对当年入库企业给予一次性补助 10 万元；对年缴纳税收增长 10% 以上的高成长性科技型入库企业，给予不高于企业应纳税所得额 10% 的资金奖励，最高为 100 万元；鼓励申报高新技术企业，对通过认定的企业给予一次性补助 20 万元；支持引进高新技术企业。通过多方合力扶持，整合资源加大融资、用地、研发、人才引进、专利保护等方面的扶持力度，加快孵化、壮大一批高新技术企业。鼓励银行业机构拓展科技信用贷款、专利权质押贷款等业务，增加风险补偿资金投入，充分发挥泉州市高新技术企业发展基金和新兴产业股权投资基金的融资支持作用，优先将符合条件的高新技术企业及后备企业纳入小微企业“助保贷”支持对象；对符合规定的高新技术企业引进人才团队给予相应优惠政策；鼓励高新技术企业与高校、科研院所、中介机构协作开展专利技术创造运用并给予补助。通过积极开展科技创新，引导企业积极参与国家项目的研发，并引导企业走科技创新道路，提升了企业自主创新能力。加大高新技术企业

培育工作力度，促进高新技术企业和科技小巨人领军企业努力掌握核心创新技术，拥有自主知识产权。2017 年全市高新技术企业达 435 家，首批入选省科技小巨人领军企业为 163 家，有 33 家申请加计扣除奖励，获奖金额为 1510.5 万元。此外，2017 年全市新增 8 家国家知识产权示范优势企业，新增省级企业重点实验室 4 家。

二　2017年泉州工业发展中存在的主要问题

（一）产业同质化竞争加剧

泉州地区作为福建经济的排头兵，虽然传统产业牢筑根基，新兴产业也不断落地生根，发展势头良好，但产业集群优势并未有效发挥。泉州晋江是全国休闲男装、运动装、泳装等产业生产聚集地。泉州石狮又被誉为亚洲最大的服装城，其服装闻名于世，经过 20 多年精心培育，形成了一条以服装加工生产为核心的纺织服装产业链，产业集群化优势明显。凭借服装产业带，石狮跻身跨境产业带前锋位置，但在金融危机后，全球消费实际情况使得个性化消费趋势越来越明显。在面对“小订单”时，由于产业链建设还不完备，很多企业原料在外且自给率低，缺乏对上游原料的成本控制和掌控，供应链各环节不能紧密衔接，产品生产配套能力不强，上游产品价格保持高位，会逐步传导至中下游企业，在一定程度上压缩利润空间，降低企业竞争力。并且，内部企业同质化现象严重，存在仿冒产品、价格战、营销手段相互模仿、企业核心技术人员抢夺等无序的市场竞争，使产业集群优势无法得到很好的发挥。

（二）进一步去产能难度加大

近年来，去产能工作取得积极成效，但未来仍然面临挑战。2017 年泉州坚持落后产能应退尽退、能退早退，加快退出不安全、不达标的产能以及长期停工停产的“僵尸企业”，并在 2017 年 6 月明确要关闭、退出永春县两处煤矿，去产能 11 万吨，并多方开辟职工安置途径，妥善安置退出产能煤矿企业职工。但是在供给侧结构性改革深化之年，进一步去产能工作难度加大。一是企业去产能动力弱化。目前，钢铁、煤炭市场供需形势改善，产品价格回升，企业效益好转，受短期利益驱使，一些企业去产能意愿和动力有所弱化。二是职工安置难度加大。部分去产能重点地区产业结构单一，可转产项目少，社会吸纳剩余劳动力能力偏弱。而且，全市纺织服装、运动鞋、石材产量在全国市场占有率较高，面临化解过剩产能，提升有效供给的艰巨压力，在融资难、担保难情况下，企业经营与财务风险加大，企业正常的生产运营将受到较大影响。

（三）新旧动能转换过程中产业发展接续断档

当前正处于经济发展动能转换的重要时期，抓住实现新旧动能转换这个机遇，发展培育新动能、改造提升传统动能，为泉州发展打开新思路、新通道是泉州走在前列、进入中国制造业十强市的关键。培育壮大经济发展新动能，加快新旧动能接续转换是促进经济结构转型和实体经济升级的重要途径。但是在新旧动能转换过程中存在接续断档问题：在工业结构换档升级过程中，旧动能在调退中趋于减弱，新动能尚难弥补增长缺口，新旧动能接续存在断档问题。首先，产业转型升级过程中低端过剩产能释放出来的生产要素向新动能转移不顺，旧动能向新动能转换过程中出现“塌陷”。一些传统特色产业去产能后，一方面，资源要素和发展环境与新动能发展不匹配，招商引资面临较大困难，在短期内难以形成新的优势产能；另一方面，新旧产业“块头”差距明显，新经济在产业体量和增长贡献上无法与传统产业相比拟。纺织鞋服等产业在转换升级过程中面临较大困难，企业利润下降，财务状况恶化，企业可能面临破产等问题。

（四）企业在创新和推进智能制造方面面临困难

泉州制造业结构已由轻型化向轻重并举转型，高技术产业和新兴产业取得明显进展，但企业创新意识和创新动力不高，在规模以上工业企业中，开展研发活动和拥有核心技术的创新企业比重较低，企业创新力度不够。党的十九大报告进一步强调“加快建设制造强国，加快发展先进制造业，推动互联网、大数据、人工智能和实体经济深度融合”。泉州作为“中国制造2025”示范城市试点，积极推进智能制造，虽取得一定成效，但还面临很多困难。一是智能制造现还处于起步阶段，基础比较弱，截至2017年8月底，全省符合条件并被列入国家智能制造示范项目11个，获得支持的省级智能制造样板工厂（车间）为17个，其中泉州市获得支持的省级智能制造样板工厂（车间）仅3个；二是关键核心技术亟待提升，多数企业仍在引进和仿制，特别是智能制造软件、网络、信息安全基础薄弱，存在“空心化”风险；三是人才技术支撑亟待加强，一些中小企业缺乏懂得数控技术和相关专业知识的复合型技术人才；四是制造业企业困难较多，大企业进行“数控一代”工程发展需要资金、技术、人才信息等资源，还需要很多融资及租赁机构提供公共服务，另外创新服务资源短缺也会影响企业实施智能化改造。

（五）工业企稳回升，基础不牢靠

泉州2017年规模以上工业增加值同比实际增长8.3%，工业生产增速出现回落，工业经济企稳基础还不够牢固。保持工业平稳较快增长仍面临较大的压力，尤其是产能过剩未能有效缓解，成本上升和创新能力不足的问题长期并存，结构调整和转型升级压力加大，这些都成为工业经济建设中亟待解决的突出矛盾。主要表现如下。第一，外需低迷导致出口下降。2017年12月，海关统计的出口同比下降2.1%。从出口重点商品看，纺织纱线、织物及制品、服装及衣着附件和鞋类等出口降幅扩大，导致这些行业的工业品生产增速有所回落。第二，原材料价格上涨、产品价格下降、资金紧张仍是制约当前企业生产经营的三个突出问题。能源原材料价格上涨是当前企业生产经营中最为突出的问题，加上市场竞争加剧、企业缺工、用工成本上升、产品销售价格不断下降、流动资金紧张，使有些企业举步维艰。

（六）项目建设融资困难加剧

当前，一些重大基础设施项目和重点建设项目资金筹措主要采用 PPP 模式，受此政策影响，一些金融机构在上级政策未明确前，大多采取审慎观望态度，不再继续支持一些 PPP 项目的融资，这已经影响到部分比例项目的有序推进，从而影响对上中游工业品的需求。中小企业在泉州国民经济中占有举足轻重的地位，但是融资难的问题一直困扰着泉州中小企业的进一步发展。随着经济全球化的发展，全球性的企业竞争日益加剧，加上国内消费需求不足，泉州中小企业不仅必须和国内同行拼抢国内市场，同时还面临来自欧美等各国政府为了保护本国企业而制造的非贸易壁垒，如各种反倾销调查等，极大地冲击着泉州中小企业的生存和发展。除了经营规模、技术人才等因素制约外，资金来源也成了泉州中小企业的发展瓶颈。泉州中小企业融资难的问题主要表现为自身融资能力有限、直接融资和间接融资受国家政策和银行制度的严格限制，使得众多中小企业走上风险较高、介于合法和非法之间，甚至是非法的民间借贷之路。泉州中小企业融资难、扶持中小企业发展成为亟待解决的问题。

三　加快泉州工业发展的若干建议

“十三五”时期，经济进入新常态，经济发展方式加快转变，新的增长动力正在孕育形成，经济长期向好基本面没有改变，是泉州市加快由工业化中期阶段向高级阶段转型的关键时期，推进“泉州制造 2025”要以结构调整优化为主线，推动主导产业高端化、特色产业集群化和新兴产业规模化，推进全国质量强市示范城市建设，构建轻重并举、三产繁荣、深度融合的现代产业体系，打造泉州制造业转型升级版。

（一）引导主导产业向创新型企业转化

引导主导产业向创新型企业转化不仅要注重发挥企业在产业转型升级中

的主体作用，激发企业家转型升级的自觉性，同时还要更好地发挥政府战略引导和服务推动作用，提高资源配置效率和公平性，为产业转型升级营造一个有利的环境，促进主导产业的高端化发展。第一，纺织鞋服产业要围绕建设世界纺织鞋服基地和中国纺织鞋服流行趋势策源地，发挥纺织服装品牌企业、上市企业多的优势，进一步强化产业链核心竞争力，推动产业高端化、差异化发展，产品个性化、定制化、时尚化、功能化发展。第二，石油化工产业要围绕创建生态石化工业园区，构建世界大型石化基地，推动泉港、泉惠石化园区加快开发建设，以福建联合石化、中化泉州石化为龙头，提升炼化一体化产业竞争力，加快发展多元化原料加工工业，大力发展石化深加工产业，突出发展各类化工新材料、专用精细化学品等高端石化产品。第三，机械装备产业要围绕打造全国重要的机械装备制造中心，强化泉州市数控一代科技创新中心、中科院海西研究院泉州装备制造研究所、泉州华中科技大学智能制造研究院等基础平台作用，努力突破一批机械装备共性技术和重大高新技术，全面提升机械装备自主研发能力，提升产业机械、数控机床、新型消防装备、输配电设备、工程机械等产业智能化、大型化、特色化水平，延伸产业链条，做大产业规模。第四，建材家居产业要围绕建设全国建材（装饰）产业现代化基地，把握新型城镇化建设机遇，推动石材、建陶、水暖厨卫、水泥、墙体材料、门窗等建材产业向节能环保、高科技绿色材料及新材料转型、向智能家居发展。第五，石材行业要发展技术含量较高、附加值较高的产品，产品结构逐步向高端化、精细化、工艺化发展，向家居装潢装饰、精品艺术等产业延伸。第六，水暖厨卫行业要向卫生陶瓷、淋浴房、浴室五金挂件、五金配件、浴室柜、浴缸、不锈钢水槽等产品生产延展，开发面向新生代的、客户参与设计的定制化、数字化的水暖厨卫产品。

（二）促进新兴产业规模化发展

现阶段，我国经济发展进入新常态，战略性新兴产业继续保持良好发展态势，在支撑经济增长、改善人民生活、引领创新驱动等方面均发挥着越来越重要的作用。“十三五”时期，我国把战略性新兴产业作为重要任务和大事来抓，要重点培育形成以集成电路为核心的新一代信息技术产业、以基因技术为核心的生物产业以及绿色低碳、高端装备与材料、数字创意突破十万亿元规模的五大产业。现阶段，在鞋服、食品以及建材等传统制造业全面调整的基础上，泉州应当大力推进集成电路、电子商务、信息技术、高端制造等战略新兴产业的发展，从技术链、价值链和产业链出发，以创造产业发展环境、提供产业发展空间、引进高端生产要素、优化政府公共服务抓手，鼓励各地因地制宜培育发展或改造提升特色优势产业，延伸拓展产业链，发展壮大产业集群，通过特色产业延伸、重大技术攻关对接、重大项目招商引资等方式，培育一批重点企业及项目，实施一批示范应用工程，打造一批产业集聚区，争取推进新兴产业形成规模效应。

（三）加快培育、壮大新动能，推动供给侧结构性改革

当今世界，新一轮科技革命和产业变革呈现多领域、跨学科、群体性突破新态势，正在向经济社会各领域广泛深入渗透。我国工业已由高速增长阶段转向高质量发展阶段，正处在转变发展方式、优化产业结构、转换增长动力的攻关期。党的十九大报告指出，要在中高端消费、创新引领、绿色低碳、共享经济、现代供应链、人力资本服务等领域培育新增长点、形成新动能。为顺应生产力发展新要求，加快培育壮大新动能是促进经济结构调整和实体经济升级的重要途径，也是泉州制造业处在新的发展阶段、面对新的目标、走好发展新路的必然选择。面对新一轮的科技和产业革命，2018 年泉州市应通过提高效率驱动工业增长和培育增量化解存量矛盾两方面来推动供给侧结构性改革。坚持把发展经济着力点放在实体经济上，继续抓好“三去一降一补”政策，大力简政减税减费，不断优化工业发展环境、产业结构，进一步激发市场主体活力，提升工业发展质量，继续深入推进供给侧结构性改革。瞄准建设具有全球影响力的产业科技创新中心和具有国际竞争力的先进制造业基地目标，采取更多激励措施鼓励企业增加研发投入，提升技术装备水平，提升智能化程度，加快互联网化提升，不断增强发展新动能。要把握工业发展新趋势，找准培育壮大新动能的着力点，改造提升传统动

能，通过发展新业态、推广新模式、利用新技术来满足不断升级的消费需求，推动供给侧结构性改革。

（四）推动互联网、大数据、人工智能与制造业深度融合

深入实施工业互联网新发展战略，开展公益互联网发展“323”行动，实施工业互联网三年行动计划，制定出台工业互联网平台建设及推广指南，实施工业互联网安全防护提升工程。深入实施智能制造工程，新遴选一些企业进行试点示范项目建设，实施制造业“双创”专项，支持一批制造业“双创”示范平台，加快“双创”支撑体系形成。以国家自主创新示范区泉州片区建设为核心，依托新型工业化产业示范基地、经济技术开发区、高新技术产业开发区等产业园区，大力发展创客空间、创新工场、开源社区等新型创业创新载体，培育一批支持制造业与互联网融合发展的“双创”示范园区，重点支持中国国际信息技术（福建）产业园、泉州软件园与大型互联网企业、基础电信企业合作建设基于互联网的“双创”示范园区。鼓励制造业企业建设互联网“双创”平台。推动国家级、省级、市级企业技术中心、工程研究中心、行业技术开发中心等有条件、有实力的行业龙头骨干企业突破边界，整合国内外优质的创新资源，搭建基于产业协作配套的协同创新平台，带动产业链上下游中小企业融入大企业创新链。推动龙头骨干企业开放共享创新资源，充分利用各类创业创新基地、众创空间、科技企业孵化器等，构建一批低成本、便利化、全要素的“双创”服务平台，共享技术、设备和服务，提升中小企业快速响应和柔性高效的供给能力。鼓励高校院所、行业技术开发基地、新型研发机构围绕优势专业领域，建设面向制造企业的互联网“双创”平台，促进企业技术需求和科技成果对接，加快突破一批制约产业发展的共性关键技术。进一步夯实制造业与互联网跨界融合基础，培育一批面向制造业与互联网融合发展的整体解决提供商，打造一批工业云与工艺大数据应用平台，进一步提高工业互联网服务支撑能力，推广普及制造业与互联网深度融合新业态。牢固树立和贯彻落实创新、协调、绿色、开放、共享的发展理念，坚持“创新驱动、融合发展、分业施策、企

业主体”的原则，以激发制造业企业创新活力、发展潜力和转型动力为主线，以建设制造业与互联网融合“双创”平台为抓手，围绕制造业与互联网融合关键环节，建立完善制造业与互联网融合发展生态体系，增强制造业核心竞争力，助推泉州“中国制造2025”试点示范城市建设。

（五）聚力提质量、增效益，加快传统产业优化升级

传统产业是区域经济的重要支撑，也是经济结构调整的重点，通过新技术、新管理、新模式的调整，能够使之焕发巨大生机和活力。目前，泉州的传统工业发展面临严重的挑战，劳动成本上升、招工困难，产业层次低、整体规模不大，工业产品档次低、经济附加值不高，科技含量低、产业升级缓慢，这些都是遏制泉州工业健康可持续发展的屏障，因此，在加快传统产业优化升级和提质量增效益的过程中，首先应当注重大力破除低端无效产能，加强对重点企业的监督检查，推动出台有效处置“僵尸企业”以及金融债务意见，鼓励先进企业兼并重组并淘汰落后产能，深入推进“增品种、提品质、创品牌”战略。其次开展个性化服务。瞄准国际标准，率先在纺织鞋服、食品饮料、机械装备、建材家居等重点行业建设一批消费品工业个性化定制和创新示范服务平台，鼓励纺织鞋服等行业龙头企业提供满足客户个性化需求的产品，以提升产品质量和客户满意度。在设计、制造、物流、服务等环节植入客户参与界面，实现客户深度参与的定制化生产。再次，通过先进制造技术与新一代信息技术的集成创新，推行模块化产品设计、柔性制造系统、智能化生产控制与调度技术，实现以大批量生产的成本和效率提供定制化产品，以促进产业集群并增强区域品牌竞争力。最后，优化企业转型升级环境。制定出台促进传统产业优化升级的指导性文件。研究提出进一步优化企业兼并重组市场环境的措施，制定新时期制造业创新设计发展指导意见，开展“向企业送管理”和示范推广活动，引导企业创新管理提质增效，培育一批制造业单项冠军企业。另外，还应当注重推动优化产业空间布局，积极落实“三大战略”，修订发布产业转移指导目录，搭建产业转移合作交流平台，推动区域协调发展。

（六）发挥消费和投资有效作用，促进工业经济平稳增长

增强消费对经济发展的基础性作用，同时发挥投资对优化供给结构的关键性作用，是巩固工业经济稳中向好势头的重要内容。在消费方面，加强泉州工业发展制度环境的建设，包括战略谋划和顶层设计，着力推进现代产业体系假设，以增强本地工业品扩大内需的能力。同时，加大传统行业新材料、新能源等方面的研发力度，促进并提高传统消费领域的消费需求。最关键的是，泉州应当把握网络信息技术高速发展机遇，推动信息消费的扩大升级，制定发布信息消费发展指南，深化国家信息消费试点示范城市创建，持续优化当地的信息消费环境，最终以良好的消费环境、创新的技术、优质的服务来扩大内需。在投资方面，着力引导社会投资更多地投向工业，有效推动制造业投资结构的优化，同时，推动落实《关于发挥民间投资作用　推进实施制造强国战略的指导意见》，深化“放管服”改革，破除制约民间投资的各种障碍，形成有利于民营企业转型升级、促进民间投资增长的体制机制和政策环境，以激发民间的投资活力。

B.5
泉州农业农村经济发展形势分析与对策建议

叶 颉　谢志忠*

摘　要： 2017年以来，泉州市积极响应党中央的号召，面对经济下行压力和自然灾害频发的严峻挑战，坚定不移推进农业农村供给侧结构性改革，同时党的十九大报告提出“实施乡村振兴战略”，坚持“一村一品”“一镇一特色”，建设和谐美丽乡村，使农业农村经济发展呈现稳中向好的良好态势。本报告分析了当前泉州市农业农村经济运行特点，论述泉州市农业农村经济发展面临的问题，并提出推进泉州市农业农村协调发展的对策建议。

关键词： 泉州　农村供给侧结构性改革　乡村振兴战略

一　当前泉州农业农村经济运行特点

（一）农业生产增速上行

2017年，全年完成农林牧渔业产值358.14亿元，增长1.1%，分别比

* 叶颉（1988～），女，福建沙县人，泉州师范学院讲师，博士，研究方向为农村经济、产业经济；谢志忠（1970～），男，福建仙游人，泉州师范学院教授，博士生导师，研究方向为农村金融。

第一季度、上半年和第一季度至第三季度下降0.4个、0.3个百分点和提高0.2个百分点。其中农业产值为148.26亿元，同比增长3.6%；林业产值为4.94亿元，同比增长11.2%；牧业产值为61.72亿元，同比增长1.4%；渔业产值为133.74亿元，同比下降2.3%；农林牧渔服务业产值为9.48亿元，同比增长5.2%（见表1）。从种植面积看，2017年全市粮食种植面积为204.57万亩，比2016年减少1.07万亩，下降0.5%，其中稻谷面积为107.02万亩，比2016年减少1.93万亩；烟叶种植面积为0.25万亩，比2016年减少7亩；油料种植面积为32.03万亩，比2016年减少0.13万亩；蔬菜种植面积为131.37万亩，比2016年减少0.57万亩。次年第一季度，全市完成农林牧渔业产值51.84亿元，增长1.2%。其中农业产值为10.63亿元，增长4.7%；林业产值为0.66亿元，下降6.8%；牧业产值为15.20亿元，下降4.2%；渔业产值为23.19亿元，增长3.8%；农林牧渔服务业产值为2.16亿元，增长4.7%。

表1　2017年泉州市农业生产总值增长情况

单位：亿元，%

项目	2017年	2016年	增长率
农业产值	148.26	147.73	3.6
林业产值	4.94	4.57	11.2
牧业产值	61.72	64.38	1.4
渔业产值	133.74	131.65	-2.3
农林牧渔服务业产值	9.48	8.92	5.2
农林牧渔业总产值	358.14	357.26	1.1

资料来源：泉州市《2018年统计手册》。

（二）农业种植结构日益优化

2017年，全市粮食作物产量持续减少，粮食产量为71.12万吨，比2016年增产1.99万吨，产量增加2.9%（见图1）。分季节看，春秋粮增产，夏粮减产。2017年全市春收粮食产量为7.56万吨，增加0.02万吨，增长0.3%；夏收粮食产量为20.01万吨，减产1.2万吨，产量同比减少5.7%；秋收粮食产量为43.55万吨，增加3.17万吨，产量同比增加7.8%。分品种看，稻谷播种面积为107.02万亩，比2016年减少1.8%，产量为42.10万吨，比2016年增加0.97万吨，产量增长2.4%。薯类播种面积为80.71万亩，比2016年增加1.4%，产量为24.98万吨，比2016年增加4.5%；杂粮播种面积为7.23万亩，比2016年减少2.6%，产量为2.51万吨，比2016年减产0.06万吨，产量减少2.3%；大豆播种面积为6.56万亩，比2016年增加0.7%，产量为0.96万吨，比2016年增加1.1%，2017年，全市非粮食作物生产总体稳定发展。分品种看，花生生产稳定向前发展，2017年花生播种面积为31.93万亩，比2016年减少0.5%，产量为5.45万吨，产量同比增加1.4%；茶叶生产持续发展，2017年产量为8.09万吨，比2016年增加3000吨，增长3.9%；水果生产稳定增长，产量为49.34万吨，比2016年增加2.04万吨，增长4.3%；蔬菜产量为159.42万吨，比2016年增加2.68万吨，增长1.7%，食用菌产量为8.16万吨，比2016年增加0.6万吨，增长7.9%（见表2、表3）。2018年第一季度，主要农产品产量增长平稳，水果产量为0.49万吨，增长2.1%；茶叶产量为36万吨，与2016年同期持平；食用菌产量为2.91万吨，增长8.0%；肉蛋奶产量为4.95万吨，下降0.8%；水产品产量为17.38万吨，增长3.7%。近年，全市共建立20个“五新”技术推广示范片，面积达4602亩，建设标准果园5000亩，市政府拨出专项资金扶持茶业产业发展，开工建设生态茶园14977亩。全年植树造林总面积为13.40万亩，增长79.9%，2018年以来，泉州市围绕国家森林城市建设，累计实施乡村生态景观林建设村庄179个，面积达1790亩；规划新建县级以上森林公园13个，其中省级森林公园3个，实施森林生态景观提升9400亩，进一步提高森林资源生态质量和景观效果。同年，全市积极开展畜禽养殖废弃物资源化利用工作，全面完成生猪规模养殖场标准化改造。截至2017年12月底，全市255家存栏250头以上的养殖场已全部完成改造。

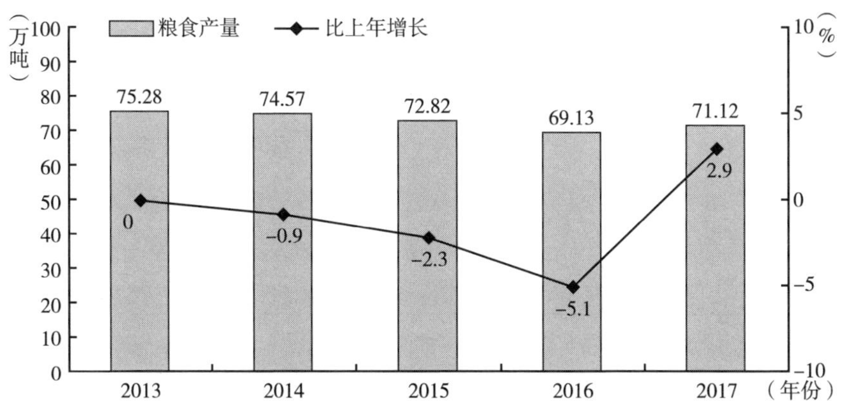

图 1　2013～2017 年泉州市粮食产量及增长速度

资料来源：《泉州统计年鉴》（2014～2018 年）。

表 2　2017 年泉州市农作物播种面积

单位：万亩，%

项目	2017 年	2016 年	增长率
1. 粮食作物	204. 57	205. 64	-0. 5
其中：稻谷	107. 02	108. 94	-1. 8
薯类	80. 71	79. 63	1. 4
杂粮	7. 23	7. 43	-2. 6
大豆	6. 56	6. 52	0. 7
杂豆	1. 24	1. 23	0. 8
2. 花生	31. 93	32. 10	-0. 5
3. 蔬菜	131. 37	131. 94	-0. 4

资料来源：《泉州统计年鉴》（2017～2018 年）。

表 3　2017 年泉州市主要农产品产量

单位：万吨，%

项目	2017 年	2016 年	增长率
1. 粮食作物	71. 12	69. 13	2. 9
其中：稻谷	42. 10	41. 13	2. 4
薯类	24. 98	23. 90	4. 5
杂粮	2. 51	2. 57	-2. 3

项目	2017 年	2016 年	增长率
大豆	0.96	0.95	1.1
2. 花生	5.45	5.38	1.4
3. 茶叶	8.09	7.79	3.9
4. 水果	49.34	47.30	4.3
5. 蔬菜	159.42	156.74	1.7
6. 食用菌	8.16	7.56	7.9

资料来源：《泉州统计年鉴》（2017～2018 年）。

（三）现代特色农业发展水平提升

2017 年，泉州市全年固定资产投资为 4123.80 亿元，比 2016 年增长 10.0%，其中全市第一产业投资为 78.84 亿元，增长 25.7%，农林牧渔业投资为 86 亿元，增长 28.5%，高于全市投资平均水平。泉州市各级财政统筹安排约 7000 万元资金新扩建 150 个重点设施农业项目以带动投资，年末全市分别拥有国家级、省级农业产业化龙头企业 8 家和 107 家；农业“三品一标”即无公害农产品 509 个、绿色食品 132 个、有机食品 12 个，农产品地理标志产品 10 个；全市粮食生产保持平稳发展趋势，粮食播种面积为 204.57 万亩，粮食产量为 71.12 万吨；特色现代农业规模提升，7 家泉企上榜 2017 年福建省著名农业品牌，福建名牌农产品共 132 个。为推进农业供给侧结构性改革，提升特色现代农业发展水平，近年来，泉州市出台一系列措施，在优化一产的基础上，深化二产，强化三产，融合一、二、三产发展，转变农业发展方式，大力发展品牌农业、生态农业、智慧农业。

（四）农业特色互联网小镇不断推动

一是“互联网”现代农业行动为农业特色互联网小镇建设提供了基础条件。2017 年，泉州市高度重视农业农村信息化工作，大力推进现代信息技术向农业农村渗透融合，农业信息基础设施支撑能力明显增强，农业生产智能化、经营网络化、管理数字化、服务在线化水平大幅提升，农民信息化应用能力增强。二是农业特色互联网小镇建设顺应了农业农村信息发展趋势。自 2015 年晋江市永和镇被评为“中国淘宝镇”开始，玉湖、玉溪、坂头、旦厝、东茂、割山、后埔、马坪、英墩 9 个村先后入选“中国淘宝村”，逐步以信息流带动技术流、资金流、人才流、物资流向农村地区聚集，让农村共享数字经济红利，为打破城乡二元结构、以信息化带动新型城市化、推动城乡一体化发展带来了历史机遇。三是农业特色互联网小镇建设为农业农村经济社会发展提供了强大内生动力。目前，晋江市永和镇正全力争创福建省特色小镇“云裳小镇”。该产业园以“云裳”为名，即指今后将以互联网经济为依托，以周边区域的服装产业为后备仓储，形成集电子商务、人才培训、仓储物流、公共配套等功能服务于一体的电商产业园。截至 2017 年，永和全镇有电商企业和个体工商户 1000 多家，仅玉湖村辖区内就有电商企业 250 家，全年完成线上线下交易额近 2 亿元。农业特色互联网小镇的建设和推动，不仅有利于开发特色农业资源、促进城乡协调发展，还有利于推动自然生态、历史人文、民族特色、传统工艺与农业产业和信息技术融合发展。

（五）精准扶贫强化落实

近年来，泉州市委、市政府将脱贫攻坚工作作为“第一民生工程”抓紧抓好，加强组织领导、强化政策支持，完善工作机制，明确责任分工，落实帮扶资金，提升发展水平，拓展帮扶渠道，强化扶贫开发，特别是通过出台政策支持、建立工作机制、落实专项资金、多渠道帮扶等方式，积极探索和创新帮扶平台，加快民族乡村的经济社会发展，大力实施精准扶贫，推动少数民族贫困人口脱贫。据统计，自 2011 年以来，全市累计脱贫超 16.86 万人。截至 2018 年 8 月，市委、市政府过去五年累计统筹超 8.6 亿元资金扶贫，并在全省全国首创实施包括百企帮百村、百会扶百村、百侨助百村在内的“三百工程”。150 多家民企从助学、就业、助医、助房、助灾、助困 6 个方面，结对帮扶 310 多个贫困村；逾 230 家商会与贫困村签订帮扶协议，共筹集资金5200多万元；各级侨联挂钩111个村（社区），共引进侨捐项目200多个。首先，在人才、资金、项目的叠加效应下，全市至少2.3万户贫困户找到了适合自己的产业发展路子，实现造血性脱贫。其次，面对全市仍有2.18万名贫困人口、107个贫困村亟待脱贫的现状，泉州市各级各部门加大资金扶持力度，落实长效帮扶机制，研究实施脱贫“组合拳”，增强民族乡村自我发展能力，按照国家、省有关脱贫攻坚部署要求，进一步研究落实少数民族贫困地区和贫困人口的精准扶贫措施，努力实现少数民族贫困人口全部脱贫，坚决打赢全市脱贫攻坚战。

（六）创意“智汇”美丽乡村持续建设

党的十九大提出实施“乡村振兴战略”，农业、农村、农民问题是关系国计民生的根本性问题，必须始终把解决好“三农”问题作为全党工作重中之重。自2012年下半年，泉州吹响了美丽乡村建设的号角。按照“村庄秀美、环境优美、生活甜美、社会和美”，建设宜居、宜业、宜游的美丽乡村的目标，提出要努力把广大农村建设成更加优美、更加和谐、更加幸福的生态家园。在美丽乡村建设中，泉州市整合市级现代农业专项资金1.3亿元用于扶持设施农业建设，全面改善了广大乡村的生态环境和投资环境，给当地注入了新的活力。当前，泉州市许多乡村通过加强公共文化设施建设，让美丽乡村成为农村精神文明建设的新载体。5年来，泉州新创建市级文明镇村200多个，它们纷纷引入各种创新理念、创新设计，令一个个美丽乡村展现新貌。

二　泉州农业农村经济发展面临的问题

近年来，泉州市农业取得了瞩目的发展态势，区域特色逐渐显现。虽然泉州市在促进农村经济发展、提高农民收入等方面硕果丰富，但在发展过程中也存在一些问题，如农业生产分散、规模小、农田水利设施老化、农业耕种技术传统、劳动力人才缺乏等，农业总体依然大而不强、多而不优，精深加工不足、产业链条短，农业生产不断遭受天灾、疫病和市场风险的消极影响。

（一）农村基础设施相对薄弱，限制发展空间

与发展第二、三产业相比，农业基础设施相对薄弱，不能满足农业生产的需要，尽管政府连续多年对农民种粮进行补贴，出台了一系列强农惠农政策，给农民带来许多红利，但农业基础设施薄弱，农业投入总量不足，农业科技不到位，再加上第一产业生产风险较多，气候因素具有不确定性，农民种粮收益不稳定，农民种粮的积极性始终难以提高，要保持农业持续快速发展的难度将越来越大。同时经营主体力量薄弱，农民合作社、家庭农场发展质量不高，社会化服务体系不健全，农业信息化水平滞后，抱团发展的力量不强。且农民整体素质仍然偏低，一方面是随着农村青壮年劳动力大量向二、三产业转移，从事农业生产的劳动力日趋老龄化，这些农业劳动力根本无法从事强度大的农事活动，将影响种植业的发展；另一方面是技能素质低，接受新品种、新技术的能力差，绿色产品观念滞后，直接影响了农产品质量和产业化水平的提高，这都限制了农业发展的空间。

（二）农业资本外流严重，信贷投入依然不足

投入不足一直是制约农业产业化发展的瓶颈，由于企业的科技创新意识不强，产品档次不高，受自然影响较大，高风险低回报，难以适应不断变化和竞争激烈的市场，一些农业龙头企业在发展到了一定程度后，往往进行非农转型，导致一些地区的农业产业链断裂，直接影响了对基地农户的带动力、市场开拓能力和自身的经济效益。

（三）农业经营管理人才和科技人才欠缺

现代农业是前景广阔的朝阳产业，但常常难以吸引优秀人才驻足。一方面，农业企业产业链短，深加工不足，农产品附加值过低，特需、个性化、

特质产品严重不足，造成行业利润低，很难用优厚条件留住高素质人才；另一方面，农业企业通常处于农村，相对大中城市而言，缺乏较为丰富的物质和文化生活设施，缺乏专业人才发展的软环境，所以农业人才始终缺失，而这种缺失严重制约了农业企业和合作社的发展。

（四）企业发展不平衡，规模化程度低

2017 年，泉州市龙头企业共有 502 家，市级以上龙头企业达 104 家，但龙头企业规模较小、分布不均，带动作用有待增强。作为农民和市场相连接的中介，龙头企业的规模大小直接影响着农业生产市场化的广度和深度。龙头企业在带动农户进入市场的产业化组织形式中，肩负着双重责任，一方面要保证企业自身的利益，另一方面又要能让农户从中获利。由于目前农业产业化各环节的利益分配机制还不完善，许多企业只解决农户卖难问题，而对如何本着风险共担、利益共享，建立一种让生产者有利可图、经营者利益合理的分配机制则考虑得很少，龙头企业发展规模有待进一步提升。

（五）农民收入增长乏力，农产品价格下行压力大

近年来，泉州市居民收入平稳增长，统筹城乡发展战略得到有效实施，城乡差距逐渐缩小，2017 年，全市居民人均可支配收入同比增长 7.8%，达到 3.3 万元，其中工资性收入仍为增收主力军。同年农村居民收入增速超过城市，全市农民保持相对高速增长。农村居民人均可支配收入达到 1.86 万元，同比增长 8.3%。但我国经济增长进入新常态，正从高速增长转向中高速增长，将遭受一些国内外产品市场的影响，农产品市场竞争不断加剧，全市资源环境压力日益增强，大而不强、多而不优、竞争力弱等问题日益凸显，农产品消费需求相对下降，去库存压力逐渐显现，农产品价格将呈下行趋势。在此背景下，全市企业更意愿去控制劳动力成本以为企业减负，缩减企业用工数量，农民收入来源渠道变窄，实际收入将受打击，从而使得农民收入增长乏力。

（六）环保要求制约畜牧业发展

近年来，泉州市农业局牵头在全市推广生猪标准化改造，取得了一系列新实效，已完成畜禽养殖“三区”划定工作，并关闭拆除禁养区内生猪养殖场（户）1997 家，削减生猪存栏 26.25 万头；完成可养区和禁建区内存栏 250 头以下 3616 家生猪养殖场（户）整治任务；完成拟保留的 303 家存栏 250 头以上生猪规模养殖场达标改造，其中实际改造 255 家、关闭退出 48 家，泉州市着力养殖污染治理，努力引导畜牧业生产朝规模化、产业化、健康养殖方向发展。由于限禁养政策和环评等要求，不达标的养殖户尤其是散户退出养殖较多，生产规模持续下滑；加上加大环保投入以及饲料价格上涨增加了养殖成本，导致 2018 年泉州市畜禽产量全面下降，稳定生猪生产、确保畜牧业产值增速难度较大。

（七）海水养殖发展问题日益凸显

近年来，随着泉州经济建设的快速发展，临港、临海工业项目占用了浅海滩涂，湾内养殖空间日趋萎缩，城市的扩张致使城乡养殖池塘被大量征用，大量工业废水、生活污水和农业生产使用的农药、化肥及港口船舶废油排入海中，使一些近岸海域受到严重污染，不仅直接危害海水养殖产品的生长，还直接影响产品质量，使这些海域失去水产养殖功能，同时，部分地区养殖品种结构不合理导致了风险集中，严重影响海水养殖的产量和效益。

（八）农业供给侧结构性改革略显不足

在 2016 年，泉州市推动农业供给侧结构性改革取得初步成效，2017 年是农业供给侧结构性改革深入推进的一年，立足资源优势培养优势企业，全力推进产业升级、民生补短等，为泉州市经济快速发展开创了优良的条件，奠定了基础，更好地解决了“三农问题”，城乡居民获得持续发展的红利。

但随着一、二、三产业融合发展，农业污染和农产品质量安全问题增多，全市粮食播种面积持续减少，维持全市粮食自给难度增加，且受劳动力成本、土地成本攀升的影响，农产品生产成本明显上升，国内外价格倒挂，导致国内农产品缺乏竞争力，农业供给侧结构性改革作为新的历史阶段农业农村工作的主线，目前来看整体还须顺应新形势的要求，加快培育农业农村新动能。

（九）乡村振兴战略步伐有待进一步加快

2017 年 10 月，党的十九大强调“农业农村优先发展”，提出“实施乡村振兴战略”引导“三农”发展，把农业农村的发展摆到国家战略的高度进行决策部署。虽然近年来泉州市农业农村形势喜人，但探索“小城市”全国试点建设，在稳定粮食生产前提下，应进一步加快促进农业生态化、标准化、专业化、设施化生产，坚持“产出来”“管出来”两手抓，强化农产品质量安全监管；泉州还需立足“大市小农”基本市情，立足小农户生产将长期存在的实际，大力培养新型职业农民，实现共享规模经营效益；与此同时，乡村振兴，既要塑形，也要筑魂，最根本的就是保护好绿水青山，推动社会主义核心价值观落细落小落实。

三　推进泉州农业农村协调发展的对策建议

农业、农村、农民问题事关全面建成小康社会大局。近年来，福建省“三农”发展总体形势较好，既贯彻落实中央、省、市决策部署的要求，也为促进经济社会持续健康发展奠定了坚实基础。同时，泉州市农业农村发展还面临许多困难和挑战，下一时期泉州市的农业农村主要工作，必须坚持“三农”工作重中之重地位不动摇，围绕市委、市政府提出的“抓龙头、建基地、创特色、打品牌”的农业发展思路，继续严格保护耕地，稳定粮食生产；扎实推进农业现代化，大力开展特色现代农业，完善农村基础设施建设；深化农村改革，推进农业供给侧结构性改革，着力推进美丽宜居乡村建设，提高社会主义新农村建设水平，全力打好脱贫攻坚战，狠抓强农惠农富农政策落实，促进农民增收致富。

（一）扶持粮食适度规模经营，推进粮食高产创建

土地是农业发展的根本，保护耕地资源是保证粮食安全的前提。在农业收益较为低下的背景下，加快划定永久基本农田，实施耕地地力提升工程，保证耕地资源的压力有增无减。要在严格控制用地规模确保农业用地总量不变条件下，持续促进由分散经营用地模式向规模化、集约化经营用地建设转变，发展粮食适度规模经营，给予农民补助、奖励和贷款贴息等多种方式的支持，提升粮食生产主体的种粮意识和比较收益，扩大种粮面积，稳定粮食生产，推广应用优质、高产、抗病品种及配套技术，建设高标准农田，有效保障农产品的供给，确保全市粮食安全，促进土地规范有序流转，不断提高粮食综合生产能力和社会化服务水平，大力培育粮食适度规模经营主体，扎实推进农业专业化、标准化、规模化、集约化发展。

（二）优化农业种植结构和农村产业结构

抓紧统筹农业综合开发资金、现代农业生产发展资金、农田水利设施建设补助资金等项目资金，大力开展土地整理、农田水利修建、土壤改良等农业基础设施建设。主要建设一批高标准农田，集中力量改造复耕山垅田。加快推进大中型灌区节水配套改造，推进规模化节水灌溉工程建设，推进农田灌溉水有效利用。进一步强化惠农富农政策落实，加强高标准农田、粮食产能区建设，整建制推进粮食绿色创建，稳步提升粮食综合生产能力。在确保粮食安全的基础上，着力依靠粮食生产，围绕蔬菜、水果、茶叶、禽畜、水产、花卉、食用菌等特色优势产业，打造一批千亿元农业产业集群，进一步优化农业产业和种植结构。要加大多元立体生态林业培育建设，加快发展种苗、花卉名特优经济林等特色优势产业。要进一步壮大现代渔业产业链，积极推动集约化海水健康养殖，大力发展现代海洋生态文化。要大力实施种业创新工程，加快建设公益性基础性育种科研创新平台，培育和推广一批优质

高产多抗广适和适合设施化与机械化作业、工业化加工的新品种。要着力围绕特色优势产品延伸上下游产业链，大力推进农产品精深加工，延伸农业产业价值链，提高农业比较收益和农民收入。

（三）合理规划、发展海水养殖

面对当前海水养殖所遇到的问题，泉州市亟须推进海水养殖的合理规划和清退整治工作，对超规划的海水养殖问题加强落实整改，并严格限制废水、废油、化肥等的排放，以免对海洋及其内生物造成污染。因此，一方面，泉州应当科学确定海区养殖容量，控制养殖强度，在养殖方式上应增加养殖多样性，合理优化、搭配养殖品种，以提高养殖经济效益和生态、环境效益；另一方面，应当开发具有抗风浪、抗流的养殖设施，把养殖水域从湾内向湾外推移，提高水域利用率，减少养殖环境污染，达到持续发展目的。另外，还应当加强病害综合防控，加快研制开发针对性强、低毒、无残留的无公害渔药，研发渔用疫苗、天然中草药制剂等“绿色药”，科学合理使用药物，以提高海水养殖生物病害防治效果与海产品品质。

（四）发展特色农业，助推脱贫攻坚

首先，特色现代农业是泉州市农村经济发展和农民增收的重要支撑，发展特色现代农业是贫困群众脱贫和稳定脱贫的根本之策。有产业就能吸纳就业，有就业就有收入，有收入才能实现稳定脱贫，因此，产业扶贫是脱贫攻坚“五个一批”工程的首要工程。其次，发展特色现代农业是实施贫困村脱贫工程的根本之路。农业独特的资源是农村最大的优势，立足优势走“一村一品”“一村一特”之路，是全市贫困人口如期脱贫、贫困村摘帽的捷径，也是增加村集体经济收入的有效路径；2018 年，泉州市确定南安市英都镇坂头村等 30 个村作为 2017 年度市级扶贫开发工作重点帮扶村。从经济的角度来说，重点扶持能够增加村财政收入和农民收入的生产性项目，适当安排改善农村生产生活条件和投资少的基础设施项目，培育自身“造血”功能，尽早改变落后面貌，力争帮扶村农民收入能在所在乡（镇）平均水平以上。泉州市应当出台鼓励社会资本进入特色现代农业领域的实施办法，强化项目规划指导和技术服务。

（五）合力推动品牌农业、生态农业和智慧农业发展

品牌的塑造目的是通过形象策划、设计和包装，把产品的内涵外在化。品牌农业的发展要以优化品种作为基础，加速培养优质高效、营养健康的新品种；以推进品质为重点，贯彻实施农业标准，推行优质、安全、绿色标准；以创建品牌为抓手，创建一批区域性公用品牌和福建名牌农产品；以品牌营销为手段，突出市场导向，加强“清新福建、绿色农业”宣传，着力提升福建特色农产品的市场竞争力和农业综合效益。在生态农业方面，推行绿色发展方式，加大农业面源污染整治力度，创建一批农业可持续发展试验示范区、农业废弃物资源化利用试点县和畜牧业绿色发展示范县，示范引领生态农业发展，促进农业可持续发展。在智慧农业方面，运用现代信息技术和物联网技术改造提升传统农业，实现农业生产的智能化、机械化、工厂化，集中力量建设覆盖全省的农业大数据平台和集信息、技术、管理、营销于一体的农业生产经营调度中心，创建一批产业集聚、生产标准、服务配套的现代农业智慧园。

（六）制定生产标准，把控农产品质量安全

农业科技进步，人们生活质量的逐步提高，对农产品的需求已从数量的追求转移至追求质量和安全的双重标准，农产品质量安全成为民生根本。首先，要健全和完善农业投入品生产使用和监管制度，要对农产品中某一种或几种健康有益成分基本定量；其次，还要能够标准化，按标准化生产；最后，要进行标识，让人们知道这是功能性农产品，解决农产品安全监管问题。提升全程可追溯、互联网共享的农产品质量安全追溯监管信息平台功能，加快农资、农产品质量安全追溯两大监管信息平台推广应用，推动农产品质量安全监管从产地到餐桌全程无缝对接，加快实现主要农业投入品全部信息化监管。促进生产诚信体系建设和建立安全生产不良记录“黑名单”

制度，实现真正落实生产记录和诚信档案。创新水产品质量安全监管模式，加快水产品质量安全追溯体系建设和建立涉水产品质量安全监管平台，增加主体信用管理、抽检信息等功能，着力推进智慧监管。全面强化防疫队伍和制度建设，深入动物疫病防控工作，确保畜牧业可持续发展和公共安全。深入实施农产品质量安全“1213”行动计划，创建一批省级以上园艺作物标准园、畜禽养殖标准化示范场、标准化水产养殖池塘，力争到“十三五”末农产品规模生产基地全部实现按标生产。

（七）加大乡村振兴人才选拔培养力度

人才兴，天下兴。要实现真正让农业强起来、农村美起来、农民富起来，就必须培养一支爱农业、爱农村、爱农民的“三农”工作队伍。健全农业人才培养制度，构建有利于人才成长成才的管理体制，充分发挥农业专业合作社、行业协会、产业化龙头企业、社会化服务组织等各类新型经营主体在农村实用人才培养中的“蓄水池”作用。打破年龄、性别、学历等限制，加大农村教育培训工作力度，培养一批具有新发展理念、掌握现代生产技术的农业人才和新型职业农民。鼓励优秀大学生到农村基层工作，学习和应用相关乡村规划建设、农村经营管理、农村金融、电子商务等专业知识，到农村创新创业。推动科技工作者直接服务农业农村，发挥人才优势，促进农业技能人才培养，建设知识型、技能型、创新型农业劳动者大军，全面提升农业劳动者职业技能水平，造就一支服务现代农业的科技工作队伍，为农村经济发展奠基人才基础。

（八）鼓励打造农业产业化联合体

加快培育发展一批以龙头企业为引领、以农民合作社为纽带、以家庭农场为基础的农业产业化联合体，整合资源，抱团发展。要引导龙头企业发挥自身优势，以“公司＋农民合作社＋家庭农场”“公司＋家庭农场”等形式，联手农民合作社、家庭农场等新型农业经营主体组建农业产业化联合体，实行产加销一体化经营。同时，应当支持农民合作社联合发展，鼓励通过品牌嫁接、股权合作、产业延伸等途径，依法组建跨区域、跨行业联合社。引导农民合作社拓宽合作领域，开展专业合作、信用合作、社企合作等，实现从产品合作向产业合作、全要素合作和生产全过程合作转变，使农民合作社成为农业产业化联合体的“黏合剂”和“润滑剂”。

（九）推进农村一、二、三产业融合发展

泉州经济发达，新型技术和产业对泉州的发展渗透与时俱进，如何运用新型技术来发展农业农村必是泉州市将要面临的难题。在此问题前，要加快推动农产品流通方式的创新，切实打破产业界限，围绕延长农业产业链、价值链，实施农产品加工提升工程，大力发展主食加工业和水产、林竹、海洋生物等精深加工业，加快打造形成 7 个全产业链总产值超千亿元的优势特色产业。充分发挥全市独特的绿水青山、田园风光、乡土文化等资源优势，大力拓展农业功能，推进农业、林业、渔业与旅游、教育、文化、康养等产业深度融合，力争把新技术、新业态、新模式引入农业村发展实践中，大力推行农业农村产业功能，加快实现“一产接二连三”，提高农业整体效益。

（十）积极顺应“互联网 +”产业发展的新趋势

鼓励电商、物流、商贸、金融、快递等各类社会资本加强合作，对接整合优势资源，积极参与农业农村电子商务发展。推动传统生产、经营主体转型升级，实现线上线下融合发展，建立覆盖县、乡、村的电子商务运营网络，构建新型农业农村消费品流通体系，鼓励发展化肥、种子、农药等农业生产资料电子商务，努力为农民提供优质、高效、可追溯的农业农村生产资料。提升农业农村电子商务综合服务功能，实现一网多用，缩小城乡居民在商品和服务消费上的差距。增强利用电商创业、就业能力，推动特色农副产品、旅游产品的网络销售，助力农业农村发展。把电子商务同扶贫开发结合起来，加快贫困地区“三网融合”建设步伐，完善功能及配套设施，积极打造农村电子商务平台，提升农村电商服务体系、网店建设和网店服务的水平。

（十一）共促海峡两岸农业合作进程

要大力发展以泉台农业交流与合作为重点的外向型农业经济。推动泉台区域生产要素跨地区流动，提高泉州农业综合生产能力；推进农业产业化经营，增加农民的收入；推进两岸人民密切交流和深入合作；构建区域共同发展平台，使未来创意农业生产将逐步向“十型”转变。推进现代农业示范园区建设，深化泉台农业对接，加快推进泉州国家农业科技园区、安溪国家现代农业示范基地、台湾农业技术交流推广中心、惠农台湾农民创业园区等园区建设。推进城乡一体化，促进农民增收、农业增效、农村繁荣，共建和谐社会。同时还可以围绕美丽乡村建设，在旅游观光、沉香种植等方面开展更广泛的合作。

（十二）着力打造美丽乡村

大力投入财政资金，坚持“一村一品”“一镇一特色”，提升村庄绿化美化水平。以创建生态村和绿色村庄为抓手，大力开展村庄绿化工作，加强村旁、宅旁、水旁、路旁“四旁”，以及村部、文体活动中心等公共建筑及活动场所周边的全面绿化。强调村庄生态保护与建筑风貌特色水平。引导和促进民居建筑风格与村庄整体风格相协调，要提倡不搞高标准豪华建筑和适当控制高层建筑，充分体现自然地理和历史人文特征，传承农耕文化、乡土文化，保护传统村落的完整性，留住“乡土记忆”，建设和谐美丽乡村。

B.6

2017 ~2018年泉州对外贸易发展形势与展望

杨玉华　黄晓玲*

摘　要： 随着全球经济一体化的加快和产业国际转移进程的推进，泉州中小企业对外贸易成为推动泉州经济增长的重要组成部分。本报告论述泉州外贸运行基本态势及主要特点，分析了泉州市对外贸易的影响因素，并阐述了对泉州市对外贸易运行的展望，最后提出促进泉州对外贸易稳定发展的对策建议。

关键词： 泉州　对外贸易　进出口

一　2017年泉州外贸运行基本态势及主要特点

2017 全年泉州市外贸进出口总额达 1567.7 亿元，同比增长 2%；以美元计价为 231.5 亿美元，下降 0.5%。其中出口额为 1046.6 亿元，下降 2.1%，以美元计价为 154.5 亿美元，下降 4.5%；进口额为 521.1 亿元，增长 11.3%，以美元计价为 77 亿美元，增长 8.8%（见图 1）。进出口顺差为 525.5 亿元，以美元计价为 77.5 亿美元，较 2016 年减少 13.54 亿美元。

---

* 杨玉华（1967 ~），男，河南汝南人，泉州师范学院教授，博士，研究方向为社会主义市场经济理论；黄晓玲（1969 ~），女，福建建瓯人，泉州师范学院教授，博士，研究方向为林业经济理论与政策。

（一）进出口态势平稳，贸易平衡状况继续改善，维持全省第三

与2016年相比，2017年泉州市的对外贸易总量虽然没有进一步下降，但升幅并不明显，以人民币计价，2017年进出口总量同比增长2%，从季度数据看，全年泉州外贸呈现振荡向好、缓中回升的发展态势。自第一季度开始，进口就止跌反弹，连续四个季度实现正增长。出口额（海关口径）从第一季度开始稳步增长，第四季度出口额小幅下跌，与福建省总体水平相比，泉州的外贸形势更加严峻一些。2017年，福建省共实现外贸进出口额11590.78亿元（人民币，下同），比2016年增长12%。其中出口额为7114.09亿元，同比增长4.1%；进口额为4476.70亿元，同比增长27.5%。2017年泉州的进出口总额占同期福建省进出口总额的13.5%，进出口规模居厦门、福州之后，仍然保持在福建省第三位。

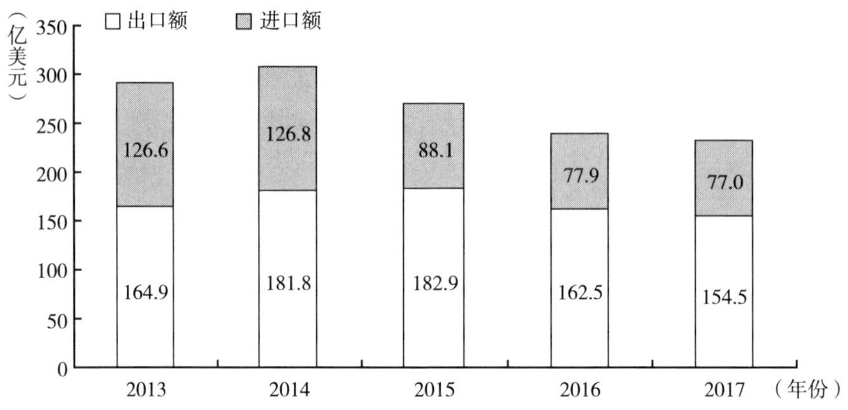

图1　2013～2017年泉州市进出口额情况

资料来源：根据《泉州市国民经济和社会发展统计公报》（2013～2017年）的数据整理制成。

进出口实现增长，结构进一步优化，动力转换加快，回稳向好势头进一步巩固。一是政策效应逐步显现。近年来，国家出台一系列促进外贸发展的政策文件，商务部会同各部门、各地方狠抓政策落实，营商环境不断改善，企业减负助力取得实效，市场主体活力得到有效激发。二是国际市场缓慢复苏。国际市场需求不足、国内经济增长下行压力较大，泉州不断优化外贸环

境，助力制造业加大力度开拓国际市场，同时培育外贸新优势，为出口外贸的电商化转型升级创造条件。三是泉州市企业结构调整和动力转换加快。一大批企业从供给侧发力，加快结构调整和转型升级，着力培育以技术、品牌、质量、服务、标准为核心的外贸竞争新优势，企业创新能力增强，动力转换加快。四是大宗商品进口量价齐升拉动中国进口较快增长。

（二）一般贸易比重较大

一般贸易是对外贸易中的一个主要形式，与加工贸易不同，一般贸易的自主性更强，技术水平往往更高。随着泉州对外贸易的快速发展，一般贸易逐渐取代加工贸易成为泉州对外贸易的主体。

2017 年，泉州市一般贸易进出口额为 202.44 亿美元，占同期泉州市外贸进出口总额的 87.4%；加工贸易进出口额为 18.64 亿美元，占外贸进出口总值的 8.05%。同期，福建省一般贸易占对外贸易总额的 72.28%；加工贸易占对外贸易总额的 20.74%（见表 1）。由此可见，从贸易方式来看，一般贸易在泉州市对外贸易中的比重较大，且高于福建省的平均水平。

表 1　2017 年主要进出口产品分类情况

单位：万美元，%

项目	绝对额	比 2016 年增长
进出口总额	2315370	-0.5
出口额	1545389	-4.5
其中:一般贸易	1370239	-4.3
加工贸易	130968	1.5
其中:机电产品	118095	2.9
其中:高新技术产品	356374	-4.2
进口额	769981	8.8
其中:一般贸易	654121	21.8
加工贸易	55407	-25.2
其中:机电产品	29839	59.1
其中:高新技术产品	109883	-25.7

资料来源：根据《泉州市国民经济和社会发展统计公报》（2017 年）的数据整理制成。

（三）进出口商品结构有待优化

从进出口商品的结构来看，近年来泉州产业、产品和经济结构的不断调整，已经形成了具有一定优势的出口商品结构格局，而进口以工业制品、生产资料为主。

泉州的工业制成品的出口明显快于初级产品的出口。机电产品和传统劳动密集型产品仍为泉州的出口主力，2017 年的机电产品出口额为 11.8 亿元，同比增长 2.9%，占出口总额的 7.6%；同期，纺织品、服装、家具、箱包、鞋类、塑料制品、玩具七类传统劳动密集型产品出口额为 669.9 亿元，同比下降 1.1%，占出口总额的 64%。2017 年泉州口岸进口能源略增，以原油、煤炭、液化石油气等能源为主，共进口 2602.36 万吨，同比增长 2.08%。其中进口原油重量为 2037.43 万吨，同比减少 2.78%；进口煤炭重量为 507.67 万吨，同比增长 22.26%；进口液化石油气共 57.26 万吨，同比增长 48.73%。成品油出口成绩突出。泉州石油炼化企业充分利用现有产能将进口原油加工成成品油再出口，实现“优进优出”。2017 年共出口成品油 472.00 万吨，同比增长 20.33%，约占全国出口成品油总量的 8.19%。

（四）民营企业表现突出

2017 年泉州市国有企业和民营企业两大主体的进出口均小幅上升，外资企业小幅下滑。民营企业出口占比重大，以人民币计价，民营企业出口 706.85 亿元，同比增长 2.4%，占出口总值的 67.54%，超过国有企业和外贸企业的出口比重，居出口份额榜首的地位；国有企业出口 46.12 亿元，同比增长 3.4%；外资企业出口 328.75 亿元，同比下降 1.5%（见表 2）。

从重点企业与非重点企业的出口情况看，两极分化明显。百家重点出口企业出口领涨全市出口，实现出口额 419.57 亿元，同比增长 18.16%，嘉晟供应链、晋江陆地港、一达通等外贸综合服务企业发展，实现出口 41.65

表 2　2017 年进出口商品总值情况

单位：亿元，%

项目	2016 年	2017 年	增长
进出口商品总值	1536.93	1567.6	2.0
1. 出口商品总值	1068.62	1046.6	-2.1
(1)国有企业	44.61	46.12	3.4
(2)民营企业	690.36	706.85	2.4
(3)外资企业	333.65	328.75	-1.5
2. 进口商品总值	468.31	521.1	11.3

资料来源：根据泉州市《2018 年统计手册》的数据整理制成。

亿元，增长 22.1%。2017 年泉州市共组织 2030 多家企业参加境内外 108 场展销活动，尤其是连续两年在广交会主展馆设立“泉州品牌展示专区”，举办“供采对接交流会”，使泉州优势产业、品牌企业和名优特产品受到海内外客商的高度赞誉。泉州还积极拓展与金砖国家其他成员的贸易市场，2017 年出口金砖国家其他成员总额达 105.44 亿元，同比增 120.12%。

（五）国际需求低迷，跨境电商在传统出口贸易中为泉州带来新动力

受全球经济复苏缓慢、国际市场需求不足的拖累，2017 年，在传统出口市场中，除对出口俄罗斯、美国的比重增长外，泉州对欧盟、东盟、非洲、日本、韩国的出口均出现不同程度的下滑。

在传统出口模式日益艰难的情况下，随着跨境电商市场的日渐成熟和市场的进一步规范，坐拥夯实的制造业基地，越来越多的传统外贸企业尝试杀入跨境电商领域这片红海，自 2015 年开始，泉州市依托晋江陆地港启动“泉州跨境电商通关服务中心”“泉州国际快件监管中心”“厦门邮政互换局晋江分中心”三大中心的建设和运营，创新了跨境物流转运模式，推动了跨境电商的蓬勃发展，由此也催生了从线上平台生态链打造到线下实际对接活动、提供资讯等各类服务机构的蓬勃发展。近年来，鞋服、箱包、家居、工艺品等泉州优势产业产品，通过跨境电商的销售方式在各大平台上表现十

分突出，“泉州产业带”亦越来越受到亚马逊、WISH 等国际化平台，以及东南亚、中东等区域性平台的重视和关注。据统计，在全球最大跨境电商平台亚马逊上，鞋服类第三方卖家的供货渠道有 20% 来自泉州，第二大电商平台 eBay（易贝）年发货量增长速度最快的也是泉州。

目前泉州跨境电商企业约有 1000 家，2017 年泉州跨境通平台报关单量为 563.64 万件，同比增长 38.42%；累计贸易额为 16760.09 万美元，同比增长 89.91%，形成参与国际竞争的新优势，开启了泉州开放型经济升级发展的新通道，在传统出口贸易中为泉州带来新动力。

（六）主要贸易国家和地区出口额多数减少，“一带一路”推进贸易增速快

2017 年，泉州进口主要来自俄罗斯、美国、欧盟、东盟、日本、韩国和中国台湾。其中对俄罗斯和美国进出口实现较大幅度增长，对其他市场出口均出现不同程度的下降。向东盟出口 31.44 亿美元，同比下降 4.3%；向欧盟出口 28.53 亿美元，同比下降 4.0%；向中国香港地区出口 12.14 亿美元，同比下降 12.9%；向美国出口 22.75 亿美元，同比增长 0.5%（见表 3）。

表 3　2017 年对主要国家和地区的进出口额情况

单位：万美元，%

国家和地区	出口额	比 2016 年增长	进口额	比 2016 年增长
亚洲地区	720033	-11.0	510239	21.5
中国香港地区	121373	-12.9	1261	-1.9
中国台湾地区	28710	-0.2	41373	21.0
日本	37625	-15.5	12044	12.6
韩国	22348	-35.1	12763	11.5
东盟	314409	-4.3	41645	4.5
欧盟	285310	-4.0	49516	7.3
俄罗斯	29347	46.1	20255	24.2
美国	227546	0.5	56362	19.0
非洲	86972	-16.2	68802	-43.7

资料来源：根据《泉州市国民经济和社会发展统计公报》（2017 年）的数据整理制成。

凭借着“一带一路”倡议，以建设“21 世纪海上丝绸之路”先行区为契机，泉州与“21 世纪海上丝绸之路”沿线国家和地区进出口贸易额实现稳步增长，贸易合作逐步深入。2017 年，泉州对“21 世纪海上丝绸之路”沿线国家和地区贸易额达 720 亿元，占全市同期进出口总额近一半，创历史新高。同时，泉州贸易的多元化战略也稳步实施，已与 207 个国家和地区建立了贸易往来，有 13 大类商品年出口额超过 1 亿美元。

二 2017年泉州对外贸易的影响因素

（一）制约因素

1. 世界经济复苏缓慢，外需低迷，全球制造业竞争更加激烈

随着美国次贷危机影响的消退，世界经济持续温和复苏，但由于世界经济发展仍然存在制约复苏的结构性障碍加上经济和政治上不确定因素的影响，世界经济复苏前景不容乐观，将呈现较长时间的平淡状态。

欧洲国家债务规模扩大，各国之间债务链相互交织、经济联系紧密，拖累了银行体系和实体经济的发展。欧洲银行体系受债务危机的拖累，贸易融资深受影响，加大了外需萎缩的风险。一些国家老龄化问题日益严重、通货膨胀、失业、社保等问题和两极分化加剧相互叠加，对世界经济产生难以预料的冲击。部分新兴经济体和发展中国家增速放缓也抑制需求的增长，制约中国企业进一步开拓新市场。

泉州制造业以劳动密集型产业为主，但近几年来，随着中国劳动力成本和生产经营成本的持续上涨，泉州传统贸易所依赖的廉价劳动力优势正在逐步丧失。低成本和外贸政策优势使部分东南亚国家承接出口加工产能转移的能力不断提升，发达经济体对劳动密集型产品的需求将更多地从这些新兴制造业国家进口替代，这势必进一步冲击泉州的出口贸易。

2. 国际贸易保护主义抬头及一些非经济因素干扰

2008 年金融危机后，许多国家为了走出经济衰退泥潭，纷纷采取

贸易保护主义措施。2017 年，世界经济发展中的“逆全球化”愈演愈烈，比如英国脱欧，这是全球经济一体化的一个倒退；美国总统特朗普入主白宫不久，便宣布退出 TPP，并公开挑战 WTO 规则，这预示着美国将全面实行贸易保护主义政策，特朗普誓言坚持“美国优先”，在“美国优先”原则指引下，特朗普政府在 2018 年退出了跨太平洋伙伴关系协定、《巴黎协定》、联合国《移民问题全球契约》制定进程，并推动美国、加拿大、墨西哥重谈北美自贸协定，实行史上最严的贸易保护主义政策，对外国产品征收高额进口关税。12 月特朗普签署自 1986 年以来美国最大规模的减税法案，这是特朗普推行“美国优先”原则的又一具体行动；欧洲各国的大选，以及韩国、巴西等出现的一些不确定性事件也是主要原因。2017 年世界经济的不确定性事件、不可预见性的风险和多样性的挑战更加复杂严峻。新兴市场和发展中国家有产生危机和风险的可能。此外，一些潜伏的、不可预见的地缘冲突和区域突发事件，随时都可能引发动荡。贸易保护主义必然招致贸易伙伴的报复性关税和各种贸易壁垒，从而导致国际贸易环境恶化，对世界经济贸易造成损害。

3. 对外贸易发展方式不合理

（1）以一般贸易为主的出口贸易问题

首先，出口商品结构不合理，出口竞争力低，纺织品、服装、家具、箱包、鞋类、塑料制品、玩具七类传统劳动密集型产品出口额为 669.9 亿元，同比下降 1.1%，但机电产品出口额实现 7.8% 的增长，货值为 141.9 亿元，占同期出口总值的 13.6%。外贸产品占主导地位的是劳动密集型产品，资本技术密集型产品的比例小，一些技术密集型产品和新的技术和设备依赖进口。其次，在风险抵抗方面，外资企业呈现比较差的应对趋势，国际市场的需求减少，出口的成本会相应增加，人民币汇率上升，出口订单数下降，利润增长放缓，增加了企业的压力，导致现金流小的企业的对外贸易被迫关闭或重新调整。劳动密集型的产业由于国际议价能力低、产品附加值低，造成了一般贸易的巨大压力。

（2）以加工贸易为主的出口贸易问题

随着科技发展，传统制造业生产所用的设备、工艺逐渐难以与产业发展水平接轨，加上招工难、用工贵等问题，“泉州制造”遭遇前所未有的挑战。第一，处于增值链的低端，缺乏盈利空间。泉州低端加工贸易中长期经济价值增值链缺乏盈利空间的原因是一半以上依靠原材料和零部件以及中间产品的进口。第二，泉州地区用工环境的恶化，制约泉州整体加工业的发展。泉州的加工贸易模式是一种外延型的粗放式增长模式，这种增长模式虽然可以推动外贸出口的增长，但它大量消耗资源，破坏生态卫生环境、效益不高，不利于加工贸易的可持续发展。

（二）推动因素

1.“泉州制造2025”，传统产业转型升级，具有新动力

自2016年获批创建“中国制造2025”试点城市后，泉州便大力支持本地企业与国字号大院大所合作建设新型科研机构，成功引进中科院、华中科大、哈工大等国内一流的科研院校，来泉设立36家高端创新平台，使之成为泉州智能制造技术提升的重要支撑。同时，集聚包括33名院士在内的近1000名高层次人才，并开展科研攻关项目318个，有力推动了数字经济的发展。在数控领域，从提供智力支持和技术指导，再到基础设备应用技术，这条数控产业链已在泉州初具规模。2014年至今，泉州市、县两级财政累计兑现产业扶持资金超30亿元，共计撬动全社会投入1600多亿元，全市已有2000多家规模以上企业参与数控一代、智能一代工程，占全市规上工业企业数的近50%，崛起一批掌握产业话语权的企业，在为泉州传统制造业提供发展支撑的同时，形成泉州新兴产业领域的新增长极。目前，泉州市已初步形成了工程机械、建材机械、纺织机械、制鞋机械、机床、水暖、模具以及轴承8个特色产业集群，成为重要支柱制造业之一。

石狮是闻名全国的纺织服装生产基地。近年来，智能电脑绣花机全面进入以石狮为中心的闽派纺织服装企业，进行机器换工，逐步用技术红利替代逐渐弱化的人口红利。纺织服装产业是石狮的传统主导产业，2017年4月，

石狮成立纺织服装产业联盟，大力推动纺织服装业智能化、自动化改造，通过提升生产效率的方式推动纺服业转型。截至2017年，石狮规模以上纺织服装产业产值达528.7亿元，增长8.5%，占规模以上工业总产值的49.3%。

2. "一带一路"建设稳步推进，新兴市场开拓有力

作为福建省民营经济转型和对外开放的重地，泉州积极融入"一带一路"建设，将历史优势、资源优势转化为新的发展机遇，积极拓展对外开放与合作新空间。随着"一带一路"倡议的推进，泉州与"一带一路"沿线国家和地区经贸关系日益密切。泉州贸易多元化战略稳步实施，目前已与207个国家和地区建立了贸易往来，有13大类商品年出口额超过1亿美元。

2017年，泉州完成进出口总额1569亿元，其中与"海丝"沿线国家和地区贸易额达720亿元，占比持续提升。泉州与海丝沿线国家优势产能互利合作的空间还在不断扩大，泉州传统的纺织服装、鞋帽、箱包、机电产品、卫浴洁具、建筑建材等产品在以石油开采为主的伊朗、以石油生产和石油化工业为主的阿联酋等地有着巨大的潜在消费群体。

另外，泉州在外贸航线培育也取得新进展。2017年6月，"泉州—越南—泰国"直达航线正式开通，搭建起了泉州与东南亚地区经贸往来的物流桥梁，该条航线预计每年将为泉州增加外贸集装箱8000个标箱。截至目前，泉州口岸现已开通航线130多条，其中外贸航线30多条，与28个国家和地区通航。凭借发达的临港经济，2017年泉州外贸进出口吞吐量完成3865万吨，同比增长5.4%；集装箱进出口吞吐量完成13.44万标箱，同比增长11.24%。

在海峡合作上，泉州积极发挥对台优势，以灵活、便捷、低成本的小额贸易方式，加强与台湾地区的贸易互动，成效较为显著。2017年，泉州对台小额贸易额达4.1亿元，同比增长55.6%；货运量完成60.55万吨，大幅增长341.25%；泉金航线年运送旅客达13.8万人次。而泉州的石井口岸则成为台湾水产品"登陆"的主要通道。

3. 自主品牌走向国际

品牌建设与推广是产品走向全球、参与国际竞争的重要途径。近年来，

泉州市政府和企业采取了多种措施深化品牌建设、提升品牌价值，取得了显著的成效。在推进"一带一路"建设中，泉州大力支持企业品牌国际化，鼓励品牌企业布局全球，不断提升泉州品牌在海丝沿线国家和地区的知名度和市场占有率。第十九届中国（晋江）国际鞋业暨第二届国际体育产业博览会在晋江美旗城开幕，除全国各地的参展客商外，来自美国、法国、意大利、俄罗斯、印度、南非、澳大利亚、以色列等70多个国家和地区的客商参加这场综合性的体育产业盛会。展会新设了"一带一路"品牌馆，首次亮相展会的"一带一路"品牌馆，在原越南馆的基础上，汇聚了越南、印度、孟加拉国、乌兹别克斯坦等"一带一路"沿线国家企业参展，展示最新研发成果及体育元素、国际元素、创新元素、营销元素。

第二届海丝（国际）泛家居主题活动着力抱团出海、击水抢滩，开辟了泛家居海内外广阔市场。抓住"一带一路"倡议机遇，依托350多万名海外侨亲、68个异地商会、近30个海外同乡联谊会的渠道、资金、市场、人脉等"南安人商圈"资源优势，发力拓展"一带一路"市场，共签订3个海外"泛家居"合作项目，投资额达1.5亿美元，并与印尼、埃及、印度、柬埔寨、澳大利亚、约旦、阿联酋、沙特等国家和地区签订了一系列采购协议，带动优质产能"走出去"；在"泛家居"的带动下，2018年1~9月，泉州南安市实现自营出口额为64.09亿元，增长6.3%，南安市顺应供给侧结构性改革、"一带一路"、"互联网+"、"中国制造2025"等重大机遇，立足南安产业特色和南安人商圈优势，跨界整合石材陶瓷、水暖厨卫等一批在全国乃至全球都极具优势的特色产业集群，创造性地提出打造泛家居产业模式的新思路，推动建材产业朝着多维度、立体化、链条式的方向抱团发展，促进传统产业转型升级，全力打造区块化、链条式、地标性泛家居"产业航母"。

三　2018年泉州对外贸易运行展望

2018年，从整体来看，国际市场需求呈现扩张趋势，国内经济仍将保

持稳中向好态势，泉州市外贸发展面临较好的外部环境，但是同时仍存在不稳定、不确定因素，全球经济复苏仍存在一定风险。

从第一季度看，泉州市经济延续2017年以来的平稳增长态势，大部分经济指标增速居全省前列，经济运行总体呈现稳中有进、进中转优的特点。第一季度，全市进出口总额为403亿元，增长18.2%，增速同比提高2.5个百分点。在出口方面，第一季度出口额为250.9亿元，出口商品总额增长18.4%，高于全省10.1个百分点，居全省第3位，位次比2017年全年提升5位；第一季度民营企业出口形势明显好转，出口增长较快，表明泉州市民营企业出口形势明显好转。2018年泉州出口贸易面临的形势大有改观，下行压力将减小；进口方面，第一季度进口额为152.1亿元，进口商品总额增长17.9%。分商品类别看，传统优势商品出口增长较快。全市纺织鞋服类出口增长13.5%，杂项制品出口增长32.8%，机电、音像设备及其零件出口增长21.7%，矿物材料制品、陶瓷品出口增长39.4%。在国内经济稳中向好、外贸发展内生动力增强等因素推动下，大宗商品和消费品进口需求增加，国内经济积极向好的一面也会带动泉州进口增加。

2018年是全面贯彻落实党的十九大精神的开局之年，是实施“十三五”规划承上启下的关键一年，外贸优化政策的扶持、国家“一带一路”倡议的深入推进、企业税费成本的持续下降、外贸发展的新动能的集聚、产业技术的变革、自主创新品牌的培育与推广等，都将对泉州市的出口贸易起到正面推动作用。泉州经济有望保持持续稳定增长，2017年出口下滑，2018年泉州出口形势会逆转，改下滑为增长；进口放缓的形势也将趋向稳定提升，以对外贸易拉动第二、第三产业的增长，提高泉州市2018年GDP增长速度，维持泉州在福建省的GDP大市的地位，加快向全球贸易市场进军的进程。

四　促进泉州对外贸易稳定发展的对策

《对外贸易发展“十三五”规划》指出，“十三五”时期，外贸发展既有坚实基础，也面临严峻挑战。世界经济在深度调整中曲折复苏，国际经贸关系更加复杂，中国经济发展进入新常态，传统比较优势减弱，产业和订单向周边国家转移，中国外贸发展的国际环境和国内发展条件发生深刻变化。但是，必须深刻认识、准确把握外贸发展的新形势、新特征，抢抓机遇，务实应对挑战。

（一）抓住发展机遇，打造专业口岸

随着现代物流的发展以及国际贸易的密切往来，口岸的发展趋势更大、更强、更专。泉州市有541公里的绵长海岸线，临海有肖厝、斗尾、秀涂、后渚、石湖、深沪、围头、石井8个港区作业区，全市共有17个对外开放作业点。虽然泉州海岸线长、开放点多、分布面广，却没有一个港区能形成规模效应，相应的港口通关、检验检疫及中介服务也十分分散。从现有条件看，泉州似乎并没有发展大型口岸的先天条件，但是依托地缘优势，构建陆海联动、东西互济的开放型经济体系，如今的干线构成已经从早期简单的“货源＋口岸运输”模式，转变为“货源＋集疏运体系＋口岸服务＋口岸运输”模式，其最核心的发起点是货源。而通过陆地港在泉州这个货源地做服务、做沉淀，将国际快件监管中心、跨境电商通关服务中心、南航城市货站、国际邮件互换局几大平台和服务体系融合在一起，与口岸运输资源做好连接，形成完整的干线资源，这便是陆地港发展新型港口的机遇，也是泉州口岸发展的机遇。

（二）技术改造带动产业升级，加快模式融合创新

优化泉州以传统劳动密集型商品为主的出口结构，着力扩大技术密集型机电产品出口。夯实高质量发展的产业基础；数字化、网络化、智能化是高质量发展的重要着力点。坚持新发展理念，以创新驱动、智能制造为泉州制造提档增速，不断提升和增加产品质量和服务供给，打造泉州发展升级版。以智能制造、提升质量和品牌、服务性制造为三大主攻方向，大刀阔斧探索产业转型升级，抢占未来国内、国际两个市场。加快传统产业转型升级，产

业和企业转型，在传统制造流程基础上，加入更多的“智能制造”，依托传统技术优势往更细分、更高门槛领域进军，以电子行业的转型为例，要在原基础上提高生产力，紧跟新科技。生产环节上，要大力发展机器人设备，提高生产效率，新科技就要关注人工智能，加快产品更新迭代，适应时代的需求。泉州要以结构调整助推产业转型升级，进一步加快制造业向外转移，并大力发展现代服务业，以后者带动前者“弯道超车”。

过去几年，泉州一直致力于为高速发展的跨境电商行业打基础、铺通路。以福建陆地港为依托，泉州陆续与省内 11 个外贸集装箱海港码头建立物流信息联网共享机制，并实现与福州、厦门、广州、上海等多个国际空港口岸无缝衔接，整合数百条航线资源，打通“海陆空铁邮”多式联运业务通路，形成跨关区、检区的“超港口”服务平台。这意味着港口点多面广、港航配套设施不完善的泉州借助陆地港这个“超港口”，将创造更多的外部连接，以更高的效率、更优惠的价格助推泉州“买全球、卖全球”。

（三）加快培育外贸竞争新优势，促进进出口市场多元化

泉州出口结构仍然以传统信息技术为支撑，智能装备等高新技术产品竞争优势尚未形成。为此，需要进一步提升出口产品质量和附加价值，培育外贸增长新动能。提升创新驱动的能力和水平，带动新技术、新模式、新业态的发展。

以展促销。2017 年，泉州市共组织 2030 多家企业参加境内外 108 场展销活动。尤其是连续两年在广交会主展馆设立“泉州品牌展示专区”，举办“泉州市产业宣传推介会暨泉州之夜供采对接交流会”，宣传推介泉州优势产业、劳动密集型产品。以纺织鞋服、陶瓷工艺等劳动密集型为主的传统出口商品竞争优势正在减弱，新品牌企业和名优特产品，受到海内外客商的高度赞誉。以厦门会议为契机，泉州市积极拓展与金砖国家其他四国的贸易市场，合计出口额达 105.44 亿元，同比增长 120.12%，因此泉州企业应该有多元化的心态、细分化的思维。在多元化心态下，更注重的是资源整合，比如陶瓷行业是文化行业，同样也可以是旅游行业，多种资源融合发展，更适

合当今的商业体系。细分化思维，就是商品不能像传统商业下的产品，标准划一，而是要根据当地市场的需求，融入当地文化，做出深受当地用户喜爱的产品。可以融合本土文化，打造特色产品，在文化内涵上赢得“一带一路”沿线国家的赞誉。

紧握“一带一路”发展机遇，推动泉州品牌的国际化进程，帮助本土民营企业积极开拓沿线国家新兴市场，同时积极推动“一带一路”相关项目建设，促进与沿线国家和地区的贸易、投资合作交流。

“一带一路”倡议和深入实施海丝先行区建设行动方案和发展规划。作为侨务大市的泉州不仅将侨务资源充分“引进来”，还应通过广大乡贤助力泉州制造“走出去”。大力发展外贸综合服务企业，支持品牌企业开展国际化经营，进一步提升出口质量和附加值。鼓励企业在“一带一路”沿线国家和地区，建设营销网络和经贸合作园区，搭建集群式“走出去”国际合作平台。以侨为桥、以侨引侨，促进侨乡经济发展，促进世界经济共融。“走出去”和“引进来”有相当多的结合空间，对于海外华侨华人、侨务工作都有巨大的施展空间。

（四）完善外贸政策，优化外贸环境

要注重加强宏观政策协调性和联动性，发挥政策组合拳作用。尤其可考虑加大税费减免力度，推动中小微企业的融资产品和融资模式创新，切实解决外贸企业税负重、融资难、融资贵等问题，降低综合成本，提高竞争力。

按照市场经济原则改革外贸管理体制。提高对外贸易是泉州经济增长的首要前提，是确保外贸企业经营行为理性化的必要手段。促使外贸企业达到这一要求，就需要改革现有的外贸管理体制。一方面改变外贸企业的经营审批制度，另一方面改变外贸企业的调整方式，变审批制度为登记制，放开经营，公平竞争。同时变行政杠杆调控为经济杠杆调控，给外贸企业更大的经营自主权。当前，面对“一带一路”的重大历史机遇，泉州企业更应该大胆地走出去，学会在全球范围配置资源，布局全球市场，理性投资、防范风险，进行循序发展。

推动泉州的人力资本与出口贸易结合起来共同促进经济增长。目前泉州在这个方面做得并不是很好，除了出口贸易结构以劳动密集型产品为主之外，人力资本的低水平积累是另外一个因素。因此，在积极完善外贸政策的同时，也应该注重促进人力资本积累来改善泉州出口商品结构，以实现人力资本、出口贸易综合效应带动下的经济增长。建立以专业外贸公司为纽带的行业内部的航向战略联盟，人才的流动能帮助企业规避风险，也有利于企业降低成本。在应对冲击上，特别是倾销的控诉，只有统一口径才能在国际谈判上取得相对好的效果，也有助于减少个别企业为了自身利益扰乱出口秩序的情况。

注重发挥自贸试验区的示范作用，加快探索利用外资体制创新，营造良好外商投资环境，发挥外资企业对出口和产业升级的拉动作用。推动企业全球投资布局，培育根在泉州的跨国公司。

B.7

泉州现代服务业发展现状与对策

吴子强　郭 志　郑健体*

摘　要： 当前泉州服务业发展稳中有升，总体发展较快，但是其现代服务业在第三产业中的比重还低于第二产业，且经济发展水平不仅低于全国平均水平，而且还低于福建省平均水平。从统计数据来看，泉州现代服务业发展还存在一些问题，为大力提升泉州的整体经济水平，本报告分析了泉州市现代服务业的发展现状，对厦漳泉服务业进行横向对比，阐述了泉州现代服务业发展存在的问题，并提出促进泉州现代服务业发展的对策措施，最后对2018年泉州服务业的发展进行了展望。

关键词： 泉州　现代服务业　厦漳泉对比

一　泉州现代服务业发展现状

相较于传统服务业而言，现代服务业是为适应现代人和现代城市发展的需求，即本质上来自社会进步、经济发展、社会分工的专业化等需求，而产生和发展起来的产业。具有高素质性、高技术性、知识密集型、集群性、高增值性、新兴性、资源消耗少、环境污染少等特点。现代服务业是一个国家

---

* 吴子强（1964～），男，福建南安人，泉州师范学院副教授，研究方向为宏观经济学；郭志（1978～），男，湖南常德人，泉州师范学院讲师，博士，研究方向为数理金融；郑健体（1981～），男，福建泉州人，泉州师范学院讲师，博士，研究方向为金融计算、量化价值投资。

或地区产业结构优化升级的必然趋势。2017 年 10 月，中国共产党第十九次全国代表大会提出，五年来，我国服务业在优化结构、提高质量、促进就业、拉动消费、改善民生等方面发挥了重要作用，也取得一系列新进展和新突破，占据了国民经济的半壁江山，新兴服务行业和业态大量涌现，助推传统产业转型升级，服务贸易规模不断扩张，吸引外资和对外投资取得新突破。就泉州而言，2017 年，泉州市服务业的发展整体来说稳中有升，逐渐成为经济增长的重要支柱。

（一）服务业稳中有升，总量不断扩大，比重连续提升

从表 1 中可以看出，泉州市三次产业在 2013～2017 年取得了长足发展。2013～2017 年，泉州市三次产业增长幅度由大到小分别为第二产业、第三产业、第一产业，第三产业的增长幅度小于福建省生产总值增长幅度。2017 年，泉州市服务业平稳较快增长，三产占比创历史新高。统计数据初步核算显示，全年实现地区生产总值（GDP）为 7548.01 亿元，比 2016 年增长 8.4%，经济总量连续 19 年都保持全省第一。其中第一产业增加值为 198.03 亿元，增长 0.9%；第二产业增加值为 4397.78 亿元，增长 7.2%；第三产业增加值为 2952.19 亿元，增长 10.6%，其增长速度不仅快于第一、第二产业，而且大于前 4 年的增长速度。2017 年，三次产业生产总值之比为 2.6∶58.3∶39.1，且从表 1 数据可以看出，2013～2017 年，第二产业的占比

表 1　2013～2017 年泉州生产总值、三次产业生产总值之比、第三产业增加值及增长率基本数据

单位：亿元，%

项目	2013 年	2014 年	2015 年	2016 年	2017 年
生产总值	5218	5733.36	6137.74	6646.63	7548.01
三次产业生产总值之比	3.3∶61.8∶34.9	3.0∶62.0∶35.0	2.9∶61.0∶36.1	3.0∶58.7∶38.3	2.6∶58.3∶39.1
第三产业增加值	1819.94	2016.43	2217.3	2544.37	2952.19
第三产业增长率	10.2	8.2	9.3	9.5	10.6

资料来源：《泉州市国民经济和社会发展统计公报》（2013～2017 年）。

都是高于第三产业的，但是随着服务业增加值总量的增大，第三产业的比重不断提升。相比 2016 年第三产业的增加值，2017 年第三产业净增加 407.82 亿元。由此可见，第三产业在 2013 ~2017 年已经成为泉州市经济发展的重要组成部分，是三次产业中成长速度最快的产业，发展势头良好。

（二）服务业对 GDP 的贡献率逐年上升，已经近五成

2017 年数据显示，服务业增加值逐年持续、稳步上升，对泉州经济稳定发展贡献大。如图 1 所示，第一、二、三产业对 GDP 增长的贡献率分别为 0.3%、51.3% 和 48.4%，分别拉动 GDP 增长 0.03 个、4.3 个和 4.1 个百分点。从图 1 数据可知，第三产业对泉州经济增长的贡献率与第二产业相差 2.9 个百分点，相比 2016 年的 11.2 个百分点，尽管第三产业的贡献率仍低于第二产业，但是缩小了差距。就第三产业对泉州经济增长的贡献率相较于 2013 年的 29.9%、2014 年的 27.4%、2015 年的 34.6% 和 2016 年的 44% 来看，第三产业对泉州市经济增长的贡献率在不断提高，到 2017 年已经接近 50%，第三产业将是推动泉州经济持续发展的主要增长点，成为拉动泉州经济增长的主动力和新引擎。但是与福州（62.9%）、厦门（58.7%）相比，仍然较低，分别低 14.5 个百分点和 10.3

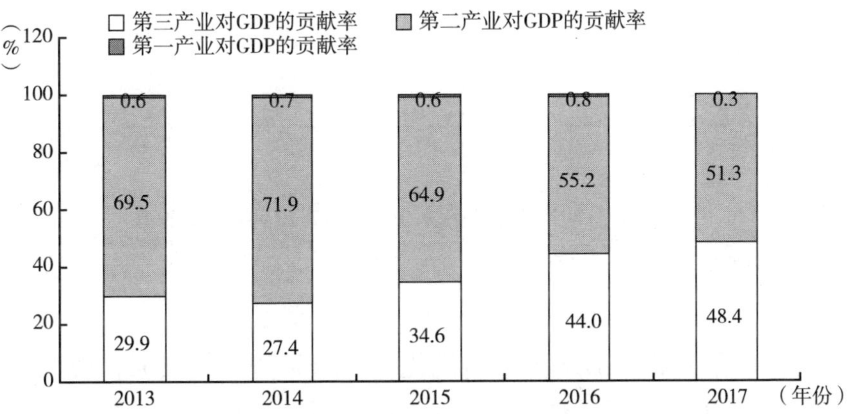

图 1　2013 ~2017 年泉州市三次产业对 GDP 的贡献率的演变趋势

资料来源：《泉州市国民经济和社会发展统计公报》（2013 ~2017 年）。

个百分点，说明从服务行业发展水平上来看，泉州本身在不断进步，不过较福建省主要城市相比，还是比较落后的。

（三）服务业固定资产投资总量逐步加大

随着泉州市服务业的不断发展受到各界关注。统计局数据显示，2017年，泉州市固定资产投资额达4123.80亿元，其中服务业完成投资2419.39亿元，同比增长4.3%，占投资总额的58.67%，高出2013年（1412.02亿元）2.24个百分点，其投资额增加了1007.37亿元。从图2可以看出，泉州市对第三产业的投资额是逐年增长的，其比重也在不断扩大，表明泉州服务业将有较大的发展前景。但是，从其增长率也可以看出，服务业投资额的增长率正在下降，从2013年的29.5%下降到2017年的4.3%，下降了25.2个百分点，泉州服务业投资近年发展还是较为缓慢的。

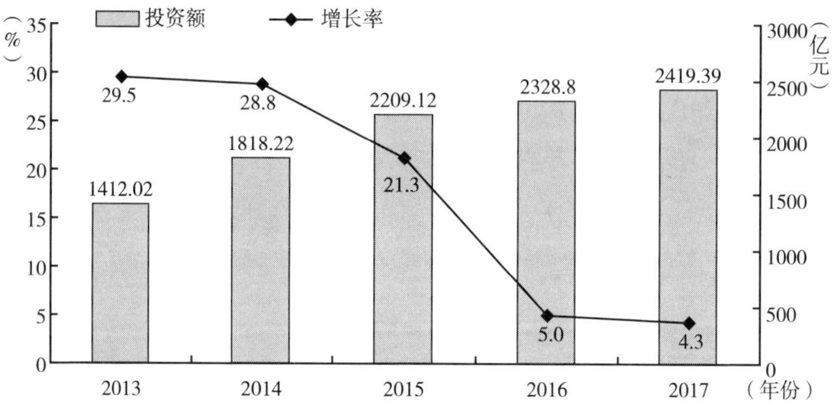

图2　2013～2017年泉州服务业固定资产投资额及增长率

资料来源：《泉州市国民经济和社会发展统计公报》（2013～2017年）。

（四）服务业内部结构不断优化，传统服务业规模大，现代服务业发展速度快

近年来，泉州市对服务业的内部结构升级十分重视，商贸、物流、旅游

服务等 9 类 104 个服务业重点项目全年完成投资 185 亿元，占年度计划 103%，向着深层次、多层次的方向发展。而根据对服务业投资分析，当前受投资方主要从事交通运输、仓储和邮政业，房地产业和水利、环境和公共设施管理业，这说明在未来服务业发展中，这三个行业有着极大的发展前景。分行业看，交通运输、仓储和邮政业，房地产业等传统服务业所占比重相对较高，累计为 50% 以上，其中房地产业的投资额最大，达到 833.04 亿元，占比为 34.4%；现代服务业中公共管理、社会保障和社会组织和文化、体育和娱乐业以及信息传输、软件和信息技术服务业投资增长速度快，但与传统服务业相比，其所占比重仍然较低。此外，金融业，教育行业和水利、环境和公共设施管理业等行业投资是负增长的。教育行业的投资增长率为 -9.2%，说明泉州在教育行业上发展还不够，需要加快补齐教育短板，优先发展教育事业；而高新技术产业增加值占地区生产总值的比重还需提高，高新技术产业发展整体水平较低，科学研究和技术服务业的投资增长率也只有 9.2%（见表 2）。为进一步挖掘现代服务业发展潜力，泉州应该在科技、休闲体育、环境保护等产业方面下功夫。

表 2　2017 年泉州服务业内部各行业投资额及比重

单位：亿元，%

行业	投资额	比重	增长率
批发和零售业	165.92	7	53.5
交通运输、仓储和邮政业	475.42	19.7	14.7
住宿和餐饮业	22.72	0.95	23.4
信息传输、软件和信息技术服务业	65.88	2.7	46.4
金融业	5.26	0.31	-35.8
房地产业	833.04	34.4	-4.4
租赁和商务服务业	44.28	1.8	-2.9
科学研究和技术服务业	29.52	1.3	9.2
水利、环境和公共设施管理业	446.07	18.4	-17.4

续表

行业	投资额	比重	增长率
居民服务、修理和其他服务业	16.47	0.7	-3.1
教育行业	71.36	2.9	-9.2
卫生和社会工作	33.27	1.4	3.6
文化、体育和娱乐业	53.45	2.24	36
公共管理、社会保障和社会组织	147.19	6.2	116.7

资料来源：《泉州市国民经济和社会发展统计公报》（2017 年）。

从泉州市现有的服务业种类和发展层次结构上来看，现代服务业内部结构不断优化，但现代服务业的占比依然较小，且其基础服务行业多、创新服务行业少，泉州市服务业内部各行业发展不是很均衡。从表 3 可知，2017 年传统服务业以交通运输、仓储和邮政业，批发和零售业为主，增长率分别达到 8.8% 和 8.5%，行业生产总值共达到 1193.3889 亿元，占比达到 40.41%，对比 2015 年的数据，其增加值总共增长了约 169.19 亿元，充分说明传统服务业的发展趋于强劲；而生产性服务业、现代服务业的比重相对低。其中现代服务业集中的其他服务业是第三产业中增长最快的行业，实现增加值 1010.7725 亿元，占第三产业的比重为 34.23%，增长 17.6%，增速明显快于批发和零售业，住宿和餐饮业，交通运输、仓储和邮政业等传统服务业。金融业虽然仍然保持增长，但是其所占比重只有 11.8%，增长率也只有 3.1%。

表 3　2015 ~ 2017 年服务业各行业的生产总值

单位：亿元，%

行业	2015 年	2016 年	2017 年	2017 年增长率
批发和零售业	572.2334	625.0733	687.3297	8.5
交通运输、仓储和邮政业	430.5755	420.8499	506.0592	8.8
住宿和餐饮业	76.3548	81.008	81.726	3.8
金融业	298.4965	314.6967	348.3172	3.1
房地产业	242.1544	271.3189	310.0804	8.5
其他服务业	652.8812	842.5352	1010.7725	17.6

资料来源：《泉州市国民经济和社会发展统计公报》（2015 ~ 2017 年）。

（五）服务业地区发展集中化程度高

2017 年，泉州市第三产业增加值为 2952.19 亿元。如图 3 所示，泉州服务业地区集中化发展的程度高，其地区分布不均、发展不平衡。一方面，其中以晋江市、石狮市、南安市和丰泽区为代表的市区发展较好，增加值分别 764.10 亿元、356.85 亿元、374.25 亿元和 398.70 亿元，总占比为 1/2 以上，而其他 11 个地区不到 40%，说明泉州城乡服务业发展差异较大，城市服务业发展较好；另一方面，泉州沿海地区的经济优势非常明显，在整个市区资源配置中占据了较多资源，服务业发展增加值相对集中在沿海地区，如石狮市和晋江市的增加值占比就已经超过了 1/4，而德化县、永春县和安溪县这三个占比中最大的县占比还不到 1/8。这也在一定程度上说明泉州区域服务业均衡发展的任务还很艰巨，地区经济发展中存在区域发展不平衡、区域规划实施不到位、区域合作不深入等主要问题。

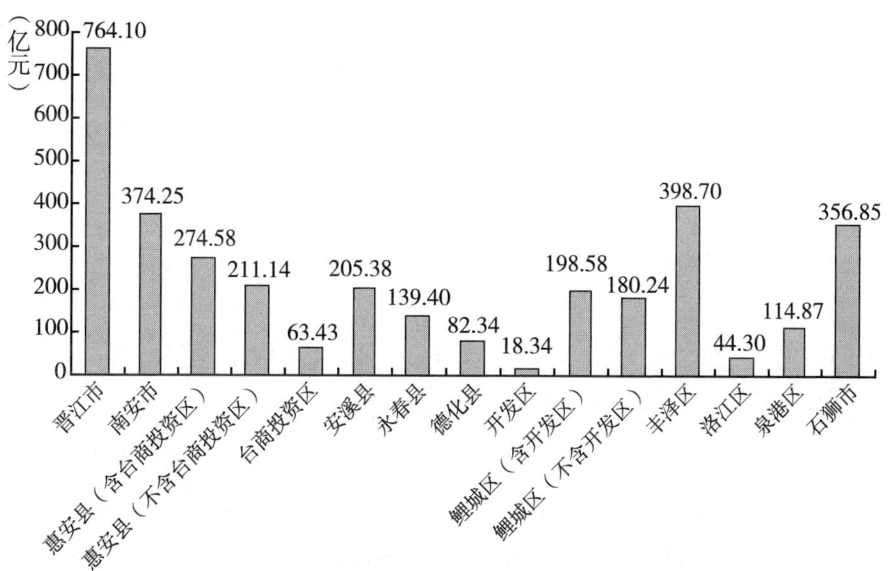

图 3　2017 年泉州市各县（区、市）服务业增加值情况

资料来源：《泉州市国民经济和社会发展统计公报》（2017 年）。

（六）服务业的就业人员持续增加

统计局数据显示，泉州市三次产业从业人数变动情况为：第一产业从业人员数量2012～2016年变化不大，只减少了大约300人；第二产业在整个趋势上是逐年下降的，从2012年（145.35万人）到2017年（114.76万人）下降了30.59万人，但其总量仍然最高；而第三产业从业人员数量是在不断上升的，2012～2016年第三产业城镇单位从业人员分别为29.17万人、32.66万人、32.66万人、33.3万人和34.51万人。2016年占比达到23.1%，第三产业从业人员2016年比2015年增加了1.21万人，呈现连续增长的态势。如果把时间拉长，对比2016年与2012年数据，就可以看出，泉州市第三产业从业人员数量增长幅度更快一些，增长率为18.31%。就目前泉州市经济结构而言，服务业发展稳中有升，这也为泉州市提供了更多的岗位，为社会创造了更多的就业机会，提高了大学生的就业率，满足了人才市场的需求，大大提高了社会的稳定性。

二　厦漳泉服务业的横向对比

（一）厦漳泉服务业总值对比

服务业的发展具有较强的空间相关性，且能够促进工业发展，带动产业转型升级。近年来，厦漳泉的同城化趋势加强，在三大产业的发展中与各自的优势相比，具有明显的互补性。厦门服务业发展较快，水平较高；泉州工业规模产业规模大，产业集群化程度较高；漳州面积大，具有得天独厚的气候和土地资源，经济型农业的发展水平较高。因而，厦门的服务业发展对泉州发展构成了挑战。从表4数据可以看出，2017年，泉州生产总值是最高的，分别高于厦门和漳州4351.18亿元、3563.48亿元，但是人均GDP低于厦门。从GDP三次产业比例来看，泉州第三产业是占比最低的，但与漳州相差不大，其中厦门占比最高，厦门第三产业所占比重比泉州高了18.63个百分点。因而从总量来看，泉州仍然排第一，约是厦门和漳州的总和，但漳州增速强劲，泉州仍面临被其超越的压力。而厦门基础好、发展稳，可以看出泉州现代服务业发展水平与厦门有很大差距。

表4　厦漳泉2017年地区生产总值

单位：亿元，%

地区	地区生产总值		第一产业			第二产业			第三产业		
	绝对值	增长率	绝对值	增长率	比重	绝对值	增长率	比重	绝对值	增长率	比重
厦门市	4351.18	7.6	23.23	2.1	0.53	1815.92	7.2	41.73	2512.03	7.9	57.73
漳州市	3563.48	9.1	430.44	4	12.08	1695.87	7.5	47.59	1437.17	12.7	40.33
泉州市	7548.01	8.4	198.03	0.9	2.6	4397.78	7.2	58.3	2952.19	10.6	39.1

资料来源：《泉州市国民经济和社会发展统计公报》（2017年）、厦门市统计局、漳州市统计局。

（二）厦漳泉服务业内部相关指标对比

从服务业各行业总的数据来看，2013～2017年，厦门、漳州、泉州的服务业都是以房地产业，交通运输、仓储和邮政业，水利、环境和公共设施管理业的投资比重较大，比重都超过70%以上，而高端现代服务业比重特别小。其中厦门2017年金融业、营利性服务业、交通业、批零业四大行业均衡发展，为服务业提供增长动力超八成，这得益于厦门比较发达的对外贸易；新兴服务业表现活跃，战略性新兴服务业实现营业收入275.85亿元，占规上服务业比重为21.6%。而泉州的金融业增长率却是－35%。综合以上对比，厦漳泉经济区服务业结构不够合理，三市具备了较强的销售和物流服务能力，而代表生产性服务业的信息技术等新兴服务业所占比重低，说明三市对生产性服务业的创新能力不强、研发投入不够，没有形成良性运行机制以生产高端产品，无法为制造业高级化提供更多的支持。

如表5所示，具体从各个服务业相关指标来看，在交通运输、仓储和邮政业方面，在总的增加值上，还是泉州最高；在货物运输量上，泉州和厦门相当，却约是漳州的3倍；在客运量上，厦门最高，泉州是漳州的2倍，可以看出泉州在交通运输业上发展还是比较好的。在旅游业上，2017 年厦门、漳州和泉州的旅游总收入之比大约是 4.9∶1.6∶3.5。金融业的存贷款余额相比厦门差距较大，其中泉州存款余额占厦门的 65.03%，贷款余额占 62.31%；相比漳州，泉州存贷款余额皆是漳州的 2.4 倍。在科技方面，与厦门相比泉州也较为薄弱，不管是人员还是研发支出都较低，漳州仍然是最低的，只有泉州的 1/2。从教育上来看，泉州本专科在校学生，略少于厦门，漳州只有厦门的 1/2。在医疗卫生上，泉州卫生机构数稍少于厦门，漳州却比泉州高了 1.85 倍，而泉州卫生技术人员比厦门还多了 11729 人，漳州是最少的，不足泉州的 50%。泉州服务业整体发展水平较厦门低，且其生产性服务结构不够合理、发展水平落后于工业化进程，无法为制造业的规模发展和高级化提供更多的支持。泉州的生产性服务业如交通运输、仓储和邮政业所占比例较高，而其他的生产性服务业如金融业和信息技术服务业等所占比例都较低。总的来说，厦门具有一定的资源和政策优势，漳州的成长速度和后劲令人刮目相看；泉州传统服务业处于领先地位，但在新的时代环境下，仅靠传统服务产业的发展还不足以支撑服务经济产业的主导地位，未来还需要培育发展动力。

表 5　2017 年厦漳泉三市服务业相关指标对比

指标		厦门	漳州	泉州
常住人口(万人)		401	484	865
社会消费品零售总额(亿元)		1446.74	982.43	3033.95
交通运输、仓储和邮政业增加值(亿元)		353.28	206.45	506.06
邮电业务总量(亿元)		201.63	107.53	360.36
交通运输	货物运输量(亿吨)	3.03	0.94	2.87
	客运量(亿人次)	1.01	0.32	0.77
旅游业	接待国内外游客(万人次)	7830.52	3268.94	5474.49
	旅游总收入(亿元)	1168.52	389.75	843.81
金融业	存款余额(亿元)	10598.32	2854.9	6891.8
	贷款余额(亿元)	9742.3	2484.35	6070.6
R&D(2016 年)	人员(万人)	7.15	2.26	4.62
	研发支出(亿元)	117.7	38.1	72
本专科在校学生(万人)		14.03	7.17	12.61

续表

指标		厦门	漳州	泉州
文化	公共图书馆(个)	10	10	11
	图书馆藏书量(万册)	544.05(2015 年)	160.63	478.79
卫生	卫生机构(个)	1701	4333	1518
	卫生技术人员(人)	31182	15994	42911
城镇非私营单位从业人员(万人)(2016 年)	合计	139.15	45.59	149.6
	第一产业	0.16	0.31	0.33
	第二产业	87.96	27.03	114.76
	第三产业	51.03	18.25	34.51

资料来源：《泉州市国民经济和社会发展统计公报》(2017 年)、厦门市统计局、漳州市统计局。

（三）厦漳泉服务业从业人员对比

从表 5 中可以看出，厦门、漳州、泉州的城镇非私营单位从业人员分别为 139.15 万人、45.59 万人和 149.6 万人，但是泉州市第三产业从业人员数量远低于厦门市，其第三产业从业人员为 34.51 万人，而厦门的第三产业从业人员达到 51.03 万人，整整多于泉州 16.52 万人。泉州第三产业从业人员比重达到 23.08%，低于厦门（36.67%）13.59 个百分点，说明泉州第三产业从业人员与厦门相比，差距还是挺大的。同时，厦门市作为福建省的大都市，在吸引人才方面的力度远大于泉州市。这也说明泉州在经济发展中，要注重对第三产业人才队伍的培育扶持。

三　泉州现代服务业发展存在的问题

2017 年，泉州服务业总体保持平稳，以较快速度增长。其比重逐步提升，取得了一定的进步，但总的来说，还有待优化。结合现状，总结具体问题如下。

（一）现代服务业对 GDP 的贡献率逐年增大，但总量不足，规模偏小

近年来，泉州市服务业对 GDP 的贡献率是不断上升的，从 2013 年的

29.9%增长到2017年的48.4%。但2017年，仍然低于全国同期贡献率（58.8%）10.4个百分点，低于福建省（54.0%）5.6个百分点。2017年，泉州第一、二、三产业占GDP的比重构成比为2.6∶58.3∶39.1，呈“二、三、一”型的产业结构。其中泉州第三产业增加值为2952.19亿元，占比逐年增高，较2016年增长10.6%，占生产总量的比重为39.1%，但低于同期全国第三产业增加值12.5个百分点，也低于福建省4.5个百分点。且从图2中可知，服务业固定资产2013～2017年的投资增长率逐年下降，比2013年降了25.2个百分点，比2016年下降了0.7个百分点。

（二）服务业结构层次较低，内部结构亟待优化，发展动力仍显不足

2017年，泉州服务业占GDP的比重为39.1%，服务业结构得到了升级与转换，但其内部结构还不够完善，存在结构层次低、效益偏低、经营模式滞后、创新活力不足的问题。其知识和技术密集型行业少，产业关联度低，创造价值较少。传统行业仍占主导地位、比重大，新型行业发展缓慢、比重小。其中交通运输、仓储和邮政业、批发和零售业、住宿和餐饮业等传统产业增加值占服务业增加值比重总共为50%以上，成为泉州服务业的最大支撑。泉州市金融业，科学研究和技术服务业，教育业，卫生和社会工作，文化、体育和娱乐业，租赁和商务服务业，旅游业，公共管理、社会保障和社会组织等现代服务业，近年来虽有所发展，但总体水平明显偏低，其中教育服务和科技服务远低于全国平均水平，制约了泉州地区的经济增长。此外，生产性服务业占服务业比重不到四成，产业整体规模小，已成为制约泉州市产业转型升级和经济持续发展的重要因素；随着居民生活水平的提高，消费结构不断升级，消费性服务业比重较大。这些情况表明，泉州市服务业整体规划缺乏统一标准，市场化和开放化程度不够高，发展动力不足，产业结构升级亟待加速。

（三）泉州市服务业地区发展不协调、不平衡

由于各地经济水平、资源等存在差异，现代服务业区域间协调和联动性

较差，资源难以共享，没有形成良好的地区合作发展态势，使服务资源配置不够均衡。其主要表现在城市和沿海地区，现代服务业不仅总量相对较大，而且发展速度也较快；而农村和山区地区则发展相对薄弱，无论是规模、层次、领域，还是增速都明显低，并且主要集中为传统服务业，由于资源的不足、人才就业少，其现代服务业发展相对滞后。

（四）人才、技术资源缺乏，服务业新业态、新模式创新不足

首先，现代服务业的发展需要大量高层次专业技术人才，特别是科技、信息、金融等知识密集型服务业，更离不开高端人才的支撑。从2017年泉州市与厦门的现代服务业主要指标对比来看，泉州在R&D人员和本专科在校学生人数的差距则较大。2017年泉州本专科在校学生人数为12.61万人，比厦门少1.42万人，R&D人员相差了2.53万人。泉州市服务业人员素质参差不齐、人才存在结构性短缺、高端服务人才有所不足，其管理人才的培养和引进并不理想，金融业、物流业以及科教文创等新兴服务业都缺乏高素质的实用人才，人才约束明显，难以适应日趋激烈的市场竞争需求，人才缺乏成为泉州现代服务业发展的主要瓶颈。其次，人才问题导致泉州市研发投入不足、科研规模偏小，资源不足、技术创新能力不强，高科技的专业化程度有待提高，关键是核心技术缺乏，长期处于产业价值链和信息链低端，难以真正完成产业优化升级。

（五）泉州市服务业相关基础设施和配套体系发展较为滞后，信息化整体程度相对较低

当前，服务消费的有效供给还无法适应需求的变化，滞后于人民群众高质量生活服务的需求。服务业相关基础设施建设不够全面、配套体系相对滞后，其在数量上不足，在各行业间的表现又各有差异。由于企业对信息技术和先进管理理念认识不足等，行业性信息平台较少，信息服务不够到位，服务质量较低，消费者满意度不高，企业市场反响较慢，商业模式没有创新、相对固化，不够与时俱进，难以产生高附加值。

四 泉州现代服务业发展的对策措施

党的十九大指出，在未来五年建设现代化经济体系的征程中，中国经济将从发展数量和效益提高向发展质量和效率提升转变。坚持去产能、去库存、去杠杆、降成本、补短板，优化存量资源配置，扩大优质增量供给，实现供需动态平衡。激发和保护企业家精神，鼓励更多社会主体投身创新创业。现代服务业已经成为泉州经济发展的主导要素，加快发展现代服务业，有利于提高整体经济的竞争力。为促进服务业的进一步发展，对此提出以下几点看法。

（一）发挥政府职能作用，营造和优化发展环境，进一步扩大规模

现代服务业的发展需要政府的政策支持和积极鼓励才能发展得更好。政府在引领现代服务业的发展上有着至关重要的作用，现代服务业稳健有序的发展离不开政府的引导、支持与维护。泉州市政府可以依照泉州地区目前现代服务业的发展状况，整合规划，制定相应、有效、优惠政策，进行统筹管理，坚持市场引导，构建良好市场服务体系，有条不紊地促进现代服务业的发展进程，积极推动多渠道、多元化的发展。同时，政府需要放宽服务业的准入标准、降低门槛、加强服务并放松管制，提高企业发展现代服务业的积极性，增强进一步发展的动力，营造出有利于现代服务业发展的良好经济环境和政策环境，树立更加健康良好的发展信念，有利于推进产业结构的优化升级改造，优化产业布局，从而协调发展，更快地扩大泉州市现代服务业的规模，促进其总量的增加、比重的增大。

（二）优化内部结构，明确服务业发展重点，逐步完善服务业体系

现代服务业的发展要不断优化产业内部结构，持续深入推进产业转型升级，尤其是坚持“高精尖”方向，积极引导金融业、信息服务业和商务服

务业更好发展，激发城市活力，支持传统产业优化升级，加快发展现代服务业，瞄准国际标准以提高水平。

第一，积极改造传统服务业。首先，充分挖掘传统服务业的发展潜力，可以通过先进的科学技术手段（如“互联网+”等）来创新模式，推进批发和零售业、住宿和餐饮业等传统服务业改造升级。其次，整合传统服务业的良性资源，支持传统服务业龙头企业不断寻找更好的发展路径，向创新化转型，增强自身实力。最后，着力发展特色传统服务业，构建特色服务体系，使布局更加合理化、结构更加科学化。

第二，培育发展现代服务业。与传统服务业相比，现代服务业是集人才、技术、创新的具有高附加值、高层次、知识型的服务业。当前，泉州市需要驱动以信息软件、商务服务、旅游经济为代表的现代服务业快速发展，延伸领域，拉动服务业成为第一动力，促进经济发展，提高综合竞争力。

第三，重点推动生产性服务业。随着大数据、互联网等信息技术取得突破性发展，制造业和服务业的融合度越来越高，工业生产的加快与生产性服务业形成良好互动。2017 年，泉州在工业增加值占地区生产总值近 60% 的情况下，不仅要推动生产性服务业总体发展，还要注重生产性服务业不同行业的协调发展，逐步完善泉州生产性服务体系，加大对生产性服务业的政策扶持力度，强化自主创新能力，有效拓展投融资渠道，引导产业集群内的企业开展协作并加强联合，推动生产性服务业集群化发展，使生产型服务业占现代服务业的比重提升，领域延伸。

第四，拓展提升生活性服务业。推进旅游、娱乐、教育、健康养老、体育服务等生活性服务业拓展提升，鼓励企业建设民生领域的在线服务、发展体验服务、推进定制模式创新、共享应用软件和平台，保障优质生活性服务业产品持续供给。

（三）推动泉州各区域现代服务业协调、快速发展

泉州市服务行业地区之间发展极为不平衡，市区比乡村的服务水平相对

较高，沿海地区比山区的服务发展也较快，这主要与地区之间的经济发展水平、各种技术资源的差异状况有关，因此，政府需要推动各区服务业协调、快速发展，可以通过政策来引导人力、物力的均衡分配，制定对应的发展政策与战略，在推动传统服务业改造升级的同时，大力推进新兴服务业的发展，强化各个地区、各个行业之间的联动性，促成泉州市发达地区对不发达地区的资源、技术、人才的支援，统筹城乡、沿海山区发展，提高服务质量，实现产品、服务的共同协调。如农村服务业公益性较强，而服务对象的特点是量大、面广，通过构建各类公共服务平台，如人才服务网络平台、科技资讯平台、信息服务平台、装备服务平台等，可以有效地集成资源，提高资源的使用效率。同时，加强厦漳泉同城化发展，利用厦门、漳州的基础设施、品牌优势、历史文化优势等发展起来的各类服务业推动泉州服务业的发展，在更大范围、更广领域、更高层次上构成产业循环圈。

（四）重视人才培养，构建技术、知识体系，强化自主创新能力

现代服务业是需要以人才对企业的发展作用来体现企业价值的，专业人才的匮乏是制约现代服务业企业发展的因素，所以更注重高素质专业技术人才。习近平在党的十九大报告中提出，贯彻新发展理念，建设现代化经济体系，这需要培养造就一大批具有国际水平的战略科技人才、科技领军人才、青年科技人才和高水平创新团队。为了引进和培养现代服务业的就业人员，应该制定完善的人才发展制度和建设人才队伍以满足现代服务业发展的多层面需求。一是引进急需人才。泉州市可以提高高级技术人员的激励机制、就职福利水平以及出台政策措施，吸引更多海外优秀、高端、领军人才，并要想方设法留住高素质人才。二是培养实用人才。重视服务业人才与就业的学习培训，加强并完善与高校、职校、科研院所等的合作机制，因而泉州需要加强与泉州师范学院、华侨大学等院校的合作，加快建立健全泉州现代服务业的职业教育培育体系、教育实践基地。泉州在这方面需要引进和培育互联网技术人才、经营管理人才等，构建完善的技术和知识支撑体系，以更好地服务于现代服务业，整合科技资源、加强高端服务业技术研发与示范，不断

强化自主创新能力，促进泉州科研技术、信息软件、商务服务、旅游经济等现代服务业的水平持续上升，培育泉州品牌。

（五）加强基础设施建设，构建现代服务业公共服务平台

政府应在现代服务业的发展进程中发挥好相关作用，加强对基础设施建设、社会保障体系及公共服务平台的建设，为现代服务业营造良好的发展空间和平台。一方面，泉州应该增加现代服务业基础设施投资并加快建设。构建辐射闽南、影响海峡经济区的现代服务业发展中心，适当加大特别是对互联网基础设施的投资，促进“互联网＋”格局发展，利用互联网技术推动服务业企业创新商业模式，采用团购式、体验式、上门式、配送式等线上线下联动，满足企业和群众个性化多样性的消费需求。着力提升等级、强化服务水平、加快体系建设。另一方面，泉州应该建立机构，积极打造公共服务平台，探索促进资源集聚和共享的有效方式。泉州可以在政府组织指导下，引导更多的社会资源投向公共服务平台。建立一个政府与各学界和研发机构协同参与的现代服务机构，加强综合性研究机构建设，积极发展现代服务业协会与学会等社会组织，以为人民群众提供更多相关的服务。

（六）加大对现代服务业的投资力度，拓展融资渠道

任何行业的发展都需要资金的支撑，泉州市在改造升级传统服务业上，就需要大量资金用于技术改造升级、设备更新以及人员培训。对于新兴的现代服务行业来说，则更需要大量的资金用于信息、技术的研发和市场的开发以及对管理能力的提升。但是，在泉州，多是民营中小企业从事现代服务业，而这些企业因为是新企业、资信记录少或企业资产规模小，很难获得商业性贷款，以取得更多的资金来辅助发展，所以，为了加速发展现代服务业，需要对从事现代服务行业的企业给予资金支持，帮助它们快速发展起来。对此，泉州可以成立专门的产业发展基金以用于扶助政府重点支持发展的服务行业和企业。另外，可以对它们的贷款提供担保，或者提供贴息贷款，调整信贷期限、扩大信贷规模、简化审批流程、倾斜信贷资金支持服务

业中小企业，加大对现代服务业的投资力度。除此之外，为完善现代服务业发展的金融环境还可以发展各种风险资本，以完善和发展本地中小金融机构，规范企业的民间融资渠道。

（七）鼓励现代服务业出口与引进

泉州作为古代海上丝绸之路最重要的起点城市之一，正在积极融入“一带一路”倡议，紧抓海峡西岸经济区建设契机，广泛参与国际竞争与合作，其对泉州发展是千载难逢的机会。为打造泉州经济发展新格局，适应对外开放新常态，其现代服务企业应积极发挥自身优势，通过融通内外、调整结构，促使泉州外向型经济提速，积极稳妥、精准高效地与“一带一路”经济相连接，建立更加开放的双向投资服务机制。要以“一带一路”建设为重点，坚持“引进来”和“走出去”并重。习近平强调，全面实行准入前国民待遇加负面清单管理制度，大幅度放宽市场准入，扩大服务业对外开放，保护外商投资合法权益。凡是在我国境内注册的企业，都要一视同仁、平等对待。首先，结合泉州实际情况，积极支持服务企业“走出去”，鼓励和支持优势企业“走出去”，对软件和服务外包等出口开辟“绿色通道”，打造泉州特色文化经济品牌，不断扩大现代服务业发展领域与规模，与国际接轨。其次，制定配套的相关政策，给予泉州市现代服务企业必要的支持，建立、引进服务业专项资金，引进国内外高端技术服务业结构，拓展国际空间，促进贸易和投资便利化。

（八）提高统计数据质量并及时共享，改进现代服务业统计体系

尽管泉州市制定并颁发了《泉州市“十三五”现代服务业发展专项规划》，而石狮市和鲤城区也都制定了“十三五”现代服务业的专项规划，但其在历年国民经济、统计公报、统计年鉴中，都很难按照当前统计指标分类下的各项数据与现代服务业专项规划中现代服务业的重点行业领域相对应。一方面，认真进行国家服务业统计改革，建立健全相关反映现代服务业发展水平的统计指标体系和统计制度。进一步加强泉州服务业部门统计工作，明

确各自职责，突出抓好现代物流、金融、科技信息、文化创意等行业统计工作。大力开展限额以上商业和规模以上服务业调查。另一方面，经济高质量的发展，需要依靠统计数据来总结经验、改进不足，因而应提高统计数据质量、加快统计服务和数据分析的解读，构建新的体系。

五　2018年泉州现代服务业发展展望

统计局数据显示，泉州2018年第一季度，经济延续2017以来的平稳增长态势，大部分经济指标增速高于福建省的平均水平，经济运行总体呈现“稳中有进、进中转优”的特点。近年来，服务业对泉州经济增长的拉动作用不断增强，2014～2017年第三产业增加值占GDP的比重分别为34.8%、36.9%、38.3%、39.1%，2018年第一季度达到40.3%，创历史新高。其增加值达到697.65亿元，增长9.3%，为三次产业之首，对全市经济增长的贡献率达44.3%，拉动经济增长3.6个百分点。从三产内部结构看，现代服务业加快发展。现代服务业集中的其他服务业增加值增长16.9%，增速明显快于批零、住餐、交通运输等传统服务业。

2018年，为全面贯彻落实党的十九大精神，主动融入新福建建设大局，推动服务业创新发展、集聚发展、融合发展以及开放发展，致力构筑现代服务业产业体系，2018年第三产业增加值占地区生产总值比重达到39.3%以上，第三产业增加值增长10.4%左右。其中交通运输、仓储和邮政业增加值增幅在9%左右，批发和零售业增幅在8.5%左右，住宿和餐饮业增幅为10%，房地产业增幅为7%，而其他服务业增幅约为14%。泉州市将培育全市服务业重点行业龙头企业，完成服务业百大项目年度计划投资172亿元以上，努力提升服务业发展水平，提高服务业竞争力、带动力和影响力，实现服务业对经济的有力支撑。

2018年，泉州现代服务业发展将呈现以下几个特点。一是生产性服务业高端化、生活性服务业高质化。泉州市将突出高端引领、创新驱动、融合发展，促进增强生产性服务业有效供给。二是现代服务业发展呈现新业态、新模式。运用高新技术改造提升传统服务业，形成与传统业态结合的业态、传统业态升级业态等，探索建立监管模式、经营模式、体验模式等。三是现代服务业发展趋于数字化、智能化。随着大数据、人工智能等的数据化智能化转型发展，为现代服务业发展带来了技术创新，数据化智能化产品将被进一步推广。四是服务质量更“高”、范围更“广”、环境更“优”。

B.8
泉州粮食安全问题研究

裴彩霞*

摘　要：　粮食事关国运民生，粮食安全是维系社会稳定的“压舱石”，是国家发展的“定海神针”，也是国家安全的重要基础。泉州商业发达，但是农业较为薄弱，本报告从粮食供给维度、利用维度、获取维度、安全稳定性维度分析了泉州市的粮食安全现状，挖掘泉州市在粮食方面的主要问题及分析产生这些问题的原因，最后提出保障泉州市粮食安全的措施。

关键词：　粮食安全　粮食现状　粮食安全问题　保障措施

粮食安全既是经济问题，也是政治问题，是国家发展的“定海神针”。粮价是百价之基，关系物价稳定，是稳增长、保就业的重要支撑，在经济下行压力加大的背景下更是如此。粮食事关国运民生，粮食安全是维系社会稳定的“压舱石”，是国家安全的重要基础。所谓：“国以民为本，民以食为天。”粮食既是关系国计民生和国家经济安全的重要战略物资，也是人民群众最基本的生活资料。粮食安全与社会的和谐、政治的稳定、经济的持续发展息息相关。

* 裴彩霞（1978～），吉林吉林人，泉州师范学院讲师，博士，研究方向为组织管理、经济管理。

一 泉州粮食安全现状

泉州市处于福建省东南部，是福建省三大中心城市之一。泉州商业发达，但是农业较为薄弱，所以，泉州市政府非常重视粮食的生产与流通，实施了一系列有助于保障粮食安全的措施。但是随着工业化、城市化的发展，耕地减少，务农人员减少，进城务工人员增加，同时外来人口大量涌入，导致粮食产量下降。粮食需求不断增长，但是粮食自给率一直下降，粮食安全问题越来越严重。

泉州市粮食安全现状可从四个维度进行分析，分别是粮食供给维度、粮食利用维度、粮食获取维度和粮食安全稳定性维度。粮食供给维度包括粮食总产量、粮食产量结构和耕地面积；粮食获取维度受购买力、运输和仓储的影响；水源和粮食质量检测是影响粮食利用维度的重要因素；粮食的安全稳定性维度可以从粮食价格波动、粮食产量波动、人口比重三个方面进行测量（见图1）。

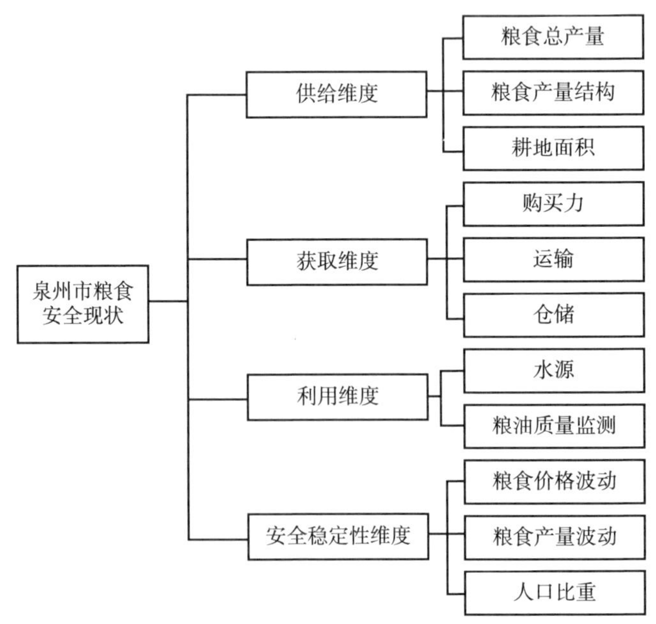

图1 泉州市粮食安全现状的测量维度

（一）粮食的供给维度

粮食的供给在粮食安全中占有重要地位，供应充足的粮食是人们获取食物的前提条件。

1. 粮食产量

粮食产量越高，粮食安全水平就越高。从表1可以看出，泉州市的粮食总产量为71.12万吨，比2016年增长了2.9%。其中秋收粮食最多，占全年总量的61.23%，比2016年增加3.17万吨，增长了7.9%。春收粮食最少，仅为7.56万吨，仅占10.63%，仅比2016年增长了0.3%。夏收粮食的产量相对于2016年下降了5.7%。全年粮食主要来源于夏收粮食和秋收粮食。同年三明市粮食产量为117.38万吨。泉州市粮食产量和三明市相差46.26万吨。

表1　泉州市主要农产品产量

单位：万吨，%

项目	2017年	2016年	增长率
粮食产量	71.12	69.13	2.9
1. 春收粮食	7.56	7.54	0.3
2. 夏收粮食	20.01	21.21	-5.7
3. 秋收粮食	43.55	40.38	7.9
稻谷	42.10	41.13	2.4
薯类	24.98	23.9	4.5
杂粮	2.51	2.57	-2.5
大豆	0.96	0.95	0.8

资料来源：《泉州统计年鉴》（2017~2018年）。

2. 粮食产量结构

从表1可以看出，泉州市粮食主要为稻谷、薯类、大豆和杂粮，且以稻谷为主。2017年稻谷产量为42.10万吨，2016年稻谷产量为41.13万吨。2016年和2017年稻谷产量均占总量的50%以上。薯类2017年产量为24.98万吨，位居第二，占总量的35%。杂粮的产量为2.51万吨，占全年粮食产量的3.53%。大豆的产量不足1万吨。我国近几年稻谷产量约占总产量的90%左右，而泉州市稻谷产量占总产量的比重远远低于我国稻谷产量占总产量的比重。

3. 耕地面积

在耕地面积上，近几年，泉州市将补充耕地和高标准基本农田建设任务分解下达给各市、区、县。增加各地耕地储备2900亩。其中安溪县耕地为1000亩，永春县耕地为1000亩，德化县耕地为900亩。2017年，泉州市耕地面积为217万亩。三明市耕地面积为293万亩。与三明市相比，泉州市耕地总面积较少。泉州市人均耕地面积为0.37亩，全省人均耕地面积为0.55亩。全国人均耕地面积为1.52亩。与全国、全省的人均耕地面积相比，泉州市人均耕地面积过小。

（二）粮食的获取维度

泉州市的粮食供应充足，但是并不表示每个人都能获得足够的粮食，只有每个人都有足够的粮食供应，才能进一步保证粮食安全。居民对粮食的获取受购买力、运输和仓储条件的影响。购买力高，运输和仓储条件好，居民就能更容易获取粮食。

1. 购买力

粮食的购买力受居民收入水平和各类粮食价格的影响。居民的收入水平可用市内居民人均生产总值表示。GDP越高，粮食的价格越低，说明居民的购买力越强；GDP越低，粮食的价格越高，则说明居民的购买力越弱。

图2显示，2017年全年实现地区生产总值（GDP）7548.01亿元，按可比价格计算，比2016年增长8.4%，经济总量连续19年保持全省第一。2013～2017年，人均GDP增长了2293.46亿元。从此处可以看出，泉州市居民购买力正在逐年提高。

2. 粮食价格

粮食价格对居民购买力有着较大的影响力，粮食是生活必需品，其需求价格弹性小于1，对居民而言，粮食的需求量不会因为粮食价格的升高而大

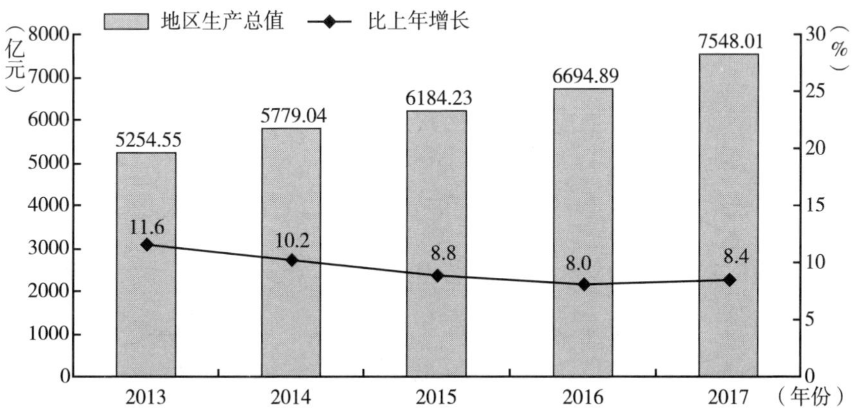

图 2　2013～2017 年泉州市地区生产总值及增长速度

资料来源：《泉州统计年鉴》（2014～2018 年）。

幅下降。表 2 为泉州市和福建省 2018 年 5 月 22 日粮食局监测的粮食批发价格与零售价格。从中可以看出，泉州市特一级小麦粉的批发价格和零售价格都较福建省明显偏低。而泉州市早、中晚籼米的批发价格和零售价格比福建省的价格都略高一些，价格相差不大。和福建省相比，泉州市粳米的批发价格较低，而零售价格略高。综合来看，泉州市的粮食价格较低，泉州市居民购买力高于福建省平均水平。

表 2　2018 年 5 月 22 日泉州市粮食价格及与福建省的比较

单元：元

品种	等级	批发价格		零售价格	
		福建省粮食价格	泉州市粮食价格	福建省粮食价格	泉州市粮食价格
小麦粉	特一级	3. 90	3. 36	5. 04	4. 56
早籼米	一级	4. 08	4. 2	4. 99	5. 07
中晚籼米	一级	4. 51	4. 64	5. 28	5. 48
粳米	一级	5. 03	4. 9	6. 00	6. 04

资料来源：福建省统计局、泉州市统计局。

3. 运输

这几年，泉州市对交通基础设施以及交通运输方面投资力度加大，基本可以满足泉州多方面的货物运输需求。航运方面，泉州有晋江机场。陆路交通运输方面，普通公路在泉州的分布可以用“遍地开花”来形容，每个县区的公路都纵横交错，形成一个个形状各异的公路网。同时一些重大交通项目的陆续上马和建成通车，如泉（州）三（明）高速公路、泉州环城高速公路、沈（阳）海（口）高速公路泉州段的拓宽、后渚大桥、泉州晋江特大桥、桥南立交桥、大岬山隧道、朋山岭隧道、一环路、沿海大通道、洛秀组团东西主干道与秀涂疏港路、洛江与丰泽滨江大道等建设将带动区域大交通格局的改变，泉州市道路交通将逐步完善，形成四通八达的环泉州湾大城市骨干道路网络。铁路运输方面，泉州成立了专门用于货运的火车东站，并于2016年11月成功引进16家知名企业入驻，以建设集快递快运、电商体验、信息服务、物流金融等于一体的“智慧园区”，同时成立专门的火车东站物流园。泉州市是港口城市，水路运输一直是货运的主要途径之一。近几年，为响应国家号召——建设海洋强国的决策部署，泉州也在积极发展海洋事业，保障水路运输业持续健康发展。为进一步做大做强泉州市水路运输业，2017年泉州市出台了进一步促进水路运输业发展的实施意见，其涉及企业运力、新开航线、船舶贷款贴息等内容。可见，泉州运输业正在稳步快速发展。

4. 仓储

2016年，泉州市粮食仓储设施建设成效显著。首先，全市规划建设11个粮库项目（总仓容为52.97万吨），争取省级以上财政建库补助资金6329万元，已完工并投入使用2个项目，年底前全市所有建设项目已全部动工。其次，全市32个危仓老库改造项目（16个库点）全部完成，维修改造仓容11.27万吨，功能提升仓容9.8万吨。累计投资1171万元，争取落实省、市两级财政补助资金900万元。泉州粮食局其他粮油事务支出为1004万元，主要用于市区中心粮库工程项目市本级资本金补助及作为前期工作经费。粮油储备建设支出为672万元，主要用于市区中心粮库建设补助。2017年，泉州市粮食局其他粮油事务支出为248万元，主要用于粮食仓储设施维修改造及扶持粮油产业发展。2018年，泉州市粮食局其他粮油事务支出为412万元，主要用于粮食仓储设施维修改造、粮油检测能力建设提升及扶持粮油产业发展。

"十二五"期间，泉州市国有粮食企业标准化仓容达到 22. 45 万吨，全市粮食企业有效仓容达到 90 万吨。"十三五"期间，全市规划投资 12. 9 亿元，建设储备仓容为 51. 54 万吨。市级投资 6. 5 亿元，县级投资 6. 4 亿元，建设仓容 31. 54 万吨。在粮食应急网络体系的构建上，泉州市完善了粮食应急体系，进行应急加工企业、应急供应网点和仓储中心建设。2017 年底，全市粮食加工企业已有 22 家，粮食应急供应网点有 197 家，并呈网络状分布在各市、县、镇等。

（三）利用维度

充足的粮食供应不仅体现在产量方面，还体现在粮食的可利用程度上。被污染、不健康的粮食是无法食用的。粮食的可利用程度受水的影响和粮食质量的影响。粮食的烹煮需要水，如果水受到污染，那么烹煮出的粮食也不健康。通过有效的污水处理和污水防治，可以获取清洁的水，而粮食本身的质量监测也是必不可少的。若粮食本身就不卫生，那么再清洁的水也没有用。

1. 水源

2017 年泉州自来水供水总量为 47355. 05 万立方米，其中居民家庭自来水用水量为 17909. 64 万立方米，家庭自来水用户为 106. 22 万户。全年全市城市生活垃圾无害化处理率为 98. 63%；城市污水处理率为 92. 14%。全年共投入水域（含近海水域）整治资金13. 63 亿元，其中重点流域投入整治资金 8. 55 亿元，近海水域投入整治资金 5. 08 亿元。截至年末，全市有 1780 家企业办理了水污染物排污申报登记，1415 家企业办理了大气污染物排污申报登记，20 家企业办理了固体废物污染排污申报登记，1898 家企业办理了噪声污染排污申报登记。辖区各市、县空气质量达到国家二级标准，泉州市区空气质量一、二级优良天数为 345 天，占总天数的 94. 5%；市区饮用水源达标率为 100%，晋江流域水质监测省控断面Ⅲ类水质达标率为 100%。实施农村饮水安全巩固提升工程，受益人口为 16. 42 万人，其中本年新增 11 万人。

2. 粮油质量监测

粮油质量安全建设得到进一步加强。一是泉州市制定并实施“治理餐桌污染，建设放心粮油”方案，全年检验粮油样品1100多份，实现治理“餐桌污染”目标任务。二是建立粮食系统双随机抽查制度，全市建立执法和库存检查人才库96个，231家粮油企业被纳入市场主体名录库。全年开展检查456次，出动人员1516人次，检查企业1026个次。三是加强质量检测能力建设，添置价值200多万元的仪器设备，进一步提升市级粮油质量检验监测能力。

（四）安全稳定性维度

粮食的安全稳定性受到许多不确定因素的影响，如自然灾害、气候变化、战争等因素，这些不确定因素会造成粮食价格和粮食产量发生变化。下面将从粮食价格波动、粮食产量波动、人口比重分析粮食的安全稳定性维度。

1. 粮食价格波动

粮食价格变化越大，粮食安全稳定性就越低；粮食价格变化越小，粮食安全稳定性就越高。根据泉州市2017年13个定点粮油零售市场年度连续价格动态监测的数据分析，零售市场成品粮类平均价格上涨0.129%，油脂类平均价格下降0.37%。其中特级晚籼米价格波动最大。从市场价格波动折线可以看出，全年市场价格波动较小，市场主要粮油品种价格保持平稳。

2. 粮食产量波动

粮食产量波动影响粮食的安全稳定性程度。粮食产量波动越大，安全稳定性越低；粮食产量波动越小，安全稳定性越高。从图3中可以看出，泉州市粮食产量受到退耕还林和种植结构等因素调整的影响，自2010年起整体呈下降趋势，但2017年有小幅度回升。下降趋势较为缓慢，未出现大幅度下降。总体来看，泉州市粮食产量波动较小，自2010年起，最高产量为80.79万吨，最低为69.13万吨，相差11.66万吨。泉州粮食产量波动对粮食安全稳定性的影响较小。

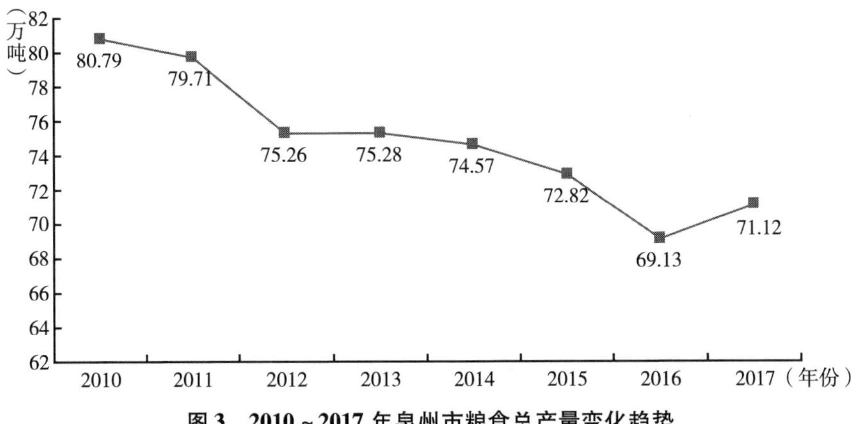

图 3　2010～2017 年泉州市粮食总产量变化趋势

资料来源：泉州市统计局。

3. 人口比重

从图 4 中可以看出，乡村人口呈下降趋势，城镇人口呈上升趋势。2001～2004 年，人口比重波动较小，2005～2014 年，人口比重较为平稳。在 2016 年之前，城镇人口比重小于乡村人口比重，但是在 2016 年，城镇人口比重大于乡村人口比重，即乡村人口数量少于城镇人口数量。可见，随着城镇化的发展，务农人员越来越少。

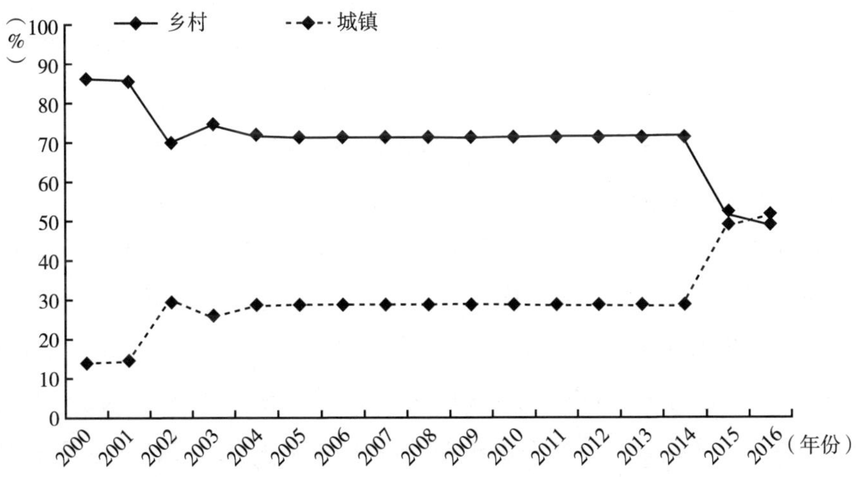

图 4　泉州市 2000～2016 年乡村人口和城镇人口的比重

资料来源：泉州市统计局。

二　泉州存在的粮食安全问题及解析

（一）粮食自给率不高，供给不足

至2017年底，泉州常住人口为865万人，全市粮食消耗量约为270万吨，可粮食产量却只有71.12万吨。由此可见，泉州市粮食自给率不足30%，多依赖外部粮食流入。多年来，泉州市的口粮多依赖外市、外省乃至外国。若外部地区的粮食供给情况、政策、交通运输情况改变，就会对全市粮食安全造成极大影响。此外，粮食大多依靠外部，与市内粮食市场形成竞争关系。市外、省外，甚至国外不乏价低质高的粮食，与此对应的泉州市农户的粮食供给缺乏市场竞争力。深究其原因，主要有以下两方面。

1. 泉州耕地资源稀缺

泉州处于沿海地区，耕地面积本身就比较少。改革开放后，城市化、工业化导致商业用地增加，而外来人口的大量涌入使得人均耕地面积呈现持续下降的趋势。此外，受土地流转政策的影响，有些土地征收制度不完善，这会出现城市用地占用耕地的现象。更有一些企业私自将农业用地转为商业用地。部分耕地由于污染严重，无法种植粮食，或者种植出来的粮食不符合安全卫生标准，在污染的土地上种植出来的粮食是不能流入市场的。这些都使可用于种植粮食的土地越来越少，粮食产量一直无法提高。

2. 机械化程度不高

泉州市大多数是每家每户各自耕种，没有形成规模运作。而且多数农户在耕种上仍以人工劳作为主，这种做法效率低、收益少。截至2017年6月，泉州市经营耕地在50亩以下的小规模农户仍高达82万户，占农户总数的74.55%。首先，每家每户各自耕种，将大块的土地分成独立零散的小块，不方便统一管理，农户的种植范围和管理范围仅限于自家的农田。其次，泉州市的土地呈小面积分布，每个区域的耕地面积都不大，没有办法形成大范围的农业区。且泉州市耕地不平整，不适合使用机器进行耕种。最后，泉州市大多农户的种植意识仅限于以手工方式从事农业生产，亲自下田劳动。这种工作舒适度太低，所以越来越多的人不愿意再耕种土地，宁愿让耕地荒芜。以美国为例，美国农业土地面积广大，地域平坦，整片土地可统一规划，采用机械播种、耕种、收割。这种做法，与传统小农生产方式比起来，效率提高了几十倍以上。

（二）粮食储备机制不健全，仍需进一步完善

为了应对粮食紧急需求状况，有必要进行一定量的粮食储备。中央对不同地区做出了不同储备数量的硬性规定，即产区每人每年 3 个月、销区每人每年 6 个月，每日消费原粮 0.5 公斤的标准储备。市政府方面在全市整体粮食储备建设上已初具规模，并建立了完善的粮食应急体系。但是，首先，泉州储备的粮食品种仍显单一，一旦出现危机，无法满足全市人民多样化的需要。其次，许多居民没有储备粮食这一习惯。抽样调查显示，泉州市基本没有余粮的农户占 70% 以上，人均存粮在 100 公斤以下的农户占 10% 左右。随着现代化的推进，购买粮食的方便程度提高，农户和居民的存粮意识逐渐降低。农户存粮水平降低，会对泉州市粮食安全产生不利影响。最后，泉州的粮食种植方式表现为以家庭为主的小农户分散经营，面对不可预测的天灾，其只能自行承担损失。泉州市虽有一定的粮食储备，但是在粮食供给方面更多地依赖其他各产粮大市。我国地质种类复杂多样，气候种类多，各地出现自然灾害的可能性大，且各地灾害性质不一样，出现频率不一致，时间长短、突发顺序可能都会影响粮食的产量与质量。若各地自然灾害频发，则可能会影响全国粮食分配比重，造成粮食市场失衡。如果泉州粮食外部的采购地区受到自然灾害的破坏，则其可能就无法采购这个地区的粮食，在短期内找到其他粮食采购市场是一件不容易的事情。这样一来，泉州的粮食储备量就会减少，这可能会引起民众恐慌，导致粮食市场秩序紊乱。

（三）农户耕种安全意识不强，耕种土地污染严重

1. 化肥使用过度

从事农业生产的劳动者大部分文化水平不高，对粮食安全也没有清晰的概念。长期以来，其在耕种上都持重数量、轻质量的观念，耕地总体质量不是很高，对化肥和农药的使用方式不清楚、不了解，因此，很有可能会造成农田污染、水污染、土壤污染，降低农作物产量，影响农作物食用安全。且大多数人对耕地卫生不重视，大量排放垃圾、工业废水等污染物，其若进入农田，就将危害农作物食用安全。

与20世纪80年代相比，我国农资投入总量增加6倍之多，总使用量高达6000万吨。世界银行调查显示，美国1公顷化肥用量只为100kg，中国1公顷化肥用量为500kg，且高于同期发展中国家的化肥使用量。过度使用化肥造成我国环境污染，给人体健康带来不利影响，泉州亦不例外。过度使用农药生产出来的粮食对人体健康有害。过量食用农药残留的粮食会导致癌症、动脉硬化、心血管病、早衰等疾病。有些农户为了减少病虫害而使用大量农药，有些农药残留在粮食上，而消费者在不知情的情况下就直接食用了。农药大量施用，也会造成农药残留或渗入地下水，对水源造成污染。

2. 污染严重

泉州大力发展经济，建立了产业集群、产业园等经济优势快速发展区域，这也不可避免地带来了企业聚集地周边的耕种土地污染问题。此外，泉州安溪县、永春县及德化县临近矿山，其对附近耕田易形成污染。而有些地区集中了工矿企业和冶炼企业，那些企业的污染物排放标准不达标，或大量排放，导致市内部分地区土壤受到不同程度的污染。该市城市污水处理率虽然达到92.14%，但是还没有达到100%，并非全体企业都办理了污染排放登记。也就是说，还有些污水未经处理，被直接排放。农村饮水安全未达到全覆盖。

（四）务农人员减少，粮食安全稳定性存在隐患

泉州农业人口大量流失，大量农民进城务工，转为城市人口，留在城市工作生活，是造成农业人口流失的一个重大原因。现阶段，城市人口比重大于农村人口。农业人口流失，导致耕地荒芜，浪费了耕地资源，出现了“有地无人耕”的现象。这是一种资源的不对称分布。随着受教育程度提高，新一代年轻人更多的是去城市求学，想要留在城市工作。而一些原本从事种植业的务农人员，渐渐改变观念，想要去城市谋求发展，或者从事其他方面的工作。曾任中国农业大学校长，在广西壮族自治区担任人民政府副主席时亦分管农业工作的陈章良举例，现在一亩地种水稻一年挣 700 元，玉米也就 1000 元，大豆 500 元、600 元，小麦 800 元。“辛辛苦苦从种东西到长东西，再卖掉，一亩地挣几百元。进城一个月的工资就是几亩地的收入。”过去，把老人、女人留在地里干，效率本来就低，现在连女性都不愿意干了，这种形势下越来越少的人愿意像以前那样从事农业工作。

三　保障泉州粮食安全的措施

（一）鼓励种植其他高产作物，增加粮食供给

现代人们的粮食结构越来越多元化，可供挑选的粮食种类更为繁多，出于对健康的考虑，许多人会选择营养的多样化吸收，因此，就可以鼓励农民种植玉米、地瓜等高产且营养价值高的粮食。对于种植粮食的农户来说，可以根据不同粮食种类、品种、质量给予不同等级的补贴，也可以直接由市政府收购农户的粮食，减少农户对卖不出粮食的担心，而增加耕种人数，也可使城市粮食储备多样化。

（二）降低粮食生产成本

泉州市的粮食在国内及国际竞争力不高的原因在于泉州市粮食价格

与国内和国际市场普遍价格相比偏高，所以，为了提高泉州市粮食的市场竞争力以及粮食的供给能力，要大力降低市内粮食生产成本。降低生产成本需要政府的支持、科技的配合，推广优质粮种，因地制宜、因时制宜发展农业。首先，要实施科学种田、科技种田。对于农户，要加强教育，促进信息交流，鼓励他们使用先进的生产方式耕种粮食，提高粮食产量和质量，提高种植效率，减少人力物力的使用。这种科学的生产方式既体现在土地和粮种的搭配选择、化肥农药的使用上，又体现在机械化的普及上。其次，在利益分配中，政府要采取相应措施，使农民既有生活保障，又可以获得最大利润，可在粮食购买和粮食税收补贴上给予一定优惠。

（三）完善粮食储备机制

由于粮食具有特殊性，因此它不仅被作为商品来生产和销售那么简单。粮食属于公共产品，需要政府来把控。泉州市政府要严格按照中央、省里的要求，在泉州市建立起科学的粮食储备机制。要清醒地认识到粮食储备对粮食安全的重要作用，提高粮食储备质量（储备品种多元化），改善储备条件，做好粮食储备基础设施建设。落实好“农户科学储粮下乡服务”这一政策，向农户宣传科学储粮新理念，介绍科学储粮的知识，安排储粮技术的学习，推广储粮的新装备，降低储粮的成本。同时，对原有粮库进行现代化改造，新建现代化粮库，积极探索储粮规范化措施，做到所有人员持证上岗，对每个粮库进行考评，提高全市粮食仓储管理水平。

（四）发展绿色生态农业

绿色生态农业是指将农业生产和环境保护协调起来，在促进农业发展、增加农户收入的同时保护环境，保证绿色无污染的农业发展。绿色生态农业涉及生态物质循环、农业生物学技术、营养物综合管理技术、轮耕技术等多个方面。绿色生态农业以“绿色环境”“绿色技术”“绿色产品”为主体，促使过分依赖化肥、农药的化学农业向主要依靠生物内在机制的生态农业转变。同时，它要求把发展粮食与多种经济作物生产，发展大田种植与林、牧、副、渔业结合起来，发展大农业与第二、三产业结合起来，形成生态上与经济上两个良性循环，经济、生态、社会三大效益的统一。具体措施如下。

第一，构筑农业生态群。一方面，对因不合理种植方式造成环境污染的地区，开展进一步的治理；另一方面，加强保护现有生态资源，杜绝污染项目进入泉州地区，构筑多种类的高效农业生态群。

第二，多维度发展现代农业。首先，要改变传统生产方式，使粮食单一种植向绿色水果、蔬菜、药材以及禽、肉、蛋多元化生产方式发展。其次，加强认证产品和地理标志的使用，整合资源，达到互利共享，为绿色农业发展奠定坚实的基础。

第三，强化服务，推广新技术。应当将工作能力强、业务水平高的专业技术人员整合到一起，起草标准、汇集技术，加快绿色标准技术的推广。同时利用生物工程、生态环保、基因工程等绿色环保综合配套技术，开展病虫害预测预报，及时采取有效措施控制病虫害的发生，减少盲目用药。

（五）解决土壤污染问题

在土壤利用和粮食安全生产方面要进行科学合理的规划。对于不同污染程度的土壤应该采用不同的解决措施。可将土壤污染程度分为重度、中度、轻度。重度污染的土壤应该停止种植粮食作物，并制定土壤修复的政策和实施土壤修复的方案。中度污染的土壤，要合理布局，对相应的土壤采取“休耕”制度。有些区域的土壤不能种植，有些区域的土壤只能种植特定的农作物。对于轻度污染的土壤，要加强监控，防止土壤进一步被污染。对于没有污染的土壤要做好预防工作，实时监测，避免其受到污染。

对作物秸秆要合理处理、综合利用。在我国，农作物秸秆还田的现象比较普遍。作物秸秆中含有大量的重金属，在作物秸秆还田时，就把在土壤中吸收的重金属再次输入给土壤。造成土壤污染持续加重。所以，要合理处理农作物秸秆，避免秸秆造成更大的污染。要加强对秸秆处理和回收利用技术的研发，将秸秆“变害为宝”。

要加强企业对排放污染物的处理和规划好企业对污染物的排放，使一些企业排出的污染物不至于严重污染种植农作物的土壤。要植树造林，减少因大气污染引起的土壤污染。根据泉州市资料统计，全年植树造林总面积为13.40万亩，增长79.9%，其中人工荒山造林1.68万亩，增长63.1%；人工基地更新6.3万亩，增长52.2%；人工促进天然更新1.13万亩，增长175.6%；低产低效林改造4.27万亩，增长145.4%；林冠下造林0.04万亩，减少71.4%。全年完成幼林抚育作业面积11.65万亩，减少10.3%。年末实有封山（沙）育林面积为51.78万亩。全年商品材产量为40.24万立方米，与2016年持平。

（六）加强粮食安全观念教育，合理使用农药化肥

对于消费者，要让他们知道选购日常粮食的方法，使其不会购买到食用后对人体有害的粮食。对于耕种的农民，要教育农民学会用科技种粮，教授其种植方法和一些机器设备使用的方法。要对他们进行耕种方式、农药的使用以及废水、垃圾的处理教育；要让其有种植粮食不能依赖化肥和合理使用化肥、农药的意识；要科学使用农药，根据粮食种类、区域的不同精准施药。具体措施如下。

第一，推行绿色防控技术、种苗处理及作物全程解决方案，把粮食种植的大部分病虫问题在之前解决。这样在种植过程中病虫灾害就不会频繁出现。

第二，加大新产品、新技术的示范推广力度，鼓励高效低毒低残留农药、环保剂型和高效助剂的研发应用，做好安全科学用药管理培训工作。

第三，积极推广新型高效植保机械和精准施药技术。这是减量用药、提高农药利用率的关键。

（七）建设粮食安全的监督及惩戒机制

一方面，加强粮食安全的监督，建设粮食安全监督机构，监督粮食生产到销售过程的质量，这涉及检测到存储、运输的整个流程的监督检查。对粮食的存储、运输都要根据不同粮食品种的特性，使用先进的检验工具，对检验流程的管理要做好科学规划，避免不合格的产品流向市场。如一些粮食中含有食品添加剂，出现农药残留、黄曲霉素、金属超标等情况，会对消费者的健康造成危害，此类产品决不能流向市场。对于会对外出售的粮食，监督机构要做好监督措施，以防有些农民、商人为谋求暴利，采用不合格的方式种植粮食，使粮食对消费者的健康有害。监督机构从选种、耕种、收割到粮食流入市场，层层把关，将不符合安全标准的粮食排除在消费市场之外。

另一方面，要做好监督之余的惩戒管理工作，避免工作人员和农户串通徇私，使未达到安全标准的粮食投入市场。对于那些生产不合格粮食的生产者，要进行严惩，既避免其再犯错误，也给其他生产者一个警示。建立惩戒机制，首先要建立好惩戒机构和规章制度；其次要做好人员编排，加强人员的检测技能培训，因为粮食安全检测涉及科研水平，许多粮食安全问题需要专门的机器才能检测出来；最后要做到信息公开，对惩戒规章进行公告，让粮食生产者清楚了解机制内容，把问题解决在预防阶段。这样农户在生产、销售粮食的时候就更能重视粮食安全质量了。

B.9
泉州经济技术开发区经济社会发展现状与对策建议

郑健体　王红丽*

摘　要： 当前，我国经济发展进入新常态，经济技术开发区的发展迎来新的机遇，也面临新的挑战。作为国家级开发区的泉州经济技术开发区，在地区上有效发挥了示范引领和辐射带动作用。本报告基于泉州经济技术开发区的历史沿革与发展现状，分析泉州经济技术开发区发展面临的机遇与挑战，提出泉州经济技术开发区的发展思路和对策建议。

关键词： 泉州　经济技术开发区　机遇与挑战

20世纪80年代以来，经济技术开发区（以下简称“开发区”）在我国的设立，为我国区域经济和社会经济的发展做出了巨大贡献。当前，我国经济发展进入新常态，开发区的发展迎来新的机遇，也面临新的挑战。作为国家级开发区的泉州经济技术开发区（以下简称“泉州开发区”），在地区上有效发挥了示范引领和辐射带动的作用。但是，通过总结其发展历程，经济建设和社会事业头重脚轻、产业相对单一、创新驱动力不足等问题影响和制约了其进一步发展。

---

* 郑健体（1981～），男，福建泉州人，泉州师范学院讲师，博士，研究方向为金融计算、量化价值投资；王红丽（1996～），女，山西晋中人，兰州财经大学硕士研究生，研究方向为产业经济学。

一　泉州开发区历史沿革与发展现状

（一）历史沿革

泉州开发区的开发建设始于1996年。回顾其发展之路，归纳起来可分为四个阶段。

1. 第一阶段：开发建设阶段（1996～2000年）

1996年，在21世纪的战略机遇面前，泉州市委、市政府提出“开发清濛工业区，建设泉州南大门”的重要决策，并于当年10月20日启动清濛科技工业区的开发建设。由市委书记为组长组成清濛科技工业区领导小组，启动资金仅有80多万元，泉州就是在这样艰苦的环境中进行基础设施建设，引进外商投资的。在艰苦奋斗中，开发区取得可喜成绩，实现了开好头、起好步。1999年，在大发展中正式成立了管理委员会，促进管理更加规范化。到2000年底，共开发土地5.5平方公里，社会固定资产投资达2亿元，奠定了发展的基础，使工业区有了进一步发展的能力。

2. 第二阶段：稳步发展阶段（2001～2005年）

在前一阶段进行攻城略地式的开发建设后，这一阶段的发展已经拥有了坚实的基础。为进一步健全完善发展体制和机制，清濛科技工业区管理委员会在市委、市政府审时度势的战略决策下正式更名为泉州开发区管理委员会，拥有一定的经济管理权限，并设立相应的经济和社会事业管理机构以行使区内特定职权。随着责权配套的高效管理体制的建立，加快建设和招商引资的需要也进一步增加。与此同时，泉州开发区抢抓国家对开发区进行整顿和规范的契机，提出“一区多园”发展战略，申请并获批与晋江市联手申办出口加工区，开发建设洛秀园区，泉州开发区进入“一区多园”的稳步发展阶段。

3. 第三阶段：提升发展阶段（2006～2010年）

随着园区管理体制的逐渐完善和前期开发建设所积累的发展基础，泉州开发区主动克服因行政层级低导致洛秀园区开发建设权被市里收回的困难，泉州出口加工区划归晋江市负责开发管理，泉州开发区受到老园区——清濛园区发展的制约，加快推进国家级开发区的申报工作，2010 年正式升级为国家级经济技术开发区，成为泉州市首个国家级经济技术开发区；同年，在泉州市政府的支持下，官桥园区在与南安市政府的合作下得到开发。与此同时，做强做大产业基础，有力应对金融危机等经济发展困境，保持经济向好发展局面。

4. 第四阶段：转型发展阶段（2011年至今）

经历了前期火箭式的发展后，泉州开发区发展空间受限，以传统产业为主的产业结构，以及创新发展平台不足等问题带来的发展制约逐步显现，因此，该区提出了构建“转型升级示范区、产城融合美丽园、四园联建新天地”的发展思路，着力推动经济社会转型升级。2011 年以来，该区的支柱产业有效巩固、新型业态逐步发展、金融改革持续深化，高新技术产业产值在60% 以上，从全省来看，企业股权投融资服务平台的建设速度也名列前茅，荣获一系列国家级荣誉称号，如国家火炬计划电子信息特色产业基地、国家新型工业化产业示范基地等。同时，官桥园区建设拓展提速，园区品位有效提升，产城融合有效推进。

（二）发展现状

泉州开发区的开发建设已经走过了 20 年的历程，区内拥有 300 多家投产工业企业，其中已经有 49 家年产值超过亿元的企业。全区有 42 家高新技术企业、国家级工程技术研究中心等“国字号”科技品牌，22 家拥有科技小巨人称号的企业，产生了 9 个中国驰名商标、28 个福建省著名商标，17 家企业作为主要起草单位参与国家行业标准制定，形成了纺织鞋服、电子信息、机械制造、医药食品四大主导产业，先后荣获全国模范劳动关系和谐工业园区、国家火炬计划电子信息特色产业基地、国家级高新技术企业孵化基地、国家新型工业化产业示范基地（轻纺）、国家级优秀博士后科研工作站、国家级示范生产力促进中心等一系列国家级荣誉称号。2016 年，全区完成 GDP 158. 21 亿元，同比增长 8. 2%；工业增加值 140. 87 亿元，同比增长8.5%；一般公共预算总收入为12.88亿元，同比增长1.1%；一般公共预算收入为7.19亿元，同比增长29.7%；第三产业增加值为16.66亿元，同比增长6.5%；在全省各类开发区综合实力排名中首次挤进前五，是前五名中唯一的正处级建制的开发区。2017年上半年清濛园区实现GDP 78.54亿元，同比增长9.7%，全区GDP、工业增加值、第三产业增加值、固定资产投资和社会消费品零售总额增幅5个指标位列全市第一。

泉州开发区目前实行“一区多园”的战略，分别包含清濛园区、泉州出口加工区、泉州特种汽车制造基地、国家级高新技术企业孵化基地以及官桥园区。清濛园区成立于1996年6月30日，作为省级开发区，当时的定位是泉州高新技术产业开发区，成为新的经济管理体制示范区和新的经济增长点。泉州出口加工区以技术密集型和资金密集型企业为主，囊括了汽车生产出口制造、电子制造、机电一体化、机械装备制造及纺织鞋服轻工等优势产业。泉州特种汽车制造基地的首期项目来自福建新福达汽车工业有限公司的异地扩建项目，其将福建新福达汽车制造项目作为开端，以整车生产带动零部件等相关产业的配套延伸，形成完整的汽车制造产业链，构建汽车产业集群。国家级高新技术企业孵化基地成立于2001年9月，在孵企业53家，累计孵化企业总数为178家，毕业企业总数为125家。官桥园区的建设有三期，一期用地已引进企业34家，在建企业20家，投产企业11家。园区主要发展的产业涉及体育用品、纺织服装、机械一体化等。2017年在厦门召开了国际投资贸易洽谈会，泉州开发区被授予“绿色开发区”牌匾，这是我国第五个、福建省首个获联合国工业发展组织认证授牌的“绿色开发区”。

泉州开发区在发展过程中出现许多问题，制约并阻碍着开发区的进一步发展。发展现状与功能定位相脱节、产业结构与发展趋势不相适应、区位布局与城市化进程不相配套，特别是近年来发展步伐放缓，显露出内忧外患的令人担忧的局面。一是发展空间不足。一方面，有限的空间制约发展。清濛园区经过多年的发展在土地利用上已基本达到饱和，区内主要骨干企业扩大发展的需求得不到满足，引进区外优质大型项目更是难题，优质企业外迁意向加大；另一方面，在开发进程中出现种种不理想情况。征地拆迁工作在机制体制的桎梏下难以前进，截至 2016 年 10 月，可整块提供项目建设的土地仅为 300 亩，基础设施建设和工业项目落地投建的需求得不到满足；道路建设和土石方平整工程也因征地纠纷问题，多次受到当地村民阻挠，极大地影响了工程进度。二是产业转型升级进程缓慢。当前，泉州开发区产业呈现“矮、老、短”态势，即个子矮，从与其他国家级开发区的横向对比看，同是 20 世纪 90 年代创办的厦门火炬高新区工业产值占厦门市的 40%，税收达 81 亿元，而泉州开发区体量小，经济总量不及其 1/6，9.5 平方公里的清濛园区土地开发已基本饱和，官桥园区尚不能提供大的承载空间，对比全国国家级开发区，泉州开发区在排行榜中连续靠后，根据商务部考核机制，排名靠后的开发区将面临“摘牌”危险；产业老，全区 90% 以上都是传统产业，各种产品之间的差别不大；链条短，许多产业并未形成完整的产业链和上下配套的产业链。开发区现有主要产业以劳动密集型加工制造企业为主，产业层次和产业集聚水平不高，技术密集型和高新技术类产业不多，总部经济、工业设计、文化创意等领域薄弱。三是自主创新能力不强。缺乏自主创新的动力，创新能力弱，在生产上还处于组装、零配件生产等低端技术水平，此外，科技创新人才、高层次人才和创新性领军人才匮乏。四是行政管理体制混乱。泉州开发区行政层级低、行政排序靠后，在泉州市委、市政府的发展大盘中所占比重不高，经济总量所占比例较小，话语权相对较弱。另外，随着经济社会的快速发展，开发区已向综合性产业新城区转变，社会组织也由单一走向多元化，需要承担的社会公共服务职能越来越多，但由于开发区社会管理权限缺失，社会事业难以健康发展。

二　泉州开发区发展面临的机遇与挑战

（一）面临的机遇

一是泉州开发区在产业、政策、区位和环境等方面的优势。泉州地区具有坚实的产业基础，开发区单位面积产出排在全国开发区的前列，综合实力和创新能力不断增强，并在业内具有一定的竞争力。目前，区内形成了纺织鞋服、电子信息、机械制造、医药食品四大产业集群，四大产业集群产值比重增加到98%，其中纺织鞋服产业产值超过百亿元，并且周边是泉州经济最发达的中心市区、晋江和南安等地，实施转型升级具有坚实的产业基础。二是优越的区位条件。交通相当便捷，三条高速公路在开发区周边交会，园区距离泉州（晋江）机场有10分钟车程。地理位置独特、重要，地处中心市区与晋江、石狮等地的中间连接地带，晋江桥南片区、城北片区改造优化了周边城市功能配套。三是相对高效的管理机制。泉州开发区机构精简，没有乡镇（街道）和村（居），服务触角直接延伸到基层，实施了一系列的保姆式、一站式服务机制，服务效率较高，服务成效明显。四是日趋完善的软硬环境。城市基础和公共服务设施配套日趋完善。同时，随着回拨地等历史遗留问题的解决，开发区与周边关系得到有效改善，环境进一步得到优化改善。

当前，经济发展进入新常态，泉州开发区也迎来较好的发展机遇。一是各级出台政策支持开发区加快发展。国务院办公厅先后出台《国务院办公厅关于促进国家级经济技术开发区转型升级创新发展的若干意见》、《国务院办公厅关于完善国家级经济技术开发区考核制度促进创新驱动发展的指导意见》和《国务院办公厅关于促进开发区改革和创新发展的若干意见》，使得泉州开发区在较好的经济与政策环境下努力建设成为带动地区发展和实施地区发展战略的载体，成为构建开放型经济新体制和培育吸引外资新优势的排头兵，成为科技创新驱动和绿色集约发展的示范区。二是政策释放新的制度红利。中央和福建省高度重视经济开发区的建设，陆续出台一系列政策支持泉州市开发区的建设，希望将泉州市建设成为“金融服务实体经济综合改革试验区”、“民营经济综改区”、“21世纪海上丝路先行区”以及“中国制造2025”试点示范城市，按照我国城镇化建设的战略部署，国土资源部新的用地指导思想和泉州市委、市政府对泉州开发区做出的“提升清濛园区城市化水平，推进清濛园区深度开发”等工作部署，为一直坚持在全市产业发展引领、开放型经济体制探索等方面打头阵的泉州开发区提供了难得

的转型升级的政策机遇。三是坚实基础支撑未来拓展空间。经过20多年的发展，泉州开发区已在区位、科研、人才、环境、服务等方面积累了独特优势，为泉州开发区科学发展、跨越发展奠定了坚实的软硬基础。

（二）面临的挑战

当今世界经济和产业经济都发生了深刻的变化，我国经济进入新常态，在这一新形势下必须进一步激发作为改革开放排头兵的开发区的作用，产生新的集聚效应和增长动力，促进开发区经济结构的调整和产业结构的调整，为此，2017年国务院提出关于构建开放型经济新体制的若干意见，通过动态管理，优胜劣汰，促进和鼓励开发区转型升级，对于泉州开发区来说，在新形势下面临诸多挑战。

首先，全球经济面临一个疲软的状态，必须对产业结构进行调整。根据IMF做出的《世界经济展望报告》，世界经济相比2016年略有增长，但也存在更加严重的上行和下行风险，相对于发达国家来说，新兴市场和发展中经济体的前景不容乐观，全球经济的复杂性和不平衡性使经济发展速度滞缓，中国国内经济增长面临较大的下行压力，国家级开发区是带动地区经济增长和实施区域发展战略的重要载体，泉州开发区更是泉州地区重要的经济体，因此在新形势下，要进一步发展，就需积极转变产业结构，以适应新经济的要求。其次，差异化竞争激烈，区域发展定位明确。目前以差异化竞争凸显自己优势，是我国各个开发区普遍采用的发展模式，福建省共有10个国家级经济技术开发区，2010年成立的台商投资区区位优势明显，以光电产业、新材料产业及现代装备制造业确立自己的优势地位，同时，地理位置优越，位于环泉州湾区域，这是泉州中心城区“一湾两翼三带”城市空间布局中的一部分，生态环境和资源丰富等都构成优势，近年来更是发展迅速，且投资区城市性质定位多样，主要有国家级台商投资区、泉州城市副中心、先进制造业和高端服务业支撑的生态型滨水城市新区和现代化港口保税物流工业区。福州开发区依托母城福州，大力发展外向型经济，坚持发展工业项目，招商引资，是全国唯一一个集国家级经济技术开发区、保税区、台商投资区、高科技园区和地方行政区于一体的特殊开发区域。泉州开发区以鞋服产业、机械制造等为主导产业，近年来高新技术虽雏形已现，但绝对规模有限，发展势头不强，在面对如此激烈的竞争下，国务院提出的“优胜劣汰”机制无疑对泉州开发区的发展提出了挑战。最后，就其内部环境来说，高端人才短缺，制约开发区的可持续发展。“孤岛式”发展模式制约经济发展，开发区多位于城市郊区，远离中心，投资、技术、管理等也来自区域之外，不能很好地与本土结合，产生对外来资源的较大依赖。管理体制混乱、政企合一的模式已不符合现代发展潮流。

当前环境复杂而又多变，无论是从宏观上还是从微观上来看，泉州开发区的发展都面临巨大的挑战，来自各方面的压力，都迫使泉州开发区积极探索新的发展升级道路。

三　泉州开发区发展思路和对策建议

（一）打造产业升级平台，加快创新发展

当前，福建、泉州正致力建设创新型城市，打造国家自主创新示范区，创新正值黄金期，需通过平台打造，加快创新发展。泉州开发区内目前拥有四大主导产业，分别是纺织鞋服、电子信息、机械制造、医药食品，2016年作为“十三五”的开局年，“十三五”规划前期课题中明确提出创新驱动战略与创新型国家的建设，泉州开发区的产业创新升级迎来了难得的发展机遇，创新发展需要立足园区产业实际和发展基础，打造泉州开发区产业升级版，重点发展“互联网+”、医药食品、新能源汽车、生产性服务业4个新兴产业和1个高端纺织鞋服产业。要把握机遇，借力加快创新平台建设。依托国家火炬计划泉州电子信息特色产业基地优势，规划建设“互联网+硬件配套”产业园、“互联网+文化”创意园、“互联网+电子信息”研发中心，完善“互联网+”技术支撑，形成“互联网+”较为完善的产业链条，发挥产业集聚效应。

（二）加大统筹协调力度，实现发展均衡

泉州开发区要立足机构精、区域小的特点，创造一个良好的营商环境，重点跨越，集中全力解决主要矛盾，充分激发发展活力和内生动力，打造泉州高效服务示范区。要深化行政管理体制改革，找到与泉州市政府机构改革的结合点，发挥开发区本身拥有的功能特点和区域特色，理顺体制机制，深化政府机构改革。同时，要推动要素市场化改革，重点在土地保障和投融资体制上做大文章。要创新土地保障机制，针对用地受限实际，推进低效用地再开发或土地用途变更；要创新投融资体制，推行政府和社会资本合作（PPP）机制，探索采用开发区内土地收入动态质押的新贷款模式。努力协调周边关系，实现共同发展。泉州开发区一区多园的飞地发展模式，虽能拓展用地空间，但因个别园区位于鲤城区、晋江市和南安市，行政管理主体不同、协调机制不够健全，导致土地难征迁、项目难推进和公共服务难配套等问题，因此，要突出各区域的主攻方向，采取多种手段，通过多种渠道，妥善协调好园区与周边的关系，营造和谐的发展氛围。同时，要充分依靠当地政府，通过合作共建、资金补助等方式，加强对园区的服务覆盖，满足群众的公共服务需求。

（三）实施绿色集约发展，推动持续发展

泉州开发区要以提高环境质量为根本，提高资源利用效率，推进美丽园区建设，着力推动绿色发展。要统筹利用“一区四园”的功能定位和产业发展特色，对各园区的规划进行梳理、调整和完善，在确保规划的科学性的基础上，促进产业发展与生态园区建设和谐发展。当前，重点要加快实施清濛园区的详细规划，以《泉州经济技术开发区清濛园区单元控规》为指引，整合发展业态，调整土地布局，实施腾笼换鸟、优二进三，进一步节约、集约土地利用，促进园区深度开发。加快落实《泉州经济技术开发区清濛园区景观提升行动策划》，在园区景观、公园、照明、广告、清洁环卫等方面做出详细规划，提出针对方案，尽早落实，尽早见效。官桥园区则按照

《泉州经济技术开发区官桥园区控制性详细规划》来推进实施，整体把握，统筹布局，力争将官桥园区建设成为一个电子信息、机电与机械一体化的产业园。

在用地不足的情况下，企业的发展和项目的引进，不一定要通过购买土地建设厂房，要充分利用现有资源，积极探索存量土地、厂房“二次招商”机制，加快实施“腾笼换鸟”战略，以“换”去旧迎新，以“换”再造生机，促进存量土地资源通过易主、重整、置换等多种形式实现再生。

（四）构建开放协作格局，加强示范引领

当前，世界经济已进入深度调整期，合作与竞争格局发生深刻变化，竞争与合作共存。利用重要战略机遇期，以开放促改革、促发展、促创新，用高水平开放推动高质量发展，引领经济发展新常态。开发区的基本功能定位就是要发挥好试验、引领、示范、带动先导区的功能，因此，要秉承开放、包容、共赢的理念，创新招商引资机制，加强区域合作，加快贸易转型，以自身发展发挥示范引领。泉州开发区发展到现在，再也不能进行粗放式的招商，而应该立足产业实际和区域优势，注重产业对接和发展引领，由引资转为选资，更加注重招商的质量和档次，实行专业招商、市场化招商和产业链招商协调发展。要借力海丝核心区来建设拓展“朋友圈”，跳出区域看发展，以更宽、更大的视野和胸怀推动发展。要根据网区建设、产业协作和辐射带动需要，完善区域协调联动机制。对外，要与全国范围内的开发区加强协作，互相配套，促进生产要素无障碍流动和优化配置。对内，要加强与泉州开发区周边，尤其是毗邻的全国三个百强县（市）晋江市、石狮市、南安市联动发展，形成协作发展的新格局。特别是要主动对接自贸区的试验成果，梳理自贸区可复制、可推广的经验，力争将其纳入福建自贸试验区扩区范围，推动园区加快建设、提速增效。同时，要充分利用山区县、内陆地区的产业布局和人力成本优势，强化区域合作，推动制造配套、功能配套和服务配套，延伸产业链。加快贸易转型，要主动探究和适应经济全球化下的贸易规则和贸易壁垒，特别是 2016 年是我国加入 WTO 满 15 年，要深入研究

相关政策、协议，主动对接利好，有效规避风险，加快贸易转型升级。主动承接开发区作为新增对外贸易经营者备案登记机关的权限下放，完善该区首创的“区域统保”制度，探索建立涵盖创国际知名品牌、国际商标注册、出口信用保险保费补助、反倾销应诉、海外投资风险保障、境外参展知识产权保护等具有该区特色的海外利益保护机制，创设条件支持和鼓励企业“走出去”拓展，通过创新营销渠道和收购国际品牌等方式，占领国际终端市场，为开发区企业在技术创新、品牌塑造及国际化推进方面建立全新的范式。

（五）推进产城高度融合，提升发展质量

泉州开发区经过20多年开发建设，经济快速发展、人口高度密集，但社会事业发展层次不高，与人民群众日益增长的精神文化和公共服务需求还不相适应，完善社会事业服务资源，提升产城融合水平，促进经济社会和人的全面发展，是开发区当前和今后一段时间的一项重要任务。新的发展机遇，要求开发区因地制宜、突出特色、高点定位，必须与泉州中心市区，乃至更大区域范围的社会经济发展更深更广地融合。随着泉州开发区融入泉州湾发展战略，区域优势将更加明显，城市化水平不断提升，需大力推进“美丽园区”建设，进一步明确园区的功能定位，逐渐完善城市功能，配套落实相应管理职能，提高社会公共服务水平，实施和推进产城融合发展战略，努力实现从“造城”到“管城”的转变，推动以城兴产、以产促城，实现“园”和“城”的有机融合。加快建设“智慧园区”，提升信息基础设施的利用率、信息化应用水平、园区运营管理效率、公共配套服务能力和产业发展水平，充分利用互联网和大数据带来的便利，加快园区智慧政务、智能安防、招商平台、交通组织、市政管理、环保监测、应急管理等城市建设和管理综合平台建设，推动信息化与园区发展深度融合。

B.10
泉州房地产业健康发展问题研究

刘义圣　苏天恩*

摘　要： 房地产作为特殊商品，关系着地区经济的发展，房地产业与其他产业有着千丝万缕的关系。随着国民经济发展，房地产市场逐渐繁荣，在2003年之后其增长速度远高于经济增速，并引发一系列社会问题。本报告基于泉州房地产业发展的现状与特点，提出房地产业健康发展的有利因素和不利因素，从而总结出泉州房地产业健康发展的对策建议。

关键词： 泉州　房地产业　高端房地产市场

一　泉州房地产业发展现状与特点

2017年是中国房地产深化调控的极具里程碑的一年。从2017年开始，尤其是党的十九大后，政策真切地凌驾于市场之上。较2016年下半年的火热行情，2017年可谓泉州楼市的“政策年”，持续加强的限购限贷限售限签限价及利率上浮等热词已深入人心，变成家常便饭，年尾热土抢拍，热盘强开，终逃不过“大手”，集中爆发公开认筹、公证摇号、公平选房开盘新模式，众项目一售而罄。数据层面呈现意料之中的年终大卷，低价限价产品先

* 刘义圣（1958～），男，福建福州人，泉州师范学院二级教授，博士生导师，研究方向为政治经济学；苏天恩（1974～），男，福建泉州人，泉州师范学院科研处副处长、副教授，研究方向为科技管理、技术经济。

行走量，世茂、建发等开售项目积大量未签量，楼市控量控价终显成效。表1显示了2016～2017年泉州房地产开发和销售主要指标完成情况。

表1　2016～2017年泉州房地产开发和销售主要指标完成情况

指标	2016年	2017年	同比增长(%)
房地产开发投资(亿元)	706.14	700.66	-0.8
住宅投资(亿元)	456.55	440.22	-3.6
办公楼投资(亿元)	41.57	42.77	2.9
商业营业用房投资(亿元)	96.59	99.66	3.2
房屋施工面积(万平方米)	6253.67	6383.36	2.1
房屋新开工面积(万平方米)	899.64	1225.82	36.3
房屋竣工面积(万平方米)	1215.80	770.07	-36.7
房屋销售面积(万平方米)	1009.63	1244.50	23.3
商品房销售额(亿元)	691.73	940.69	36

资料来源：泉州市统计信息网，http：//www.qztj.gov.cn/outweb/index.asp。

泉州作为福建省三大中心城市之一，房地产的销售市场自然也受到了不小的影响。2017年，受到“闽八条”的影响，房地产开发投资同比2016年下降0.8%，而房屋销售面积增加23.3%，随着政府调控，限购房屋刺激了群众消费，房市出现供不应求的状况，销售额相对于2016年增加36%，多项目优质房源稀量可售。以往泉州人几乎单向度地前往厦门置业的局面被打破，人流、资金的往来为城际融通带来新的契机。目前来看，厦门的限购政策短时间内并未出现松动的迹象，高悬的准入门槛让大部分刚需客群“留厦太难”，较大的价格落差是厦门客放眼泉州的内在驱动力。

（一）泉州房地产业投资现状

目前，泉州市房地产业投资额度持续增加，投资比重不断上升（见表2）。2017年，GDP为7548.01亿元，按可比价格计算，比2016年增长8.4%，经济总量连续19年保持全省第一。在泉州市经济发展的过程中，固定资产投资一直保持着较快的增长速度，2014年的固定资产投资额为2940.25亿元，同比增长17.5%。在泉州经济迅速发展、城市化进程加快过程中，房地产业也迅速发展，房地产投资也在逐年增长，房屋销售额持续增加，直到2015年才首次出现回落。2014年房地产业开发投资为775.95亿元，比2013年增长了32.5%。房地产地税收入为121.43亿元，同比增长30.5%，占全市地税收入的比重为40%，较2013年增长5.5%。2017年房地产业开发投资为700.66亿元，较2016年下降0.8%。从2010~2017年的总体数据看，泉州市房地产业开发投资占全社会固定资产投资额的比例一开始保持着持续上升的趋势，直到2015年才有所回落，2016年该比例较2010年上升幅度较小，2017年较2016年又有小幅度回落，但并未影响到经济发展。

表2　2010~2017年泉州固定资产投资与房地产业开发情况

单位：亿元，%

年份	全社会固定资产投资额	同比增长	房地产业开发投资额	同比增长	房地产业开发投资额占全社会固定资产投资额的比例
2010	1250.81	30.0	203.11	38.4	16.24
2011	1576.14	26.0	274.36	35.1	17.41
2012	2016.72	28.0	395.50	44.2	19.61
2013	2502.44	24.1	585.45	48.0	23.40
2014	2940.25	17.5	775.95	32.5	26.39
2015	3478.18	18.3	681.59	-12.2	19.60
2016	3748.01	7.8	706.14	3.6	18.84
2017	4123.80	10.0	700.66	-0.8	16.99

资料来源：泉州市统计信息网，http://www.qztj.gov.cn/outweb/index.asp。

（二）泉州房地产业开发情况

现阶段，泉州市商品房施工面积增加（见表3）。2014年，泉州市全年房地产施工面积为5843.31万平方米，比2013年增长了14.8%。2015年，泉州市房地产施工面积为6197.99万平方米，比2014年增长了6.07%。2016年，泉州市房地产施工面积为6253.67万平方米，比2015年增加了

0.90%。2017年，泉州市房地产施工面积为6383.36万平方米，比2016年增加了2.07%。

表3　2013～2017年房屋施工面积、新开工面积、竣工面积比较

单位：万平方米

项目	2013年	2014年	2015年	2016年	2017年
施工面积	5091.92	5843.31	6197.99	6253.67	6383.36
其中:住宅面积	3366.06	3814.12	3933.82	3945.16	4107.50
新开工面积	1451.15	1279.94	991.20	899.64	1225.82
其中:住宅面积	955.62	733.23	581.19	574.63	859.78
竣工面积	655.16	599.71	613.48	1015.80	770.07
其中:住宅面积	462.51	454.08	429.48	676.89	505.63

资料来源：泉州市统计信息网，http：//www.qztj.gov.cn/outweb/index.asp。

（三）泉州商品房市场销售及房价情况

2015年全市商品房累计销售达830.56万平方米，比2014年上升了3.60%；销售金额达518.56亿元，比2014年下降了2.18%；商品房平均售价为6243.50元/平方米，比2014年下降了5.57%。

2016年，泉州市全市商品房累计销售达1009.63万平方米，同2015年相比上升了21.56%；销售金额达691.73亿元，比2015年提高了33.39%；商品房平均售价为6851.32元/平方米，比2015年增长了9.74%。

2017年，商品房销售金额达到940.69亿元，再创新高，比2016年增长了35.99%（见表4）。

表4　2013～2017年房屋销售面积、销售金额、平均销售金额比较

项目	2013年	2014年	2015年	2016年	2017年
销售面积(万平方米)	908.73	801.73	830.56	1009.63	1244.50
销售金额(亿元)	624.82	530.10	518.56	691.73	940.69
平均销售金额(元/平方米)	6875.75	6611.95	6243.50	6851.32	7558.78

资料来源：泉州市统计信息网，http：//www.qztj.gov.cn/outweb/index.asp。

从表4可以看出，2013～2015年商品房的销售面积、销售金额和平均销售金额整体持续下降，2016～2017年，商品房的销售面积、销售金额和平均销售金额均大幅提高，因此我们能够得出结论：2013～2015年，泉州房地产业的发展势头有所下滑，2016～2017年，泉州房地产业发展势头向好。

二　泉州房地产业健康发展的因素

（一）不利因素

自2010年以来，我国房地产调控政策陆续出台，政府稳定房价的决心坚定，房地产业面临极为严峻的市场与政策环境压力。目前，我国一线城市房价基本已经停涨，各界的目光更多锁定在中小城市。宏观调控是否也将对中小城市的房地产业发展产生影响成为关注焦点。

根据对泉州房地产业现状分析，我们可以看出，随着泉州市经济的快速发展，房地产市场已饱和，但仍有一定的发展空间。人口、经济、社会发展以及市行政中心的变迁，促使泉州居民的生活水平不断提高，泉州的城市化水平不断提升。住房是居民的基本生活需求，泉州居民的生活水平持续提高，整体生活水平已达到了富裕水平，富裕的生活状态促使人们对住房以及环境的改善有了强烈的需求。此外，央行的降息、国家的"去库存"等政策鼓励又进一步刺激了居民的购房需求。

泉州是经国务院批准的闽三角经济开放区的一个重要组成部分，同时也是全国综合配套改革试点城市之一，经济总量连续19年保持福建省第一，是福建省乃至全国发展最快、最有活力、最具发展潜力的地区之一。但泉州房地产市场始终存在区域性差异与结构性供需矛盾。

1. 泉州中心城区房价偏高

在一般情况下，房地产的价格水平必须与当地的经济发展，特别是与当地居民的购买力水平相适应。如果一座城市的房产价格持续超越其经济发展水平和居民的购买力水平，就有可能产生泡沫。结合上文对泉州房价的分析，我们可以看出，相较于泉州整体的经济发展水平，泉州的房价上涨略微偏快，但鉴于泉州地区整体经济的发展速度来说，其暂时还处于居民可接受的范围，还没有偏离泉州居民的整体购买力水平太多。但是对于泉州市区来说，房价还是偏高，1 万元甚至 1.5 万元以上每平方米的价格对泉州的大多数居民来说还是偏高的，过高的房价会让泉州地区的潜在消费者望而却步，把他们“驱赶”到厦门等其他城市。然而，虽然房价低廉对消费者比较有利，但同时也会影响到投资人对当地房产的投资信心以及房地产商的开发热情，这对泉州的房地产市场也会产生不利的影响。近几年来，虽然泉州房价还没有出现过太大的波动以至于影响整个市场，但高房价依旧是限制泉州房地产业长远发展的一个重要因素。

2. 泉州房地产业精致供需结构失衡

泉州市的经济指标显示，目前泉州已经跨入富裕水平。泉州市统计局的统计显示，2014 年泉州市城镇人口平均住房面积为 58.89 平方米，远超国家规定的小康标准 35 平方米，可以看出，居民对自住房的需求并不是很大。但是“二胎政策”的实行以及外来人口的流入带动了泉州住宅销售以及租赁市场的发展，间接带动了泉州房地产业的发展；高收入群体看中其资产保值的作用，只要房市不出现问题，投资、投机性购房就不会断绝，这在没有其他不利因素干预的情况下也会导致房价稳定增长。经济增长、人口增长拉动了居住需求，此外，高收入群体为了财富保值，增加了对房地产的投资需求。地皮成本、原料成本、人工成本、资金成本以及税收成本的增加迫使房地产商的建房成本增加，开发商为了赚钱将成本直接转移给消费者，使得房价不断上涨。城市规划和城市建设也进一步推动房地产业的需求。泉州行政中心的迁移带来的城市格局改变，加快了泉州城市化发展的进程，给房地产市场的发展提供了广阔的空间。

3. 泉州房地产业金融体制不健全

房地产业金融对房地产业的快速发展起到了不可替代的作用，然而，我国的金融市场还处于初级阶段，难免会有一些不足之处，比如金融创新缺乏、金融风险突出等。提防房地产金融风险，不仅是房地产业和房地产金融稳定和健康发展的需求，同时对整个金融行业和国家经济的稳定发展也至关重要。房地产金融体制不健全，资本市场运作乏力。目前，我国普遍缺乏发达的多层次房地产融资市场，主要表现在：一是融资工具简单，许多重要的业务品种还没有建立起来；二是配套机构不完善，造成融资过程运作不畅；三是政府对金融机构监管不严，金融风险过大等。中小城市房地产金融问题更为突出，融资渠道有限，成本高、风险大、手续繁杂等各种因素对中小城市房地产业的发展更为不利。

4. 泉州房地产业融资结构不合理，房地产业金融创新缓慢

房地产商自有资金不足，在资本市场上的融资渠道又十分有限，仅在股市融资，很难融到所需要的资金，因此对银行太过依赖。房地产的银行贷款依赖水平在50%左右，有些甚至高于80%，一旦某一环节出现问题，风险将迅速向银行传递。

目前，我国对房地产金融实行严格的利率管制，界定了金融机构业务的经营范围，房地产金融创新和发展的空间受到极大限制，不利于房地产金融的发展。此外，我国的房地产信贷消费起步晚、实行时间短，目前的贷款品种还很缺乏，很难满足不同消费者的需求。

（二）有利因素

1. 全面实施营改增，覆盖范围扩大到房地产业

2016年5月1日起，国务院全面推开“营改增”，试点范围扩大到建筑业、房地产业、金融业、生活服务业，并将所有企业新增不动产所含增值税纳入抵扣范围。短期目标是加速去库存，而中长期目标是为即将改革、扩围的房地产税做铺垫。房地产业实施营改增对房地产市场将产生一定的积极影响。

对房企来说，建筑材料行业营改增后，购买材料等进项所含的增值税将纳入抵扣范围，房企的工程款税负减轻，净利润有望提升，这为身处调整、转型期的房企还有房地产市场都提供了“缓冲期”。

实施营改增，企业即可通过购置不动产抵扣增值税进项税金，意味着所有企业持有不动产的成本将降低，这样那些原本办公条件不好想要改善办公条件的企业，就有可能受此新政刺激而出手购置新办公楼，毋庸置疑，也将进一步刺激写字楼等商业产品的去化。“营改增”在房地产方面的利好作用，更多体现在推动商业产品去化方面。

营改增是给房地产市场的一次“加杠杆”，而房地产是实体经济，不同于虚拟经济，因此，杠杆效用的发挥或许也需要一定的发酵期。新政将形成一环紧扣一环的连锁效应，对房地产行业产生持续、深远的影响。2016 年，从降息降准，到首付比例的降低，再到契税方面的优惠，经过一年多的调整，房地产市场已经形成绝佳的买入良机，尤其是在一线城市率先回暖的催化下，春节过后，泉州市场也顺势迎来“小阳春”，市民看房、买房热情有所提高，东海、城东、晋江等区域的各大主力楼盘更是备受热捧，成交上扬明显。而根据计划，随着 2016 年 5 月 1 日营改增新政的施行，企业购买商办类不动产的热情无疑被点燃，不排除会有不少纳税大户以购置房产的方式来实现税款的抵扣。

从 2016 年的情况来看，泉州有 60 万个左右的纳税主体，只要其中有 10% 的企业选择购置物业抵扣增值税，就将产生 6 万套左右的商业物业去化量。对泉州的房地产企业来说，这将是一个极大的商机。泉州拥有天峰、东海泰禾广场等大量优质的在售商业、办公及商住两用物业，这些楼盘在企业管理和建筑品质、物业服务等方面都有着较高的水平。然而，要想吸引更多企业和创业者选择置业，在“营改增”利好带来的企业置业浪潮中抢占先机，房地产企业仅仅作为单纯的物业提供者是远远不够的，更需努力研究当下市场对于商办类产品的需求，提升商办物业的服务水平，提升自身物业的商业辐射能力，给予置业、入驻企业和创业者一定的优惠政策，鼓励其进行置业。

2. 单个城市向城市圈转变

新时代以单一城市为核心的开发布局将转变为城市圈之间的联动发展，城市圈将成为宏观经济的新载体，同时它也是房地产发展的新载体。未来无论是拿地、开发还是业务，都将围绕城市圈来布局。近年来，有实力的开发商加快进军泉州房地产市场的现象异常明显。

泉州城市未来发展模式必然走向多个中心组团的模式，而各个中心组团必然在城市建设改造、配套完善等举措推动之下，吸引不同需求的人士到此置业。购房消费最为明显的表现是购房者将根据自身的情况，比如事业、工作需求，居住习惯等选择适合自身的楼盘，而不会只选择在中心城区单一区域置业。这是目前房地产市场一个较大的转变，以往房地产业更多偏开发、偏制造、偏销售，住房消费的全面升级产生新的需求，在这个背景下，未来房地产市场的潜在发展空间也会向品质租赁、服务等方面转变，会产生物业管理、社区服务、房地产资产管理服务等一系列与居住相关的服务。

3. 人工智能向房地产业渗透，有望取代房产中介

2017 年 11 月 30 日，全球房地产服务上市公司高力国际发布的《人工智能对房地产业的影响》报告指出，人工智能的发展对工业、酒店业、零售业、房地产业的影响较大，未来 20 年，包括房产中介在内的多个职业将有可能被人工智能取代。报告分析，土地及建筑物测量工作很有可能由机器人取代；3D 打印技术将用于模拟紧急避难所及简单住宅群；虚拟技术将用于为潜在买家和租户物业视察提供机会，这也意味着大批的房产中介从业者可能会被淘汰。

人工智能无法完全取代人类工作，只会起到辅助作用，能够促进生产力增长、改善办公环境、解放人类以使其从事更多高附加值的工作。开发商应意识到该趋势的发展，并预先设计相关配套设施，同时针对不同类型客户的需求，在不同区域打造不同定位类型的项目，这涉及租金较为低廉的次级商务区及周边区域，而不仅局限于主要商务区。

4. 开发特色小镇

特色小镇的定义是：依赖某一特色产业和特色环境因素（如地域特色、生态特色、文化特色等），打造的具有明确产业定位、文化内涵、旅游特征和一定社区功能的综合开发项目。

据统计，全国两批特色小镇试点共 403 个，加上各地方创建的省级特色

小镇，数量超过 2000 多个。据中国社会科学院发布的《中国住房发展报告》的研究结果，一些地方快速发展的特色小镇很大程度上被房地产商“绑架”，打着各种产业旗号，到城市周边的小镇拿地搞开发，结果房子搞了一大片，产业却引不来，反而加大了房地产库存的难度。

特色小镇灵感来自国外的特色小镇，如瑞士的达沃斯温泉/会展/运动小镇、美国的布兰森音乐小镇、法国的格拉斯香水小镇，产业富有特色，文化独具韵味，生态充满魅力，主客尽享福祉。

三 泉州房地产业健康发展的对策建议

（一）规范泉州房地产市场

1. 理性定价

对房价，政策只能起到宏观调控的作用，其涨跌的根本原因在于房产市场的运行机制。有关部门应加大宣传力度，提高大众对泉州房地产业的整体认知水平，与此同时，组织有关会议，邀请房地产商和群众代表参与讨论并互相交流，增加房地产商的使命感和责任感，令其了解大众的需求，开发出人们所需要的产品。这样，市场秩序趋于稳定，房价也将在群众可承受范围内稳步上涨。另外，可以以法律形式建立房地产市场的信息公开制度。房屋的定价机制不公开，房地产商垄断控制房价是房价虚高的主要原因之一。政府可以通过立法让房地产商公开房地产销售、成本等各项数据，这在一定程度上可以增强市场的信息透明度和促进商家的自由竞争。此外，政府还应强化在提供公共住房方面的责任，保障居民的住房权利。

2. 规范投资行为

泉州有为数众多的中小企业，外商云集，资金来源渠道广阔且分散，为房地产业的发展提供了很好的环境。然而这也带来了投资过热的问题，容易造成房地产泡沫。因此，规范投资行为刻不容缓，可以从两个方面下手：一是政府多加干预中小企业的投资方向，带领它们“走出去”而不是一味地炒作房地产；二是安不忘危，提高危机意识，关注市场的投资力度是否偏离当前泉州房地产业的发展状况，如果偏离太多，政府就应该多加引导，避免投资过热。

（二）开发高端房地产市场

目前，我国的一线房地产开发市场已基本实现由打基础、培育市场的行业发展初级阶段向更高层次的发展阶段转变，开发商开始注重加大楼盘的自然环境、人文氛围和配套设施投入，中高档商业住宅区成为高端市场需求的热点。

1. 注重生态环境，打造高性价比楼盘

随着泉州城市化进度的加快，人们的生活水平也不断地提高。城市化的加快，使经济发展与生态环境的矛盾越来越突出。房地产业的发展让人们在住房条件不断提高的同时也不断破坏生态，因此开发商要加大土地利用力度，注重住房环境的绿化建设，这样既能够改善生态环境，又能够吸引更多的购房者。泉州是闻名全国的侨乡，宗教文化浓郁，可以根据它的特点并结合实际情况来建造这座城市。泉州房地产开发在资金、技术、人才等方面占据绝对优势的大企业依然不多，因此，商家在开发房地产时应着重在产品的品质和环境的美化方面下功夫，多多关注楼盘的美化、绿化等生态环境方面，结合本地文化特色，打造出更具本地特色和文化氛围的产品，让泉州变得更美好。

高品质高性价比是一件产品能够热销的重要原因之一。资本家都是逐利的，市场只要有需求，高性价比商品永远都是满足市场需求的首选商品，因此，商家应该多聆听消费者的心声，在充分了解消费者的需求之后，努力去迎合大多数消费者的喜好，并赋予它更高的附加值，打造出超出消费者预期的楼盘。另外，要坚持以质取胜。总之，房地产商应该从楼盘的品质上下功夫，打造高品质楼盘，才能增强竞争力，在众多企业中脱颖而出。

2. 开发商业地产

目前，国家扩大内需，保险资金大量进入房地产市场，加上城市化速度加快，迎来了商业地产发展的良机。发展商业地产在满足消费者购房需求的同时又能解决房地产商资金不足的难题。房地产企业在进行产品投资时，不应故步自封。适当地改变投资方向、大力开发商业房产，增加持续性经营收入占公司总营收的比重。企业在开发商业房时应注意的地方主要有：如何提高消费者的生活环境质量，形成集居住、商场、医疗、教育、娱乐、交通等于一体的与人们的生活各方面息息相关的一体化商业圈，通过商业地产的配套设施来吸引消费者。

（三）防范金融风险

1. 加强对房地产业的宏观调控

政府应加强对市场宏观调控的前瞻性和科学性，完善对房地产市场的监督和调控，促进房地产业的健康发展，防止房价大涨大跌，有助于遏制楼市风险的扩大。为此应做好房地产市场的统计工作，建立一个真实有效全面的房地产信息系统，建立一套全面的房地产市场运行系统。通过全面、精确、实时地收录房地产发展的相关数据进行分析并对外发布，政府可以掌握泉州市房地产市场的运行状况，并加强对房地产市场的监督和引导，以此来实现对房地产市场运行情况的预警和对房地产投资、消费的引导，使泉州市的房地产市场能够更加健康地发展。加强对房地产开发企业资金链的控制，通过限贷、催贷等政策影响与控制房产开发企业的资金链，以改变当前市场上住房价格居高不下、开发企业捂盘惜售的不利局面。在银行贷款政策中，应当将购买首套住房、二次购房以及投资性购房等住房消费行为区别对待，适当增加投资性购房的成本，并给予首套房贷更加优惠的政策。加强对贷款实际用途的监控，有效避免投机者将贷款应用到投资性购房上。

2. 多渠道筹措资金

资金链是一个企业的生命线，对于房地产企业这种高负债企业来说，具有稳定的现金流才能够保障企业的正常运行。一旦企业的资金链断裂，就将迫使房地产商低价销售，而房价下降又将使消费者更加冷静地看待现在的房价，消费者买涨不买跌的心理将让他们继续等待房价的下跌，这将令企业处于非常被动的地位。而如今房地产业的融资渠道又非常狭小，这对房地产商来说是一个潜在的巨大风险，因此，为了保证资金链的正常运转，房地产企业应重视融资方式，拓宽融资渠道，避免资金链断裂，否则一旦出现资金链断裂就将给企业带来巨大的隐患，甚至令企业倒闭，因此，房地产企业除了运用传统的方式融资外，还应该努力开拓其他的融资渠道，以分散风险。

（四）改善房地产业价格构成机制，充分发挥政府在保障房建设中的积极引导作用

由当前房地产业价格的构成机制来看，可以从以下几个方面进行改善。第一，创新土地出让金制度，优化物业税征收体制。由于目前我国采取一次性征收土地出让金的方式，因此这造成了当前土地交易环节成本过高，保有与开发环节成本过低的现象，这比较有利于进行土地的大规模转让，但不利于房地产开发商迅速售房套现，只有通过改革土地出让金制度，才能有效改善这一问题。第二，物业税征收体制应当借鉴住房贷款的模式进行改革，对首套购房者予以适当的优惠，对二次购房和投资性购房进行限制。通过改善房地产价格构成机制，有效削弱地方财政对房地产业的依赖性。

此外，充分发挥政府在保障性住房建设中的引导与监管作用，吸引更多的民间资本投向保障性住房，并严格监管保障性住房的开发建设、交易等各个环节。明确保障性住房的服务对象，对无力购房群体、新增就业人员、城市无房家庭以及外来务工人员等进行区别划分，提供不同的保障性住房制度。加强保障性住房申请资格的审查，让城市低收入居民、弱势群体真正成为保障性住房的受惠者。综上所述，近几年推出房地产新政均对泉州市房地产市场产生了一定程度的影响，但想让房地产市场朝着更加稳定、持续的方向发展，还需要党中央、地方政府以及各相关职能部门的共同努力，在科学分析当前房地产市场、消费需求的基础上，不断进行扶持、监管与引导。

（五）大力鼓励租赁，发展租购同权

党的十九大报告指出，“坚持房子是用来住的、不是用来炒的定位，加快建立多主体供给、多渠道保障、租购并举的住房制度，让全体人民住有所居”。租购并举是房地产长效调控的政策之一。建立租购并举的住房制度，发展住房租赁市场，既可以鼓励租赁消费，稳定租赁关系，赋予租房者更多的权利，也可以形成社会风气，减少非理性购房需求，延缓提前透支的购房需求，避免房地产市场大起大落。此举还将有助于拓展集体土地用途，拓宽集体经济组织和农民增收渠道；有助于丰富农村土地管理实践，促进集体土地优化配置和节约集约利用，加快城镇化进程。

去库存已经取得很大成效，一、二、三、四线城市都不会在短期内有大量库存需要消化。楼市降温、地市不冷，也给长效机制的建立提供了时间。尤其随着房地产供给侧改革的加快推进、“商品房 + 保障房”供应体系的日益完善，以及地方财税体制和收入分配改革走向深入，我国房地产业有望逐渐步入“租购并举、理性开发、持续发展”的理性轨道。

B.11

资源禀赋视角下泉州产业集群核心竞争力提升的路径选择

刘玉生*

摘　要： 由于早期借助于政策资源、社会资源、区位优势资源等所形成的资源禀赋，泉州产业集群发展成现今的规模，当前这些资源优势已经不在，提升泉州产业集群核心竞争力需要重建资源禀赋。本报告分析泉州产业集群现状，认为主要产业集群具备提升核心竞争力的基础，从而提出当前泉州产业集群核心竞争力存在的主要问题，并总结出资源禀赋视角下泉州产业集群核心竞争力的提升路径。

关键词： 泉州　资源禀赋　产业集群　核心竞争力

泉州能够连续19年经济总量位列福建省第一，以产业集群为区域经济发展空间载体的作用功不可没。截至2017年底，泉州市已有20多个年产值超10亿元的产业集群，其中产值超百亿元的有7个，超千亿元的有7个。泉州主要产业集群萌发于20世纪80年代，凭借改革开放先行的政策资源禀赋、众多华侨带入资金与技术等生产要素的社会资源禀赋、毗邻台湾和沿海的区位优势资源禀赋，经过数次的转型升级，才有了现今的规模。但近年来，由于劳动力、土地等要素成本和环境保护成本的不断上升，加之经济环

* 刘玉生（1963～），男，福建惠安人，泉州师范学院教授，研究方向为企业文化、民营经济。

境的变化以及市场竞争的加剧，对以劳动密集型为主的、通过低附加值、较低劳动生产率方式发展的泉州主要产业集群造成了一定的影响。尽管泉州主要产业集群拥有相对完善的产业链，但由于产业链核心技术、关键技术掌握不够，产业集群内同质化、同构化现象较为严重，集群难以承受各种成本上升和市场波动带来的影响，从而极大压缩了产业集群的发展空间，面临“中低端锁定”的风险，所以，泉州主要产业集群再次转型升级迫在眉睫。而此次转型升级，不仅是在集群原有基础上的提升，而且还是与全球竞争对手相比的竞争力提升。在当前全球竞争加剧的背景下，核心竞争力提升成为泉州主要产业集群转型升级的路径选择。

一 泉州产业集群现状

泉州经济发展区别于其他区域的特征之一是产业集群的优势地位，其中纺织服装、制鞋、水暖卫浴、石材、食品饮料、机械装备、石油化工、光电信息等产业集群占据工业总产值的70%左右。泉州现有的101家上市企业、152个中国驰名商标、46个中国名牌产品大多集中在上述产业集群中。截至2016年12月，泉州市已形成纺织服装、石油化工、制伞、电子、造纸及纸制品、玩具、藤铁、树脂工艺品、陶瓷、雕刻工艺、食品饮料、水暖器材、建陶、石材、包袋、运动鞋、皮鞋（休闲）、钢铁、水泥、木制家具、机械装备、汽车配件、陶瓷、灯具、茶叶、水产品等一批年产值超10亿元的产业集群，其中纺织服装、制鞋、石油化工、机械装备、建材家居5个产业集群产值超千亿元。

泉州主要产业集群萌发于20世纪80年代，凭借改革开放的先行优势、毗邻台湾和沿海的区位优势，泉州一些先行者以开办家庭式手工作坊为基础，从仿制与简单加工制造起步，开始兴办制鞋与服装类企业。同时南安一些人开始利用本地石材资源开办石材加工企业，逐渐地，其他产业的企业也陆续开始兴办。到20世纪末期，泉州纺织服装、制鞋、石材加工、水暖器材、微电子等产业已经基本形成产、供、销一体化的发展格局，数量众多的中小企业在终端品生产加工中，通过学习、模仿和消化先进技术，促进了产业上下游相关配套环节的发展，几大产业集群逐步形成。进入 21 世纪后，泉州几大产业集群中的一些企业初步建立起技术与研发机构，并与域外科研机构建立合作研发体系，以企业为主体的产学研合作模式逐步形成。在此推动下，泉州几大产业集群的部分企业开始注重品牌打造，同时以市场需求为导向的产业链分工合作开始加快，在产品质量的提高、营销模式的创新等合力要素下，产业集群产品的市场占据份额逐年上升，产业集群的竞争力开始形成。近 10 年来，泉州几大产业集群凭借逐渐扩大的市场与营销网络，进一步促进了产业规模化发展和关联配套产业的完善，逐步实现了由简单分工向细化分工的转变，形成了产业集群产业链横向与纵向环节相对完整的特点。

二　当前泉州主要产业集群具备提升核心竞争力的基础

（一）泉州运动鞋产业集群

泉州运动鞋产业集群现已是中国最大的运动鞋生产基地。10 多年前，泉州运动鞋产业集群就占有全国 40% 的市场份额，产量约占世界的 20%。当前泉州运动鞋产业集群拥有相关制鞋企业 3000 多家，其分布于运动鞋的配件、鞋楦、鞋底、鞋跟、鞋衬、轻泡、炼胶、吹塑到包装盒等生产环节。泉州下辖晋江市已被中国轻工业联合会等多家权威机构授予“中国鞋都”称号，仅晋江市就拥有 2 家鞋类国家级技术中心，共掌握鞋业生产 200 种以上的核心技术，有多家企业成为国家或行业质量认证标准、行业技术标准、行业等级评估的起草成员单位。在近 6 年的中国运动鞋销售排名榜中，除李宁、双星外，泉州的安踏、匹克、361°、特步、乔丹、鸿星尔克、德尔惠、贵人鸟公司排在前 10 名。2007 年在总利润、2011 年在销售总收入超过李宁后，安踏成为中国运动鞋服市场的龙头企业，近年来无论是营业总额还是利润总额都位居行业第一。

泉州运动鞋产业集群具备提升核心竞争力的基础，集群的合作系统实现了成本优势。集群分工合作系统完善，在集群周围十公里内可以找到制鞋所需的几乎所有原辅材料和设备，由此大大降低了产品成本。如安踏从集群内采购的鞋带，每条能省几厘钱，每年近亿条鞋带的用货量就降低了不小的成本。

（二）泉州水暖厨卫产业集群

泉州南安水暖厨卫产业集群作为“中国百佳产业集群”之一，同类产量占全国40%左右。当前，南安市共有水暖厨卫企业700多家，其中亿元以上骨干企业20多家，2016年实现规模产值近200亿元。泉州南安水暖厨卫产业集群形成了水暖厨卫机械、原材料、核心产品、工业设计、检验检测、加工生产、装配包装等相对完善的产业链。由于水暖厨卫产业集群具有优势，泉州南安获得的国家级荣誉有：五金制品（水暖厨卫）国家新型工业化产业示范基地、全国水暖卫浴知名品牌创建示范区、水暖厨卫国家外贸转型升级产业示范基地。泉州南安水暖厨卫产业集群现有2家企业拥有国家级实验室，3家企业担任国家行业标准起草单位。品牌方面，拥有全国水暖行业7块中国名牌产品中的4块，中国驰名商标7个（工商认定），5家企业被授予“中国卫浴产品行业知名品牌”，其中九牧公司荣登2015年世界品牌大会中国500最具价值品牌卫浴行业榜首，连续六年荣获中国高端卫浴领军品牌。

泉州南安水暖厨卫产业集群产业链布局完善，同类产品市场占有份额明显，集群品牌有一定影响，由此具备了核心竞争力提升的基础。

（三）泉州石材产业集群

泉州南安石材产业集群是我国乃至亚洲地区规模最大、种类最齐全的石材生产、出口基地，也是辐射全球的世界级石材生产交易中心。泉州南安石材产业集群现有石材企业1600多家，其中规模以上企业300余家，石材产量占全国的60%，石材贸易遍及130多个国家和地区，进口、出口石材量分别占全国的60%和55%，集群年产值超过600亿元。南安石材产业集群现已经成为集聚程度高、产业链条完整、集群学习效应明显的专业化特色产业集群。石材产业的加工装备及工艺制造已达世界一流水平，形成了从资源开采、生产加工到机械工艺制造、营销中心展示、物流供应完备的产业链。泉州南安石材产业集群被商务部列为外贸转型升级专业型示范基地，现有高新技术企业3家，省级企业（行业）技术中心6个，拥有中国仅有的2个经国家工商总局认定的石材产品“中国驰名商标”，福建省名牌产品22个、著名商标17个。集群拥有中科院海西研究院先进材料研究中心、华侨大学石材加工重点实验室、南安石材工程学院等科研机构。

泉州南安石材产业集群市场占有份额优势明显，集群品牌影响大，集群学习效应明显，由此具备了核心竞争力提升的基础。

（四）泉州微波通信产业集群

泉州微波通信产业集群是福建省首个科技部公布的国家创新型产业集群。集群产品移动通信中继设备主要功能模块、整机及系统工程分别占国内约25%、15%及20%的市场份额，对讲机产品占全国市场的60%，占全国出口份额的80%，其中高精度的宇航级、军用级片状独石电容器产品水平在全国处于前列，卫星电视接收机和高频头的产量居全国第一。泉州微波通信产业集群拥有相关企业近400家，主要骨干企业（单位）122家，集群2016年总产值为900亿元左右。泉州微波通信产业已形成了以七大主导产业、七大配套产业和七大带动产业组成的产品模块群。集群产品从元器件、配套核心部件、各种节点产品、整机设备到系统集成；从公网移动通信、专网集群通信、广电多媒体覆盖到互联网、物联网系统，目前已经形成较为完整产业链。泉州微波通信创新型产业集群，2009年成为国家创新基金的首个产业集群试点，2011年被列入首批科技型中小企业创新型产业集群试点，2013年被列入科技部创新型产业集群试点（培育），2014年获科技部批准为全国创新型产业集群试点。集群拥有先创电子、泰克通信、火炬电子、泽仕通等数家龙头企业。

泉州微波通信产业集群市场占有份额优势明显，集群合作系统完善，集群产品的元器件、配套产品、主导整机产品、系统技术解决方案的产业链关联性强，企业异质性特征突出，由此具备了核心竞争力提升的基础。

（五）泉州纺织服装产业集群

纺织服装业是泉州五大传统产业之首，是泉州的支柱产业之一。全行业从业人员有50多万人，总产值占全国纺织服装业总产值的10%左右。经过30多年的发展，泉州纺织服装产业集群构建起涵盖棉纺、化纤、织造、染整、制衣、辅料等较为完整的纺织上、中、下游产业链，年产值近2000亿元，其中休闲装、夹克装生产较具优势，占全国市场份额的1/4多。经过二十几年的发展，当前泉州纺织服装产业集群已经形成了强大的产业链基础，具有生产企业多，经济总量大，设备先进，技术水平高，行业分布趋于集约化、规模化、区域化，市场占有率高等特点。在“2015～2016中国纺服企业竞争力500强企业”中，17家泉企上榜，其中七匹狼、柒牌、九牧王、利郎、虎都、帝牌、爱登堡等都是泉州服装品牌的代表。在集群品牌方面，泉州石狮获得“中国休闲服装名城”“中国休闲面料商贸名城”“中国裤业名镇”“中国运动休闲服装名镇”“中国服装辅料服饰名镇”“中国童装名镇”“中国休闲面料名镇”称号。泉州晋江获“中国纺织产业基地市”“世界夹克之都”“中国拉链之都”“中国内衣名镇”“中国休闲服装名镇”“中国织造名镇”“中国运动服装名镇”等13项“国字号”头衔。

泉州纺织服装产业集群的核心竞争力与泉州上述产业集群相比，存在一定差距，但集群品牌在全国也有一定的影响。

三　当前泉州产业集群核心竞争力存在的主要问题

当前泉州几大产业集群在核心竞争力方面也存在一些问题，主要体现在以下几个方面。

（一）运动鞋产业集群的主要问题

泉州运动鞋产业集群存在的问题主要如下。第一，企业同质化现象严重。泉州运动鞋产业集群现有的3000多家企业，在生产的产品差异化程度上还不高，大部分企业在投资、生产、品牌营销手段趋同，企业之间互相抄袭、互相模仿的现象十分严重。同质化产品的大量生产导致大批产品涌向中低端市场，造成供大于求的市场格局，导致企业被迫互相杀价，形成低价恶性竞争。第二，非生产环节产业链相对薄弱。泉州运动鞋产业集群当前已经基本装备一批先进生产线或生产设备，生产工艺水平也在国内居较高水平，但在非生产环节相对薄弱，这表现为研发设计、营销、服务方面相对落后，没有形成与横向产业链匹配的纵向产业链对接。

泉州运动鞋产业从原辅料到制鞋设备、制造工艺等生产环节，都形成比较完善的产业链，产业集群的合作系统已经实现了成本优势，但这种优势还没有转化成为核心竞争力的利润获取力，需要从产业集群的合作系统进一步提升，尤其是要注重产业集群中企业的异质性。

（二）水暖厨卫产业集群的主要问题

泉州南安水暖厨卫产业集群存在的问题主要如下。第一，纵向产业链相对落后。长期以来大多泉州南安水暖厨卫企业把重点主要放在横向产业链的制造环节，但水暖厨卫尤其是当今的智能产品需要更多纵向配套，而泉州南安水暖厨卫产业集群的纵向产业链发展缓慢，如生产性服务业、现代物流、电子商务、研发设计、咨询、认证、评估等高端服务业发展滞后。第二，产品一体化体系建设相对落后。水暖厨卫产品的特征是产品种类多、规格复杂，尤其是当今的智能产品需要更严格的一体化标准。而泉州南安水暖厨卫产业的产品一体化体系建设相对落后，如产品的规格尺寸标准、质量标准、技术规范标准、智能产品的软件标准等。

泉州南安水暖厨卫产业将集群产品从单一产品延伸到全产业链是一个大

趋势，只有提升集群合作系统效率，促进产品一体化建设，并通过集群品牌的建设，才能形成集群的核心竞争力。

（三）南安石材产业集群的主要问题

泉州南安石材产业集群存在的问题主要如下。第一，应对环保等成本上升能力不够。近年来，石材产业的生态破坏、环境污染等环保成本逐年上升，此外石材荒料与产品运输成本上升，石材工人从事的工作属于特种工作，其劳动工资也不断上升。但泉州南安石材产业难以将上升成本全部转移到产品价格上，使企业利润受到一定影响。第二，产品附加值低。南安市石材产业集群虽然庞大，但年产值在5000万元以上的规模企业较少，中小企业占大多数，家庭作坊也大量存在，整体产业组织规模偏小，这导致石材企业运用高新技术比重偏低，主要是通过加工生产环节赚取微薄利润，而且产品“同质化”现象严重，缺乏技术和产品的创新，具有较强竞争力和较高附加值的超薄板、复合板及各类异型石材占比较小。

泉州南安石材产业集群要将集群学习方式从以前的简单模仿、生搬硬套的简单学习提升为有组织有效率的系统学习，并通过集群品牌的建设，促进集群产品的个性化、多样化、高端化发展，形成集群的核心竞争力。

（四）微波通信产业集群的主要问题

泉州微波通信产业集群存在的问题主要如下。第一，产品占据市场份额能力与获取利润能力不对称。泉州微波通信产品占全国市场的60%以上，但集群产品的平均利润率较低，一直通过性价比与薄利多销的方式维持市场份额，始终难以进入同类产品的高端市场，如泉州企业的卫星电视接收机和高频头的产量居全国第一，但附加值最高的直放站产品市场基本被广东和北京企业把持。总体上，泉州微波通信产业中高新技术含量产品所占比重较小，整个行业的高科技含量较低，大多数企业缺少自己的核心技术从而没有核心竞争力。第二，产业链层次不合理。泉州微波通信产业虽然形成了较完善的产业链，但集群企业规模普遍较小，缺乏龙头企业和大品牌企业，使产业集群企业难以形成集体合力，制约了产业链层次的合理调整。这表现为集群延伸产业链与服务链难以完成，产业共性技术和关键性链条无龙头企业来组织承担，集群承接国际化技术转移能力薄弱，集群合作创新成效不高。

泉州微波通信产业集群要优化集群合作系统，尤其是通过核心企业异质性的建立，掌握产业链共性与关键技术，形成产业集群的核心竞争力。

（五）纺织服装产业集群的主要问题

泉州纺织服装产业集群存在的问题主要如下。第一，产业链层次基本处于全球价值链中低端。泉州纺织服装产业整体集群层次远离全球纺织服装价值链的高端环节，这表现在除了少数大企业外，集群大部分中小企业基本不涉足价值链高端的高级面料、设计等环节，市场定位大多是中低消费端，主要凭借廉价的劳动力资源，采用跟风模仿的加工方式。如泉州纺织服装产业集群中绝大多数企业没有服装原创设计，没有专利及技术发明，大多数企业设计与研发经费投入偏低，企业每年的 R&D 投入在 30 万元以下。而众多小企业除了车间生产管理人员和相关财务人员外，几乎没有中高级人才。一些企业虽然设立了设计与研发部门，但也主要是利用外来成果进行二次研发。第二，集群相关公共服务组织发展滞后。泉州纺织服装产业集群有亚洲最大的服装市场即石狮服装城，也有其他规模不等的各种纺织材料与服装辅料市场。但这些市场除了销售方面的功能外，在衔接下游贸易、销售、物流等环节方面的作用还不够明显，与上游生产基地的创新沟通也不紧密。集群相关公共服务组织发展滞后，如许多公共服务组织是由政府部门转变而成的，在具体运作以及自身管理方面还带有传统管理模式的色彩，在独立性、专业性等方面还存在许多不足，尤其在提供中介服务和进行集群治理、规范市场秩序方面的功能发挥不够。同时，集群相关科研机构的服务功能还不够完善，产品研发、设计主要靠企业本身力量。

泉州纺织服装产业要将集群合作系统与学习系统共同优化，并通过核心企业异质性的建立对集群产业链进行引导、提升，形成集群的核心竞争力。

四　资源禀赋视角下泉州产业集群核心竞争力的提升路径

（一）利用完整产业链将资源转化为价值链控制力

建立完整产业链或全产业链，是加入 WTO 后，我国为在短期内提升竞争力而选择的一个路径。与企业大多通过并购方式形成产业链不同，产业集群主要通过自然发展而形成完整产业链。具有完整产业链是产业集群竞争力的体现，但不一定就能形成核心竞争力。因为如果产业链过长过多，却不能将资源优化配置，就会导致资源分散到所有产业链条，有可能造成对产业链的核心链条的资源支撑力度不够，这样，完整产业链只形成摊子大和战线长的规模优势，只在形式上具有对生产权的控制，不一定具有对产业链的价值控制力。只有掌握价值链控制力的完整产业链，才能体现出对产业集群的核心竞争力。

作为“中国百佳产业集群”之一的泉州南安水暖厨卫产业集群，2017 年产值近 200 亿元。水暖厨卫产业具有产品规格复杂、品种门类繁多的特点，泉州南安水暖厨卫产业集群现有 700 多家企业，其产品涵盖 3000 多个品种、2 万多种规格，已经“形成了集技术研发、铸造、机械加工、抛光、电镀、装配、包装、物流到市场销售等于一体的完整产业链，成为全国水暖产业发展潜力最大、配套最为完整、水暖名牌企业最为集中的区域”。虽然拥有完整产业链是泉州南安水暖厨卫产业集群的竞争优势，但该集群在专利产品、智能产品等产业价值链高端的占比仍然较小。正如国家知识产权局专利局专家 2016 年发布的《泉州水暖卫浴产业专利导航分析报告》所指出的：“整体而言，泉州企业的产品仍集中在中低端，主要依靠宣传优势及低廉的成本来维持。”另一个案例是泉州纺织服装产业集群，虽然在十几年前，“泉州市纺织服装业有完整的产业链，已形成从抽丝、织布、染整到服装生产一条完整的产业链和庞大的产业集群，成为泉州第一大支柱产业”，但到目前为止，泉州纺织服装产业集群仍然远离全球纺织服装价值链的高端环节，这表现在除了少数大企业外，集群大部分企业基本不涉足价值链高端的高级面料、原创设计等环节，市场定位大多是中低端消费。

只有拥有完整产业链资源，才有基础将其进行资源整合，形成资源禀赋。如果泉州产业集群能利用完整产业链资源，将其整合转化为价值链控制力，则可将现在的竞争力提升为核心竞争力。这主要可从以下两个方面进行。

第一，利用完整产业链资源，重新组合价值链环节。每次产业升级意味着优胜劣汰。一些优秀的企业或产业集群能够存在，就是因为抓住了每一次产业升级的机会。产业升级一般是从生产工艺升级突破，再传导到功能升级、产品升级，最终带动产业价值链的升级。产业升级一般是产业价值链的重新组合。泉州主要产业集群可利用其完善的产业链资源，在某一链条产品上发现生产工艺升级机会后及时把握，并迅速将其扩散到整个产业链。同时利用产业升级，将低收益价值链条弱化或清理，使同质化产品链条转移，加快与产业价值链优势节点企业的合作，形成产业价值链的优势链条，实现产业价值链上的连接效率最优化，最终通过掌握产业价值链的“战略性链条”，提升该产业价值链的控制力。

第二，利用完整产业链资源，发挥龙头企业在价值链控制力提升中的作用。完整产业链既意味着龙头企业的存在，也意味着龙头企业能利用完整产业链来整合资源。由于包括中低价值链在内的完整产业链的存在，作为产业集群的龙头企业，其可以逐步退出低附加值链条，转而趋向于高附加值链条。此外龙头企业还应利用在产业集群中的市场领导力与产业价值链整合力，促使非核心企业提升在单个产业链中的竞争力，并引导这些企业加快衔接与磨合，以耦合竞争优势，形成协同优势，实现 1 +1 >2 的整体效益。龙头企业还要同时促进产业链共性技术与关键技术的合作创新，提升价值链控制力。由于产业链共性技术创新存在不确定性与风险性，单个企业难以独自承担，因此，龙头企业应该发挥龙头作用，主导产业链共性技术与关键技术的合作创新。

案例与实证：当前泉州南安水暖厨卫产业集群的龙头企业是九牧公司。

在 2017 年“中国 500 最具价值品牌”榜单上，“作为中国智能厨卫领导者，九牧以 178.36 亿元的品牌价值，连续 6 年蝉联行业第一”。作为集群的龙头企业，九牧除自身集中于生产泛家居的高价值链环节的智能化和自动化产品外，还利用在南安水暖厨卫产业集群的市场领导地位，积极促进产业价值链整合，引导集群企业趋向研发与生产价值链中高端智能产品。在九牧的引领下，“10 多家南安卫浴龙头企业纷纷加大在智能领域的研发、投入和生产力度”。2016 年，已有 25 家开设智能卫浴产品研发中心，在智能卫浴领域已获得各类技术和设计专利 320 多项，全市已形成 12 条智能卫浴生产线。近年来，在九牧的引领下，泉州南安水暖厨卫产业集群的高附加值产品——智能产品，占总产品比例持续增长，如图 1 所示。

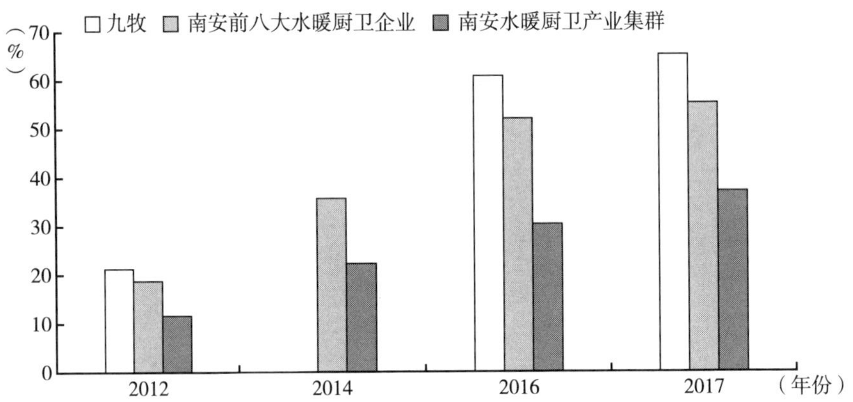

图 1　九牧与南安前八大水暖厨卫企业、南安水暖厨卫产业集群的以智能产品为代表的高附加值产品占总产品比例的对比数据

资料来源：泉州市统计局、各公司年度财报、行业协会资料。

（二）利用市场占有优势将资源转化为盈利提升力

当今社会分工日趋细化，使产品从设计、生产、销售到终端服务的每一个环节都存在市场化的供给与需求。单个企业已难以满足这些巨量的市场需求，从而实现占有市场优势份额。而产业集群却可以凭借群内众多企业的分工合作以供给这些巨量的市场需求，通过规模经济和范围经济的形式，占有某个或某类产品的市场优势份额。市场优势份额一般统计的是产品的数量与销售额，属于数量指标。但如果产业集群忽视了“盈利率”这一质量指标，是以“量增价跌”或“薄利多销”来占有市场优势份额，长此以往就会造成产品的中低端锁定，导致“盈利率”低下。依靠规模而占有市场优势份额，是产业集群的竞争力，但如果没有较高的盈利率，就不能形成核心竞争力。

如泉州石狮童装产业集群，曾经在20世纪90年代占有全国童装市场份额的90%以上。但由于靠规模化生产中低档童装，依赖低价倾销进行恶性竞争，企业盈利微薄，难以有实力从事创新，企业和集群都缺乏难以被复制的核心竞争力。后来外部区域企业纷纷模仿石狮童装的生产模式，导致“市场占有率由95%下滑到不足5%”。另一案例是泉州南安石材产业集群。泉州南安现有石材企业1600多家，石材产量占全国的60%，进口、出口石材量分别占全国的60%和55%。南安石材产业以前主要通过低劳动价值与高环境污染方式发展，但近年来，石材产业的生态破坏、环境污染等环保成本逐年上升，而且石材作业属于特种工作，其劳动工资也不断上升。但南安石材企业难以将成本上升全部转移到产品价格上去，使利润受到很大影响，其主要原因是南安石材产业集群虽然庞大，但中小企业占绝大多数。它们主要通过制造加工环节生产大多属于中低附加值类产品，为争夺微薄利润，经常进行恶性竞争。这导致“2016年南安石材的出口额为11747万美元，同比下降了31.04%。石材业内人士总结，其原因之一就是石材企业内部无序的恶性价格竞争”。

占有市场优势份额意味着占据了生产、销售与服务的多种资源。如果泉州产业集群能利用占有市场优势份额的多种资源，发挥集群协同优势以提升盈利率，就可形成资源禀赋，确立竞争对手难以复制的比较优势，从而形成核心竞争力。这主要可以从以下两方面进行。

第一，利用占有市场优势份额而具有的规模资源，从降低各种成本方面实现提升盈利率。一个产业集群能占有市场优势份额，一定是具有从外到内的从采购、生产到销售与服务的各种渠道的规模资源。如果集群能采取集体

行动，利用这些规模优势，提高集群的协同效率，就能使集群企业更低价和更高效地获得所需的各种要素，从而降低成本。如在集群外部方面，集群企业可建立统一的采购与销售组织，在购买原材料、销售与服务方面，通过与供应商、市场销售与服务渠道方的合作提高议价能力，降低成本。在集群内部方面，集群企业可建立集群生产设施的共同利用机制，建立与上下游配套产品资源的共享机制，同时可协同提高群内资源流通效率，降低运输成本、库存成本以及人力资源成本，从而提升盈利率。

第二，利用占有市场优势份额而具有的市场资源，加强合作创新，提高盈利率。创新能带来利润的增加，但创新经常面临无效或低效的困境。提高创新实效，主要在于发现有价值的创新信息和提高创新成果市场应用效率两方面。如果集群能利用占有市场优势份额而具有的众多市场资源，发挥集群优势而捕捉到市场上的第一手创新需求，并利用与需求方沟通、互动、反馈便捷等有利条件，就能缩短信息筛选过程，从而获得有价值的创新信息。在将创新成果转化为市场应用效率方面，主要路径之一就是进行合作创新。如果集群内企业能进行合作创新，就可分担创新成本，实现创新投入的边际成本与集群总收入的正相关，使以往集群内单个企业创新的“负外溢”得以矫正。所以通过产生集群共享的创新成果，可突破创新收益“外溢”导致的瓶颈制约，从而提高创新成果转化为市场应用的效率。

案例与实证：泉州微波通信产业集群的对讲机类产品占全国60%的市场份额。以前集群产品的平均利润率较低，长期通过性价比与薄利多销的方式维持市场份额优势。近年来，微波通信产业升级表现为从模拟产品向数字产品升级，从设备制造向网络集成、工程建设与服务方向升级，而单个企业难以完成这个复杂的创新升级工程。在政府和骨干企业的带领下，其展开了集群的合作创新。2010 年，28 家泉州微波通信骨干企业加盟的“泉州数字微波通信产业技术创新战略联盟”成立，此后又成立了“福建移动通信产业联盟”等 5 个技术创新战略联盟、“无线通信系统技术公共服务平台”等 16 个科技公共服务平台。图2 是泉州微波通信产业集群内合作创新数据，包括联盟内高新企业、技术创新及知识产权示范企业占核心集群企业比重、联盟企业获得各类省级及以上科技项目计划数量占集群企业比重、联盟企业研发投入占销售收入的增长速度（相比上一年度）。合作创新使泉州微波通信产业集群有了较大进步，2011 年被列入首批科技型中小企业创新型产业集群试点，2013 年被列入科技部创新型产业集群试点（培育），2014 年获科技部批准为全国创新型产业集群试点。

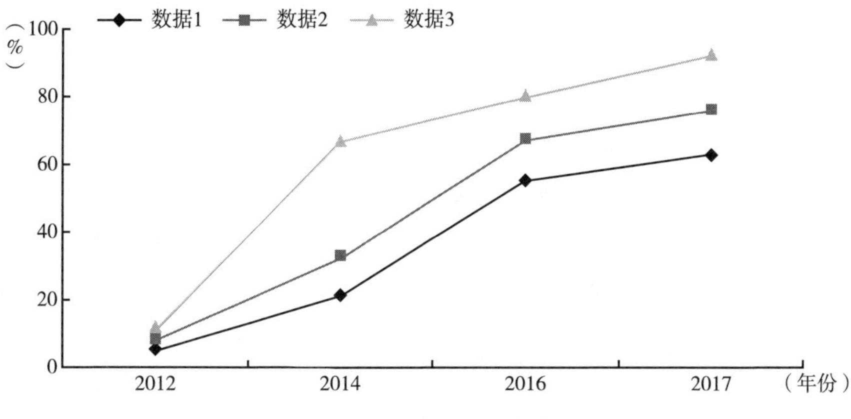

图 2　联盟企业合作创新各类数据

注：数据 1 表示联盟内高新企业、技术创新及知识产权示范企业占核心集群企业比重；数据 2 表示联盟企业获得各类省级及以上科技项目计划数量占集群企业比重；数据 3 表示联盟企业研发投入占销售收入的增长速度（相比上一年度）。

资料来源：泉州市工商局、行业协会资料。

（三）利用集群品牌将资源转化为品牌控制力

品牌控制力是指某品牌对其产品使用者有一定的锁定能力。这是产品使用者对某品牌基于信赖而放弃对其他品牌进行尝试，从而重复使用该品牌产品的偏向性行为反应。品牌控制力是品牌溢价的重要来源，这种行为锁定效应使品牌拥有者具有忠诚的使用群体，并且价格差异已成为次要因素。具有品牌控制力还可使拥有者在市场竞争中获得额外的功效，比如有时会让使用群体在某种不利于品牌形象的情形下主动维护品牌声誉。品牌一般为单个企业拥有，但如今以产业区位为代表的集群品牌，也越来越受到重视。集群品牌与单个企业品牌相比，是集群内企业品牌精华的提炼，同样具有品牌效应，如法国香水、瑞士手表等。在现实生活中，较稳定的品牌控制力只在少

数品牌上才会出现，由此其是核心竞争力的重要指标。

泉州的几大产业集群，已经拥有了一定美誉度的集群品牌，如被评为“中国百佳产业集群”，尤其是群内企业在行业中拥有的名牌资源构成了集群品牌的代表。

品牌获得是市场认同的比较优势。泉州集群品牌是产业集群重要的无形资源，如果能利用集群品牌资源转化为品牌控制力，就能实现从资源到资源禀赋的转化。而提高品牌控制力是一个多方参与、共同努力的系统工程，当前应当从以下几个方面开始。

第一，利用集群品牌资源依法申请注册产业集群商标等。有合法的品牌商标才能实现品牌控制力。2001 年修订的《中华人民共和国商标法》规定：“县级以上行政区划的地名或者公众知晓的外国地名，不得作为商标。但是，地名具有其他含义或者作为集体商标、证明商标组成部分的除外。”该规定是对集体商标、原产地商品的保护。所以，产业集群可以申请注册产业集群品牌商标，对产业集群品牌产权的主体与边界进行法律的界定，实现对产业集群共有品牌的保护，从法律层面防止群外企业侵害集群品牌。注册成功后，由行业协会的会员企业签署共同协议以规定对集群品牌的权利与义务，并推举特定的组织或单位代为行使产业集群商标的使用、管理和维权等事宜。

第二，加强集群品牌载体建设以提高品牌控制力。品牌载体是指能承载品牌内涵的品牌要素体，其中产品质量是核心。任何产品的质量都是其品牌的依托，集群品牌也是如此。这就要求产业集群以行业协会或龙头企业牵头，统一制定包括原材料、生产工艺、产品质量与规格等在内的整套标准体系，并严格执行。产业集群所在区域的政府或行业协会应该结合产业集群的具体情况，通过权威机构对集群内企业的产品进行质量等级的评估，并将这些等级信息进行公开披露，以完善市场信息。集群品牌形象被破坏的一个重要原因是一些企业生产低劣产品而出现搭便车或机会主义现象，这必然会导致质次产品淘汰质优产品的逆淘汰现象。为避免此类现象的出现，当地政府可建立包括工商、质检等在内的联合部门，以联合行业协会、集群企业、中介机构共同组织、协调来打击和处罚破坏集群品牌的行为，并建立黑名单，净化市场环境。

第三，多方位进行集群品牌推广。同企业品牌一样，集群品牌也需要推广。企业一般难以单独承担集群品牌的推广责任，这就需要地方政府和行业协会发挥更多作用。如政府、行业协会等可以通过建设国家级专业市场与国家级产业品牌，举办博览会、商业文化节等扩大集群产品的影响力。表 1 列出了泉州获得的国字号成就，使泉州集群品牌有了国家级的知名度。

表 1　泉州获得的国字号成就概况

成就	概况
国家级专业市场	中国鞋都、中国茶都、中国水暖卫浴城、中国石材城、中国雕艺城、石狮服装城（亚洲最大）、中国伞城
国家级产业品牌	中国建材之乡、中国休闲服装名城、世界夹克之都、中国品牌之都、中国拉链之都、中国泳装产业名城等 13 项
国家级博览会	中国（晋江）国际鞋业博览会、中国（南安）水头国际石材博览会、中国（惠安）国际雕刻艺术品博览会、海峡两岸纺织服装博览会

资料来源：泉州市统计局、《泉州晚报》。

融入“互联网＋”进行集群品牌推广也是当前卓有成效的路径，这体现在利用信息通信技术和互联网平台发展集群产品电子商务，使互联网与泉州传统行业深度融合，创造新的集群发展生态。通过建立专业集群产品网站，或在国内外大型电子商务平台建立专门的集群产品，使集群企业受益，同时提升集群产品的营销效率。

B.12
经济新常态下泉州中小企业的转型升级策略

张梦玉　吴子强*

摘　要： 泉州经济发展模式是我国改革开放以来地方经济发展模式的典型代表，在这一背景下作为泉州经济发展主力军的中小企业想获得健康快速发展，就需要不断适应新时代要求，根据市场导向确定企业发展方向，制订具体的发展战略计划。本报告基于泉州中小企业发展的现状及特点，将泉州中小企业发展进程与温州、东莞等地进行了比较分析，从而提出了新时代泉州中小企业面临的困境与发展境遇及其纾困之策与进路。

关键词： 泉州　新常态　中小企业　转型升级

一　泉州中小企业发展的现状及特点

泉州作为国内的二线城市，曾经被誉为东方第一大港，是我国改革开放以来地方经济发展的杰出代表，是县域经济发展的典型地区。复旦大学教授苏东水曾多次来泉调研，并于1986年在国内首次提出“泉州模式”的说法，从提出到现在，泉州已历经了从引进华侨资本、发展民营资本的初级阶

* 张梦玉（1995～），女，安徽蚌埠人，福建师范大学硕士研究生，研究方向为社会保障；吴子强（1964～），男，福建南安人，泉州师范学院副教授，研究方向为宏观经济学。

段到大力发展集群经济及品牌经济的巩固提升阶段，再到结构优化转型升级和“双轮驱动”的创新发展阶段，泉州中小企业的发展进入了新时代。值得一提的是时任福建省省长习近平同志于2002年6月还特意到晋江市调研民营经济，并总结提炼出以“六个始终坚持”和“处理好五大关系”为主体的晋江经验（即晋江模式），该模式一直在产业培育、业务推广中不断自我完善与超越，很好地实现了自我突破，晋江模式也逐步演化为新的模式——泉州模式。

改革开放以来，泉州市工业经济发展十分迅猛，截至2017年，总产值相对于2000年增长了10多倍，中小企业起到了至关重要的作用，所占比例超过九成。不难看出，泉州中小企业发展十分灵活，为泉州整体经济注入活力，是解决劳动力就业的蓄水池，成为各地发展地方经济的重要力量，也是地方政府财政收入的主要来源。全市经济总量连续19年居福建省首位。2017年全市实现生产总值7548.01亿元，增长8.4%，规模以上工业、第三产业增加值分别增长8.2%和10.5%，中小企业主要经济指标保持较快增长，有力推进泉州经济发展迈上新的台阶。泉州中小企业经过几十年的发展，从现状和发展趋势看，主要呈现以下几个方面的特点。

（一）产业集群化

产业集群，指的是相同的产业以及支持该产业的相关企业，高度集中于某特定地区的一种产业成长现象。早在2005年的泉州市《政府工作报告》提出：以产业集聚力为着力点，构建充满活力的民营经济跃升平台。为此，要“着手规划和培育发展2个产值超千亿元（石化、纺织服装）、2个超500亿元（鞋业、建材）和8个超100亿元（电子信息、汽车及其配件、修船造船、机械制造、工艺制品、食品饮料、五金水暖、包袋制品）产业集群”。目前泉州中小企业在各大优势产业的上游产业链的各个关键环节，均已发育形成结构比例相对合理的配套生产企业群体，提供产前、产中、产后专职服务的生产类、营销类服务业也比较发达，尤其纺织服装、制鞋、制伞等产业已基本形成足不出户即可完成从生产到销售整个流程的产业生态环

境。泉州市统计局数据显示，2017 年全市规模以上工业增加值完成 3328.10 亿元，连续 27 年居福建首位，其中纺织鞋服、石油化工、机械装备、建材家居四大主导产业增加值分别为 1070.9 亿元、432.9 亿元、365.4 亿元、677.22 亿元，贡献率达 73%，形成了纺织服装、制鞋业、石油化工、机械装备、建材家居五大千亿元产业集群，共同构筑泉州经济大厦。产业集群深度的产业分工协作体系，为领头企业做强做大提供了有利条件，同时也造就了一大批具有独特专业优势以及较强核心竞争力的中小企业。

（二）经营品牌化

自 2008 年金融危机之后，部分中小企业都认识到过度依赖出口、能源消耗和廉价劳动力而缺乏创新能力和自主品牌的经营方式，难以应对未来可能的危机。越来越多的中小企业转变了发展方式，聘请职业经理人，围绕品牌运作发展，积极推进企业经营管理，提升管理效能，使泉州的中小企业不论在数量、产值还是就业人数比重上，都达到了前所未有的一个高度。在全市百强企业中，中小企业数量为 90 余家，比例极大。由中小企业的发展带动兴起的品牌经济，也成为现在泉州社会经济整体综合实力的强有力支柱，同时也是“泉州模式”的核心内容。单就泉州的传统产业来说，全市已经有 15 家企业旗下的 15 项产品成功跻身中国名牌产品之列，名列福建省第一，进入全国前 10。除此之外，泉州还有 10 余家企业正在申报象征着高规格的中国驰名商标。2005 年，泉州第一次凭借中国名牌产品数量及中国驰名商标数量领先的优势，荣获“中国品牌经济城市”称号，在全国，仅有 12 个地级市荣获此名称。截至 2016 年底，全市拥有上市公司 101 家、中国驰名商标 152 个。

（三）优势竞合化

随着经济全球化程度的逐步提升和我国经济的飞速发展，企业将面临日益深化的国际分工和技术水平迅猛发展所带来的严峻局面，这使中小企业不仅要面对国内大企业的挤压，而且还要面对来自全球其他地区企业的激烈竞争。为了增强应对国内外市场风险的防控能力，以及更好把握发展机遇，使企业上下游能够全部受益，赢得竞争优势，规模以上中小企业走上“强强联合”的共生发展之路。同时，这也更好地满足了新常态下市场经济发展的需要。例如，海天纺织以自主研发面料为竞争优势联合行业的中小企业共同合作发展，上下分工协作；远东环保与多家高校合作研发，开发出的节能环保纸浆餐具生产线设备，荣获国家专利，并多次在国内外获奖，赢得很高的美誉度。与此同时，我们还看到越来越多的中小民营企业从劳动密集型产业领域进入资金、技术密集型领域。多家纺织服装企业涉足针织机械等领域。总而言之，泉州中小企业加快产业结构转型升级，产业在竞争合作中层次阶梯化趋势越来越明显，呈现良好的局面。

二　泉州中小企业发展进程与温州、东莞等地的比较分析

自 1978 年改革开放以来，沿海经济迅猛发展，涌现了许多各具特色的经济发展模式。这些年来国内外经济学家对中国沿海城市的经济发展模式进行了概括和总结。其中比较突出的有：苏南模式、珠江模式、温州模式和泉州模式。下面将主要对泉州模式下的泉州、温州模式下的温州以及珠江模式下的东莞的中小企业的发展进程和现状进行对比。

（一）发展进程对比

1. 泉州中小企业的发展进程

第一个阶段是 1978 ~ 1996 年，在这一阶段里，泉州主要走“引进侨资，发展民资”的道路。凭借着侨乡资金充足、信息灵敏、市场广阔等优势，以股份合作制为“黏合剂”，将侨乡的资金、技术、设备等生产要素逐步优化组合并在发展“小”“专”“活”和多种经济形式的基础上，形成了巨大的生产力。今天所谓的鞋业集群等都是这一阶段专业化市场的产物，这一专业化带来的是大的支柱产业和泉州制造的大名气。近 20 年来，泉州乡镇企业从 1978 年的翻三番，到 1991 年的增长 27. 9 倍，再到 1992 ~ 1996 年的泉

州市国民生产总值年平均递增40%以上。

第二个阶段是1996～2006年，这一阶段，依靠侨资起家取得一定发展成果的泉州中小企业逐步认识到小的企业规模和差异化较低的产品生产无法形成较强的竞争优势。于是为了形成较强的竞争力，在市场竞争中占据有利位置，各个小型经济体逐渐汇集在一起，形成了各种各样的产业集群。同时为了突出自身产品的不同，提高自身产品的差异化程度，从而达到更好地占领市场的目的，各个企业又竞相提高产品的科技化水平，着力打造自身品牌。可以明显地发现这一阶段的发展特点主要是：大力发展产业集群和品牌经济。这个快速发展的10年使中小企业的发展取得了巨大成就，具体表现为：泉州市的地区生产总值由588.28亿元增长到1900.76亿元，工业总产值由864.20万元增长到3491.67亿元。辖下的晋江、惠安、石狮、南安、安溪5县（市）多次进入全国县域经济基本竞争力百强县（市），所有县（市）均跻身全省经济实力十强或经济发展十佳县（市）行列。

第三个阶段是2006年至今，是泉州模式的转型发展阶段，也是中小企业转型发展的重要阶段。虽然从上文的两个阶段可以看出泉州中小企业取得了飞速的发展，获得了巨大的成功，但在发展的过程中，产品雷同带来的同行竞争压力，以及国内外大公司的挤压，使泉州中小企业的利润逐步压缩。提高产品附加值和提升已有产业结构已经成为这些企业家的第一要义。为解决这一现实问题，泉州市出台了一系列政策鼓励企业通过兼并、重组、股权投资等形式做大规模，加强技术改造，争创品牌，逐步发展成以大企业为龙头、区域内专业化分工合作的专业化产品集聚区，各县特色的产业集群在规模和内涵上进一步完善，生产要素区域集聚效应进一步提高，推动国民经济快速发展。在这一阶段，泉州国民经济总产值也在逐年稳步增长，具体表现为2006～2017年泉州国民生产总值递增6.23%，2017年地区生产总值为7548.01亿元，继续居全省之首，实现GDP在全省的19连冠。

2. 温州中小企业的发展进程

自1985年“温州模式”这一名词被提出以来，温州中小企业的发展过程大概可以分成以下两个阶段。

第一个阶段是20世纪80年代初到90年代初，温州初步形成了以家庭工业和专业化市场的方式大力发展的非农产业，最终形成“小商品、大市场”的发展格局。且到了20世纪90年代初，温州通过前期形成的资金、技术、劳动力、信息等生产要素市场，以联户联营、合资、合伙和合股等形式大力发展股份合作经济，使发展的产业主体从一大批家庭工厂变为股份合作制企业。在这期间，其工业总产值从1982年的17.7亿元增长到1990年的96.1亿元，8年时间翻了两番多，“温州模式”引起国内经济理论界的广泛关注。

第二个阶段是21世纪初至今，温州中小企业开始进入制度、技术、市场的引进和学习阶段，产业集群趋势日益明显。许多中小企业开始建立现代企业制度，引进优秀管理人才，学习国内外先进技术，从而建立了标准的生产线和利用高新技术工艺、品牌知名度提高，吸引了大批有加工需求的国内外名牌厂商。例如，大虎打火机为万宝路加工，东艺鞋业与美国贝达公司合作以及还有一些厂商为阿玛尼等奢侈品贴牌加工等。但温州市在继续发展服装、低压电器、塑料制品等传统产业的同时，一批新兴高科技产业也迅速崛起，如电子信息产业、材料产业、机电产业等都得到了迅速发展，产业链不断延伸。在这个阶段，温州工业总产值也从1990年的96.1亿元增长到2017年的2149.2亿元。

3. 东莞中小企业的发展进程

现如今，东莞已由昔日落后的农业县变成珠江三角洲新兴的现代化工业城市。在转型过程中，东莞民营经济伴随着外资经济的发展而不断成长壮大，经历了一个从无到有、从小到大，逐步成为国民经济重要力量的渐进过程，如今东莞中小企业已成为东莞经济发展的主体。具体来看，东莞中小企业的发展大体上可以分为三个阶段。

第一个阶段是1978~1988年，党的十一届三中全会以来，全国上下迎来了改革开放的浪潮，也同时带来了中小企业发展的热潮，东莞的许多中小企业也不例外。但由于当时的历史原因，民营企业在没有国家政策的支持下依旧坚强生存。虽然在这一起步阶段，大部分企业没资金、没技术也没有管理经验，但好在一开始就有一个比较好的运行机制，即自负盈亏、自我约束、自我发展、自我积累。

在这一阶段中，中小企业发展速度不快、规模不大，经济份额在全市经济中所占的比例也微不足道，但在发展中，不仅实现了资本的原始积累，而且初步掌握了驾驭市场经济的能力。

第二个阶段是1989~1994年，东莞市中小企业的发展开始进入调整时期。在1992年邓小平同志南方讲话和1993年的党的十四届三中全会后，国家确定了社会主义市场经济体制，这让东莞市民营经济开始走上不断发展的道路。市政府和各镇区政府相应地开始制定了支持和鼓励发展民营经济的措施，促使民营经济的发展速度明显加快。值得一提的是，东莞市在这一阶段在吸引外资方面取得重大突破，1000多家“三资”企业提供加工配套服务以及满足300多万名外来工的生活需求，支撑民营经济稳步发展。“三来一补”经济为东莞民营经济的发展创造了资本积累、技术、市场经销渠道和管理等方面的条件。

第三个阶段则是1995年至今。1995年，东莞市政府针对国际经济形势的变化，因势利导，颁布了《关于加快东莞民营经济发展的若干决定》的“四十三条”，为民营经济大胆发展制定了一个形式化的规则，同时，这意味着地方政府已经明确将民营经济看成地方经济发展的主体，这无疑是东莞民营经济发展的强心针和兴奋剂。1997年党的十五大对非公有制经济的理论有重大突破，给民营经济带来了新的发展机遇。1999年九届全国人大二次会议又把“私营经济是社会主义市场经济的重要组成部分”“保护私营经济权益和利益”写进了宪法。2001年和2006年，东莞市分别出台的《关于促进民营经济发展的若干意见》（简称“四十八条”）和《关于进一步促进民营经济发展的若干意见》（简称“新四十八条”）是推动东莞民营经济发展的纲领性文件。逐渐出现的民营经济的发展问题不仅从理论上得到了解决，而且民营经济主体有了法律地位。2001年东莞市新一届市委、市政府还明确提出“打好三张牌”的发展思路，即打好外资牌、城市牌和民营牌。这些完善的规则和政策保障措施带来了民营经济的高速增长。

（二）典型地区中小企业比较分析的结论

从对以上三个典型的城市中小企业发展进程的分析来看，可以将这三个城市中小企业的发展过程简单概括为：泉州中小企业发展经过吸引侨资“三闲”（闲钱、闲房、闲人）起步，走出一条以外资为主、内外资共同推动的乡镇工业化路子，可以将泉州中小企业发展模式概括为外资驱动模式；温州的中小企业发展是以本地居民的创业而形成的以企业发展为主，在后期辅之以部分外来企业，我们也可以将温州中小企业的发展模式称为本地居民创业动机驱动模式；东莞的中小企业发展也以本地居民的创业而形成的企业为主，但其最原始的驱动力是改革开放所带来的巨大商业机会，所以可以将东莞的中小企业发展模式概括为市场机会驱动模式。

三个地区中小企业的发展都各具特色，在前期全球经济危机的影响下，都出现不同程度的问题，当地政府也进行把脉，对症下药，虽然还笼罩着一定的阴影，但各地中小企业都实现了较好的发展，在经济新常态的背景下，各项政策释放出了更多的红利，中小企业步入了中国特色社会主义的新时代。

三　新时代背景下泉州中小企业面临的困境与发展机遇

近年来，泉州地区的 GDP 虽然稳步上升，但是总体经济运行发展还不充分、不均衡、不协调、不可持续，经济增速换挡，传统优势消费品制造业内部结构调整和转型升级的压力加大，不少企业面临“去产能、去库存、降成本”等多重压力，在融资难、担保难的情况下，企业供给侧结构性改革任务相当繁重，资本市场结构性问题突出，人才资源不足的问题有待进一步解决。在新常态经济周期下，中央推行深化供给侧结构性改革，把重心放在实体经济上，加快创新型国家建设，建设现代化经济体系。在审视当前泉州中小企业发展存在的问题时，必须紧抓政策机遇，瞄准目标加油干，激发全市人民的创造力和发展活力，实现传统产业优化升级的目标。

（一）困境表现

1. 外部环境

（1）逆全球化趋势愈演愈烈

2008 年金融危机后，许多国家为了走出经济衰退泥潭，纷纷采取贸易保护主义措施。世贸组织报告显示，2015 年 10 月至 2016 年 5 月，二十国集团成员实施了 145 项新的贸易限制措施，平均每月有近 21 项新的贸易限制措施出台，月均新措施数量为 2009 年世贸组织开始监测贸易限制措施以来的最高水平。全球贸易保护主义的普遍抬头使得自由化贸易的红利逐渐消失，国际贸易和投资的发展速度骤然下降，自金融危机爆发以来一直慢于整体经济的增长。2016 年以来，世界经济发展中的逆全球化有愈演愈烈的趋势，比如英国脱欧，这是全球经济一体化的一个倒退，美国总统特朗普誓言要坚持美国优先，实行史上最严格的贸易保护主义，对外国产品征收高额进口关税，宣布退出 TPP，公开挑战 WTO。美国的贸易保护主义必然带来其他贸易伙伴的报复性关税和各种贸易壁垒，从而导致国际贸易环境恶化，对世界经济贸易造成损害。

（2）融资成本上升

长期以来，泉州市实体经济发展迅速，居福建省首位。随着 2012 年金融改革在泉州开始实施，近几年来，泉州金融业也获得平稳发展。相对于泉州实体经济的发达程度而言，金融业发展还远远滞后于实体经济发展。泉州金融机构种类少、数量少，不能满足实体经济多层次的融资需求。外资银行、地方法人银行、村镇银行等金融机构处于起步阶段，支持实体经济能力有限。泉州的金融体系不完善、金融市场结构不合理等问题制约了泉州中小企业的发展。

泉州金融市场以银行业为主，服务实体经济是银行独有的出发点和落脚点。然而近年来，泉州银行业体现出去实体、去平民、去小微发展态势，例如商业银行在贷款投向、产品设计、营销导向、理财服务等方面，主要还是向大集团、大企业、大客户、高端群体倾斜，发展实体经济的中小企业的金融需求难以获得有效满足。这些中小企业对经济发展有积极促进作用，其成长过程中非常需要有效的金融服务政策来培育和支持，特别是在直接融资不发达的情况下，银行金融服务成为小微企业成长的关键，目前泉州的银行对中小企业的金融支持力度明显不足，已经成为影响中小企业成长的一块短板。而以股权、债券融资为主的资本市场还不够发达，泉州实体经济企业在资本市场融资的门槛高、成本高，抑制了实体经济直接融资。泉州银行、保险、证券三大行业比例失衡，且为实体经济企业提供的金融服务有限。

（3）多头管理，扶持资金使用效率低

目前对企业行使管理职能的机构有乡镇企业局、工商管理局、科技局、劳动和社会保障局、工商联等，这导致政出多门、多头管理的现象，降低了对企业的扶持力度。政府财政划拨的中小企业扶持资金分散在各个部门，无法统一管理，难以集中扶持一些有市场、成长性好而缺乏资金的中小企业，导致扶持资金使用效率不高。同时在项目审批、产品鉴定、职称评定等方面职责不清，出现了推诿扯皮、多方面插手、重复收费的现象，这些因素使资金效率低下，制约了中小企业的发展。

2. 企业内部因素

（1）传统家庭式管理不科学

泉州的中小企业有很大一部分来自个体或家庭式生产作坊，其比较明显的特点是企业管理人员素质普遍不高、经营管理方式无法与大企业相比。由于多数中小企业选用的都是家庭化管理制度，外来人才想要进入核心领导层十分困难，无法发挥自身的才能。这不但严重伤害了外来人才的工作热情，浪费了资源，也导致泉州人力市场资源环境问题日益严峻。泉州中小企业当前人才难题主要体现在：人才总量不足，高层次人才稀缺，结构性矛盾突出，专业技术人员及富有经验的管理人才相对匮乏，人才流动率高。人才分布不合理，民营经济三大主导产业和五大支柱产业的专业人才在全市专业技术人才总量中所占的比例偏小，企业经营管理人才队伍整体素质有待进一步提高，企业职业经理人队伍尚未形成。

（2）企业创新“短板”亟待突破

从泉州工业产业结构看，制造业结构已由轻型化向轻重并举转型，新兴产业和高新技术产业培育取得了明显进展，但是企业创新能力不足，创新的短板有待突破。主要表现为：企业创新意识和创新动力水平整体较低。在全市4438家规模以上工业企业中，开展研发活动的企业仅为667家，仅占企业总量的15%；拥有关键或核心技术的创新企业数量仅为150家，仅占3.4%，企业科技创新整体水平不高。科技研发投入不足，2015年全市科技经费投入为67.88亿元，占GDP的比重仅为1.11%，低于福建省1.51%的平均水平。

（3）企业产品结构改革形势严峻

在经济新常态周期下，经济增速换挡升级，在依靠原来高负债、高投入扩张的行业中，在增速放缓、利润回落背景下，部分企业经营与财务状况恶化，导致经营与金融风险加大，不少企业面临“去产能、去库存、降成本”等多重压力，如全市纺织服装、运动鞋、石材产业分别占全国的10%、40%和50%，市场占有率高，但是面临化解过剩危机、提供有效供给的艰巨任务，在融资难、担保难等情况下，这在一定程度上将影响企业的正常生产运营。

（4）企业推进智能制造面临困难

当前全市都在实施的“泉州制造2025”和“数控一代”示范工程虽然取得了一定成效，但是也面临不少问题：一是对国产数控技术和系统接受程度有待进一步提高；二是中小企业缺乏既懂数控技术又了解相关专业知识的复合型人才；三是企业实施机器换工战略思想，需要资金、技术、人才、信息等资源，需要融资租赁、技术转移、科技保险等机构提供公共服务，创新服务资源短缺也是影响企业实施智能化改造的主要原因。

（5）企业“重”利润而“轻”文化

泉州大部分的中小企业都非常重视企业利润的实现，从而对企业文化的重视程度严重不足，然而，企业文化是一个企业的灵魂，并且在很大程度上，企业文化对于管理者的决策和思维能够施加更大的影响。企业缺乏核心价值观，在提供产品和服务时，就不能很好地处理眼前利益和长远利益、部分利益与整体利益的关系，容易因为周围的市场环境变化而改变自己的经营风格，缺乏企业制度的延续性和相对稳定性、抑制员工的积极性和创造性容易导致人才流失进而扼杀一些很有潜力的项目和有发展前途的产品，影响企业的发展前途。

（二）发展机遇

1. “一带一路”建设带来的新契机

作为“21 世纪海上丝绸之路”的起点城市，曾经的东方第一大港泉州，从中央提出“一带一路”倡议之后，其中小企业迎来发展的新契机。一是党中央高瞻远瞩提出的“21 世纪海上丝绸之路”，主要是依托我国与周边国家的多边合作关系，其中东南亚为“一带一路”的海外发展重点，而且泉州处于东南沿海，自古以来与东南亚一带国家的交往频繁，有了较好的经济基础。二是身处东南亚的泉州华侨众多，政治、经济力量也较为雄厚，泉州可以充分发挥海外侨胞优势，整合侨乡资源，大力加强与东南亚各国之间的经济往来，扩大贸易交往面。三是泉州港口建设是现行情况下泉州中小企业尤其是外向型企业发展的优势，在中央“一带一路”的引领下，可以有力提高国际运输效率，有效降低国际运输成本，为泉州的能源、石油化工、纺织鞋服等行业提供较大便利，重现东方第一大港的雄风。

2. 智能制造发展带来的新契机

泉州是金融服务实体经济综改区、中小经济综改试点区，同时还获批“中国制造 2025”示范城市试点。互联网经济时代为中小企业的创新升级提供了新的工具，也为制造业转型创新发展搭建了一个新平台，因此必须紧紧抓住当前信息技术迅速发展的机遇。新科技革命和产业变革的不断融合发展，一定程度上也催生了产业的新型生产方式和组织形态，信息技术成为各领域创新发展的重要平台，不断地渗入制造业中。然而，突破泉州传统产业困境的机遇，关键还在于智能制造的发展。当前，泉州市政府通过实施“数控一代”和“泉州制造 2025”战略，能够有效实现中小企业从传统产业向高新技术产业的较好转变，因此，推动信息技术与制造业的不断融合，不断创新泉州中小企业的生产方式、产业形态和商业模式，发展智能制造、形成新经济增长点，为泉州制造业的发展提供更加广阔的空间，是我国经济发展新常态下泉州中小企业发展的必然要求。

3. 金改区设立带来的新契机

2012 年 12 月，国家批准泉州成为第三个金融综合改革试验区，通过对金融体制改革的深化，为泉州中小企业探索新的发展路径。融资困难是制约中小企业发展的关键性因素，泉州中小企业转型升级中资金问题束缚了企业的进一步发展。虽然近年来泉州金融行业表现出较快较好的发展态势，但是金融体系的不够完善、金融市场组织结构的不够合理、金融服务层次不高以及覆盖面不广等问题，在一定程度上阻碍了金融市场的健康发展，从而影响泉州中小企业的可持续发展，这次“金改”为金融行业的整合优化提供了一定的可能。泉州金融体制改革一方面在一定程度上调动了政府、金融部门、民间资本的积极性、主动性；另一方面也为泉州中小企业发展提供了强大的资金支持，较好突破了泉州实体经济发展中存在的金融困境。

4. “营改增”带来的积极影响

“营改增”是指将对企业的营业税征收改为增值税征收，它旨在减少企业重复纳税的问题，是党和国家在当前推进经济深入改革的税收政策，有利于调动企业的经营积极性。首先，营业税改增值税后，使原来的价内税转为价外税，从而减少了“营业税金及附加”的金额，一方面降低了中小企业产品和服务的成本，从而提高了中小企业的竞争能力；另一方面提高了中小企业的营业利润和净利润，从而提高其盈利能力和融资能力，对其进一步扩大经营规模和积极融资都具有积极意义。其次，营业税改增值税，使中小企业中一般纳税人避免了原来营业税全额征税而不能被抵扣和重复征税的问题，使中小企业一系列应税产品或劳务被纳入增值税的抵扣链条，同时使其下游企业因为可抵扣进项税额的增多而相应减轻税负，这将有利于试点企业销售份额的扩大，有利于更好地激发市场机制的活力；同时也使试点企业的竞争能力和议价能力逐渐增强。

四 新常态背景下泉州中小企业纾困之策与进路

当前，中国特色社会主义进入新时代，我国社会主要矛盾已经转化为人民日益增长的美好生活需要和不平衡不充分的发展之间的矛盾。在这个特殊的背景下，泉州要以党的十九大精神为指引，主动适应中国特色社会主义进入新时代的目标要求，贯彻新发展理念，充分利用政策红利，发挥自身优势，整合资源，建设现代化经济体系，全力打造泉州中小企业发展的升级版。

（一）加强顶层设计，发挥政府在中小企业发展中的推进作用

1. 营造良好创业经商环境

泉州的中小企业规模普遍较小，在企业资本、技术及管理等各方面较大企业相比处于劣势，因此更需要政府出台相关扶持政策。首先，政府应当进一步完善企业相关配套服务体系，加强对中小企业技术支持，为中小企业提供法律及专业咨询等方面服务，营造一个良好的政治环境，以适宜于中小企业的生存发展。然后，政府部门要积极敦促银行与企业之间开展各方面合作，构建一个有政府部门、金融机构、担保公司和中小企业参加的银企合作联盟。再者，政府必须健全相关制度以维护企业产品知识产权，保护中小企业的应有权益不受侵犯。政府还要做好排除市场准入歧视工作。市场应该同时向国内所有有能力的投资者（包括中小企业主）开放，可以允许中小企业主在更广泛的领域以独资、合作、合资、参股、特许经营等方式进行投资，扩大投资领域，焕发中小企业主的投资激情。

2. 助力企业拓宽融资渠道

始终坚持金融服务实体经济的要求，加强金融产品与服务创新，着力完善泉州金融服务平台、中小微企业信用信息交换共享平台，拓展全产业链金融服务领域。由于诸多原因造成中小企业难以从银行申请到贷款，银行不愿承担太大的风险，因此其在面对中小企业的融资需求时，很少受理。融资渠道不畅成为限制中小企业发展的一个主要因素。政府应当鼓励银行增加对中

小企业的贷款，降低对中小企业的放贷门槛，支持建立有别于传统金融机构的主要服务于中小企业的金融机构。同时，建立多样化的直接融资市场体系，使中小企业能够参与到直接融资市场里去。多层次的证券市场上市条件恰好能够满足中小企业不同发展阶段的需求。创业投资与民间金融可为创业阶段的中小企业提供资金来源；场外市场入市条件较为宽松，适宜快速成长阶段的中小企业；若在入市发展壮大后，企业进入成熟期则可转入二板市场上市；对于已经发展品牌经营的中小企业来说，就可以选择在主板市场上市，反之，则逐级退出市场。中小企业的三个不同阶段都有了对应的融资渠道，从而解决了中小企业融资难的问题。积极发展中小企业担保基金，创立风险投资基金，进一步为中小企业直接、间接融资拓宽崭新渠道。

3. 推动企业主动参与国际经济合作

把握“一带一路”建设机遇，利用泉州作为海上丝绸之路重要起点的优势，以海丝先行区建设为引领，在更大方位、更广领域和更高层次上参与国际经济合作与竞争，打造“21 世纪海上丝绸之路”基点和开放门户。全面提升与海丝沿线国家和地区之间的投资贸易自由化、便利化水平，优化对外贸易和利用外资结构，推动双向投资贸易。提高品牌走出去专项基金额度，加大走出去财政专项扶持力度，支持和引导行业龙头企业收购国际知名品牌，协助行业龙头企业参与国际高端竞争。鼓励走出去中小企业在泉州设立海外业务总部，探索开展准离岸贸易和国际结算中心业务，推进金融服务业对外支持体系建设，简化和改进直接投资外汇管理，为企业境外贸易提供更加便利的外汇管理服务。

4. 促进产业集群发展

要坚持制造业立市不动摇，大力倡导“专注专精实业”“工匠精神”的创业文化，认真落实国家、省里扶持实体经济的政策措施，努力降低制度性交易成本，做大做强制造业。抓住全国新一轮改革开放的重大发展机遇，进一步提升“金改”“综改”等国家级改革试点的示范效应。顺应生产力发展新要求，加快培育新动能，改造提升传统动能，是促进制造业转型升级的重要途径。泉州作为中国制造业的典型城市，正处于深化经济结构性改革、加快转变发展方式的关键时期，一方面制造业大而不强，且主要集中在以劳动密集型为主的传统产业，面临产业链低端过剩、高端不足的症结；另一方面关键核心技术制约突出，公共资源平台支撑能力不足，企业研发投入较低，自主创新能力不强，因此，政府要发挥泉州的区位优势，引导企业合理定位产业发展方向，大力发展高新技术产业、改造传统产业、淘汰落后产业，把地方技术和高新技术结合起来，利用区域产业发展资源的专业化分工和特色分工，形成适应区域特色的产业集群。大力创建全国质量强市示范城市，实施质量品牌提升计划，开展“泉州制造”品牌认证，着力引导企业发扬“工匠精神”，争创国际性品牌，打造长远的“百年老店”。

5. 驱动企业技术创新发展

当前，泉州处于经济下行和加快转型升级的关键时期。根据泉州产业发展基础和现实状况，政府应该大力推动科技创新，企业是创新的主体和主要力量，因此政府要确立企业在发展中的主体地位，将创新驱动发展战略放在核心地位，推动泉州产业的转型创新。要以政策为导向，合理布局，正确规划，促进泉州中小企业发展加速升级。要提升产品的竞争力，优化产业的结构。要坚持将新兴产业的发展作为转变经济发展方式的重中之重，要逐步增强战略性新兴产业的支撑作用，推动产业结构从低端向中高端发展，并不断推进传统产业与新兴产业的发展融合。着重发展新兴技术产业，并将新一代新兴技术渗透企业发展的各个环节之中，进一步提升智能技术和工业基础能力与产品优化和装备水平。注重加快国家自主创新示范区建设，结合实际编制实施泉州地区发展规划纲要，着力在创新上下功夫，让各种创新要素落地生根、开花结果，让泉州成为最具吸引力的创业创新投资乐园。

6. 加强产业人才队伍建设

健全完善人才市场体系，解决泉州高层次人才不足以及人才资源分布不合理的问题，优化产业人才资源的市场配置方式，健全完善有利于泉州人才引进的落户优惠政策，全面放开对高级人才、紧缺人才和企业经营管理人才的户口限制。主动加大面向中小经济的博士后工作站平台等人才载体建设力度，着力把招商引资与招才引智紧紧结合，着重引进产业发展急需的高层次经营管理人才、专业技术人才和高级技能人才，同时还实施海外人才和留学人员带项目来泉创业服务计划，建立留学人才项目风险投资补偿机制。健全完善职业教育与产业需求紧密结合的政策措施，创新职业教育助推制造业发展体制机制，保障产业转型升级的高技能人才和熟练工人需求。

（二）强化内动提质，中小企业要主动实施自身发展战略

1. 优化企业管理机制

中小企业要想得到较好的生存与发展，必须能够较好识别和培育自己的竞争优势，并且有针对性地将这些资源合理分配，在原有基础上进行创新管理。中小企业的创新管理主要可从三个方面进行。其一，企业文化。企业文化的本质是通过企业规章制度的严格执行衍生而成，制度上的强制或者激励机制最终促使群体产生某一行为自觉，从而形成了企业文化。一旦形成了一个积极健康的企业文化，便能很好地激发员工的使命感、归属感、责任感、荣誉感与成就感。增强企业凝聚力，有利于企业更好的发展。其二，制度创新。打破传统“家长制”管理制度，以建立现代企业管理模式，使得企业活动有章可循、有法可依，逐渐使中小企业从小到大，成长为现代化的大企业。其三，组织创新。企业的管理组织是否科学合理，直接影响企业的运行。设计一个效率优先的管理组织，应当削减组织管理层次，避免指令下达及信息反馈的衰减和失真。

2. 实施品牌发展战略

综观全球，全球知名品牌中属于泉州的品牌寥寥无几，而品牌效应可以带来极高的利润，所以泉州中小企业应当要走品牌发展之路，创立属于自己的品牌，而不仅依靠加工其他知名品牌的产品赚得低廉的加工费。作为政府，应当引导鼓励企业建立自己的品牌，而相关部门要依法监督管理，社会各界也应当参与监督，据此来建立产品质量安全保障体系。作为企业自身，则应积极采取质量品牌战略，积极地向高附加值的

品牌经营领域拓展，以品牌推动资源整合。同时中小企业可以互通有无、联合起来打造品牌，提升品牌的知名度。在管理过程中，应当开展前卫合理的质量管理，比如精益管理、卓越绩效管理。通过产品质量占有市场，以此打响品牌，使其获得市场认可，同时借助品牌知名度提升的机会，积极努力拓宽市场。

3. 着力提升总体竞争力

企业核心竞争力的必不可少的因素是创新能力，换句话说，创新是一个企业生存和发展的灵魂。企业要不停地进行自主创新，研发新技术，开发新产品。中小企业还应该合理利用资金，企业自身应该严格控制资金流来应对目前市场上企业融资难的问题，把目光放在本产业的生产经营上，提高对风险的洞察力以规避市场风险，并借此来保证资金合理自由安全的流动。政府应加快技术公共服务平台建设，比如科技孵化器、创业园、研发总部、企业研究院等，同时还要重视加强市、省乃至国家级的企业技术中心梯队建设，以此来提升总体竞争力。

4. 实施信息化应用管理

推进科技产业革新，是提高企业自身实力一个行之有效的办法。企业为谋求更好的发展，应当将计算机及互联网技术广泛应用到企业的生产、管理中。可将 MIS（Management Information System，管理信息系统：运用计算机技术对信息进行采集与传输）、CAD（Computer Aided Design，计算机辅助设计：利用电脑软件进行设计工作）、CAM（Computer Aided Manufacturing，计算机辅助制造：将数控技术应用于制造中，实现生产的机械化）、DSS（Decision Support System，决策支持系统：通过网络数据库帮助领导者做出决策）、SIS（Supervisory Information System，信息监控系统：对生产过程进行实时监控，及时发现存在的问题）等新方法灵活应用到实际工作中。科学的管理系统不仅能使很多复杂的流程简单化，还能有效地节省人力资源，将人才用在必需的地方，因此，中小企业如能将科学技术很好地应用到生产生活中，就能有效地提高工作效率与质量。

5. 主动强化自身建设

针对家族式管理，泉州中小企业应尽量提高管理者的管理能力，加强企业管理建设，形成统一完善的管理制度、员工激励制度，并规范经营、依法经营企业主营业务，开发企业核心产品，诚信经营，稳扎稳打，提高企业信誉，树立良好企业形象。在财务信息方面，企业应加强财务管理，严格按照国家规定的会计制度登记入账，建立透明的财务制度，提高企业财务信息的及时性、准确性、真实性，为企业融资提供依据，也方便银行等金融机构了解企业的经营财务情况。在企业经营方面，泉州中小企业多以纺织、造纸、石材等为主营业务，生产经营相对粗放。对此，企业应强化自身建设，主动转变传统发展模式，鼓励技术创新，利用泉州特有的产业集群，通过学习大企业在产品质量和工艺上的配套生产，进行产品的技术革新，提高产品品质和专业化水平，加快企业转型升级。此外，泉州中小企业要提高自身竞争力还需培养战略意识，从长远的角度出发，拟定适合企业的发展战略，加强优质投资项目的管理。选择一些国家大力支持、市场前景广阔的投资项目，并提高企业的盈利能力，使银行等金融机构对中小企业发展有信心，从而愿意与中小企业长期合作。

6. 重视信誉危机管理

众所周知，经营信誉是客户对企业以往经营行为的总结，也是企业经营者的职业、经营道德等的体现，还是企业经营者创造未来的无形资产。中小企业在发展过程中理应有清晰的核心价值观与经营理念；在生产经营活动中要注重遵守行业规矩及产品观念，注重解决企业经营活动中出现的诚信缺失问题，注重以诚信理念全力打造中小企业的核心竞争力，从而使企业有稳定的市场和发展潜能；在生产与资本运营的过程中，一方面要全力维护合伙人或者经销商的正当利益，另一方面要主动透过外部环境发展变化的趋势，提前做好各种可能性的危机应对准备，并尽可能利用资源和手段减少相关危机给企业造成的损失，从而有效确保企业实现长远发展。

7. 实施可持续发展战略

可持续发展战略是指企业在追求自我生存发展的过程中，既要注重考虑企业经营目标的实现，又要注意保持企业在未来的经营环境中盈利，保证企业在相当长的时间内长盛不衰。企业可持续发展在国际上也得到大家认可，比如全球报告举措（GRI），主要强调信息管理、投资者、顾客、拥护者、供方和员工不断地进行对话交流，连接企业离散和孤立职能的媒介——金融、市场、研究和开发，为供应链、制度的沟通以及声誉与品牌管理可能产生纠纷的地区提供一定的信标（Beacon），持续发展能力报告主动帮助管理者提高评估其对自然、人和社会资本贡献的能力，降低公开商业企业共享价格的可变性和不确定性，并主动降低其资本费用等，且可持续发展报告也能为企业提供新的发展机遇并有效提高企业的国际竞争力，这是企业通向国际市场的一张最有力的通行证。

社会文化篇

Society and Culture Analysis

B.13

健康泉州战略及其实施路径研究

陈昌健　白雅芬*

摘　要： 习近平总书记在全国卫生与健康大会上提出要把人民健康放在优先发展的战略地位，这一重要指导思想拉开了全面建设健康中国的序幕。“健康中国”建设已经成为国家战略，健康被置于我国经济社会发展优先地位。同样，健康泉州战略亦是泉州市未来发展需优先考量的因素和方向。本报告分析了健康泉州的战略内涵，梳理了2017年泉州健康发展的状况，剖析了当前存在的问题与挑战，并对健康泉州战略的未来发展提供决策支持。

* 陈昌健（1993～），男，安徽铜陵人，福建师范大学硕士研究生，研究方向为社会保障、公共产品；白雅芬（1986～），女，福建泉州人，泉州师范学院助理研究员，研究方向为公共管理。

关键词： 泉州市　健康中国　健康泉州战略

2016 年，习近平总书记在全国卫生与健康大会上提出要把人民健康放在优先发展的战略地位，这一重要指导思想拉开了全面建设健康中国的序幕。根据党的十八届五中全会战略部署和习近平总书记的指导思想，中共中央、国务院于 2016 年 10 月 25 日正式印发《“健康中国 2030”规划纲要》并组织实施。“健康中国”建设已经成为国家战略，并被纳入国家统筹战略，至此，“健康中国”理念也随之深入人心。福建省积极响应健康中国战略，对涉及全省人民的各类卫生与健康等相关事业做出了一系列部署，并于 2017 年 6 月印发《“健康福建 2030”行动规划》。泉州市委、市政府历来高度重视人民健康。自改革开放以来，泉州在健康领域的发展取得显著成效，形成了较为完善的全民健康体系。健康中国和健康福建战略的提出，为泉州健康事业发展提供了明确的指导思路和发展方向。泉州市卫计委于 2017 年初展开了《“健康泉州 2030”行动规划》编制部署工作，积极探索健康泉州战略的发展模式与路径，并于 2018 年 5 月完成编制工作且印发实施。《“健康泉州 2030”行动规划》是实施健康泉州战略的行动纲领，也是引导全市卫生与健康相关领域各主体行为的重要指南。

一　健康泉州战略内涵

“健康中国”建设已经成为国家战略，健康被放在了我国经济社会发展优先地位。同样，健康泉州战略亦是泉州市未来发展需优先考量的因素和方向。健康泉州建设不仅关乎全市人民的民生福祉，还关乎泉州市未来全局发展，是一项具有十分深远战略意义的大事。

（一）健康泉州是全新的发展理念

全民的健康问题已超越了传统认识上的民生问题，而是涉及政治、经

济、文化、社会等多个维度的综合性问题。建设健康泉州必须依照“以基层为重点，以改革创新为动力，预防为主，中西医并重，将健康融入所有政策，人民共建共享”的六大方针。同时，要加深对“健康状况的改善”的认识，作为国家健康规划的总目标，健康状况不应再被简单地理解为医疗问题，而是人的全面发展问题。其一，坚持健康优先，促进城市发展。结合泉州实际，需将健康融入公共政策制定实施全过程，并始终坚持把健康放在优先发展的战略地位，形成大健康治理格局，促进健康与经济社会协调发展。政府需要在建设健康泉州过程中发挥组织和引导作用，有效整合各职能部门和专业机构的行政资源和技术资源，推进健康领域开放合作，凝聚社会共识、激发市场活力。强化个人健康意识与责任，推动健康领域的“大众创业、万众创新”，形成人人参与、人人尽力、人人享有的健康新生态。其二，坚持预防为主，促进全民健康。长期以来，我们都处于被动医疗的局面，这种事后补救的模式往往会带来一定的副作用，“是药三分毒”说的正是这个道理。在医疗领域，我国倾向于学习西方的医疗技术，这种模式更多的是被动治疗模式。但实际上，直至明代中期，我国传统医学在预防领域一直处于无可争议的领先地位，但是这种主动健康模式反而有被边缘化的倾向。我们看到，医院建设步伐从未停止，但医院人满为患的现象也没有得到根本解决，这就不由让我们去思考我们对健康的理解是否产生了偏差。加强和注重对于疾病问题的预防，或许才是解决这一矛盾的重要手段。实时证明，很多病是可防可控可预期的，但是我们错过了最好的预防时间，特别是对于条件较差的农村地区，这一情况尤为显著。其三，坚持均衡发展，彰显泉州特色。健康泉州是针对全市人民的健康战略，其均衡性也是一项需要基本遵循的原则。不断推动优质医疗资源向基层倾斜，促进健康基本公共服务均等化，切实解决基层服务“最后一公里”问题。不断扩大健康服务资源的覆盖面，加强对残疾人、老年人、妇女、儿童等重点人群及低收入家庭的健康保障，逐步缩小城乡、地区、人群间基本健康服务和健康水平的差距，努力实现更高水平、更高质量的全民健康。同时，要以健康领域相关问题为发展导向，创新发展思路，摒弃旧有发展模式，在健康领域的理论、制度、管理和技术等方面实现突破和创新。同时，充分发掘泉州的优势和特点，并在健康领域加以最大化地利用和创新，形成具有泉州特色、促进全民健康的制度体系。

（二）健康泉州是创新的服务模式

健康泉州战略是对健康的一次重新定义。人的健康不再仅仅指不生病，而是在生理、心理、社会层面等方面的完好状态。在健康泉州战略下，全市医疗行业发展模式将由以治疗为中心转变为以促进健康为中心，为全市人民提供全方位、全生命周期的卫生与健康服务，实现更高水平的全民健康。医疗机构服务模式将在两个方面做出突破和创新，一是建立完整的健康服务链，包括预防、治疗、康复、长期护理等，这对慢性病、老年病防治有重大意义。具体来说，建立慢性病、老年病健康服务链业务发展模式，提供“预防—急救—治疗—康复—健康管理”一条龙的全方位、全流程、立体化的服务模式和服务体验。传统的医疗服务模式已不能完全满足现实及将来的需求，特别对于日益严重的老龄化问题，关于老人生命尽头的一段时间的健康护理、疼痛管理、心灵呵护等多位一体的临终关怀成为医疗服务的新增长点。二是建设健康泉州需要实现各级公共医疗卫生机构的资源整合、分工协作、分级诊疗。三级公立医院收治疑难复杂和危急重症患者，基层医疗机构承担公立医院的普通门诊、稳定期和恢复期康复以及慢性病护理等服务，家庭医生签约服务制度基本覆盖全市人群，形成基层首诊、双向转诊、急慢分治、上下联动的分级诊疗模式。为此，部分医疗机构也应适时地进行全面转型。

（三）健康泉州是现代化的治理模式

要顺利实施健康泉州战略，就必须有与之匹配的现代化治理模式。治理模式要改革，关键是碎片化的管理和服务一定要转变为协同化的管理和服务。个性化、专业化的医疗服务带来很多方便，同时也带来了一系列的问题，其中就包括管理碎片化。碎片化导致形成了一个个服务和信息的孤岛，容易产生医疗纠纷和各自为战。打破这个循环需要两个整合，一个是内整合，打破传统的医院分科；另一个是外整合，实行医院集团化。从美国的经验看，联合门诊和医院集团化是一个趋势，在美国几乎找不到一个独立存在的医院。在我国，现在大量的资源还是放在公立医院集聚扩张上，这样做容易造成医疗资源不均衡，从而造成资源的浪费。深圳一直作为改革创新的排头兵，在这一领域也进行了试点。具体的做法是，通过成立医疗集团，以一个医院为龙头，将其他各类医疗机构进行全面整合，实行健康承包责任制。这种模式的特点在于，把人的健康作为衡量指标，人越健康所得到的评价值就越高，这就摒弃了我们传统理解上的医生多开药、多做手术才能多赚钱的观点，使医疗机构和医生更加注重疾病的预防，使人们减少甚至避免出现健康问题。这种评价模式能真正使患者的利益、医院的利益、政府的利益一致起来，从而达到较好的治理效果。

二　泉州健康发展现状

（一）居民健康水平明显提高

2016 年，泉州市孕产妇死亡率下降至 6.62/10 万、婴儿死亡率下降至 3.05‰、县级以上医疗机构疫情报告网络直报覆盖率为 100%，乡镇卫生院覆盖率为 100%，国家免疫规划的 8 种疫苗接种率都在 98% 以上，高于全省平均水平。全年共报告法定甲乙类传染病病例 15961 例，报告发病率为 187.56/10 万，明显低于全省平均水平，未发生重大传染病流行和重大突发公共卫生事件。截至 2017 年末，泉州市共有社会体育指导员 14526 名，市、县、镇、村四级全年共举办各类全民健身活动 3500 多项，参与人数为 200 多万人。健身指导服务水平明显提升，健身指导趋向常态化。

（二）城乡环境面貌明显改善

全市森林面积为 64.19 万公顷，森林覆盖率为 58.7%，拥有森林公园

38 个。中心市区建成区新增园林绿地 308. 4 公顷，总绿地面积达 8624. 2 公顷，绿化覆盖面积为 9244. 8 公顷，绿化覆盖率为 43. 2%，人均公园绿地面积为 14. 2 平方米。2017 年，全市空气质量优良率为 96. 2%，同比提升 0. 5 个百分点，全市流域水环境质量持续保持良好，晋江流域 13 个国、省控断面水质达标率为 100%；12 个集中式饮用水水源地水质达标率为 100%；52 条小流域 59 个监测断面水质稳步提升，Ⅲ类水质达标率为 79. 7%（同比提高 6. 8 个百分点）。泉州市获得国家卫生城市、国家生态市称号，生态环境质量位居全省前列。

（三）医疗卫生服务体系日益健全

泉州市基本建立了由医院、基层医疗卫生机构、专业公共卫生机构等组成的覆盖城乡的医疗卫生服务体系。2017 年末，全市共有各类卫生机构（不含村卫生室）1518 个，其中医院 130 个，卫生院 126 个，预防保健机构（含妇幼所、院）72 个。2017 年末共有卫生技术人员 42911 人，其中医生 15903 人，注册护士 18489 人。卫生机构拥有编制病床 33190 张，开放床位 37683 张。全市农村 100% 有医疗点，乡村医生和卫生员有 5273 人。全市医疗卫生机构的基础设施和医疗条件日益健全。另外，在 2017 年，基层医疗机构“中医馆”建设被列为泉州市委、市政府为民办实事项目，投入专项资金新建“中医馆”66 家，全市中医馆数达 116 家。此外，为打通看病就医“最后一公里”，泉州市在城市积极推进家庭医生签约模式，使得家庭医生更好地为群众服务。在农村，乡镇卫生院延伸举办公办村卫生所，实行“七统一”规范管理模式，打通村民看病就医“最后一公里”，全面提升全民卫生与健康水平。

（四）深化医药卫生体制机制改革稳步推进

泉州市不断深化公立医院综合改革，推进便民惠民措施，努力改善群众看病就医体验，群众对医院的满意度逐年提升。2017 年，泉州市共有 23 家医疗机构参与全省二级以上公立医院满意度问卷调查，总体满意

度评价得分为 87.87 分，连续两年排在全省设区市第一位。医药卫生体制改革扎实推进，坚持医疗、医药、医保“三医联动”，强化体制机制创新，实现医改工作的良好开局。在完善医保管理体制、改革完善药品采购制度、推动医疗服务价格改革、深化公立医院综合改革、深化基层医药卫生体制综合改革、推进分级诊疗制度建设、健全中医药服务体系、推进社会资本办医、建立健全综合监管制度、完善配套保障体系十个领域取得显著成效。

三　泉州健康面临的问题与挑战

（一）影响居民健康的因素更加多样和复杂

随着工业化、城镇化、人口老龄化的快速发展，以及疾病谱、生态环境、生活方式等的深刻变化，一系列与人民群众息息相关的健康问题层出不穷，影响人民健康的不利因素逐步增加，这就对健康政策的整体性和协同性提出更高要求，全人群覆盖、全社会预防的健康理念亟须建立。卫计委的数据显示，泉州市高血压病人有 53 万多人，糖尿病人有 17 万多人。传统传染病威胁不容忽视，埃博拉病毒、寨卡病毒等一些新发或输入传染病防控形势非常严峻，疾病防控体系能力，特别是县级疾控机构的能力亟待提高。卫生应急处置体制机制还有待完善。泉州市居民健康素养水平低于全国平均水平，基本公共卫生服务项目的内涵、质量需要继续拓展和强化，居民健康素养还有待进一步提升。

（二）传统的健康服务供给模式亟须转型

以往居民接受的都是以被动治疗为主的健康服务供给模式。当前，居民的疾病谱正在发生巨大变化，原卫生部公布的中国慢性病情况表明，膳食不合理、身体活动不足及吸烟是造成多种慢性病的三大危险因素。慢性病的影响日益加剧，已经成为严重危害居民健康的头号公共卫生问题。在有效的措施和政策干预下，慢性病是能够控制的，而传统的“重医轻防”模式，使得医疗服务成本不断提高，看病贵问题也无法得到根本解决。这种以治疗为中心的服务供给模式，不仅未能相应提高公众健康收益，而且浪费医药公共资源，亟须向以健康为中心的服务供给模式转变，以实现健康事业的科学发展。

（三）健康服务供给与群众健康需求存在差距

从供给侧看，泉州医疗卫生资源存在总量不足、分布不合理、城乡差距较大等问题，系统的预防、治疗、康复等健康服务体系和政府对健康投入的长效机制也有待完善，健康产业发展处于起步阶段。“十二五”以来，泉州医疗资源建设力度很大，但千人均医院床位数、千人均执业（助理）医师及执业护士数都低于全省平均水平。从需求侧看，随着经济的快速增长和人民生活水平的提高，居民对于健康的重视程度日益增加，对于健康的需求也呈现多样化和差异化特点，但就目前而言，公众健康素养有待进一步提高。政府对健康促进的保障措施有待加强，多层次的健康保险体系尚未健全。老龄化社会带来的医疗、护理、康复、临终关怀等健康服务需求日趋旺盛。泉州存在学科短板问题，中心卫生院还未全部开设妇产科，伴随二孩政策的放开，未来妇幼保健、儿童医疗需求大幅增加，医疗缺口将逐渐显现。坚持基本医疗卫生事业的公益性质，积极引导非基本医疗服务的市场化供给，提高健康服务领域的公平与效率等，是当前面临的重要问题。

（四）体制机制无法适应新的健康发展定位

以往的体制机制适用于以治疗为主的模式，但这与当前以构建预防为主的大健康理念存在差异，这种理念的差异必然会导致建设健康泉州战略的道路受阻。随着泉州市医药卫生体制改革逐步向纵深推进，影响卫生事业科学发展的体制、机制和结构性问题更加突出和复杂，面临一系列亟待解决的问题。同时，医疗保障的公平性和专业化水平迫切需要进一步提升，离群众的期待还存在差距。另外，公立医院改革和基层综合改革还须不断完善和深化，公立医院以药补医机制尚未有效破除，医院内部运行机制和现代医院管理制度亟待建立。当前，泉州市的综合配套改革政策尚不完善，未来需要建立政府主导、部门协同、全社会参与的大健康格局，以更好地维护健康公共利益。

四 打造健康泉州的实施路径

未来，泉州市将把人民群众的健康放在优先发展的战略地位，《“健康泉州 2030”行动规划》正是这一战略的具体行动纲领。健康泉州战略将与建设“创新泉州、智造泉州、海丝泉州、美丽泉州、幸福泉州”相得益彰。

（一）树立大健康的发展理念

习近平总书记在党的十八届五中全会上提出了创新、协调、绿色、开放、共享的发展理念。对于建设健康泉州这一重大战略布局，也要坚持理念先行，顺势而为。大健康理念追求的不仅是身体健康，还包含精神、心理、生理、社会、环境、道德等方面的完全健康。它的范畴涉及各类与健康相关的信息、产品和服务，也涉及各类组织为了满足社会的健康需求所采取的行动。大健康的理念与习近平总书记提出的五大发展理念不谋而合。第一，创新发展，凸显泉州特色。要以健康领域相关问题和人民健康需求为导向，充分发挥市场机制作用，将健康融入所有政策，在制度和模式两个方面进行探索创新，形成具有泉州特色、促进全民健康的制度体系。第二，协调发展，注重公平与均衡。实现健康与经济社会协调发展，建立以维护和促进健康为中心的公共政策体系。建立完善有利于健康的经济发展模式、社会环境、自然环境、管理体系、筹资体系、法制体系。同时，推进健康基本公共服务均等化，实现城乡区域协调发展，强化基本医疗卫生服务的公益性，不断推动优质医疗资源向基层倾斜，逐步缩小城乡、地区、人群间基本健康服务和健康水平的差距，实现健康服务和健康管理均等化，实现更高水平的全民健康。第三，绿色发展，实现可持续。一方面要改善城乡基础设施和生态环境，强化食品药品安全，健全公共安全保障体系，完善社会支持系统，推进健康城市建设，有效防控一批重大疾病；另一方面打造“绿色”卫生服务体系，注重科技化和信息化的支撑能力，构建以健康为中心的整合型健康服务体系，形成具有泉州特色、促进全民健康的体制体系。第四，开放发展，完善健康产业。建设健康泉州需要配套完善的健康产业，而当前的产业还不足以完全满足未来的全市人民的大健康需求。作为“一带一路”起点城市，泉州未来会迎来众多与沿线国家和地区合作的机会，在健康产业领域亦有广阔前景。积极开拓和推进泉州与国内外健康领域的多层次合作，促进健康服务业发展，以满足人民群众的多元健康需求。第五，共享发展，实现人人参与、人人受益。充分发挥政府在健康泉州建设中的组织和引导作用，推进从医疗保障到健康保障的转变，更加注重健康公平，重点改善特殊人群的健康状况。同时，强化个人健康意识与责任，推动健康领域的“大众创业、万众创新”，形成人人参与、人人尽力、人人享有的健康新生态。

（二）加快推进与健康相关的体制机制改革

首先要宣传普及“将健康融入所有政策”方针，建立“将健康融入所有政策”的长效机制。树立居民“健康无小事”的观念，积极消除影响健康的社会、环境等不利因素。政府部门要把保障人民健康作为经济社会发展的重要目标，研究制定综合防治策略和干预措施，推动政府成立跨部门高层协调机制。同时，建立起健康影响评价制度，将重要健康指标纳入各级政府目标责任制考评体系，强化激励和问责，形成促进健康的合力。其次要深入推进医药卫生体制改革。医药卫生体制改革因其涉及面广、问题复杂，长期以来都是改革的难点领域，在建设健康泉州进程中，这一领域的改革必须有所突破。一是要全面深化公立医院综合改革，落实政府办医职责，理顺公立医疗卫生机构与政府的关系，深化人事制度和薪

酬制度改革，推动建立现代医院管理制度。二是要实现医疗资源的均衡发展，大力促进社会办医，增加各层次的医疗卫生服务供给。加快推进医疗服务体系和分级诊疗制度的建立，提升基层医疗服务水平，有效控制医药费用不合理增长，构建全民满意的就医环境。三是完善居民医保制度，建立医保筹资和报销比例的动态调整机制，巩固和提升现有城乡保障水平，构筑多层次医疗保障体系。最后要进一步加快政府职能转变。加大健康领域简政放权，建立和完善健康领域的权力清单、责任清单和负面清单制度。将改善政府治理与发挥市场活力相结合，简化健康领域公共服务流程，优化政府服务，提高服务效率。

（三）加强健康人才建设

习近平总书记曾指出“综合国力竞争说到底是人才竞争”。近年来，各省份轰轰烈烈的抢人大战也凸显出在发展过程中人才的重要性。在建设健康泉州过程中，人才也是极为重要的一环。关于健康人才队伍的建设主要注重三个方面。第一，加强泉州本地区健康人才的培养。在医学人才方面，要依托泉州医高专这一育人平台，坚持医教协同，建立和完善医学人才培养供需平衡机制。建立公共卫生与临床医学复合型高层次人才培养机制和专科护士培养制度，鼓励对口企事业单位加强与医学院校的全方位合作。支持医学院校合理扩大医药卫生人才培养规模，加快培养基层紧缺急需医学专业人才，满足卫生与健康发展需求。加大对中医药人才的培养力度，在培养中注重对学员灌输“治未病”观念和保健理念，规范中医养生保健服务。此外，大健康人才不仅指的是医疗领域，而且应涉及更为全面和广泛的范畴，其中就包括心理学、营养学、健康产业相关人才等，泉州各高校和地方都应有意识地加强这方面紧缺型人才的培养。第二，加大和提高健康人才引进力度和规模。继续推进人才“港湾计划”实施，未来甚至可以考虑专为大健康人才的引进设定专门的计划和方案，凸显大健康人才在未来泉州发展建设中的重要作用。积极开展高层次人才认定工作，健全完善充满活力的人才发展体制机制，形成系统高效、开放共享的人才成长生态链。同时，提高对引进医学人才的重视程度，改善引进的待遇和工作环境，真正做到关心人才、爱护人才、成就人才，使引进的人才能在泉州这片热土发挥最大的价值。第三，创新人才使用评价激励机制。人才的培养和引进都在稳步推进过程中，如何做到“知人善用，人尽其才”将是很重要的一环，相应的评价激励机制也需要做好配套。早日落实医疗机构用人自主权，全面推行聘用制，形成能进能出的灵活用人机制。创新医务人员使用、流动与服务提供模式，逐步实行区域执业注册，推进医师多点执业、医师个体与医疗机构签约服务或组建医生集团，拓宽医务人员职业发展空间。建立符合卫生行业特点的绩效评价、人事薪酬制度，加快推动公立医院人事薪酬制度改革。

（四）提升健康泉州科技化、信息化水平

推动科技创新和健康事业全面融合，加强医研企产业技术协同创新战略联盟，建立规范、高效的医药科技创新体系。加强与国内外大型医药生产企业、大型医疗设备生产企业的合作，搭建基础研究成果和临床创新技术转化推广平台。全面实施面向2030年的重大科技项目和重大工程，围绕临床需求和关键技术，集聚优势资源，开展跨学科、跨行业、跨区域联合攻关。加强前沿技术创新与转化医学研究，建设一批卫生与健康科技成果转移转化示范基地。支持医疗卫生机构、高等院校、科研院所、食品药品检验检测机构、骨干医药企业和生物医药高新技术产业园区等联合建立研发机构和科技成果转移转化中心，构建协同研究网络和多种形式的产业技术创新联盟，组织科技人员进行科技成果转移转化。以科技创新带动发展大健康新兴产业。

健全人口、电子健康档案和电子病历三大基础数据库建设，推动建立全市统一的医疗卫生信息平台。进一步完善居民健康信息共享机制，实现个人健康信息归并、整合和共享，建立统一的信息惠民服务门户，方便群众自助管理个人健康档案。依托互联网等信息技术，大力推行“互联网+健康医疗”服务，发展智慧医疗服务，逐步转变居民就医方式。规范和推动“互

联网+健康医疗”服务，充分利用穿戴式、植入式智能健康监测设备，结合移动终端、固定终端等设备，提供个性化健康管理、康复养老服务，打造高端医疗技术和管理平台，积极发展并有效规范网上预约、在线咨询、交流互动、网上支付、远程医疗、远程健康教育培训等健康信息服务业。推进全市健康大数据的采集、维护、挖掘和应用，有效支撑居民健康管理、行业协同应用、卫生计生决策和健康医疗大数据产业发展，培育健康医疗大数据应用新业态。

B.14

泉州养老产业发展存在的问题及对策探究

古小军　刘艺灵*

摘　要： 中国已经成为世界上老年人口最多的国家。随着泉州市老年人口的不断增加，人口老龄化趋势日益加重，养老问题备受社会各界的关注。本报告基于泉州养老产业的现状，汲取香港与台湾养老产业的发展经验，通过对泉州市进行养老产业发展的可行性分析，提出泉州养老产业发展存在的问题，从而得到促进泉州养老产业发展的对策建议。

关键词： 人口老龄化　养老产业　对策探究

一　引言

泉州市养老产业发展起步较晚，目前仍处于摸索阶段。以养老产业发展为对象进行全面系统的分析研究，对今后我国养老产业发展，缓解人口老龄化压力有重要的理论与实践意义。首先，从社会管理角度细分不同层次消费水平老年群体，明确政府、市场、社会的主体责任，结合各层次需求提供相应产品，满足各层次需要，促进各主体与客体间的良性互补，达到和谐可持续发展的社会管理目标。其次，当前养老产业方

---

* 古小军（1969～），男，江西瑞金人，泉州师范学院讲师，博士，研究方向为当代西方政治学理论、公民社会；刘艺灵（1977～），女，四川成都人，泉州师范学院讲师，博士，研究方向为民商法和诉讼法。

兴未艾，但在人口老龄化日益加剧背景下，发展养老产业将形成新的经济增长点，同时老年群体收入增加，整个社会的中高端养老服务需求增加，将逐渐形成一个规模庞大的消费市场。本报告以泉州市为例，从可行性分析着手，探讨其发展路径，综合分析泉州养老产业发展对策，为今后泉州养老产业健康、可持续发展及有效带动地方经济、完善养老体系提供理论参考。

二　香港与台湾养老产业的经验借鉴

（一）台湾养老产业的发展

1. 台湾老龄化现状

1993 年台湾因 65 岁以上老年人口比例突破 7% 而进入老龄化社会。近年来，台湾的老龄化速度不断加快、程度日益加深。根据“台湾发展委员会”发布的数据，2015 年台湾 65 岁以上老年人口已达 286 万人，占地区总人口比重约为 12.2%。2018 年和 2025 年，这个比例将分别突破 14% 和 20%，从而使台湾分别进入老龄社会和超老龄社会。与此同时，有台湾学者统计，台湾 60 岁以上老年人大约能存活 19.626 年，但其中只有 9.326 年是处于基本健康状态的。这意味着台湾高龄老人患病的概率很高，并且有近 50% 的余寿将在患病中度过。这必然会增加台湾地区的养老、医疗等社会保障支出。

2. 台湾养老产业发展概况

台湾推进“长照计划”，台湾通过政府购买服务、资金补助、税费优惠等各种手段引进各种民间资源，推进居家和社区长照服务的民营化，从而建构起多元且完整的社区照顾网络。台湾本地也十分重视机构养老，为避免传统机构养老模式所造成的社会疏离、非人性化管理、沉重财政负担等问题，台湾从三个方面推动养老产业发展。

首先，台湾积极推进机构安养模式的改革。一方面，积极鼓励和引入民间力量兴办或经营养老机构，采用财政补贴、购买服务等方式给予扶持，并强化对养老机构的监督管理，如 2007 年通过修订“老人福利法”提升了各项养老机构的设立标准并增列了一些违纪惩罚条例；另一方面，通过引入市场竞争机制使养老机构积极主动进行自我完善，如注重养老机构家庭氛围的营造、提升养老服务质量、强化老年人的社会参与和主体性发挥等。

其次，民间力量积极参与养老。在政府完善立法与细致的规划下，越来越多的民间力量积极参与到养老服务业中，并逐渐形成专业化的发展局面。一是台湾的养老服务机构多由医疗机构兴办。与大陆房地产和保险资本竞相角逐养老服务业不同，台湾的养老服务机构多由医疗机构因竞争激烈衍生，如台湾最大的养老护理机构长庚养生文化村是由台塑集团王永庆投资的，与其先前投资的长庚医院在地域、业务等方面紧密关联。二是台湾的养老服务机构与信息化结合紧密。台湾的远程照护产业发展较快，专业化、连锁化是养老机构发展的主要方向。台湾在 2007 年就开始实行“远程照护试办计划”。通过该计划的实施，台湾调动了照护、医疗器材、通信等跨领域的多家机构或企业，有效整合了居家、社区、机构服务模式与资源，建构起连续性的长期照护服务。三是台湾的养老服务机构主要以轻资产模式举办。

最后，在养老机构中积极营造“家”的氛围以提升老年人的归属感，并积极通过配套各种设施、营造良好社会环境、实施各类老年活动等，不断优化老年人的社会环境、满足老年人的情感需求、发挥老年人的“银龄价值”等。另外，在各类养老服务机构的建设中，尽可能为老年人提供自理、半护理、全护理一体化的居住设施和服务。

（二）香港养老产业的发展

1. 香港老龄化现状

与英美日等发达国家相比，香港进入人口老龄化社会的时间比较晚。2014 年时 65 岁以上老年人的比例已经达到 15%，正式进入“老龄社会”。

在香港政府的统计数据中，一般将65岁以上老年人称为长者、75岁以上老年人称为高龄长者。根据香港特别行政区政务司官员公开的数据，未来20年，香港人口会急速老化，75岁以上的高龄长者出现的比例为18.9%。香港人口持续老龄化和长者规模的不断扩大，不仅会大幅增加政府和社会在老年社会保障、安老和医疗服务等方面的支出，而且会使劳动人口比例降低、经济增速持续放缓等。造成香港人口持续老化的原因主要有两个：持续的低生育率和不断延长的平均寿命。

2. 香港养老产业发展概况

20世纪60年代中期以后，随着老年人口的增多及老年照护问题日益凸显，香港政府开始重视老龄问题，陆续出台了一些与老年服务相关的政策及规划性文件，逐渐明晰“社区与机构照顾并行”的安老服务体系建设理念。

（1）长者社区服务体系日臻完善

长者社区服务是指为协助长者尽可能在家或社区安享晚年而提供的一系列照顾与服务。从20世纪70年代发展至今，香港长者社区服务体系在政府、NGO、家庭与社区及营利性组织的共同合作下日臻完善。各类长者社区照顾及支援服务基本上是以“民办公助”的形式提供的，即在政府供款资助下由非营利或营利性部门提供长者社区照顾及支援服务。可见，香港的民间力量在养老服务体系建设中发挥了巨大的作用。

（2）安老院舍照顾服务稳步发展

除了为在家或社区养老的长者提供社区照顾和支援服务外，香港还主张为由于各种原因而选择不在家中或社区养老的长者提供安老院舍照顾服务。香港的安老院舍都是由非营利组织或私营部门提供的。按照护理程度从低到高排序，香港安老院舍包括长者宿舍、安老院、护理安老院及护养院四类，长者可以根据实际情况选择适合自己的安老院舍。从兴办主体看，由非政府组织提供的宿位有23129个，占31%；由私营部门提供的宿位有50556个，占69%。非政府组织和私营部门是香港养老服务业不可或缺的两大主体。

（3）建立统一的评估管理机制

香港从2000年11月起开始推行“安老服务统一评估机制”，即由认可评估员采用一套国际认可的评估工具评估长者的护理需求，并依此编配适宜的长期护理服务。统一评估机制既适用于长者社区照顾服务也适用于安老院舍照顾服务。认可评估员为社会工作者、护士、职业治疗师和物理治疗师等专业人士，他们需接受“长者健康及家居护理评估”的训练并在取得认可资格之后方可执行评估工作。此外，香港从2003年11月起开始实施“长期护理服务的中央轮候册”制度。在中央轮候册下，社会福利署提供一站式的统一登记及评估服务，为申请长者轮候及编配适宜的受资助长期护理服务，因此，统一登记和及早识别服务需要是中央轮候册的两大特色。中央轮候册的服务范围包括长者社区照顾服务和安老院舍照顾服务，其服务对象限定为年龄为60岁以上且经安老服务统一评估机制评定为身体机能中度或严重缺损的长者。

三　泉州养老产业发展的可行性分析

（一）自然条件分析

1. 地理位置

泉州虽然是一个小小的三线城市，在全国也不太出名。但泉州地处低纬度，东临海洋，非常适合人口居住和经济发展。泉州位于福建省东南沿海，南临台湾海峡，地处闽东山地中段和闽东南沿海丘陵平原中段。泉州可以更好发挥其同港澳台侨地域优势，主动承接台湾养老服务业转移，引进台湾知名养老服务集团和连锁机构，与台湾养老服务产业发展进行深入的交流合作。

2. 自然气候

泉州气候属亚热带海洋性季风气候，气候条件优越。近年来，泉州围绕创建国家生态城市的目标，深入推进环保基础设施建设、“江河湖海”整治

等重点工作，在经济总量19年连续领跑全省的同时，生态环境质量持续向好，被誉为中国最适合居住的城市之一。自然气候的适宜对于外地以及留住泉州本地的老年人是极具吸引力的。

3. 旅游景观

泉州素有“福建文化半壁江山”之称，曾是中国古代最有名的对外通商口岸，海上丝绸之路的起点。在泉州，名胜古迹星罗棋布，民风习俗情趣独具，文化艺术绚丽多姿，多元的文化充满着无穷的魅力，例如，自然风景秀冠东南的清源山、宋代石雕瑰宝老君岩和佛教重点胜地开元寺等是泉州古城独特的标志和象征。泉州作为重要侨乡之一，不少侨胞选择回国回乡养老，为旅游产业发展提供了较大的发展潜力。可以在泉州发展旅游养老，依托泉州优良的生态环境，丰富的生态资源和产业基础等优势，打造健康养老养生的产业，将养老和度假旅游完美结合。

（二）经济条件分析

1. 市场需求

据中国官方统计，截至2017年底，全国60岁及以上老年人口达到22200万人，占总人口的16.1%，其中65岁及以上人口为14386万人，占总人口的10.5%。老年人口每年以大约1000万人的速度增长，中国政府不得不确保养老金和福利机构适应日益增长的老年人口，这对政府来说是一个严峻的挑战。

《2016年度泉州市老年人口与老龄事业发展情况公报》显示（见表1），截至2016年底，老年人口为98.7万人，约占户籍人口的13.35%。其中60~89岁老年人口为55.3万人，占老年人口的56.03%；百岁及以上老年人口为321人，比2015年同期增加48人；80岁以上老年人口为14.6万人，占老年人口总数的14.8%。而该部分老年人口也基本进入半自理和不能自理状态。同时，随着第一代独生子女进入中年，家庭结构日趋小型化，城市家庭子女外出求学、工作、出国定居，农村家庭子女外出打工、到城镇定居等，城乡空巢老年家庭数量快速增加，他们亟须照看护理，因此，社会老龄化的现实为养老产业奠定了雄厚的市场基础。

表 1　2016 年泉州市老年人口结构

单位：万人，%

项目	数量	比重
总人口	739.09	100
老年人口(占总人口比重)	98.7	13.35
60～89 岁老年人口(占老年人口比重)	55.3	56.03
100 岁及以上老年人口(占老年人口比重)	0.0321	0.031
80 岁以上老年人口(占老年人口比重)	14.6	14.8

资料来源：泉州市统计局。

与全国老龄化程度对比，泉州的老龄化程度还没有那么严重，这给泉州应对老龄化带来的种种问题以反应时间，可以让老龄产业逐步发展。但是根据我国对老龄化的判定标准分析，泉州市老年人口数的比例远远高过联合国的 10% 标准，老龄化问题亟待解决，推动养老产业的发展更是不可回避的。随着泉州进入老龄化社会，不断增长的老年人口规模，将长期持续推动老年人特殊需求的快速满足，为养老产业发展提供了极为重要的人口基础。同时根据我国对老年人的标准分析，在泉州市养老产业发展的市场中，老年前期和老年期的老人占的比重是很大的，因此，对于在进入养老市场上时要对这一部分市场给予重视。

2. 基础建设

在《泉州市十二五时期老龄事业发展报告》中，截至 2016 年，泉州的老龄事业发展具体表现如下。

第一，在保险方面。城乡居民基本养老保险参保率达 99%。基础养老金平均标准达 103.61 元，高于国家标准的 88 元。744.63 万人参加城乡基本医疗保险，基本做到应保尽保。

第二，在医疗保障方面。“新农合”参合率达到 99.98%。全市 3 所综合医院设立老年专科，22 家机构开展老年医疗保健服务，老年医疗保健服务病床达 787 张。每千名老年人拥有养老床位数达到 30.94 张。

第三，在养老服务机构方面。城市社区居家养老服务站为 404 个，基本实现全覆盖。乡镇敬老院覆盖率从69%提高到89%。

第四，在老年精神文化生活方面。全市建立各级老年大学（学校）2423所，市、县、乡三级建校率达到100%，村级建校率为91.6%，在校学员有26万多人，占全市老年人总数的29.6%。开通老年远程教育接收点2275个，学员为24万多人。老年人体育健身活动广泛开展。全市共有63万名老年人参加健身活动，占老年人总数的71.1%。

第五，在老年人所处生活社会环境方面。老年人出行更加便捷。70周岁及以上老年人免费乘坐城市公交汽车政策全面落实。60周岁及以上老年人乘坐市区公交车继续享受半价优惠。新建公共设施和养老场所无障碍率达到100%。

有关资料显示，2016年，我国养老服务机构有2.85万个，养老服务机构床位数达到780.0万张，每千名老年人口养老床位数为33.8张。这与发达国家床位数相比有较大差距。我国老年人对养老机构的需求有较大的缺口，养老机构床位数供给远小于需求，供需矛盾十分突出。2018年我国养老服务机构数量将突破3万个。从这些资料可以比较得出，泉州养老机构还是不能达到国家对于养老床位的标准，养老机构所提供的床位不能满足泉州市老年人养老的需求，因此，大力发展养老产业，以市场机制来调节泉州市不断增长的老龄化带来的养老问题是刻不容缓的。

3. 相关民营产业发展情况和居民生活水平

泉州经济总量已连续19年居福建省首位、全国地级市前列，是福建民营经济最活跃的地区，人均地区生产总值达7.8万元；形成纺织服装、鞋业、石油化工、机械装备、建材家居五大千亿元产业集群，拥有上市公司101家、中国驰名商标152个。初步核算，全年实现地区生产总值7548.01亿元，按可比价格计算，比2016年增长8.4%，经济总量连续19年保持全省第一。其中第一产业增加值为198.03亿元，增长0.9%；第二产业增加值为4397.78亿元，增长7.2%；第三产业增加值为2952.19亿元，增长10.6%。第一、二、三产业对GDP增长的贡献率分别为0.3%、51.3%和48.4%。目前全市健康养老养生产业占GDP的比重约为4.2%，而在发达国家，健康养老养生产业是国民经济的重要支柱，美国健康养老养生产业产值占GDP的比重超过15%，加拿大、日本等国超过10%。经济发展规律表明，在人均GDP达到3000美元时，人们的消费偏好和结构发生变化，健康养老养生产业市场将迅速扩大。全市人均GDP早已超过3000美元，健康养老养生产业潜力十分巨大。泉州民营经济的发展和居民生活水平的提高为开拓新型养老产业打下了坚实的经济基础。

（三）文化环境分析

泉州的港澳台侨优势突出。泉州是全国著名侨乡和台湾汉族同胞主要祖籍地之一。分布在130多个国家和地区的泉州籍华侨华人为750多万人，其中44.8%的台湾汉族同胞祖籍泉州，台湾地名与泉州相同的有180多处，全市现有台属近16万人。

福建泉州历史悠久，具有十分丰富的文化底蕴和独特的民俗文化。泉州自古便是一个崇善之地，对居于“百善之首”的孝道更是十分重视。泉州鲜明的孝文化与刺桐城独特的历史背景是紧密相连的。一方面，古泉州人大多由中原南迁至此，聚族而居，开垦“蛮荒之地”的艰苦生活使得泉州人形成了极强的团结意识和家庭观念，孝道无疑是凝聚大家族的优良纽带，也因此成为闽南文化最初的核心内容之一；另一方面，作为一个儒、释、道三教交会融合之地，三教都推崇的孝行自然最先深入了泉州人的心灵和生活当中，成为每一个宗教信徒和儒家弟子日常修行最重要的部分。

（四）经营单位的效益分析

1. 经济效益

养老产业化的投入和产出之比是这一行业能否生存的关键，也是经营单位经济效益的直接体现。养老产业化经营的投入分两种：基础设施投入和生活消费投入。基础设施投入是一项长期投资，不可能在短时间内收回成本，因此，这项投资应得到政府的资助或在政策上给予扶持，生活消费投入则全部来源于个人交费。养老部门的盈利主要从个人交费的结余中获取。由于规模扩大、成本降低，企业盈利成为可能。老年人消费具有低廉的特点，因此，老年人在晚年消费的重点不应完全在饮食和穿着上，而在服务上。由于老年人年老体弱，行动不便，需要多加照顾，因此养老行业的关键是服务到位，使老人感到舒心。

2. 社会效益

泉州市的养老产业的发展可以解决泉州即将出现的许多社会问题，概括地说，包括以下几方面：一是解决了泉州将来养老社会化问题，这是泉州市步入老年社会首先面临的问题；二是解决了独生子女的负担问题，保证了社会生产和各项工作的顺利进行；三是解决了部分失业人员的就业问题；四是政府还可以从中得到一定的税收收入；五是由于上述问题的解决，社会秩序变得稳定。

四　泉州养老产业现状及存在的问题

（一）泉州养老产业现状

1. 构建养老体系的力度持续加大

截至2016年底，泉州全市共建立417个社区居家养老服务中心。目前全市的农村居家养老服务中心，主要优先保障因子女长期外出务工、经商或外迁，身边无人照顾的留守、独居和散居的老人，并逐步向其他老人扩展。泉州市正加快发展老年人专业医疗服务机构，将建立覆盖老年医院、护理院、康复医院和综合医院（含中医医院）老年病科等多层次的老年病医疗服务体系。

2. 政策扶持，社会力量支撑

2013年以来，泉州市出台政策鼓励和支持社会力量参与公办和民办养老机构建设，鼓励发动社会各界积极参与到养老事业中，鼓励各界以冠名捐资、建立老人爱心基金会等方式支持农村养老服务设施，对捐款达到一定金额的，政府将予以颁发牌匾及爱心证书等奖励。不少地区还出台了相应的奖励扶持措施，如晋江就出台《关于加快养老事业发展的实施意见》，提出“提高镇级敬老院建设补助标准，镇级敬老院的建设资金按主体建筑中标价，由市、镇各按50%的比例分担投入，最高补助标准控制在500万元”。

3. 养老企业拓展新型养老模式

第一类：养老创业项目——乌托邦田园养老村有限责任公司（简称“乌托邦”），总部就在泉州。其提出了采用“股权众筹”的方式，来让那些拥有自主行为能力的“老壮期”适龄有一定收入水平的老年人群，可以自主地以“疗养者”与“主人公”的身份有效利用闲置的农地、房屋等资源。这样一来，疗养者、留守村民与村集体可以形成一个有机的、利益共同的商业体——乌托邦集体农庄。

第二类：泉州首家以医院为依托建立“医养一体化”养老新模式的泉州兴贤医院老年康复养护中心，则实行“楼上养老，楼下医疗”的经营模式，“让老人享受幼儿式托养，代替子女尽孝之责”。“尊重老人、理解老人、爱护老人”是该医院的服务宗旨，着力让老年人真正得到“老有所养、老有所医、老有所乐、老有所居”的健康幸福生活。

第三类：如福建省足康生物科技有限公司是一家专注于中老年人健康鞋和糖尿病足鞋研发生产和销售的企业。其完全是依托老年人需求将老年产业进行延伸，将老年产业链不断完善，将市场进行细分，专攻老年人的市场是老年产业的一个进步。

（二）泉州养老产业存在的问题

泉州市养老服务产业发展面临的突出问题。

1. 政府的扶持力度不够

（1）养老的体制机制不够完善

第一，当前泉州市的养老政策的关注点在于解决养老的经济问题忽视了人才队伍建设和医疗保障等问题。第二，相关政策落实不够到位，目前已出台了不少相关政策方针，但要得到广大民众支持还需时间的检验。第三，泉州养老服务机构服务质量没有完善的管理评估体系，缺乏完善的管理评估体系，不能对养老服务机构、护理人员以及老年人本身的情况进行评估，不能依据老年人的实际需要，给予他们相应的服务帮助以及优惠补贴。

（2）资金投入和人才帮扶力度不够

截至2016年，泉州市政府在养老保险方面基本上做到了应保尽保，但从结果来看，城乡养老资金投入不均，部分养老机构处于难以维持的地步，说明政府在资金投入方面还没完全满足发展的需求。此外，泉州市还存在人才培养体系不完善、专业化建设滞后等问题。

2. 养老产业发展动力不足

（1）养老机构“供需”错位

泉州市农村养老的服务水平普遍比城市低，城乡养老服务事业发展不平衡。城市中养老“一床难求”，农村养老却大多空置，在偏远地区甚至没有养老机构，导致就近养老困难。

（2）民营养老机构收费标准不一

民营企业进入养老产业所提供的服务参差不齐，收费标准也相差很大，大多比较昂贵，导致公办养老机构压力加大。

（3）民办养老机构创办难度大

目前，民办养老机构多以租房或者自建房充当养老院，普遍存在亏本经营的状况。这个原因主要在于养老机构在面临用地、设备等硬件方面需要大量的资金，却得不到财政的大力支持。

（4）社区居家养老服务站利用率低

泉州市传统的养老观念阻碍社区居家养老政策的进一步推广，据调查，泉州老年人中有72%的老人选择与子女居住，导致社区养老还不能在全市普及。

（5）医养模式结合不够紧密

有一些养老机构与医疗机构的结合程度不高，主要在于养老机构的医疗配套设施相对落后；医疗服务水平较低，不能满足部分老年人生活照料和医疗护理需要；护理型养老机构少，专业化水平低，缺乏专业化人才。

3. 社会组织参与社会养老经验不足

泉州社会化兴办养老服务机构的势头良好，一些寺庙已经或正积极筹建养老服务机构，取得了良好的社会效果，例如晋江市安海镇云水寺慈静敬老院、石狮市龙海寺慈爱老人福利院和晋江市庆莲寺高山亭颐养院 3 处养老服务机构和组织。它们提供的服务层次以日常生活照料为主，老年专业护理面临困难，如安海镇云水寺慈静敬老院入住的老人患病和高龄较多，但因语言不通，老人听不懂普通话，老人不能接受外地工作人员，所以专业护理人员或者工作人员紧缺。又如入住老人没有办理医保，就地享受便捷的医疗服务有很大的困难。

4. 集中养老的心理障碍仍然存在

（1）把老人送到养老单位是“不孝”的表现

传统的孝文化认为子女应当亲自照顾老人，这被认为孝顺，如果将其送到养老机构，就会被人指责，虽然这种观念还存在，但是已经完全不适应现代社会化发展的需要。目前“4－2－1”家庭结构的形成，家庭负担的不断增加，使呈现在人们面前的事实使人们选择将老人进行集中化供养，让老年人有专人照料比让儿女亲自照顾更加有利。

（2）老年人怕进养老机构——不自由、缺乏生活情趣和不安全感

集中养老主要是为了解决老年人的四大难题：饮食、洗涮、行动不便和病中护理。养老单位将这四大难事统包下来集中管理恰恰解放了老人和他们的子女，至于其他事情只要身体条件允许，则其完全可以自由进行。老年人在安全感方面的缺失是尤为严重的，进入一个不熟悉的环境中很容易产生不安全感，造成老年人的心理负担，严重的可能会造成心理疾病或者影响身体健康。养老机构的环境、设施、服务和氛围的创造对于健康养老是及其重要的。

五　促进泉州养老产业发展对策建议

针对泉州市的地方特色，发展养老产业应当与当地的社会保险、医疗、传统观念和老年人自身情况相结合。

（一）进一步发挥政府主导作用

1. 推进公办养老机构改革

针对目前市场上养老需求层次的多样化，公办养老服务机构已经不能满足市场的需求。面对同样的情形，香港政府积极与各类 NGO、慈善组织和企业等密切合作，日益形成了“以长者社区服务为主、安老院舍照顾为辅”的社会养老服务体系。长者社区照顾及支援服务基本上是以“民办公助”的形式提供的，即在政府资助下由非营利或营利性部门提供长者社区照顾及支援服务。在民营经济发展较好的泉州，政府也可以积极推进公建民营等方式，鼓励社会力量通过委托管理等方式，运营养老服务设施；也可以通过运营补贴、购买服务等方式，支持公办民营养老服务机构科学合理配置生活、办公、医疗、康复、文化娱乐、教育、体育健身、安全等设施设备，完善服务功能，发挥示范引领作用。

2. 强化养老服务队伍建设

泉州市还存在人才培养体系不完善、专业化建设滞后等问题。针对这些问题，泉州应当把养老服务人才纳入人才发展规划，制定养老服务专业人才薪酬标准。支持在当地高等院校和中等职业学校增设养老服务相关专业和课程，支持养老服务培训基地建设，建立养老服务从业人员职业培训和职业技能考核鉴定机制，加强泉台养老护理转诊合作，推进两地养老护理员职业资格互认。

3. 引导养老观念转变

泉州本地养老产业停滞不前最大的问题就在于集中养老的心理障碍。把家中的老人送到养老单位是“不孝”的表现、老年人本身对养老机构的偏见以及不安全感和不同类型的老年人对养老机构担忧这些观念阻碍着人们不能接受机构养老模式的进一步发展。台湾的养老机构积极营造“家”的氛围以提升老年人的归属感，并积极通过配套各种设施、营造良好社会环境、实施各类老年活动等，不断优化老年人的社会环境、满足老年人的情感需求、发挥老年人的“银龄价值”等。观念的转变不是一朝一夕就能完成的，不但需要政府的正确引导，还需要养老机构服务水平的提高。

（二）支持社会力量参与养老产业

台湾推进的“长照计划”通过政府购买服务、资金补助、税收优惠等各种手段引进各种民间资源，推进居家和社区长照服务的民营化。民间力量是养老产业发展的重要力量之一，让市场上的专业化社会组织，社工机构，家政、物业等企业可以按照老年人的不同需求，参与到养老产业中来，为老年人提供多种定制服务，进而培育一批专业性高、针对性强的居家养老服务企业，以让养老产业统一经营管理，打造特色品牌。随着老龄化发展，未来养老产业将是一个具有前景的产业。泉州作为重要的侨乡起源地之一，要发挥地域优势，鼓励港澳台在内的境外投资者兴办、运营养老服务机构，加快引进台湾、香港养老产业发展的经验和技术，建立同港澳台同胞关于养老产业发展的交流平台。

（三）推进医疗与养老服务融合发展

泉州养老目前出现医养模式结合不够紧密的问题，对于老年人来说，尤其是患有疾病的老年人，更需要在养老的过程中得到医疗救助。大部分泉州养老机构与医疗机构的结合程度不高，主要在于养老机构的医疗配套设施相对落后；医疗服务水平较低，不能满足部分老年人生活照料和医疗护理需求。政府大力发展养老产业可以让有条件的养老服务机构设置康复、护理、医疗等医疗机构，但泉州一些依托寺庙建立的养老院的医疗水平低，为老人提供医疗服务极为困难，因此，这种规模较小、不具备设置医疗机构的养老院可以与周边的养老机构进行合作，以更好地服务有需要的老年人。

（四）着力培育养老服务产业

1. 着力推进老年产品用品开发

泉州市场上真正以老年产品为主要经营方向的企业并不多，但对适合老

年人的衣、食、住、行、医、文化娱乐等需求很大。泉州民营经济发展势头极强，民营企业凭借着自身雄厚的资金、丰富的经营经验和爱拼敢赢的精神在开发老年产品方面有着较大的优势。政府可以支持有相应资质的企业开发安全有效的康复辅具、食品药品、服装服饰等老年用品用具和服务产品，引导商场、超市、批发市场设立老年用品专区专柜。开发老年住宅、老年公寓等老年生活设施，提高老年人生活质量。

2. 着重开展泉台侨养老产业交流合作

发挥泉州同港澳台侨胞的地域优势，通过集中培训、参观访问等方式积极开展海内外养老康复护理技术培训交流活动。发挥泉台“五缘”优势，积极申报全国养老服务综合改革试点地区，主动承接台湾养老服务业转移，引进台湾知名养老服务集团和连锁机构，打造海峡两岸养老产业合作开发示范点。

3. 进行养老产业链的开发

台湾养老服务体系进入产业化阶段以来，全力打造以经济安全、健康维护、生活照料为方向，通过市场细分、市场定位和客户定位明确的基础，形成了一条完整的产业链，例如泉州可以在旅游业领域打造一条具有泉州人文特色的产业链。泉州作为海上丝绸之路的起点、各种宗教文化交融的城市，是重要的侨乡之一，有着大量的旅游需求。针对老年人的养老需求，进行高品质的度假养老，并集往来路程、住宿、用餐、运动和娱乐于一体，对这类产品的市场定位是具有支付能力和活动能力的健康老人。

4. 推动养老与智能化相结合

智能化养老方式已经成为未来养老产业发展不可阻挡的趋势。随着科学技术的发展进步，越来越多的科技进入人们的生活中来，科技不仅改变了人类的生活方式，而且还不断推动产业的转型发展。智能化设备仪器进入养老产业不但给人们带来了方便快捷，还让养老服务水平得到进一步提高，给老年人的生活带来全新的体验。台湾的远程照护产业就应用高科技设备照顾护理老年人。泉州经济发展较快，在科技创新方面需要进一步发展，与泉州本地的实际情况相结合，适当引进一些先进的技术设备，与台湾、香港甚至国外机构建立交流合作关系，共同发展养老产业。

（五）持续完善市场监管机制

泉州市场上的养老企业参差不齐、标准不一，如果政府不对养老企业加以监督管理，那么老年人的权益就难以得到保障。政府一方面可以提升养老机构的设立标准和建立惩罚机制；另一方面引入市场竞争机制，让养老机构积极主动地建立和实施养老服务机构等级评定和管理制度，引入第三方进行有效监管。行业组织要加强养老服务机构规范化建设，制定行业标准，进行资质评估，对全市养老服务机构实施行业自律管理。健全养老服务行业准入和退出机制。

泉州养老服务机构缺乏完善的管理评估体系，不能对养老服务机构、护理人员以及老年人本身的情况进行评估，以给予他们相应的服务帮助以及优惠补贴。建立匹配的养老服务业评估体系，不仅可以反映养老服务业发展的规模、水平、行业结构等基本情况，还可以根据每一个老年人的实际情况，给出最适合老年人养老模式的选择。香港推行的“安老服务统一评估机制”也值得泉州借鉴，它可以让政府资助的养老项目对老年人的健康状况进行评估，对老年人的收入、家庭等情况进行服务质量和养老需求评估。

B.15
泉州文化产业发展路径研究

何　英　王　丽*

摘　要： 泉州拥有大量宝贵的文化遗产，是全国首个东亚文化之都、联合国教科文组织唯一认定的海上丝绸之路起点城市。但就目前情况来看，泉州只能算是文化资源大市，但不是文化产业强市。本报告通过梳理当前泉州市文化产业发展状况，总结了当前泉州市文化产业发展存在的主要问题，并就泉州当下文化产业发展面临的新趋势，提出全方位推动文化产业发展的目标，以为泉州市文化产业的进一步发展提供政策建议。

关键词： 文化资源　文化产业　泉州文化

一　泉州文化产业发展现状

文化产业是21世纪的"朝阳产业"，它具有广阔的发展前景。对于文化产业，目前并没有一个权威的概念界定，一般可以认为是向社会公众提供文化娱乐产品和服务的活动，以及与这些活动有关联的活动的集合。而泉州，是一个极具文化多样性的城市，泉州的民间文化博大精深，南音、高甲戏、梨园戏、茶文化、陶瓷文化、海丝文化、雕艺文化等民间艺术至今仍然

* 何英（1995～），女，湖北咸宁人，福建师范大学硕士研究生，研究方向为理论经济学；王丽（1993～），女，河南鹤壁人，福建师范大学硕士研究生，研究方向为职业技术教育。

留存在泉州的大街小巷，广为人知。泉州文化历史悠久、艺术精湛、保存完好，这为泉州文化产业发展奠定了良好的基础。2018 年是贯彻党的十九大精神的开局之年，是决胜全面建成小康社会、实施“十三五”规划承上启下的关键一年，是实现赶超目标的关键一年，也是泉州文化产业改革发展的重要一年。“东亚文化之都”建设工作正如火如荼展开，泉州文化产业发展也传来好消息。2016 年，泉州市文化产业增加值达到 304 亿元，同比增长 10%，占国民生产总值的比重为 5% 左右，已成长为泉州市的国民经济支柱性产业。2017 年，泉州全市生产总值达 7548.01 亿元，贡献了福建省近 1/4 的份额。而泉州经济的发展，也为泉州文化产业发展提供了资金来源。泉州是国务院首批公布的 24 个历史文化名城之一，是古代“东方第一大港”、“海上丝绸之路”的起点，历史文化悠久，文化积淀丰富，名胜古迹星罗棋布，文物瑰宝举世瞩目。泉州历史文化古迹保护完好，吸引了海内外游客不断涌入参观，推动了文化产业的发展。

泉州文化产业对经济发展拥有有目共睹的拉动效应。分析文化产业的发展前景，很重要的一点在于要清楚文化产业在我国经济社会发展中所扮演的重要角色，通俗来说，就是分析文化产业对经济的带动作用，只有清楚文化产业的重要性，才会在今后的发展中给予更大的重视。根据党的十九大报告对“互联网 +”的论述，我们认为传媒的跨界融合不断深化，基于移动互联网和人工智能等的新型传媒文化业态将成为文化产业快速发展的新引擎。

由图 1 可见，以“互联网 +”为主要形式的文化信息传输服务业发展迅猛。2017 年上半年全国规模以上文化及相关产业企业营业收入增长 11.7%，以“互联网 +”为主要形式的文化信息传输服务业增速最快，2017 年同比增长 32.7%，较 2016 年增长 4 个百分点，占文化产业增加值的 7.7%，由此从侧面体现出泉州文化发展日趋成熟多样，从这个方面也昭示着未来文化产业在泉州经济体系中将占有越来越重要的地位。

第一，泉州文化产业发展潜力大。近年来，为营造良好的文化产业发展环境，泉州出台《关于进一步推动文化产业发展的若干措施》《加快推进文化和科技融合发展的实施意见》《文化创意产业转型升级路线图》等文件。此外，市政府还设立文化产业专项资金，每年1200万元，2017年增加到1400万元。截至2018年初，泉州共有162家市级文化产业示范基地，其中国家级1家，省级23家。泉州还建立了220家年产值亿元以上的文化企业名录库，先后有7家文化企业在新三板挂牌上市，全市上市文化企业已达9家。2012年以来，泉州文化产业增加值连续4年居全省首位。在2015年国务院发展研究中心东方文化与城市发展研究所与湖北日报传媒集团《支点》共同发布的“中国文化发展指数”中的“中国城市文化发展指数”（共288个城市）上，厦门排第51名，综合指数为81.06；福州排第59名，综合指数为79.87；泉州排第67名，综合指数为79.27，且在2018年“中国互联网·指数报告”的数字分指数文化城市百强中，泉州以0.4102，排第25位，由此可见，泉州文化产业发展还具有巨大的空间。

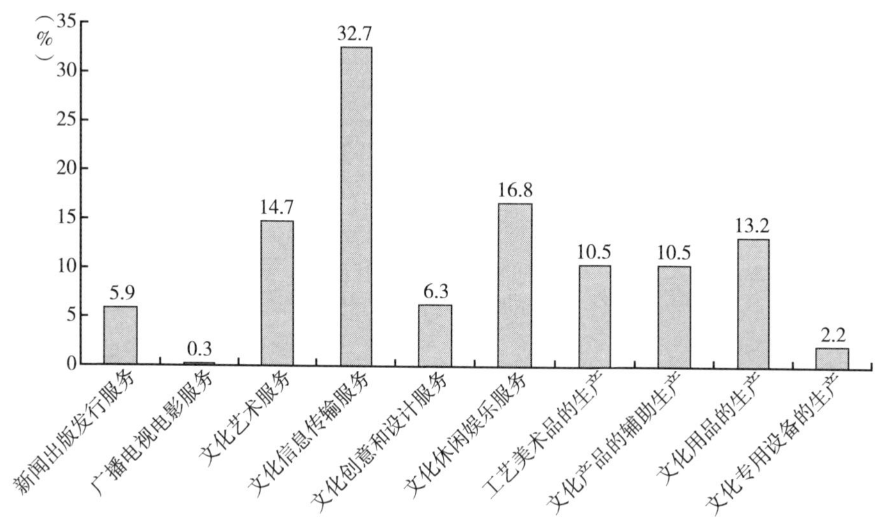

图1　2017年全国规模以上文化及相关产业企业营收增速

资料来源：国家统计局。

第二，泉州近年来聚焦学前教育发展，提高普惠性学前教育覆盖率。随着新型城镇化的快速发展、人口的集聚及“全面二孩”政策的放开，泉州市学前教育面临新的压力和挑战。两会期间，台盟泉州市委员会提交提案《关于盘活国有资源，促进泉州学前教育共享发展的提案》，建议泉州应在“十三五”期间逐年加大学前教育投入占财政性教育经费的比例；要积极扶持民办园提供普惠性服务，加大公共财政的支持力度，把更多的民办园办成普惠性幼儿园。在学前教育投入方面，“十三五”期间应争取将财政拨付标准纳入财政预算，并逐年提高。在普惠性幼儿园方面，泉州市教育部门将督促和推动县市区教育部门，建立普惠性民办园政府服务购买机制，扶持民办园提供普惠性服务，把更多民办园办成普惠性幼儿园，保证学前教育呈健康发展态势，“从小做起”以为城市文化产业发展筑牢根基。

第三，加强泉州历史文化名城的保护与传承，让古城文化事业惠及人民群众，融入经济建设和社会发展之中。作为国务院公布的首批历史文化名城，泉州是海上丝绸之路的起点，如今又正逢中国作为现代世界大国建设“21 世纪海上丝绸之路”。在“控制总量，提高质量，优化结构，合理布局”的原则指导下，伴随着娱乐业大众化、产业化，与之相对应的行业经营和管理也在逐步升级并走向规范化。全市广电业进入快速发展阶段，报纸期刊形成集团化发展模式，形成众多以杂志主流媒体为龙头的报刊服务业，这些龙头企业不断扩展业务，延伸产业链，报纸、期刊业务发展不断深化，为未来企业的转型升级以及形成大型现代传媒集团打下了坚实的基础。近年来，《铁观音的王国》、《中国泉州南音系列教程》和《非物质文化遗产图典》的出版，展示了泉州非物质文化遗产风采，丰富了泉州市的出版业。

泉州作为历史文化名城，通过海丝打造魅力泉州旅游文化，并以此为连接线，以环湾区域为核心，建设大泉州“文化休闲”旅游区，主打海丝文化、闽南文化、都市休闲、商务会展等旅游板块的发展格局，同时形成多个特色产业集群，为泉州连接世界以及特色产业走出去架设了桥梁。泉州历来十分重视域内的历史遗迹的保护，特别是在当下泉州被评选为东亚文化之都的背景下，泉州众多保存完好的古遗迹为泉州的旅游业的发展打下良好的基

础。2018 年初仅泉州市春节假日期间，全市共接待游客 251. 85 万人次，同比增长 23. 1%，实现旅游收入 23. 6 亿元，同比增长 34. 0%。其中接待一日游游客 221. 05 万人次，实现旅游收入 11. 75 亿元，人均花费 531 元；接待过夜游客 30. 79 万人次，实现旅游收入 11. 86 亿元，人均花费 3850 元。泉州的旅游产业已经注入新的生命与活力，逐步形成集观光、旅游、休闲、购物、美食于一体的特色文化旅游产业链。正当此时，城市政府更应处理好古城复兴和历史文化保护与传承的关系，采取切合实际又富有远见的举措，再造东方名城的辉煌。泉州应充分调动政府与民间各种力量，用泉州特有的政府与民间合力、企业家与文化人才合力、海内外泉州人合力的方式，从城建、经济、文化、人口结构、社区建设五个相互关联的方面着手，将泉州古城建设成为中国历史文化名城保护与传承的典范，集中展现泉州城市形象的窗口以及作为海上丝绸之路建设服务的国际文化交流中心的人文精神和人文魅力。

第四，大力加强文化创意产业园建设，未来方向则使之向文化产业集群发展。2018 年初，泉州市再度自加压力，出台《泉州市“项目攻坚 2018”活动方案》，围绕加快构建“1234”现代产业体系，2018 年将结合全市 17 个重点产业转型升级路线图，强化“一把手”抓招商，重点从传统产业、重化产业、高新技术产业、现代服务业以及现代农业等方面，对接招引一批能够弥补产业链龙头缺失、提质生产性服务业、发展战略性新兴产业、提高现代农业水平的生财产业项目。全年力促完成招商（签约）项目 150 个以上，实行“时间倒排、任务倒逼、责任倒追”前期推进工作机制，推动项目尽快落地建设。“十三五”期间，泉州市在《福建省“十三五”现代服务业发展专项规划》的带动下，重点规划建设现代物流园、创意产业园、电子商务产业园、信息软件产业园、现代专业交易市场、综合型服务业集聚区、旅游健康养生区七种形态的现代服务业集聚区。其中以规划建设“创意办公区”为核心功能区的领 SHOW 天地广告文化创意产业园、采取“政府整体租赁、统一规划改造、专业公司管理运营”模式的晋江国际工业设计园、目前全省配套最齐全的弘桥智谷（泉州）电商产业基地等6个园区获评第一批省级现代服务业集聚示范区（A类），获评数量仅次于厦门，位居全省第二。各文创园、产业园区地理位置的日趋紧密体现了文创园建设未来向文化集群产业的发展趋势。

第五，政府部门推动设计升级，各区县积极打造区域特色文化产业。在晋江市政府相关部门积极启动文化产业特色小镇计划的支持推动下，各个区域品牌都选择通过设计大赛等经济与文化融合的新方式提升产业级别，主动对接全国甚至全球设计赛事资源，希望通过赛事承办，为晋江相关产业注入新的活力，实现产业资源整合、共享，以及产品的创新提升，共同营造设计助力、区域品牌生态链系统升级的“智造工程”。

除此以外，正值泉州开展海丝申遗，文化部门举办各类活动使大众了解海丝遗迹相关文化，从而提高“海丝泉州”的知名度，强化“海丝泉州”旅游整体形象。为进一步弘扬南音、高甲戏等文化艺术，相关艺术文化社团不断发展壮大，让传统文化走入基层，丰富群众文化生活。

二　当前泉州文化产业发展存在的问题

泉州是东亚文化之都、海上丝绸之路起点城市，世界多元文化展示中心以及历史文化名城，丰富的文化资源赋予了泉州文化行业蓬勃的发展动力。泉州在GDP上连续十多年排名全省第一，但近年来，这一优势已不十分明显，亟待寻求新的经济增长点。随着泉州被评为东亚文化之都，泉州文化产业取得了快速、长足发展，一方面体现在文化产业产值保持较高的增长速度上，增速居福建省前列，另一方面相对应的文化消费市场也呈现强劲增长的势头，与文化相关的消费能力逐步提升。在“文都”背景下，泉州文化产业发展的价值借助文化产业质量与水平的提升以及文化产业的规模化市场拓展，从而促进泉州文化产业转型升级，推动文化历史名城时代复兴。然而，泉州目前文化产业所取得的成就与泉州经济总量以及历史文化名城的地位相比，尚有差距。

（一）泉州文化产业发展缺乏核心竞争力

近年来，泉州文化产业从数据上来看较为亮眼，发展也较为迅速。但现有文化产业还缺乏核心竞争力，形成了“大而不强，快而不优”的尴尬局面。在产业快速发展、市场快速分割的今天，提升产业核心竞争力必须依赖优势产业和知名品牌。泉州近年来在旅游业领域发展迅速，这得益于中央的政策，但必须清醒地认识到一旦当这种热度逐渐消退，泉州如何能保持住当前的良好发展态势？对于那些老百姓心中熟知的旅游地，泉州能在多大程度上一直保持较高的存在感？能有多少景点能让外地人熟稔于心？与泉州所拥有的文化资源优势、文化消费需求优势相比，泉州的文化产业多而不强，知名文化品牌还不够多，聚合各种资源的能力还不够强，这直接制约了文化产业竞争力的提高。随着新兴文化产业迅速崛起，泉州虽然抓住了这轮热潮，但由于泉州以往的制造业多以低端制造业为主，目前还只能处于模仿、赶超的阶段，还未能整合泉州本土的优势文化资源，且存在创意、创新驱动不足的问题，尚未形成与省内领先地区“一较高下”的竞争力。

（二）融资渠道单一且开放程度不高

现阶段，泉州文化产业的投资主要还是依赖于政府，民间资本介入还稍显不够。泉州文化产业呈现整体实力不强、重大项目缺乏、集聚程度不够的现状，尚未形成一大批大集团或上市公司，这在很大程度上是由于资本的匮乏，而资金的缺乏主要是源于融资渠道尚未打通。民营文化企业主要靠自身积累和民间借贷筹措资金，由于文化产业不同于实体产业，没有固定资产充当抵押物，因此也难获得银行贷款。造成这一局面，应该有四个方面的原因。一是从企业家自身来看，他们对文化产业的认识存在一定的偏差，受传统思维的影响，他们会误认为文化是一种非营利的公益性事业，认为这是政府分内之事，因此缺乏投资热情。二是从管理者的角度来看，部分主管部门沿用事业单位的办法管理文化产业，忽视文化产业的产业属性和市场价值。

三是从市场来看，文化市场开放程度不高导致民间资本进入文化产业存在行业背景、所有制、地域限制等市场准入“门槛”；外资文化市场准入“门槛”更高，进入数量有限。并且主板市场的上市条件太高，民营文化企业上市融资难度更大。

（三）文化产业转型升级受阻，文化产业园的建设与管理存在短板

2017年以来，泉州市文化产业园区建设积极推进。产业园区已经成为推动泉州市文化产业转型升级的主阵地，必将在加快推动文化产业转型升级、提质增效中发挥更加重要的支撑作用。但目前与省内外先进地区相比，文化产业园区的建设、管理、发展过程还存在一些问题和短板。

1. 缺乏浓烈的创意氛围

文化是一门艺术，特别是创新性产业中的广告策划、创意设计如果没有浓烈的气氛，就难以诞生优秀的作品。此类行业的人才大部分思维活跃，想法较多，可是一人的力量有限，此类行业需要在一定氛围下进行想法交流，从而碰撞出思维的火花，才会产生创新性的想法。而目前，泉州的创意氛围冷淡，大众对创新也只是纸上谈兵，有着宏伟的规划跟目标，可是真正落到纸上的、真正出产品的却不多。

2. 缺乏优秀的创意人才，文化产业人才匮乏

最近几年，各大城市纷纷呈现“抢人”大潮，各地不惜以重金吸纳、招揽高层次人才就业和落户，并提供一系列便利条件。其实对于文化产业而言，人才更是其发展的重中之重。“全国最缺大学的十大城市”数据显示，泉州赫然位列第六，说明从人才的基础培养来看，泉州的这一指标就比许多城市要低。排名第二的深圳虽然也十分缺大学，但由于其良好的经济发展环境和优厚的人才待遇，其可以从外地吸引大量的优质人才，这弥补了这一缺憾。而反观泉州，既缺乏自己培养人才的先天条件，也无法与深圳媲美吸引人才的能力，使得泉州文化企业设计和经营人才短缺，特别是中高端人才。

实用型创作人才匮乏是制约泉州文化产业发展的一大“瓶颈”，泉州现有创意人才大多从传统产业转移而来，缺乏专业训练，整体素质不高。泉州现有的几所大学的艺术设计、数字媒体、动画动漫、工艺美术、广播影视等专业毕业生难以满足泉州文化产业人才发展需求，尤其是具备创新和管理能力的综合型人才更为稀缺。同时，基层文化人才匮乏，影响泉州文化产业的持续发展。

3. 缺乏有力的资金条件

任何新型产业的发展都需要资金才能顺利运行，通常政府在早期会拨款培植新型产业，但关键还需要结合市场节拍，招商引资，将产业“盘活”，才能保证文化创新产业的持久发展。目前，泉州的大部分文化创意产业企业还处于创业阶段，因为缺乏管理经验、业务渠道及稳定的资金来源，这些企业发展都比较缓慢。近两年来，泉州在文化创业产业方面合作较为密切的是台企，可由于两岸一直没建立起规范的行业规则及相关协会，双方就创新产业涉及的版权合同内容等无法达成共识，加上创新产业的运作和资金流动不通畅，两岸缴纳税额差额太大，政府也迟迟没有做出相应调整，这些因素都限制了外商对泉州创新产业企业的投资。

这些问题并不是每个园区都存在，但要引起高度重视。现在经济形势严峻复杂，各县（市、区）文改办和产业园区必须根据各自实际，坚持问题导向，对标先进、苦练内动，突出工作重点，进一步增强园区建设的责任感和紧迫感，以创新的工作举措，努力推动文化产业园区发展的新局面。

三　提升泉州文化软实力的对策和实施路径

泉州文化底蕴深厚，但开发程度不够，尚未形成完整的文化产业发展格局。泉州应当积极借鉴国内其他地区的一些好的做法和经验，依托泉州良好的经济基础，大力打造泉州特色的文化产业，形成独特的泉州模式。

（一）优化顶层设计，深化文化产业结构调整

整体而言，文化产业对泉州经济的带动效应呈现良好态势，有利于推动泉州经济发展和产业转型。但是从泉州经济结构来看，第二产业比重过高，尤其是传统加工、制造业数量庞大，产业结构与发达国家和地区相差很大。因此要加强顶层设计，做好中长期发展规划，引导科技、创新、创意与传统文化产业的深度融合，重新激发泉州传统文化产业的内部竞争力，重点孕育适合泉州当地发展的文化产业，同时加速整合新兴文化产业。目前，由于泉州文化产业中科技、创新、创意的含量较低，泉州的传统文化产业在竞争中不再具备相对优势，因此未来泉州文化产业发展的主要方向则是产业价值链的延伸。

首先，培育有自主知识产权、自主品牌的龙头文化企业，使泉州文化制造业的自主创新能力得以大幅提升。其次，为了使消费者旺盛的文化需求得到满足，则需要该地区加快培育出新兴的文化产业，比如重点发展具有创意的设计服务产业，影视传媒服务、文化旅游景区，工艺品的创意制作等。尽管目前文化产业的发展对泉州整体经济效应的影响力是有限的，但是在不久的将来，伴随着文化产业的快速发展，泉州经济体系中定能出现更多的文化因素，泉州文化产业必将得到极大的发展。当前，在面对福州 GDP 将要赶超泉州的背景下，文化产业作为新的经济增长点以及优化泉州经济发展结构的着力点，应从政府层面被加以重视，并做好合理规划。

（二）提高对人才的重视程度，做好“育才、用才、留才”工作

人才一直是文化创新发展产业的核心，直接影响着文化企业的创新和创造能力。泉州的文化创新人才不足，人才创新体系不够完善，这对该地区文化产业的跨域发展形成了严重的制约，因此，当前的要务就是加快文化创新发展的步伐，大力培育创新人才，合理使用人才，以达到留住人才的目的。

培育人才不仅为文化创意产业发展提供必要的前提，同时也是政府、学校、企业三方共同承担的责任。学校作为培养人才的主要大本营，应该在教

学方式方法、教学课程的设置，以及师资力量的投入等相关方面形成一整套科学有效的管理模式。

作为用人方，企业一方面应积极倡导“校企合作”对对口人才进行培养，另一方面也要使企业员工得到技能培训和职业的发展。加强闽台高校合作，在文化创意人才方面，我们可以选择与其他高等院校进行合作，相互学习，同时可以引进台湾先进的文化产业办学理念，让优质的文化培训机构和优秀的人才来泉州教学。政府和学校可以给予相关政策的优惠和便利措施，以大力发展泉州的文化创意基地，培养文化产业发展需要的各种人才。

培养人才的目的是使之创造价值，因此“用才”是文化创意产业发展的重点。应该通过文化创意产业的发展来锻炼和使用人才。对文化创意企业来说，为创意人才的发展提供良好的服务平台，形成平等性、多元化的创新文化有利于打破文化的思维定式，使文化在交融和发展中相互碰撞，迸发出创新的火花。同时，应该根据文化创意企业发展的特点来建立合理有效的管理机制和激励机制，以激发企业员工的创新热情，达到人才合理使用的效果。

“留才”是文化创意产业发展的关键。加速完善人才引进工作机制，同时对较高层级人才可以给予特殊的待遇，以真正实现文化创意人才“引进来、留得住”。目前，由于人才的流动性较大，怎样引进一流的创意人才成为文化创意企业和当地政府面临的一大难题。针对这一难题，需要企业在制定薪酬水平、福利待遇标准，促进员工发展以及创造生活和工作环境等方面显示出市场的竞争力，从而达到留住人才的目的。

（三）把握金改区建设契机，加快推动文化产业投融资平台创新发展

近年来文化产业发展和推动的突破口是文化产业与金融的合作。2014年，由中国人民银行、财政部和文化部联合印发的《关于深入推动文化金融合作的意见》，对于推动创建文化与金融合作试验区、文化金融中介等方面给出了相关的指导意见。由于泉州的文化产业中大型企业较少，总体产业

规模较小，因此其需要大力借助文化资本来实现突破。应该及时抓住建立泉州金融改革试验区的时机，积极借鉴欧美发达国家在文化产业领域的投融资经验，大胆创新文化金融产品，创新投融资模式，为文化产业的快速发展提供条件。

（四）巩固泉台文化交流，推动泉台文化产业对接

由于文化产业在台湾地区发展较早，其文化产业的商业模式也较为成熟，产业的发展较为完整。但由于当地市场空间狭小、人力资源成本较高，这使得文化产业的外移趋势成为必然。台湾与泉州有着频繁的经济文化交流合作，这为泉州借鉴台湾地区文化创意发展产业的经验提供了有利的先决条件和坚实的基础。泉州要在海峡一岸建设两岸合作交流的试验区，加强泉州与台湾文化产业的合作则是最好的突破口，也是重要的切入点。

首先，泉州要充分利用党中央给予当地与台湾合作的相关特殊政策，积极加强文化产业的合作和两岸文化情感的交流，以打造两岸特色文化产业，优势互补，以合作为基础，以文化交流为媒介，将泉州变为与台湾文化产业对接和对台文化交流的首选基地。其次，要强化和扩大交流的对接形式。充分利用文化产业发展的良好势头，以各种论坛、业内参访、文博会等形式增强交流。讨论文化产业的发展模式和管理经营理念，整合两地的资源市场、人才市场和资金市场，不断加强深化产业对接方式。

（五）依托海丝起点优势，确立“走出去”国际化文化战略

任何产业的发展如果只关注国内市场，就突破不了世界市场的格局，其发展都是有限的。同样，一个城市的文化产业要想获得高速发展，也必然选择以“走出去”战略为支撑。值得欣慰的是，泉州文化产业“走出去”的发展战略，具有别的区域所不具备的独特优势。

首先，泉州文化产业的发展要具有全球化的市场经营理念。想具备自己独有的特色“走出去”，就要充分利用内外两种资源，以本土的历史文化资源为基础，引进国外的潮流风格，使得本土优秀文化与国际风格相结合，打

通国际的出口渠道，主动参与国际竞争，在竞争比较中完善自身并使自身强大起来。通过国际化的快速传播方式形成具有“本土特色、国际风格”的闽南文化品牌产品。特色文化品牌不但是企业的宝贵无形资产，也是具有优势的文化，同时也是民族特色文化走出国门的重要窗口。在当前文化产品的激烈竞争中，泉州要通过创新，形成具有民族特色的文化品牌，将闽南地区的文化特色与反映我国当前精神风貌的文化产品相结合以满足市场需求。要在推广文化产品的服务中积累经验，要能“走出去，站得住”，同时政府要在企业文化产品走出去的过程中给予支持，打造公平、公正、开放的竞争平台，规范政府行为，建立文化产业走出去的市场体系，依托地区优势，加强国际的交流与合作。

随着“一带一路”倡议的提出，泉州越来越多地出现在国际视野中，被越来越多的国家和人民所知晓，这是一笔无形的财富。泉州要继续依托这个平台，不断发挥这个平台的最大效能，继续加强文化产业方面的交流与合作，使泉州文化产业能够接触外界更多的信息。打造特色的泉州文化产业，不断扩大闽南文化在世界的影响。

（六）把握发展趋势，厚植园区转型发展新优势

文化产业“十三五”规划是市政府八个专项规划之一、文创产业路线图是泉州 17 个转型升级路线图之一。特别是把文化产业集聚发展作为 34 项着力点工作之一，提出推动文化产业集聚区规划建设运营的工作要求，为文化产业和园区发展指明了方向。

首先应突出产业集聚，提升园区整体规模效益。各县（市、区）文改办和产业园区一方面要继续加大精准招商选商力度，孵化培育、引进建设一批具有较强研发实力和市场竞争力的龙头企业，并围绕园区的主导优势产业进行文化全产业链的设计与构建，吸引一大批配套企业落户园区；另一方面要认真排查、梳理园区内重点文化企业，园区的转型升级归根结底是文化企业的转型升级。对被评为好和中的企业进行重点引导和扶持，对多年被评为差的企业要统筹资源，通过清理整顿、处置、收购、合并、重组等方式开展

新一轮合作，促使企业重新焕发生机。此外，有的园区入驻了很多文化及相关产业的工作室，要结合园区众创空间建设，提供高水平、高质量的创业指导与服务工作，推动具有高成长性的工作室加速成长，成立文化企业公司，以提升园区的整体集聚发展质量。

其次要突出融合发展，激发文化产业内生活力。如功夫动漫帮助实体企业复制“产业动漫模式”、迪特公司文化创意设计与制造业融合发展模式、六合云脚型大数据平台、优智造互联网+设计变现众包平台等都是产业融合发展的优秀案例，各文化产业园区要相互交流学习，继续围绕“文化+创意”“文化+金融”“文化+互联网”等，推动文化园区与科技、金融、教育、旅游及其他主体的融合发展，催生新技术、新工艺、新产品，释放文化产业内在生命力，拓展产业空间，满足消费市场新的需求。

最后应突出创新驱动，打造园区发展升级版。要把创新摆在产业园区发展全局的核心位置。要加快大数据、云计算、移动互联网、物联网、数字出版等新技术在园区企业特别是园区公共服务领域中的应用，充分发挥园区载体作用，放大规模效应，引导新供给，形成新动力、新业态和新消费。积极探索推进文化产业发展的新模式，创新机制体制，汇聚创新资源，优化众创生态，加快在园区建设中形成勇于创新、敢于创新、率先创新的浓厚氛围。针对泉州娱乐内容产业薄弱环节，鼓励园区入驻企业生产创作一批原创网络文学、网络音乐、网络剧、微电影、微视频、网络动漫游戏等优质内容产品，以精品内容推动泉州文化产业加快发展、良性发展。

B.16

泉州社会保障水平研究

——基于全省九地市的研究

任 洁 刘艺灵*

摘 要： 社会保障水平是用来反映社会成员享受社会保障程度高低的概念，是衡量经济社会发展水平的重要指标之一，也是形成城市综合竞争力的关键因素。本报告梳理了2017年社会保障发展的基本情况，并分析了泉州市的社会保障水平，总结了当下泉州市社会保障制度存在的问题，并对进一步发展泉州市社会保障制度提出了有针对性的建议。

关键词： 社会保障 社会保障水平 社会保险

一 引言

社会保障水平是指在一定时期内一个国家或地区的社会成员所享受社会保障的高低程度，它代表着一个国家为其公民所提供的保障的程度和水平，同时社会保障水平也是社会保障体系中的关键要素，直接反映着社会保障的供求关系，并间接反映着社会保障体系的运行状况。党的十九大报告清晰地确立以人民为中心的发展思想、走共同富裕的发展道路、以增进民生福祉为

* 任洁（1980～），女，江苏连云港人，泉州师范学副教授，博士，研究方向为政府治理与公共服务；刘艺灵（1977～），女，四川成都人，泉州师范学院讲师，博士，研究方向为民商法和诉讼法。

国家发展的根本目的，同时对全面建成中国特色的社会保障体系做出了总体部署，还对深化改革中的关键性问题提出了明确的方向，所有这些，表明中国社会保障体系的建制理念、发展目标、改革路径等均有了正确的理论指引。泉州市近年来也紧跟国家的脚步，大力发展民生事业，积极开拓创新，全面统筹发展，在社会经济、社会保险、社会救济和社会福利等方面都取得了较大的进步，但是我们也应清醒地认识到泉州在社会保障制度发展中存在的问题，本报告将首先分析泉州市社会保障水平现状，从中发现泉州市社会保障制度存在的问题，最后对存在的问题提出相关对策建议。

本报告所研究的社会保障水平主要从社会保障支出占财政支出的比重与社会保障支出占 GDP 的比重两个口径来分析，其中财政社会保障支出（即社会保障支出占财政支出的比重）是社会保障在一个国家或地区公共财政支出中的地位的表达方式，也是衡量和表达政府公共财政社会保障投入状况的指标，可以在一定程度上缩小贫富差距，有利于提高人民的生活水平，也有助于维护社会的稳定，用公式表述为：社会保障水平 = 社会保障支出总额/财政总支出 ×100%，因此，通常采用“社会保障支出占财政支出的比重”来衡量政府的社会保障财政责任。社会保障支出占 GDP 比重是测量和表达一个国家或地区的经济资源用于居民社会保障支出分量的指标，也是理论界和国际上通用的测量社会保障水平的主要指标，同样也可采取此种方法来测量泉州地区的社会保障水平，用公式表述为：社会保障水平 = 社会保障支出总额/生产总值（GDP） ×100%。

二　泉州社会保障水平现状分析

（一）从泉州社会保险参保情况来看

根据中国相关劳动法律法规的规定，社会保险涉及养老保险、失业保险、医疗保险、工伤保险和生育保险，保障对象是全体劳动者，资金主要来源于用人单位和劳动者个人，政府给予资助。从表 1 可以看出，泉州市

2017年常住人口为3911万人，而参加社会保险的人数是1525.29万人，仅占39%，这说明泉州市的社会保险覆盖率较低，社会保障水平也较低。从与2016年的情况对比来看，2017年泉州市的养老保险、失业保险和工伤保险人数均有所增长，但医疗保险、生育保险的人数为负增长，并且近年来社会保险实际缴费人数比例一直在下降，中断缴费人数也在增加。究其原因有三。一是受经济形势下行的影响，部分企业和行业确实受到了一些冲击，有的企业用工量在减少。另外，企业用工人员的波动性比较大，有的企业职工离开了原企业以后，到了新的岗位上，没有及时地接续社会保险关系，造成部分职工中断养老保险缴费的情况。二是近年来，小部分企业，尤其是小微企业工人工资增幅较小，灵活就业人员的收入增长不快，社会平均工资增幅较大，造成部分人员缴费困难，由此中断了缴费。三是一些人员特别是灵活就业人员，对参保缴费政策的理解有偏差，便不愿意继续缴纳社会保险。并且根据有关数据可以发现，退休人员的人均医疗消费要大大高于在职员工，因此，在医疗费用支出增加和老龄化步伐加快的背景下，政府医保基金将面临越来越大的支付压力。

表1　泉州市基本社会保险参保情况

社保项目		2017年参保人数(万人)	占常住人口比例(2017年泉州市常住人口为3911万人)(%)	较2016年增长(%)
养老保险	企业职工	139.56	3.57	5.56
	机关事业单位	19.76	0.51	9.91
	城乡居民	364.62	9.32	0.14
医疗保险	企业职工	116.35	2.97	-3.76
	城镇居民	41.59	1.06	-13.94
	新型农村合作	563.7	14.41	-0.59
失业保险		68.4	1.75	2.72
生育保险		97.93	2.50	-10.22
工伤保险		113.38	2.90	0.85
合计		1525.29	39.00	—

资料来源：《泉州统计年鉴》(2018年)。

（二）从社会保障水平来看

根据学者实证分析结果表明，社会保障支出和生产总值（GDP）具有双向因果关系，即社会保障支出力度的增大影响经济增长，同样，经济增长也会反过来促进社会保障支出水平的提高。从图 1 中的趋势可以看出，泉州市社会保障支出占 GDP 的比重总体呈现上升趋势，但也有所起伏，在 2010 年和 2016 年均出现了比重下降的情况，从数据比较来看，2010 年泉州市生产总值达到 3580.57 亿元，增幅为 16%，而 2009 年的涨幅则仅为 9%，反观社会保障支出的涨幅 2010 年为 12%，2009 年为 36%，不仅社会保障支出涨幅没跟上 GDP 增长，而且社会保障支出涨幅也相较于 2009 年平缓，因此在 2010 年泉州市社会保障支出占 GDP 的比重呈现下降趋势；在 2016 年，社会保障支出更是出现了不增反减的情况，2015 年的社会保障支出为 47 亿元，而 2016 年的社会保障支出则仅为 46.41 亿元。这体现了泉州市社会保障支出与 GDP 之间的联系脱节，呈现一种失调状态，没有达到学者们所说的社会保障支出与 GDP 双向影响、共同进步的良性循环（见图 1）。

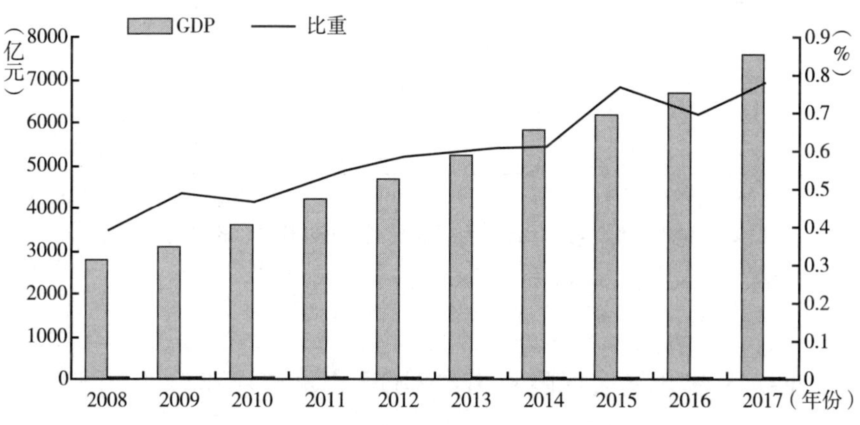

图 1　2008～2017 年泉州市社会保障支出占 GDP 的比重

资料来源：《泉州统计年鉴》（2009～2018 年）。

（三）从政府社会保障财政责任来看

社会保障支出是财政转移支付的重要内容，包括社会保险、社会救济、社会福利和优抚安置支出等。从图2 2008～2017年的整体趋势走向来看，泉州市的社会保障支出占财政支出的比重总体呈现上升趋势，但也有所起伏，分别在2009年和2015年出现两个小高峰，均超过了8%，并且在2017年，首次突破了9%，由此来看，泉州市政府对于社会保障的重视程度有所加强。从中也可以发现，财政支出和社会保障支出的总量虽在不断增加，但代表这两者占比的折线没有呈现一直上升的趋势，反而是有所起伏的，且在2010～2014年甚至出现了平缓的趋势，这说明泉州市在财政支出快速增加的时候，对于社会保障支出虽有所增加，但并未与财政支出增加幅度相适应，换言之，泉州市本应按一定速度增加的社会保障支出没有得到相应的增加。

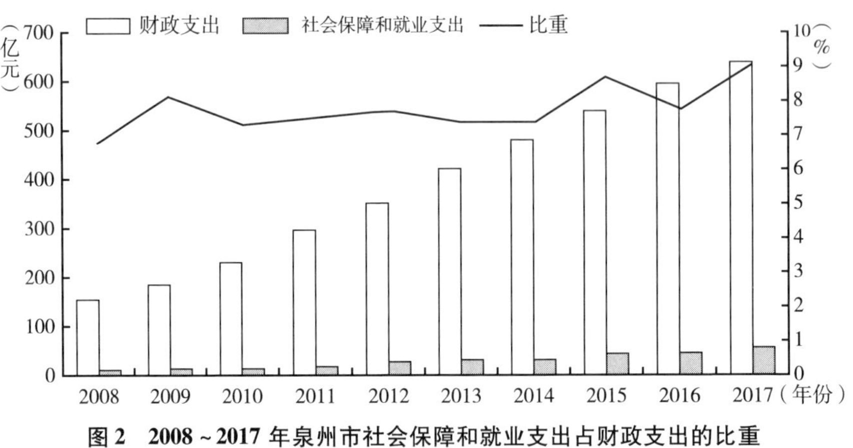

图2　2008～2017年泉州市社会保障和就业支出占财政支出的比重

资料来源：《泉州统计年鉴》（2009～2018年）。

（四）从泉州社会保障支出占GDP比重与福建省、全国的对比来看

从2017年泉州市社会保障支出占GDP比重与福建省各地级市以及全国的占比的比较来看，泉州市的占比为0.77%，处于福建省末位，比福建省

平均占比低了 0. 48 个百分点，比全国平均占比低了 2. 39 个百分点（见表 2），并且全省各地市的占比均未达到全国平均水平。从福建省九地市来看，占比均未超过 2%，其中南平市的占比最高，宁德市次之，厦门市、三明市、漳州市的占比处于全省居中位置，福州市、莆田市、龙岩市处于中下位置，泉州市则处于下游位置。以南平市与泉州市数据对比为例，从原始统计数据来看，其 GDP 并不是全省最高的，仅为 1626 亿元，是泉州市 GDP 的约 1/4，但其社会保障支出为 27. 44 亿元，是泉州市社会保障支出的约 1/2，由此来看，泉州市对于社会保障制度的建设投入的资金近年来虽有所增加，但重视程度还不够，不仅要加大资金的投入，而且要真正做出实事，用心建设，把社会保障送到每一个需要帮助的公民手中，让需要的人在需要的时候能得到及时的帮助。

表 2　2017 年福建省九地市社会保障支出占 GDP 比重及排名

单位：%，名

地区	比重	排名
南平市	1. 69	1
宁德市	1. 52	2
厦门市	1. 32	3
三明市	1. 32	4
漳州市	1. 27	5
福州市	1. 15	6
莆田市	1. 13	7
龙岩市	1. 12	8
泉州市	0. 77	9
全国	3. 16	—
福建省平均	1. 25	—

资料来源：《福建统计年鉴》（2018 年）。

（五）从泉州社会保障支出占财政支出比重与福建省、全国的对比来看

从 2017 年泉州市社会保障支出占财政支出比重与福建省各地级市以及全

国的占比的比较来看，泉州的占比为9.11%，处于全省第六位，略高于全省平均水平，但与全国占比相比还有较大差距，并且值得注意的是，福建省占比最高的漳州市还是比全国的占比低了1.66个百分点，这说明福建省九地市的社会保障制度还需进一步完善，以达到全国水平（见表3）。

表3　2017年福建省九地市社会保障支出占财政支出比重及排名

单位：%，名

地区	比重	排名
漳州市	10.54	1
莆田市	9.74	2
三明市	9.60	3
南平市	9.59	4
宁德市	9.20	5
泉州市	9.11	6
福州市	8.71	7
龙岩市	8.04	8
厦门市	7.09	9
全国	12.20	—
福建省平均	9.07	—

资料来源：《福建统计年鉴》（2018年）。

三　泉州社会保障制度存在的问题

从前面对泉州市的社会保障基本情况分析，结合我国社保现状以及存在的问题，得出以下四个泉州市社会保障制度存在的问题。

（一）社会保障覆盖面过窄，保障水平低

首先，是社会保障覆盖率低的问题，目前社会保障的对象只限于国家机关、事业单位和国有集体企业的职工，而众多的农民、城镇居民、

外企职工、个体工商业户和外来务工人员是被排除在社会保障体系之外的。泉州作为民营企业聚集地区，有许多外来人员，但是对于大多数民营企业而言，社会保障制度形同虚设，不参保或参保不缴费的现象十分严重，按照当前的制度，越是需要社会保障的弱势群体反而越因为承担不起社会保障而无法享受到社会保障，因此有相当一部分员工被挡在社会保障安全网之外，并且这些员工大多数在生产一线工作，所处的工作环境以及所享受的待遇也相对较差，如果没有一个相对较为完善的社会保障制度给予他们生活保障，那么这些外来人员在泉州的生活将更加困难。其次，泉州市的社会保障水平低，究其原因，很重要的一条是绝大多数的农村人口并没有被纳入社会保障体系中来。迄今为止，各种社会保障体制改革的思路基本上还是以户籍为基础的，对于流入城市的农民工的社会保障基本上没有考虑到。虽然近年来推出了新型农村社会养老保险政策，但在其他方面对农村的保障还存在空白，城乡社会保障制度水平依旧悬殊，农村经济薄弱，资金来源没有充分保障，因此要在农村建立与城市同等的社会保障机制较难。最后，由于我国现在已步入老龄化社会，泉州同样也步入了老龄化社会，来自养老和医疗方面的压力将越来越大，以及二孩政策的放开，生育保险方面的压力也将增大。总之，随着社会的发展，人民对社会保障的需求将只增不减，因此，扩大社会保障覆盖范围，提高社会保障水平迫在眉睫。

（二）社会保障的社会化程度低，社会保障基金筹措困难

目前社会保障事项一直都是由政府部门承管，社会保障基金筹集，支付、运营由政府部门经办，还谈不上按经济规律办事，也还未实行真正的社会化管理，并且，泉州市的社会保障管理水平相对落后，统计数据存在虚假现象，容易造成决策失误。同时由于泉州市社会保障覆盖面过于狭窄，也制约着社会保障资金的收缴范围，大部分企业（主要是外资企业、民营企业）及其从业人员和个体工商户没有参与社会统筹保障，部分偏远地方行政事业单位也未参加养老、医疗保险，实际情况是“以老养老”，造成养老保险负

担越来越重，从而使社会保险基金收支形势更加严峻，社会保障收支压力尤为突出，尽管中央财政以及福建省财政每年均会有相关社保补助下放，但总量上还是不足以弥补社保资金的缺口，也无法有足够的资金支持社会保障制度的建设。

（三）责任不明确，政府支持力度不够

目前泉州市的社会保障行政事务主要由劳动和社会保障部门负责管理，但是具体由各种部门管理，各部门之间责任不明确，互有牵扯。人们遇到这样的问题总是不知道该怎么办，去这个部门解决问题说不是它们的责任，去那个部门也是同样的回答，遇到问题没有地方解决。国家政策制定与实施，却由各部门之间相互协调，这就造成了各部门之间分工不明，管理效率降低，管理成本增加，从而导致了资源、人才等浪费。

社会保险基金来源是通过政府强制性的收取参保成员的保险费用，然而参保成员单一存在于各种事业单位，以及少数民营企业，再加上每年都会有退保、弃保人员，所以这样的资金来源显然是不足以满足社会需要的，这就需要政府的资金支持。泉州市财政社会保障支出与财政支出的占比为 9.11%，而全国平均则为 12.2%，显然泉州市政府对社会保障的支持力度是远远不够的，社会保障的资金来源不足、政府投入不够，必然会导致社会供给小于社会需求。资金不足，投入不够，提供的生活保障低于人们基本的生活需求，人们的需求得不到满足，必然导致民众对现在生活的恐慌，以及对未来的不安。

（四）缺乏调动参保对象参保积极性的有效机制

泉州市在社会保障政策宣传上，缺乏普遍性，只在一些特定领域进行宣传，并且注重形式而不注重实质，例如只是在一些宣传栏上写标语等，并没有真正走进居民中去宣传，缺乏一支专门进行社保政策解读、政策宣传、业务流程引导工作的队伍。同时，一些基层领导及工作人员的工作态度存在一定的偏差，基层工作人员总是站在国家或政府的角度思考问题，认为国家让

居民参加社会保险，是一项惠民工程，居民不仅应当理所当然地接受，还应该感谢政府。

四　对完善泉州社会保障制度的对策建议

随着社会经济的不断发展，在提倡建设社会主义和谐社会的大趋势下，建设社会保障制度是不可避免的。但目前泉州市的社会保障水平还相对较低，针对当前泉州市社会保障制度存在的问题，提出以下建议。

（一）进一步扩大社会保险覆盖面，提高社会保障水平

社会保险作为我国社会保障的中坚力量，应该进一步扩大社会保险的覆盖范围，争取做到应保尽保。争取把农民、城镇居民、外企职工、个体工商户和外来务工人员纳入社会保障体系之中。对民营企业加强社保工作方面的监管使一线员工的生活有所保障。同时政府也应注重社会保障制度建设，不仅要注重城镇社会保障制度的建设，也要注重农村社会保障制度的建设，尽力缩小城乡差距。

（二）提高社保社会化程度，拓宽社保基金筹集渠道

社会化是指某种事物从封闭系统转为开放系统并具有社会性的一个动态过程，通俗说就是社会的事情社会办，大家的事情大家办。社会化是社会保障的本质特征，离开了社会化，社会保险将失去它的基本功能，其保障作用也将大打折扣。探讨社会保险社会化是化解社会风险、促进社会经济协调发展、保障人民生活、全面建成小康社会的需要。社会保险基金是社会保险制度运行的经济基础，是实现国家经济和社会政策目标的物质保证，社会保险基金主要来源于国家财政补贴和单位、个人缴纳的社会保险费。但是，按照上述三个途径进行筹资征缴，根本解决不了人口老龄化、严峻的就业形势、养老金隐性债务带来的社会问题，因此，拓宽资金筹集渠道，是保证我国社会保险制度可持续发展的必然要求。

（三）完善社会保障的监督机制

加快建设社会保障监督机制，建设完备的监督机制是非常重要的。在生活中，人们有很多问题得不到解决，原因之一就是没有适合的监督渠道。有很多问题领导层都看不到，何谈解决。基层人民所面临的往往是一些权力小的执法人员，但是有些执法人员态度极其恶劣，而且极不愿意接待老百姓。当面一套，背后一套，民众上访难，接待人员态度差。群众又没有更好的渠道，所以导致问题迟迟不能解决。拓宽监督渠道，完善信访、网络监督，加强社会舆论监督显得尤为重要。建立健全关于社会保障的专门监督部门更加重要，人们有问题不知道去找谁，总是从这个部门被推到那个部门，让群众跑来跑去，问题还得不到解决。他们怎么不会对社会与政府抱怨？所以建立一个专门管理社会保障执行的监督部门，有利于国家社会保障制度建立；有利于提高办事效率，节约政府与民众的时间；有利于促进群众与政府相互信任，促进社会和谐与稳定发展。

（四）加大社会保障的宣传力度，提高参保积极性

社会保障的宣传有利于解除民众对政策的误解，有利于民众理解与支持政府的社会保障制度，有利于社会保障制度的顺利实施，有利于提高相关工作机构的办事效率。作为政府，应加强对社会保障制度的宣传，向民众传递正确的社会保障观念。随着我国的进步与发展，我国制定了社会保障政策，但是在相对落后的农村，人们没有条件去知道、去了解国家的某些政策，从而对国家的社会保障政策产生了错误的认识，所以我们要加大对社会保障的宣传力度，不仅让他们了解社会保障制度，还要让他们知道社会保障制度的变化，理解不同地区之间存在的合理“差异”。完善宣传渠道，通过电视、网络、下乡讲座活动等，做好正确的宣传引导工作。

五　结语

虽然我国现在还处于社会主义初级阶段，工作重心始终应该放在经济建

设上面，但是，社会保障制度也是国家不可忽略且应被重视的一部分。把社会保障放在突出位置，减少地区之间、城乡之间的生活水平差距，是有利于实现社会“公平”的重要途径。我们所谓的公平是有“差距”的公平，不是一味地把地区之间、城乡之间的标准提到同一水平。针对地区之间、城乡之间不同的需求，应保障其需要的最低生活水平及其他权益。有差异的统一才是解决社会保障分布不均的唯一出路。我们应该增加投入，进一步减轻民众的不安全感，所以建设一个适合我国的社会保障制度才能促进我国社会发展。

社会保障制度是社会发展的必然结果，是解决社会矛盾、缓解社会压力的重要途径。虽然泉州市目前的社会保障制度还存在许多问题，但是有效地补充了市场经济体制下的市场失灵，有利于促进社会和谐发展。但是我们同样也明白，建立一个科学的社会保障体系，注重社会保障体系的差别与统一，才能推动一个地区的和谐发展。把社会保障放在突出位置，减少地区之间、城乡之间的生活水平差距，是有利于实现社会“公平”的重要途径。所谓的公平是有“差距”的公平，不是一味地把地区之间、城乡之间的标准提到同一水平。只有当我们承认公平不是无差别的对待城乡、地区之间的统一，而是有差别地对待时，这种有“差别”的公平才是真正的公平。

B.17

泉州公共文化服务供给研究

——基于全省九地市的比较

任 洁*

摘 要： 优质的公共文化服务是人民美好生活的重要组成部分。自党的十八大以来，我国的公共文化服务日益受到重视，党的十九大之后，新时代对现代公共文化服务体系建设提出了新要求。本报告从泉州市公共文化服务的政策供给、财政投入、边际支出倾向等角度分析泉州市公共文化服务供给现状，并对泉州市公共文化服务供给进行省内比照研究，剖析了泉州市公共文化服务存在的问题，以为泉州市公共文化服务进一步发展提供决策支持。

关键词： 泉州市　公共文化服务　公共文化服务供给

一　引言

近年来，服务型政府建设取得了显著发展，政府的公共服务职能得到不断强化。其中以保障公民基本文化权益、以满足基本文化需求为目标的公共文化服务体系建设成为党和政府尤为关注的重点领域，在政策上体现为，党和政府的系列报告频繁关注公共文化服务建设问题。自 2015 年初出台《关

---

* 任洁（1980 ~），女，江苏连云港人，泉州师范学副教授，博士，研究方向为政府治理与公共服务。

于加快构建现代公共文化服务体系的意见》，提出大力构建公共文化服务体系以来，我国公共文化服务建设在政策体制建设、公共文化基础设施建设、公共文化服务内容丰富等方面都取得了长足进步。2016 年，第十二届全国人大常委会通过的《中华人民共和国公共文化服务保障法》更是标志着我国公共文化服务建设已经进入法律建设层面。这种导向也得到了相关统计数据的印证，数据显示，近年来国家财政用于文化教育和科学方面的支出快速增长，公共财政支出结构调整成果显著。与此同时，公众对公共文化服务的消费需求也随着经济和社会的发展不断扩大。

国际经验表明，人均 GDP 突破 3000 美元，意味着消费结构的升级，文化消费占总消费的比例显著提高。2016 年泉州人均 GDP 为 7.78 万元，高于福建人均 GDP 水平，远远超过了人均 3000 美元的杠杆线，公众对文化消费的需求日益迫切。面对文化供给和需求的双重增长，公共文化服务供给问题势必成为公共文化服务体系建设中不容忽视的议题之一。鉴于公共文化服务具有较大的正外部性，社会外溢性明显，依靠市场供给往往动力不足，因此，由政府财政保障公共文化服务供给已成为通用做法。基于此，公共文化服务通常被界定为“以政府为主导，以公共财政为支撑，以公益性文化单位为骨干，向社会提供具有公共产品和准公共产品特征的公共文化设施、产品和服务”。政府供给的效率问题历来是学界热议的焦点问题，因此，本报告在借鉴相关文献的基础上，结合福建省近年来关于公共文化服务的政策背景，梳理了 2000～2014 年泉州公共文化服务的发展状况和特征，并以福州、厦门、漳州、泉州、南平、三明、龙岩、莆田、宁德九地市为具体样本，实证检验各地之间的公共文化支出的效率差异，以丰富公共文化财政支出效率研究的成果，这对进一步提升公共文化服务供给能力具有重要意义。

二　泉州公共文化服务供给现状

在新形势下，加快公共文化服务建设，对推进公共文化服务供给的均等化、构建现代化公共服务体系具有重大意义。党的十八届五中全会以来，中央政府逐渐将公共文化服务体系建立的工作重点转移至推进重大公共文化服务法规、政策、标准的制定、实施和考核上。“十三五”时期，我国基本公共文化服务体系建设的首要任务就是推进标准化和均等化，这一思路反映在政府的政策举措上。

（一）泉州公共文化服务的政策供给

2015 年，中共中央办公厅、国务院办公厅印发《关于加快构建现代公共文化服务体系的意见》（以下简称《意见》），提出要建立基本公共文化服务标准体系。同年底，福建积极响应，迅速行动，结合自身经济发展水平及特色制定了福建省《关于加快构建现代公共文化服务体系的实施意见》以及相应的基本公共文化服务福建标准。在国家和福建省实施意见及其标准颁布之后，中共泉州市委办公室、泉州市人民政府办公室出台了《关于加快构建现代公共文化服务体系的实施意见》（泉委办发〔2016〕19 号），以及《泉州市基本公共文化服务保障实施标准》。为更好地在基层实施保障标准，泉州市政府在结合国家及省级相关政策的基础上，发布了《泉州市村（社区）综合性文化服务中心建设服务基本标准》《泉州市推进基层综合性文化服务中心建设实施方案》等政策文件，对泉州各地基层公共文化建设方式、基本功能、组织管理等提出了具体意见。

此后，泉州下辖的各区县也纷纷制定了各自的实施标准。以《石狮市基本公共文化服务实施标准》为例，明确了石狮市基本公共文化服务项目为读书看报、收听广播、观看电视、观赏电影、送地方戏、设施开放、文体活动、数字服务八大项，多数项目都有明确具体的数字量化标准。如读书看报项要求，公共图书馆（室）人均藏书量不少于 1.3 册（件），平均每册藏书年流通率在 1 次以上，人均每年新增公共图书馆藏量不少于 0.06 册，人均到馆在 0.5 次以上，每年开展流动图书服务不少于 50 次；观看电视项要求，通过直播卫星提供不少于 17 套广播节目，通过无线模拟提供不少于 6 套广播节目，通过数字音频提供不少于 15 套广播节目；送地方戏项要求，每个镇（街道）每年有5场以上戏曲或文艺演出；设施开放项要求，公共图书馆每周开放时间不少于56个小时，公共体育场、全民健身活动中心每周免费开放时间不少于14个小时；文体活动项要求，公共图书馆每年举办公益性讲座、培训等活动不少于20次，文化馆每年举办公益性展览展示不少于10次、举办公益性艺术培训不少于12次，公共博物馆每年举办临时展览不少于5次等。

（二）2016年泉州公共文化财政投入情况

公共文化服务的财政投入情况向来是影响公共文化服务供给的一大重要因素。泉州市积极加大公共文化事业投入力度，多渠道拓宽公共文化服务投入方式，加强公共文化服务政策和公共文化基础设施建设。截至2016年底，泉州市公共文化设施总面积达688989平方米，每千人平均为81.6平方米，超过全省每千人平均46.051平方米的标准。近年来，中心市区先后完成南音艺苑、梨园古典剧院、木偶剧院、市广电中心技术大楼建设，启动泉州歌舞剧院、泉州大剧院、泉州市图书馆新馆建设工作，公共文化服务能力明显提升。

根据《泉州统计年鉴》（2016年），2016年全市各区（含市本级）公共文化财政支出合计为104676万元，比2015年多支出10272万元。然而，具体到各区，公共文化财政支出并不平稳。与2015年相比，有4个区的支出呈下滑态势，具体为鲤城区减少了301万元，丰泽区减少了197万元，晋江减少了6万元，安溪减少了1098万元。其他各区较2015年支出均有增加，其中洛江区增加了41万元，泉港区增加了369万元，石狮增加了468万元，南安增加了1524万元，惠安增加了1937万元，永春增加了37万元，德化增加了1165万元。

结合财政收入情况分析，从全市财政收入的绝对数来看，2016年鲤城区和丰泽区的财政收入低于2015年，结合公共文化财政支出情况看，这两个区2016年的公共文化财政支出也低于2015年的支出规模。令人诧异的是，其余各区尽管2016年财政收入明显高于2015年，但在公共文化财政支出上的态度不一致，晋江和安溪在财政收入增加的同时减少了公共文化服务支出。若以公共文化财政支出与财政总收入之比来看，2016 年全市各区这一比值的均值为 2.01%，2015 年均值为 1.98%，略高于 2015 年的水平。具体到各区的情况来看，仍然呈现明显波动。在其下辖的 11 个区县中，2016 年有 5 个区的公共文化财政支出与财政总收入之比低于 2015 年的水平。

（三）泉州公共文化服务边际支出倾向分析

将公共文化边际支出增长情况与财政收入情况相结合，以便更好地揭示政府在公共文化服务投入上的重视程度，反映了政府在公共文化服务建设上的作为。提高公共文化服务能力一方面要求以足够的财政支出为保证，另一方面还要求保证支出增长的可持续性。为更精确地测算泉州公共文化财政投入情况，本报告采用边际支出倾向这一指标，公共文化的边际支出倾向主要测算的是文化财政支出与财政总收入之间的关联，即财政总收入每增加一个单位，政府的公共文化财政支出就会发生变动，用公式表示为：

$$MPX_i = \sqrt{\frac{\Delta X}{\Delta Y}} = \sqrt{\frac{X_i - X_{i-1}}{Y_i - Y_{i-1}}} \tag{1}$$

其中 MPX_i 表示第 i 年的边际支出值，X 表示第 i 年的文化财政支出，Y 表示第 i 年的财政总收入。当 $MPX_i > 0$ 时，意味着文化财政支出随财政总收入的增长而增加，反之则减少。

2015～2016 年的统计数据显示，泉州辖区中晋江和安溪两个地区的公共文化服务边际支出倾向为负值，这意味着随着财政总收入的增加，该地区的公共文化财政支出反而减少了（见表 1）。其他地区 2016 年的边际支出倾向均为正值，这意味着随着财政总收入的增加，公共文化财政支出也相应地增加。总体来看，2016 年泉州市公共文化财政边际支出均值为 3.98%，即从均值来看，泉州市的公共文化财政支出随着财政总收入的增加而增加。

表1　2015～2016年泉州市公共文化边际支出情况

单位：万元

区域	2016年文化财政支出	2015年文化财政支出	2016年财政收入	2015年财政收入	文化财政支出差额	财政收入差额	公共文化边际支出
鲤城区	1259	1560	108996	114489	-301	-5493	0.055
丰泽区	2757	2954	216975	223972	-197	-6997	0.028
洛江区	1179	1138	94500	93319	41	1181	0.035
泉港区	3529	3160	299991	216415	369	83576	0.004
石狮市	6724	6256	403359	385015	468	18344	0.026
晋江市	18386	18392	1206806	1172008	-6	34798	-0.00017
南安市	8840	7316	384721	365944	1524	18777	0.081
惠安县	8627	6690	419220	330203	1937	89017	0.022
安溪县	7165	8263	243142	239888	-1098	3254	-0.337
永春县	3088	3053	107501	106835	35	666	0.053
德化县	4287	3122	109485	107020	1165	2465	0.473

资料来源：《泉州统计年鉴》（2015～2016年）。

三　泉州公共文化服务供给的比较分析

仅仅是泉州市内部各地区之间的比较，只能得出一个大致的结论，对于提升全市公共文化服务水平的参考借鉴作用有限，因而必然需要进行省内的比照研究，通过各市之间的供给差异分析，以提取更有效、更具参照性的研究结论，知其短长，了解泉州市公共文化服务的能力水平，进而提出有针对性的政策建议。鉴于此，本报告尝试从省、市两级对泉州公共文化服务的财政边际支出状况进行考察，这有利于进一步了解地区公共文化服务的发展状况，为制定公共文化发展政策、完善公共文化服务体系提供参考。

（一）泉州与福建省公共文化财政边际支出比较

福建践行文化强省的发展战略已有十多年时间，省委、省政府出台的

《福建文化强省建设纲要》、《福建省“十一五”文化发展规划》、《福建省“十二五”文化改革发展专项规划》以及《关于加快构建现代公共文化服务体系的实施意见》，对福建省构建现代公共文化服务体系做了部署，进一步加大了公共文化服务的扶持力度。从人均文化事业费来看，福建省“十五”期末为15.28元，到2015年跃升至57.92元。与全国数据相比，以人均文化事业费对照，2007年以来，福建省人均文化事业费均高于全国人均文化事业费，且差距不断拉大，截至2015年底，福建省人均文化事业费为65.21元，超出全国人均文化事业费31.26%。

以上绝对数值的比较只能反映出福建省公共文化支出较为粗浅的增长情况，要想进一步考察财政总收入与文化财政支出之间的关联，还须关注公共文化服务财政的边际支出倾向。2016年，全省公共文化支出总额为812542万元，相较2015年减少了35617万元，2016年财政收入为26548324万元，相较2015年增加了1105967万元，2016年的公共文化财政边际支出倾向值为负值（-3.22%），这意味着财政总收入的增加并没有带来公共文化财政支出的增长。

将泉州与福建省相比较，发现在2016年尽管泉州个别地区的公共文化财政边际支出倾向为负值，但整体均值为正值，而福建省2016年的公共文化财政边际支出倾向为负值，因此，从这个角度来讲，泉州市2015~2016年对公共文化服务的重视程度明显好于福建省。

（二）泉州与省内各地市的公共文化财政边际支出比较

由于统计口径以及统计数据缺失等问题，福建省内各市公共文化事业费的相关数据有限，各市统计年鉴中基本上都将文化体育和传媒支出打包在一起，因此，在比较九地市的文化财政支出相关指标时，统一选择年鉴中的文化体育传媒支出作为公共文化财政支出数据，在财政收入上选择地方级财政收入，而将上缴中央的财政收入排除在外。

从公共文化财政支出的绝对数看，2016年泉州市用于公共文化服务等的财政支出仅次于福州和厦门。结合2015年数据，在全省九地市中，2016

年有六个城市的公共文化财政支出低于2015年的支出规模，呈现数值负增长，比较而言，泉州在2016年的公共文化财政支出明显高于2015年的数值，且增加的绝对数仅次于福州，排名全省第二。

结合各市的财政总收入，通过测算各市文化事业的边际支出率发现，2016年厦门、漳州、三明和龙岩的边际支出倾向为负值，这意味着随着市财政收入的增加，财政对文化事业的投入反而减少了（见表2）。泉州、福州、莆田、宁德和南平均为正值，即财政总收入与公共文化财政支出呈现同方向的变动，表现为两种变动方式，一种是以泉州、福州、莆田为代表的随着财政总收入增加而增加公共文化财政支出，另一种是以宁德和南平为典型的随着财政收入减少而减少公共文化财政支出。就具体的变动比例看，泉州随财政总收入增加而增加的公共文化支出数额不及福州和莆田，其中以莆田的变动最为醒目，莆田2016年的财政收入仅比2015年增加782万元，但其公共文化方面的支出比2015年增加2508万元，文化事业的边际支出率为3.21，即每增加1万元的财政总收入将增加3.21万元的公共文化财政支出。

总体来看，在市一级，地方政府的文化事业投入相当随意，边际支出率波动较大，一些地区随财政收入的增加反而减少文化事业费。不难看出，近年来，推行的文化强省以及文化发展规划战略在执行上并没有得到足够的重视。

表2　2015～2016年省内各地市公共文化财政支出及公共文化边际支出情况

单位：万元

区域	2015年文化财政支出	2016年文化财政支出	2015年财政收入	2016年财政收入	文化财政支出差额	财政收入差额	公共文化边际支出
泉州	94404	104676	3883036	4240759	10272	357723	0.029
厦门	142415	137817	6060967	6479366	-4598	418399	-0.011
漳州	60308	51358	1791025	1876410	-8950	85385	-0.104
福州	146966	173803	5604635	5989113	26837	384478	0.070
三明	58390	47703	936821	946978	-10687	10157	-1.052

续表

区域	2015 年文化财政支出	2016 年文化财政支出	2015 年财政收入	2016 年财政收入	文化财政支出差额	财政收入差额	公共文化边际支出
龙岩	58082	50918	1246063	1314144	-7164	68081	-0. 105
莆田	34879	37387	1156473	1157255	2508	782	3. 207
宁德	42008	41319	1043894	1009731	-689	-34163	0. 020
南平	48707	45637	864266	829718	-3070	-34548	0. 089

资料来源：2015～2016 年各市统计年鉴。

四　泉州公共文化服务供给存在的问题

根据前面对泉州市公共文化服务的供给现状以及与全省各地市的比较分析，发现泉州市公共文化存在如下问题。

第一，公共文化投入规模与经济发展不匹配，缺乏有力的财政保障和支撑。通常认为公共文化服务水平和质量与经济发展密切相关。但对泉州市各区的横向比较以及泉州与其余城市的比较发现，经济发展程度越高并不一定带来文化投入上的持续增加，二者之间存在不确定关系，以泉州下辖各区为例，经济总量较大的晋江地区尽管 2016 年财政收入增加了，但其公共文化财政支出减少了。这种情况在市一级的比较分析中也普遍存在，厦门也是同样情况。对公共文化财政支出的投入力度往往受多种因素的影响，除经济因素外，政治因素是其中最重要的影响因素，国家以及省级政府对公共文化建设的重视程度相应决定了市级政府领导对其的重视与否。

第二，公共文化供给主体较为单一。尽管目前从省级到市级，再到区县及至社区基层，各级政府联动建设覆盖城乡、惠及全民的五级公共文化设施网络，图书馆、文化馆、博物馆、基层综合性文化服务中心等场馆建设取得一定成效，但其供给主体主要为政府相关部门，社会力量在其中的参与程度仍显不足。尽管个别地区积极探索以政府主导、社会力量参与的模式，如泉港区的“百姓书房”项目，但总体看，仍处于探索阶段，覆盖面和辐射人群有限。各地区的文化馆、博物馆等仍主要依靠财政投入支撑，受制于有限的财政资源使得公共文化服务供给数量缺乏，品种不够丰富。

第三，地区和城乡之间的供给分布不合理、公共文化消费的均等化不足等。从泉州各区的横向比较分析发现，在一些经济欠发达地区，其公共文化财政支出仅为发达地区的一半左右，地区之间的财政支出差异显著，从而印证了我国公共文化服务投入水平的地区差异性，区域之间仍存在公共文化服务资源配置的“鸿沟”。在农村地区，不少地区的公共文化运行机制体现为以财政为支撑、以镇村为主体、以社会资本为补充的农村文化建设多元投入机制。这使得农村地区的公共文化供给直接受各地区经济水平的影响，而造成分配不均的状况。尽管有些地区采取政府购买社会服务的方式，让文化服务农民群众和农村发展，推进文化共享，但财力不足始终是实现城乡供给均等化的一大障碍。

五　对策建议

政府公共服务供给水平的提升是一个永无止境的过程，现代公共文化服务体系的构建绝非一蹴而就的事，需要付出不懈的努力。本报告将其分解为可量化操作的测评指标，以公共文化财政支出情况为分析对象，通过对政府财政的边际支出横向及纵向的测评，考察了政府的公共文化服务供给能力。当前，泉州正处于“十三五”伊始，在新的历史起点上构建公共文化服务体系具有重要的现实意义，这需要坚持和发扬已经取得的重要经验，克服掣肘公共文化服务发展的不利因素。根据本报告的主要结论，为进一步提升公共文化服务能力，建议如下。

第一，强化政府的公共文化服务职能，保障基本公共文化服务的供给。鉴于公共文化服务所具有的公共物品的性质，政府要明确自身作为公共文化服务供给主体的地位和作用，从而扮演好基本公共文化服务的供给者角色，深化公共文化服务体制改革，严格厘清政府和文化部门在公共文化服务供给和管理中的财权和事权，建立灵活的公共文化服务运行机制，形成对公共文化服务供给的制度保障，维护和加强基本公共文化服务均等化，从根本上解决公共文化服务供给不足和区域及城乡存在差异的现实问题。

第二，政府应提高对公共文化服务的重视程度。随着社会经济水平的提高，人们对基本公共文化服务的需求将不断增加，而政府资金支持是提升公共文化服务能力的基础保证，唯有加大对文化事业的财政支持力度才能有效达成公共文化服务体系的建设目标。这要求一方面应进一步提高文化支出在财政总支出中的比例，另一方面还应关注公共文化的边际支出率，根据财政总收入的增加合理调整文化事业费的支出范围，合理优化公共文化财政支出结构，提升公共文化服务效能。除了资金保证外，还需关注财政支出效率，盲目投入财政资金并不一定能带来公共文化服务产出的相应增加，应具体问题具体分析。

第三，加强泉州欠发达地区和农村的公共文化建设，提升公共文化资金的利用效率。农村地区以及欠发达地区的公共文化服务供给具有较大的上升空间，政府的投入能够产生较高的公共文化产出，因此，政府应放低文化建设的重心，进一步加大基层文化建设投入，补齐城乡及地区差距的短板，使公共文化资源向农村地区、欠发达地区及社会弱势群体倾斜，合理规划公共文化资金的投入产出比例是提高财政资金利用效率的重要环节。在既有公共文化产出水平下，投入资金利用率不高的资源浪费现象普遍存在，这要求政府严格监管资金的使用状况，进一步降低政府内部的交易成本，利用科学有效的绩效考核制度，确保公共文化财政支出落到实处，努力实现基本公共文化服务均等化，保证文化民生底线。

第四，改变公共文化服务供给结构，建立多元化的供给体系。当前，我国公共文化服务的资金来源主要依靠政府税收，这种“大政府”模式不仅给政府财政带来巨大压力，而且造成人均文化事业费普遍较低，难以满足人们的基本公共文化消费需求。政府成为公共物品的唯一供给者，往往会导致垄断和缺乏效率，因此，需要鼓励企业参与公共文化服务建设，进一步提高供给效率和供给水平，构建多元化的公共文化服务供给体系。多元化的公共文化服务供给体系离不开企业的参与，企业可以通过市场机制向社会提供具有正外部性的文化产品，以丰富文化产品的数量和种类，不断满足人民群众日益提高的文化需求。从国际经验上看，借鉴其他国家文化资金的投入模式，引导社会力量参与公共文化服务建设，尝试建立非营利性的文化中介组织，利用税收等优惠政策实现公共文化的公私合作将成为拓展公共文化资金来源的可行渠道。同时，政府应通过加大对企业文化产品的购买力度，鼓励社会资本参与博物馆、图书馆、文化馆等文化基础设施的建设运营，降低公共文化产业的准入门槛，推进文化创意产业与金融、贸易、科技、制造等产业的融合与创新发展，形成资金来源多渠道、投资形式多样化的现代化公共文化服务市场体系。

B.18
泉州海丝文化现状与对策研究

王万盈*

摘　要： 众所周知，唐宋以来，随着泉州区域经济进一步发展，海洋贸易、海洋经济日渐发达，海丝文化也在逐渐养成中。千余年的积淀使泉州拥有丰富的海丝文化，无论是海丝物质文化还是海丝精神文化都具有闽南特色。本报告基于泉州海丝文化的内涵与现状，提出在泉州海丝文化保护中存在的问题，从而得到相关的对策建议。

关键词： 泉州　海丝文化　文化传承

一　泉州海丝文化内涵与现状

所谓海丝文化，究其本质，就是与海上丝绸之路有关的物质文化与精神文化的总和。当然，也有学者将制度文化纳入海丝文化范畴。实际上，制度文化也是一种精神文化现象。目前泉州市着力保护的与海上丝绸之路有关的“古泉州（刺桐）史迹遗址”共有16处，分布在泉州市所辖的鲤城区、丰泽区、洛江区、台商投资区、晋江市、石狮市和南安市，分别是：万寿塔、六胜塔、石湖码头、江口码头（包括文兴码头、美山码头）、真武庙、九日山摩崖题刻、天后宫、磁灶窑系金交椅山窑址、泉州府文庙、老君岩造像、

* 王万盈（1965～），男，陕西富平人，博士，泉州师范学院教授，博士生导师，泉州市桐江学者特聘教授，福建省智库“海丝文化研究院”首席专家，研究方向为海洋社会经济史。

开元寺、伊斯兰教圣墓、清净寺、草庵摩尼光佛造像、德济门遗址、洛阳桥。下面就这些海丝遗址略做简述。

（一）万寿塔

“万寿塔”又名“姑嫂塔”“关锁塔”，位于石狮市宝盖山。据《粤闽巡视纪略》一书记载，“万寿塔”正确的名称应为“孤山塔”。因为当地俗称宝盖山曰大孤山，金鞍曰小孤山。南宋绍兴年间，僧人介殊募资在大孤山巅建造石塔，“俗谓之孤山塔，又或讹为姑嫂塔。谓昔有姑嫂二人，皆为舶商妇，商入海不返，二女构塔而望之。其即二辜之讹欤”。万寿塔距今已有800余年历史。800余年来，万寿塔耸立在宝盖山顶，抵御台风、暴风和地震，历经沧桑，依然挺立，显示出宋代泉州建筑工匠的高超技艺。现今的万寿塔占地325平方米，高21.65米，八角五层，二层门额刻“万寿宝塔”四字。因背靠泉州湾，面朝台湾海峡，有关锁水口、镇守东南的气势，所以又叫作“关锁塔”。自南宋以来，“万寿塔”就是重要的海上导航设施，承载着泉州对外贸易兴衰的记忆。

（二）六胜塔

六胜塔始建于北宋政和元年，元至正二年至五年重建，是一个比较典型的元代建筑物。六胜塔位于石狮市蚶江镇石湖村，在历史上起着海上航标的作用，被列为省级重点文物保护单位。六胜塔也被称为海上丝绸之路的第一座灯塔。塔高36.06米，底围47米，花岗石仿木结构楼阁式建筑，八角五级。六胜塔反映了14世纪泉州海外交通和贸易的繁盛景象，以及闽南海商雄厚的经济实力，也反映了当时高超的建筑技术。与万寿塔一样，六胜塔以石塔为航标，堪称世界航海史上一绝。

（三）石湖码头

石湖码头是古代泉州港口群重要组成部分之一。石湖码头亦称林銮渡，位于石狮市蚶江镇石湖村。始建于唐代，据载，石湖码头为唐开元

年间（713～741年）海商林銮创建。呈曲尺状，南北走向，全长113.50米，曲体长70米，宽2.20米，高2.41米，为花岗岩条石顺海岸砌筑而成。北宋熙宁元年（1068年），因石湖东北面正对着泉州湾主航道的出海口岱屿门，控扼泉州湾南岸，地势险要，曾建水寨于此做军事防御之用。北宋元祐年间（1086～1094年），侍禁傅殖在码头左侧建石构顺岸平梁栈桥“通济栈桥”，将海岸与海边的一块巨石相连接，成为一个颇具特色的“顺岸码头”，并在巨石临海的斜坡上开凿多条石级道路，以便装卸货物。石湖码头是11～14世纪泉州港水水转运和水陆转运的重要码头，是宋元时期泉州海洋交通的重要遗存和历史见证，属于全国重点文物保护单位。

（四）江口码头

江口码头包含文兴码头和美山码头，位于丰泽区法石社区文兴村和美山村，处在江海交汇处的咽喉地带，内航可直达晋江内河，为宋元泉州港鼎盛时期泉州城区与港区水陆转运的枢纽，属于沿江的集群商业码头。

文兴码头始建于宋代，呈南北走向，从江岸自上而下延伸至江面，为石构斜坡阶梯的码头，以错缝形式为主砌筑，现存部分长34米，宽3.50米，码头基础以松木桩进行加固。岸边现存宋代宝箧印经塔一座，塔身为花岗岩，现存两段，系分别雕琢后再行衔接。上段边长0.68米，高0.65米，四面各有一尊半浮雕的半身佛像。下段边长0.70米，高0.49米，其四面各阴刻一字，由右至左顺读为“佛”“法”“僧”“宝”。美山码头始建于宋代，码头长7.75米，临江处筑就石构墩台，以“一丁一顺”的方法交替叠砌，现存部分长约30米，宽约20米，墩台东西两侧各附有一条南北走向的石构斜坡式道路，向南延伸至江中。墩台的台基由下而上渐次内收，外侧呈斜状，以供大船深水停泊。渡头离水面4～5米，宽13～15米，由花岗岩筑砌，上层约1米为近代筑砌，下面为旧有的石构筑砌，可判断为宋至清不同时期的叠压。石构多用丁顺砌法，临水面有多处崩塌。该渡头水位较深，是法石村古代重要的码头之一。文兴码头和美山码头是内河码头，但处于江海交汇地段，是最能体现泉州海洋文化和泉州辉煌的海洋交通历史的部分。

（五）九日山摩崖题刻

早在唐咸通年间，在泉州城西金鸡村北面海拔约 90 米的九日山上，就有僧人建造灵岳祠，敬奉乐山神。由于“海舶祈风多奇验。宋累封通远王，又加封善利广福显济王。宋时泉有市舶司，每四月十一，郡守同市舶提举率属以祷”。现存石刻中有宋刻 59 段、元刻 6 段、明刻 9 段、清刻 1 段，1988 年 1 月被列为全国重点文物保护单位。宋刻中有 13 段是自北宋崇宁三年到南宋咸佑二年（1104～1266 年）的祈风石刻，散见于东、西两峰的崖壁上，记录了泉州港和东南亚、印度洋、波斯湾、红海、东非各国的海上交往情况。1991 年，联合国教科文组织“海上丝绸之路”考察团曾登山参观，并留下有 20 多国专家联合签署的登游纪事摩崖题刻一方。

（六）真武庙

俗称上帝宫，位于泉州丰泽区东海镇法石村石头街，始建于南宋，占地面积为 3000 多平方米。距今已有一千多年的历史，被称为玄天上帝八闽第一行宫，有“小武当”之称，在福建道教历史上有着重要的意义。万历《泉州府志》载，“玄武庙在郡城东南石头山，庙枕山瞰海，人烟辏集其下，宋时为郡守望祭海神之所”。宋代，泉州海外交通昌盛，当时作为海神的玄天上帝也曾被用来祭海。从北宋到南宋前期，祭海在法石的真武庙举行。到南宋庆元二年（1196），在泉州城南“笋江、巽水二流之汇，蕃舶客航聚集之地”建起顺济宫（天后宫），祭海的主祭对象才由妈祖代替。法石真武庙是泉州宋元时期海上对外贸易的重要史迹，1983 年被列为泉州市文物保护单位，1991 年被列为第三批省级重点文物保护单位。

（七）天后宫

泉州天后宫位于福建省泉州市区南门天后路一号，始建于宋庆元二年

（1196 年），地处泉州城南晋江之滨，“蕃舶客航聚集之地”。该宫是我国东南沿海莆田湄洲妈祖庙分灵庙宇中现存较早、规模较大的一座妈祖庙，当时庙宇规模有正殿山门、两廊、两亭。泉州天后宫素来被认为是海内外建筑规格最高、规模较大的祭祀妈祖的庙宇，也是大陆妈祖庙中少数几座被国务院审定公布的国家重点文物保护单位。每年农历三月二十三日妈祖生日的时候是祭拜的高峰。正月十五元宵节这里举行的隆重的“乞龟”活动更是热闹，拜亭前会有上千斤的大米堆出龟的形状，以祈求延年安康，并用凤梨拼接成两条龙，而正门前抬高的方寸之地则转变为舞台。

（八）磁灶窑系金交椅山窑址

磁灶窑址位于福建省泉州之南的古镇晋江市磁灶镇。是宋元时期泉州重要的陶瓷外销窑口，于 1956 年被发现，出土了大批瓷器和窑具。磁灶窑产品在日本和东南亚的菲律宾、印度尼西亚等国均有发现，从而证实磁灶是闽南地区生产外销陶瓷的重要窑场。最有代表性的是金交椅山窑址。在 2002 年、2003 年进行全面发掘，面积约为 1550 平方米，揭露、清理龙窑遗迹 4 座，作坊遗迹 1 处，根据对地层和遗迹相互关系以及出土陶瓷器分析，金交椅山窑址年代为五代至南宋时期，出土有青瓷和酱黑器，器形有碗、盘、碟、瓶、壶、罐、炉、灯、执壶等数百件可修复的陶瓷器，从而证明金交椅山窑址正是当年大批量生产外销瓷的地方，也是迄今保存完整的宋代窑址，足以证实宋元时期泉州海上贸易活动的兴盛。由于磁灶窑的历史价值和影响，金交椅山窑址被列入“海上丝绸之路：泉州史迹”申报世界文化遗产的考察点，同时也被公布为第六批全国重点文物保护单位。

（九）德济门遗址

德济门位于泉州市鲤城区天后路，为全城繁华要地，历史上蕃舶客航聚集之处。德济门为泉州古城南城门，建于南宋绍定三年（1230 年），元代改为石筑，明洪武初年修缮并增建月城（瓮城），清代亦有修缮，1948 年损毁。2001 ~ 2002 年，经过考古清理发掘，残存的城门建筑平面呈多边形，南北长36.50米，东西宽49.10米，周长171.20米，面积近2000平方米。现存遗址皆由大小不一的花岗岩条石、废旧石建筑构件等构成。由内向外分别由早期城垣遗迹、内壕沟、古拱桥、德济门城垣、月城（瓮城）城垣、外壕沟等遗迹组成。在遗址文化层内出土了“修城砖官厂”字样的南宋修城官砖，及宋元时期印度教、伊斯兰教、佛教石刻等。德济门遗址是泉州古城中唯一保留下来并经过科学考古清理的古城门遗址，遗址出土了大量的宗教石刻，见证了泉州“海上丝绸之路”贸易的繁华、中外文化交流的兴盛。

（十）洛阳桥

历史时期全国各地都有“洛阳桥”，但最有名的还是泉州洛阳桥。泉州洛阳桥又称“万安桥”，“始名万安渡”，北宋庆历初年，泉州人陈宠就准备在万安渡建桥，因工程浩大，结果无功而返。皇佑年间，有僧人“募赀累年，亦不就”，洛阳桥还是没有建成。直到蔡襄理政泉州，洛阳桥正式开始修建。在蔡襄主持下，洛阳桥从皇祐二年开始建设，历时近十年时间，耗费铜钱一千四百余万，直到宋仁宗嘉祐四年方才建成。洛阳桥位于洛阳江口，桥长834米，宽7米，气势雄伟。古代诗人刘彦冲《洛阳桥》诗中就有“跨海飞梁叠石成，晓风十里渡瑶琼。雄如建业虎城峙，势若常山蛇阵横”之语。历史上洛阳桥多次维修，史书有明确记载的大规模维修就有十多次，如宋绍兴八年、明宣德年间、万历三十二年、清雍正八年、民国二十年等都有过改造维修。1993～1996年，国家曾拨款600多万元，实施洛阳桥保护修复工程。洛阳桥现为国家级重点文物保护单位，也是我国现存最早的跨海石桥，其“筏型基础”“种蛎固基法”是中国乃至世界造桥技术的创举。

（十一）泉州府文庙

泉州府文庙是全国重点文物保护单位，始建于唐开元末年。其建筑规模宏大，是集宋、元、明、清四朝的建筑形式的孔庙建筑群。泉州府文庙历史悠久，规制完整，气势宏大，文化内涵丰厚，是东南地区闻名遐迩的最大的文庙建筑群，其布局匀称，建筑优美，造型独特，是宋代中原文化和闽南古建筑艺术的有机结合。

（十二）伊斯兰教圣墓

伊斯兰教圣墓位于泉州东郊灵山南麓，是全国重点文物保护单位。伊斯兰教圣墓就是埋葬穆斯林贤人的墓葬，宋朝时由阿拉伯人出资建造。今天的通淮街清净寺就是我国唯一保留至今的宋代伊斯兰教寺。公元 1417 年，郑和第五次下西洋航行至圣地麦加之前，专程到泉州来拜谒伊斯兰教圣墓，是我国极为珍贵的伊斯兰历史文物。

（十三）清净寺

清净寺初名圣友寺，又称艾苏哈卜大清真寺，位于福建省泉州市区涂门街，是穆斯林在中国创建的现存最古老的清真寺。始建于北宋大中祥符二年（公元 1009 年）。清净寺是 20 世纪 90 年代“中国十大名寺”中唯一入选的清真寺，与扬州仙鹤寺、广州怀圣寺、杭州凤凰寺合称中国伊斯兰教四大古寺，是泉州海外交流重要史迹之一。

（十四）开元寺

开元寺位于福建省泉州市鲤城区西街，是中国东南沿海重要的文物古迹，也是福建省内规模最大的佛教寺院。该寺始创于唐垂拱二年（686 年），初名莲花道场，开元二十六年（738 年）更名为开元寺。开元寺东、西双塔是中国最高的一对石塔，经明万历年间泉州八级地震以及多次台风的考验，仍屹立不倒。

（十五）草庵摩尼光佛造像

草庵摩尼光佛造像是中国古代摩尼教石刻造像，位于福建省晋江市万山峰（又名华表山）。此雕塑为已知中国仅存之摩尼教造像，对研究古代东南沿海与中亚商业、宗教之交流有一定意义。泉州是世界摩尼教最后消亡地之一，草庵摩尼光佛造像在我国和世界摩尼教研究中占有重要地位。

（十六）老君岩造像

老君岩造像位于福建省泉州市北郊的清源山右峰，罗山、武山之下。所在之处风景优美，素有“闽海蓬莱第一山”的称号。泉州清源山老君岩是我国道教石刻中独一无二的艺术瑰宝，始建于宋代，历经千年。老君造像高5.63米，厚6.85米，宽8.01米，席地面积为55平方米，为中国最大的道教石雕。

以上为泉州主要海丝文化遗址概况，也是众所周知的通俗历史知识。但在这些历史表象背后，渗透着历史时期的闽南尤其是泉州民众“敢拼才会赢”的文化基因，向世人展现着泉州文化的包容性与多元性特点。

当然，也有学者将上述泉州海丝文化归纳为“航海通商类文物史迹（后渚港发现的宋朝古船、九日山祈风摩崖题刻）”“多元宗教文化类文物史迹（灵山圣墓、基督教石刻）”“城市建筑类文物史迹（海上航标——六胜塔，特色民居——蚵壳厝，通商门户——聚宝街、德济门）”三大类。这种分类有一定道理，但并非我们讨论的重点。我们讨论的重点在于泉州海丝文化保护的现状和存在的问题。

二　泉州海丝文化保护中存在的问题

截至2018年6月，在泉州，与海丝文化相关的国家级历史文物遗址有18处、福建省级历史文物遗址有18处、泉州市各市（县）级文物遗址有204处，其中九日山摩崖题刻等16处遗迹曾被确定为泉州海丝申遗的首批遗产点，占全国申遗遗产点总数的一半以上。为此，福建省相关部门也制定了一系列海丝文化遗址保护的法令法规，主要有：2003年11月7日，福建省人民政府颁布《福建省“海上丝绸之路：泉州史迹”文化遗产保护管理办法》。该办法从总则、规划和建设、保护措施、经费保障、

罚则以及附则六个方面具体规定了泉州海丝文化遗址保护的方方面面，明确了保护对象，指出泉州海丝遗产范围包括万寿塔、六胜塔、石湖码头、江口码头（包括文兴码头、美山码头）、九日山摩崖题刻、真武庙、天后宫、磁灶窑系金交椅山窑址等航海与通商史迹，老君岩造像、开元寺、伊斯兰教圣墓、清净寺、草庵摩尼光佛造像等多元文化史迹，以及德济门遗址、洛阳桥等城市建设史迹。明确规定将泉州海丝遗产保护经费纳入泉州海丝遗产所在地县级以上地方人民政府财政预算之中。泉州市人民政府依法设立泉州海丝遗产保护专项基金，保护专项基金可以通过政府投入、社会捐助、景区门票收入等多种渠道筹集。并鼓励国内外组织或者个人为泉州海丝遗产保护捐款、赞助。

2016年1月7日，福建省人民政府第52次常务会议通过《福建省"古泉州（刺桐）史迹遗址"文化遗产保护管理办法》，自2016年3月1日起施行。该办法所称的"古泉州（刺桐）史迹遗址"文化遗产是指与"古泉州（刺桐）"有关的具有历史、艺术、科学价值的"海上丝绸之路"文物、建筑群等遗址。认为"古泉州（刺桐）史迹遗址"文化遗产的保护管理应当坚持保护为主，抢救第一，合理利用，加强管理的原则，确保遗产的真实性和完整性。"古泉州（刺桐）史迹遗址"文化遗产根据保护要求被划定为遗产区和缓冲区，分级进行保护。遗产区和缓冲区区划应当与其文物保护单位的保护范围和建设控制地带相衔接，并纳入城市范围。"古泉州（刺桐）史迹遗址"文化遗产的遗产区和缓冲区内禁止进行任何损害或者破坏遗产的建设活动。办法认为，"古泉州（刺桐）史迹遗址"文化遗产分布在泉州市所辖的鲤城区、丰泽区、洛江区、台商投资区、晋江市、石狮市和南安市，范围包括万寿塔、六胜塔、石湖码头、江口码头（包括文兴码头、美山码头）、真武庙、九日山摩崖题刻、天后宫、磁灶窑系金交椅山窑址等航海与通商史迹，泉州府文庙、老君岩造像、开元寺、伊斯兰教圣墓、清净寺、草庵摩尼光佛造像等多元文化史迹，以及德济门遗址、洛阳桥等城市建筑与陆上交通史迹。

2016年12月6日，泉州市人民代表大会常务委员会为加强对泉州市海上丝绸之路史迹（以下简称“海丝史迹”）的保护，促进海丝史迹的合理利用，继承优秀的历史文化遗产，根据《中华人民共和国文物保护法》《福建省文物保护管理条例》等有关法律法规，结合泉州市实际，制定了《泉州市海上丝绸之路史迹保护条例》。条例共五章三十五条，主要包括总则、保护与管理、利用与开放、法律责任和附则等。该条例所称海丝史迹是指历史上反映泉州由海外通商贸易、文化交流等活动留存下来的具有历史、艺术、科学价值的遗址，包括体现海外通商贸易的码头、桥梁、航海设施、商品生产基地；体现文化交流的古建筑、古墓葬、石窟寺和石刻、壁画等。提出海丝史迹保护管理工作贯彻保护为主、抢救第一、合理利用、加强管理的方针，确保海丝史迹的真实性、完整性和延续性。市、县（市、区）人民政府应当将海丝史迹保护管理经费列入本级财政预算，鼓励公民、法人和其他组织依法设立海丝史迹保护社会基金。这个条例应该说是对福建省《福建省“海上丝绸之路：泉州史迹”文化遗产保护管理办法》的进一步细化，没有本质上的突破。

在省市行政立法部门带动下，泉州下属各级行政部门也比较重视海丝遗迹保护工作，如丰泽区检察院就联合丰泽区公安分局、农林水局、文体新局等部门制定了《关于丰泽海丝史迹与生态资源环境保护检察监督的实施意见》，明确了检察机关在保护海丝史迹工作上的提前介入、督促执行、发放检察建议乃至提起公益诉讼等情形，通过建立常态化的协作机制和联席会议制度，建立相关负责人定期沟通和联络员日常联络机制，针对在海丝史迹与生态资源环境保护领域发现的行政执法问题及时沟通协商，共同推动丰泽海丝史迹与生态资源环境保护工作。这些举措无疑对泉州海丝文化保护起到了正面作用，有利于泉州海丝文化的进一步传承和保护。

然而，在泉州海丝文化遗产保护法律法规层面表象下，一些潜在的、深层次问题开始暴露出来，这些问题务必要引起相关部门重视，主要表现如下。

第一，重申报，轻管理；重开发，轻保护。

据骆文伟先生研究，长期以来，泉州海丝保护始终走在全国前列，泉州

也是海丝申遗的领军城市之一。但与此同时，泉州海丝保护的矛盾和问题也日益凸显，“重申报，轻管理”“重开发，轻保护”问题尤为突出，令人痛心的事件屡有发生：悠久泉州古城大片物证几近消失，优势顿减；享有“天下无桥长此桥”美誉的五里桥周边污染严重；南宋古桥顺济桥连受台风袭击轰然倒塌；锡兰王子陵园因被非法转租而沦为养殖场；水下文物遭到了不法分子的疯狂盗掘破坏；老城区中的老街、古宅、古井、深巷石板路损坏严重，使其丧失了历史街区的原有风貌；最为严重的当属中国四大古桥之一的洛阳桥变成了当地的大排档……据悉，泉州市文物部门也多次对五里桥、洛阳桥进行整治和维护，但是令不行禁不止，这也暴露了海丝申遗过程更深层次的问题。细究其中原因，不仅有法律法规执行、规划、资金、保护和开发矛盾问题，也有遗产理念、遗产教育、管理机制和遗产保护体系等方面的问题。

第二，海丝遗迹保护财政投入不足，基础设施不完备。

在过去以经济建设为中心的政策导向下，泉州海丝遗迹也成为旅游开发重要对象。依常理而言，泉州市相关部门以旅游予以保护这个做法并没有明显错误，如果做得好，则还能形成开发与保护之间的良性循环。但泉州市在海丝文化旅游开发过程中，逐渐暴露出诸多不足，如基础设施不完备导致的遗迹环境卫生变差，游客不文明行为导致的遗迹被破坏，过度改造创新导致的遗迹失去原有特质等。这些都严重影响了泉州海丝文化遗产旅游的可持续发展。究其原因，在于泉州海丝文化遗产旅游开发利用水平较低，缺乏对海丝遗迹资源是否适于旅游开发的客观评价机制，更深层次的原因还在于相关部门急功近利的心态和短视行为。

事实上，学界对泉州海丝文化旅游可行性问题早有研究。如罗景峰先生通过对开元寺、九日山及洛阳桥的对比研究，对其旅游开发适宜性进行实证分析，认为开元寺开发等级为“适宜”、九日山开发等级为“基本适宜”、洛阳桥开发等级为“适宜”，与实际情况基本符合。罗景峰认为，开元寺、九日山、洛阳桥的文化艺术价值较大，但遗产知名度开元寺较高，九日山较低，洛阳桥为中等；遗产认知度开元寺为中等，九日山较低，洛阳桥中等；

政府制定的遗产保护政策、措施的执行力度分别为较大、中等、中等。罗景峰的研究具有一定代表性，不仅适于全国旅游文化景点，对泉州海丝遗迹旅游开发也具有重要指导意义。

第三，对海丝文化研究不够深入，常识性错误频出。

泉州海丝文化内涵极其丰富，属于海丝文化“富矿区”，理应出现海丝文化研究丰硕成果，并以此为支撑进一步传承发展泉州海丝文化。如在一千多年的海外贸易历史中，泉州海丝文化曾有极其辉煌的表现。在北宋、南宋时期，泉州就与50多个国家和地区有贸易往来，海外贸易达东、西二洋，东至日本，南通南亚诸国，西达波斯、阿拉伯和东非等地；到元代，与泉州有贸易关系的国家和地区增至100多个。意大利旅行家马可·波罗甚至称“刺桐是世界上最大的港口之一，大批商人云集在这里，货物堆积如山，的确难以想象”。摩洛哥旅行家伊本·白图泰评价泉州港是“世界大港之一，甚至是最大港口”。宋元时期与泉州有贸易关系的国家之多、地域范围之广以及中世纪著名旅行家的评价，无不彰显了泉州在海上丝绸之路繁盛时期——“跨文化交流时代”的“文化互动中心”的地位。悠久的海外交通历史造就了泉州独特的海丝文化及精神内涵。这些都是今天研究者应该加以重视的海丝文化研究内容。但令人扼腕的是，相关部门对海丝文化研究的漠视，“外来和尚好念经”的媚外心态，导致本土学者研究长期得不到有效支持，相当一部分海丝文化研究处于低水平重复状态。毋庸讳言，研究的低水平重复和缺乏创新是泉州本土学者研究海丝文化的致命缺陷，因而出现许多历史常识性错误也就不足为奇。

第四，海丝文化遗产保护专业人才匮乏。

泉州海丝文化遗产之丰富，在全国都较为罕见。如此丰富的海丝文化遗产，理应出现一批海丝文化遗产保护研究的著名专家、学者。但令人遗憾的是，目前泉州市海丝文化遗产保护专业性人才较为缺乏，许多从事海丝文化遗产研究保护的工作人员要么是“半路出家”，要么是临时拼凑而来。加之泉州所属高校相关专业教学科研基础较为薄弱，难以培育出具有一定专业水准的海丝文化遗产保护人才。专业人才的匮乏，相关管理者专业素养的缺失使得泉州海丝文化的传承保护缺乏科学性和前瞻性。如果泉州市海丝文化遗产保护专业人才匮乏现状不能得到有效解决，就势必会影响海丝文化遗产的传承和保护。

三　对策建议

应该看到，近年来泉州市相关部门在海丝文化遗址保护方面做了不少工作，取得了明显成效，但泉州海丝文化的传承与发展中存在的诸多问题是到了该重视和解决的时候了。

第一，强化海丝文化研究，融海丝文化研究与海丝遗迹保护于一体。

针对泉州市本土海丝文化研究水平较低现状，建议泉州市相关部门尤其是“海丝办”、“申遗办”以及泉州市社科院等单位各司其职，对泉州市海丝文化中的物质、非物质遗产进行全面调查统计，摸清家底，建立专档，以便开展海丝文化系统研究。泉州市政府应在每年的社科基金中设立海丝研究专项基金，通过专题招标、举办海丝文化学术研讨会等，邀请国内外相关专家、学者到泉州交流研讨，提升泉州海丝文化的学术研究水平。

目前，泉州师范学院有福建省高校新型智库“海丝文化传承发展研究院”，该智库是福建省专门研究海丝文化的科研机构，可以与泉州市委宣传部、泉州市社科院、泉州市海丝办等单位合作展开专题研究，进一步提升泉州本土海丝文化研究水平，并将其研究成果尽快转化应用到海丝文化遗产传承保护中。

第二，设立泉州市海丝文化研究专项资金，成立泉州市“海丝文化研究基金会”和“泉州海丝文化研究会”，广泛募集研究资金，鼓励民间、企业捐款，专款专用，对重要的海丝历史文献资料、文物遗迹、风俗文化等加大征集收购力度，以用于资助研究海丝文化有关课题和相关活动，推动海丝文化研究热潮的形成。

第三，摒弃“泉州作为联合国教科文组织认定的古代海上丝绸之路的起点”一说，实事求是，客观定位泉州海丝文化。

目前泉州遭到国内外学术界乃至政界最为诟病的问题之一就是泉州是“古代海上丝绸之路的起点”这一说法。稍有历史常识的人都十分清楚，中国古代海上丝绸之路的起点是多元发展的，很难确定沿海哪个地方就是海上丝绸之路的起点。从历史上看，作为海上丝绸之路的起点城市，至少广东的广州、徐闻和广西的合浦港开通海上贸易的时间都要早于泉州。泉州之所以被联合国教科文组织认定为古代海上丝绸之路的起点，是因为 1994 年 2 月，联合国教科文组织在泉州举行“中国与海上丝绸之路”国际学术研讨会，在这次会议上确立泉州作为“海上丝路”起点的地位。但这次会议相关决议并无权威性，更不是行政法规，因而可信度较低，难以得到广泛认同。

诚然，宋元时期的泉州的确是当时海丝贸易最发达地区之一，当时的泉州港也被称为“东方第一大港”，这是历史事实，也是任何人都无法抹杀的历史。

第四，加快海丝旅游文化建设步伐，打造海丝泉州品牌，提升泉州海丝文化的知名度和美誉度。

自“21 世纪海上丝绸之路”倡议提出以来，泉州理所当然地站在打造“21 世纪海上丝绸之路”的前沿地带，打造“海丝”旅游品牌，完善“海丝”旅游目的地以及建设一批“海丝”旅游产品也成为提升泉州海丝旅游文化知名度和美誉度的关键。众所周知，古泉州（刺桐）史迹遗产历史文化丰富，富有特色的南音、戏剧、宗教、武术、民俗、闽系红砖建筑和传统技艺等优秀物质与非物质海丝文化遗产是泉州旅游资源的一大优势，也是泉州旅游业发展的亮点。建议泉州市相关职能部门在开发海丝文化旅游业时要打造“海丝”精品旅游线路，完善海丝申遗点旅游配套设施，围绕这些海丝申遗点，策划“海丝申遗点”旅游线路，将申遗点串联起来，推动“海丝”文化旅游走向国际。

第五，切实保护海丝文化遗迹的真实性与完整性，避免过度开发和复制重建。

泉州现有的宝贵海丝文化遗产是不可替代的优质文化资源，具有独有性和不可复制性特点，一旦遭到干扰和破坏就难以复原，因此，保持泉州海丝文化遗迹的真实性和完整性就显得尤为重要。在确保真实性和完整性的前提下，适度开发，搞好相关配套设施建设，严禁破坏性开发和复制重建，确保海丝文化遗迹的原汁原味。

总之，泉州海丝文化遗迹保护已经取得了一定进展，相关部门也不断加大资金投入和海丝文化研究力度，强化管理与保护。但海丝文化研究和保护过程中出现的种种问题的解决值得相关部门深入思考。只有敢于面对问题并及时加以解决，才能提升泉州这座海丝名城的知名度与美誉度，引领泉州经济社会可持续发展。

B.19
泉州城镇居民法律意识研究

付 云 吴子强*

摘 要： 党的十九大的召开将全面依法治国列入习近平新时代中国特色社会主义思想，在全面依法治国的政策背景下，关注居民法律意识问题，对于培育和增强居民的法律意识，对于推进法治进程与社会进步具有重要的现实意义。作为历史文化与新兴经济不断融合的城市，泉州城镇居民法律意识发展不平衡现象较为突出。本报告先阐述了增强法律意识的现实意义，梳理了泉州市城镇居民的法律意识现状，总结并分析了居民法律意识不平衡的原因，并就培育和增强居民法律意识提出建议。

关键词： 法律意识 城镇居民 不平衡

习近平同志强调，依法治国是党领导人民治理国家的基本方式，全面依法治国是国家治理的一场深刻革命，是中国特色社会主义的本质要求和重要保障。俗话说："无规矩不成方圆。"要建设社会主义法治国家，就不得不健全和完善法律，居民有先进的法律意识就能够不断提高社会生活的素质，不断提高经济发展效率，同时还能解决公民生活与经济发展之间的矛盾，泉州市是福建省的三大城市之一，在如今经济全面

* 付云（1978～），女，湖北荆门人，泉州师范学院讲师，研究方向为经济法、区域金融；吴子强（1964～），男，福建南安人，泉州师范学院副教授，研究方向为宏观经济学。

高速发展的趋势下，提高居民法律意识对泉州市的社会及经济发展具有重要作用。

一　增强法律意识的现实意义

法律意识是人们对于法（特别是现行法）和有关法律现象的观点、知识和心理态度。法律意识是一种观念的法律文化，对法律的制定、实施意义重大，其与人的世界观、伦理道德观等有密切联系，通过对人的潜移默化的影响从而深刻地影响着经济社会的健康发展。

（一）基于国家层面

提升居民的法律意识是全面推进依法治国的时代要求。首先，只有提高居民的法律意识，才能促进立法工作顺利开展。立法工作涉及国家和广大人民群众的切实利益，只有广大居民主动参与，在民主基础上高度集中，才能保证“良法”的制定，而居民具备较高的法律意识，则是人民群众关心立法、参与立法的前提。其次，只有提高居民法律意识，才能做到公正司法、严格执法。司法、执法活动带有严厉性和有序性，要求司法、执法人员必须依法办事，在法律的限定下处理、解决各类民事纠纷等。

（二）基于个人层面

提升居民法律意识是其维护自身合法权益的现实需要。首先，在法治社会，维护合法权益必须依赖法律。居民拥有良好的法律素养，就可以用法律武器规避不必要的法律风险，保护自己的合法利益，不会有意无意地侵犯到他人的合法利益，由此就能大大地减少民事纠纷的发生。此外，公民只有认真地系统地掌握社会主义法律体系，依照宪法和法律的规定，严格依法办事，自觉守法，拥护法律的权威，维护自身的合法权益，才能让法律落实到我们的实际生活中，从而营造人人学法、人人守法、人人用法的法律氛围。其次，居民有先进的法律意识就能够不断提高居民社会生活的素质，能够降低居民在经济谋利上的违法性，不断提高经济发展效率，与此同时，还能解决公民生活与经济发展之间的矛盾。

二　泉州城镇居民法律意识现状及分析

（一）泉州城镇居民法律意识现状

近年来，作为海上丝绸之路起点的泉州，私营企业、独资企业及个体工商户的数量不断增加，全市经济呈稳步持续增长趋势。全市经济生产总值多年位列福建省第一，人均 GDP 不断上升，居民收入差距逐渐缩小，居民的整体生活水平得到了提升。与此同时，城镇居民自身的综合素质以及法律意识也不断提高。但综观整体，泉州市城镇居民的法律意识依旧存在不平衡的问题。从全局来说，出现两极分化的现象。大致分为以下三个层次。

第一，20 世纪 60 年代起向前的这代居民法律意识呈现不断降低的趋势甚至出现断层情况。此代人相对来说比较缺乏法律意识，他们中间存在大量知法犯法，或者是知法但不懂法的人。因为不懂法律，就不会用法律的方式来解决问题，当发生纠纷时，他们更愿意用最低级、最暴力的方式来解决问题。更有甚者，可能触犯到了法律法规而不自知。此代人对法律的认识比较浅薄，对权利义务的观念不清晰，认为遵从法律是义务，只要不触犯法律就万事大吉，对法律规定的权利了解得很少。法律意识过于淡薄，不会依法维权，法律意识水平相较于现代法治建设进程的要求是落后的。

第二，20 世纪 70 年代至 80 年代的这代居民，法律意识总体较好，对法律知识有一定了解但不够深入，当面对个人利益的得失时不会将法律运用于实践，总体略具有局限性。当涉及有关自身利益的纠纷问题时，大部分居民还是会趋向于将私下调解作为首选方式，在私下调解结果不尽如当事人意愿时，他们才会选择通过提起民事诉讼等法律手段来维权。此代人较 20 世纪 60 年代的居民在法律意识方面有了较大改善，在他们的意识中，已经形成了“法比天大，法严于纲”的观念了，这对法治建设的进程来说是一个质的提升。

第三，对于“90后”的城镇居民来说，其整体的法律意识呈较高水平。此阶段的居民大多以高中以上学历为主，虽不是专业法律出身，对法律知识了解也不够全面与专业，但他们处理法律问题的能力和水平在不断提高。在他们的意识里，当下的社会就是法治社会，是基于法的控制和监督才能运行的。如今的社会也不再是之前的“熟人社会”，任何事情都要遵循固定的模式与规矩，曾经“关系社会”的影响及运行模式已经在逐渐消退。他们知法懂法守法，能够深刻认识到法律的重要性，清楚地了解法律与自己的生活息息相关，他们乐于学习并会主动去关注法律，如此高水平的居民法律意识，是现代法治建设进程的一大亮点。

（二）泉州城镇居民出现法律意识不平衡现象的原因

1. 历史文化、传统思想的影响

泉州市作为“东亚文化之都”，是一个传统文化沿袭、保存较为完整的城市。许多历史文化都被遗传至今。泉州市的传统宗教文化也源远流长，大都提倡“以和为贵”，随着居民的年龄增大，其接受能力远跟不上社会的经济、政治、文化的发展，因此传统文化以其丰厚的底蕴影响人们，使其在人们的心中根深蒂固。许多居民观念意识也因此趋于传统保守，有些年龄大的长辈还保留着较封建落后的思想。特别是在泉州的渔村、渔港等区域，其居民生活环境相对闭塞、狭小。他们更多追求的是和谐友爱的人际关系，当遇到纠纷时，宁可选择忍气吞声，或者通过沿袭至今的、特定的、约定俗成的族规村规法规来解决，也不愿动用法律，法律诉讼在人们心中是在其他方式都不能解决问题的情况下万不得已的选择。较为落后的传统思想阻碍了城镇居民法律意识的提高，不利于法治社会建设。

2. 受教育水平的影响

在20世纪六七十年代，泉州市城镇居民，受教育水平不高，文化水平整体偏低。此代人的思想观念相对保守，当时的思想是学习不重要，读了大学也同样可能面临失业，只要会赚钱养家就行。许多居民在当时相对落后的教育制度下，接受的教育仅止步于国家九年制义务教育，有的也只读了小学，甚至有的未接受过教育，大字都不识几个。居民文化水平不高，直接影响其学习法律的积极性、认识并了解法律的可能性。

而改革开放以后，随着教育制度的不断完善，我国教育资源的不断丰富，人们的受教育水平也逐渐提高。许多居民开始接受较系统完整的教育，居民的文化程度也开始以高中、大专及本科学历为主。接受的教育越好，其接受能力、学习能力就不断提高，因此，其对于法律的接受与学习也会较为全面，虽然没有深入学习，但是对于法律基本知识等都会有普遍的了解，其法律意识也相对较高。

3. 经济发展的影响

改革开放前，市场具有封闭性和不流动性，居民的收入及生活水平都较低，居民的生活目的与日常活动都以提高生活水平为主。没有多余的时间与精力去接触和学习法律。随着国家对泉州在经济政策上的支持与鼓励、市场经济的不断发展，泉州市民营经济不断发展，居民的生活水平与经济能力也不断提高。社会经济所具有的封闭性和不流动性也逐渐被打破，伴随而来的是开放型互动型的社会主义市场经济。居民开始逐渐探索新生活，思维也逐渐发生转变，对法律的接受、了解程度也随之提高。在生活水平提高的同时，人们有了更多时间与精力关注其他东西，以提升生活质量。因此，对于法律的学习与了解也有了更多的机会，居民法律意识普遍提高。

三　强化居民法律意识的途径

强化居民法律意识，应当创造适于居民法律意识形成和发展的外部环境和内部环境。所谓外部环境，主要是政治环境、经济环境和文化环境；内部环境则涉及法律自身的状况，如法律体制的建设以及守法氛围的营造。

（一）外部环境方面

1. 政治环境

第一，大力推进政治体制民主、政治活动程序和政治观念的科学化。因为法制是民主的制度化、法律化，法律意识是在民主意识的基础上产生的。应不断推动普法工作的进行，推进司法工作公正廉洁，给居民以法律制度的自信。

第二，国家要不断推进和完善教育制度。不断推进教育全民化、终身化，使每一个居民都受到较高水平教育。学校、社会是普法教育的主阵地，抓的是“关键多数”，其普法教育对建立法治国家、造就法治人才和培养守法公民等具有不可替代的作用，因此，必须健全和完善普法教育的长效机制，保障普法教育工作不间断。

2. 经济环境

经济环境方面要大力发展社会主义商品经济，因为现代法律意识是商品经济充分发展的产物，所以要不断提高泉州市的经济水平，不断发挥泉州市“民营企业之都”的优势。同时，也要不断提高居民的生活水平，提升居民的生活质量，以保证居民能够受到良好的教育，从而提升法律意识。

3. 文化环境

第一，大力加强社会主义精神文明建设。作为精神文明组成部分的法律意识必然要受到精神文明整体发展水平的制约，居民法律意识的完善和提高也有赖于整个社会精神文明的发展。

第二，发挥优秀传统文化的作用，利用人们对其较高的接受度，取其精华，去其糟粕，与法律知识相结合传播具有时代意义的优秀传统文化。

（二）内部环境方面

内部环境主要涉及法制自身的状况，包括两个方面，一是建立和制定我国社会主义法制建设的基本理论和方针；二是努力营造知法、守法、用法的社会氛围。

1. 深入持久地开展法制宣传教育活动

广大人民群众法律知识的掌握、法制观念的增强、正确法律观点的确立，都需要通过广泛的宣传教育来完成。从1985年开始，经过几次普及法律常识的活动，已经取得了巨大的成效，这对进一步提高公民法律意识起到重要作用。但是需注意的是，社会普法教育的对象是广大社会公众，普法教育的内容以生活中的法律常识为主，其法制宣传教育的深度和广度具有很大的局限性，因此，党政机关、企事业单位和相关组织等应当根据各自业务的需要，建立专业法务培养机制，使法律知识普及更加全面。

2. 在实践中坚定不移地实行依法治国、严格执法

社会上日常的法制实践活动对公民法律意识的形成和提高具有巨大的、现实的影响作用。国家行政机关和司法机关只有严格地依法行政，依法办案，才能真正显示出社会主义法制的权威和力量，显示出法制的严肃性和强制性，使广大人民群众自觉遵守，并得到他们的信任。长此以往，经过重复实践，就会形成固定的习惯和观念，不断提高公民的法律意识。

3. 充分利用大众传播媒介

利用大众传播媒介进行法制宣传教育，是提高居民法律意识的一种涉及面最广、运用最多、影响最大的途径。随着社会的进步和人民生活水平的提高，大众传播工具的普及率已大大提高，且大众传播具有信息来源的普遍性、强烈的时效性和敏感性、广泛的普及性以及公众教育机能等特点，通过广播、电视、报刊以及网络等媒介展开法制宣传教育，能产生广泛的影响，同时极容易在社会上形成强大的舆论氛围，使社会主义法律意识深入人心。

县　域　篇

Area Reports

B.20
2017年泉州区县的经济竞争力分析

刘义圣　王世杰　林　勇*

摘　要： 泉州市是福建省经济发展体量最大的地区，但在泉州经济高速发展的同时也出现了各区县间发展不平衡的状况，因此研究泉州各区县的经济竞争力对促进泉州地区的经济发展具有深远的意义。本报告引用计量模型，从经济发展水平、发展活力和发展潜力等方面对泉州市各区县竞争力进行全面评价和因子分析，并提出对策建议，以期为泉州各区县的发展提出可参考的依据。

关键词： 泉州　经济竞争力　因子分析法　区县经济

---

* 刘义圣（1958～），男，福建福州人，泉州师范学院二级教授，博士生导师，研究方向为政治经济学；王世杰（1973～），男，江西抚州人，广东金融学院经济贸易学院副教授，博士，研究方向为宏观金融的数量分析；林勇（1965～），男，湖北恩施人，福建社会科学院研究员，泉州师范学院讲座教授，研究方向为区域经济、世界经济、国际移民、华人华侨。

城市竞争力是一个城市在经济全球化和区域一体化背景下，在竞争和发展过程中所具有的吸引、争夺、拥有、控制和转换资源，争夺、占领和控制市场，以及创造价值，为人民提供福利的能力。中国在经过40年的改革开放经济高速发展之后，面临未来是否仍要保持高增长，以及高增长之后带来的一系列环境、收入分配等问题是否会限制经济的进一步发展的问题。而竞争力关注的是一个国家、一个地区经济持续增长和发展的能力，关注的是经济增长的后劲和潜力，因此竞争力评价也从单一的依靠地区的生产总值来界定转向为运用经济发展水平、发展活力、发展潜力等多种指标共同构建的指标体系来进行评价。县域经济的发展直接关系到其经济发展的质量，在国内，近10年来城市综合竞争力的研究一直是学术上的热点，而要准确地分析城市综合竞争力、规划城市发展的基础就应正确地把握各区县的经济发展状况。因此，客观分析各区县的经济发展现状，研究各区县的综合竞争力，为提高资源的配置和利用水平，促进城市经济的全面、健康和可持续发展，制定合适的城市经济发展政策提供了数据支持和理论基础。

一 2017年泉州区县经济发展状况

2017年，泉州市经济运行基本面稳定，实现平稳较快增长。全年实现地区生产总值7548.01亿元，比2016年增长8.4%，增速居福建省第3位，经济总量位于福建省第一（见图1）。其中第一产业增加值为198.03亿元，增长0.9%；第二产业增加值为4397.78亿元，增长7.2%；第三产业增加值为2952.19亿元，增长10.6%。第一、二、三产业对GDP增长的贡献率分别为0.3%、51.3%和48.4%，分别拉动GDP增长0.03个、4.3个和4.1个百分点。三次产业之比为2.6∶58.3∶39.1。按常住人口计算，人均地区生产总值为87615元，比2016年增长7.5%。

2017年泉州市一般公共预算基本保持稳定，支出增速放缓但仍快于收入。全市一般公共预算收入为442.30亿元，比2016年增收18.22亿元，增长4.3%，加上上划中央“三税”收入346.46亿元，全市一般公共预算总收入合计完成788.76亿元，比2016年增收18.90亿元，增长2.5%。从支出来看，一般公共预算支出为637.81亿元，比2016年增加40.14亿元，增长6.7%，其中教育支出为138.19亿元，增长7.4%；科技支出为14.91亿元，增长12.6%。政府性基金收入为159.70亿元，政府性基金支出为156.84亿元。从税收来看，地税部门组织各项收入为349.66亿元，下降1.4%，其中地税税收收入为238.8亿元，下降6.6%。国税部门组织各项收入为629.70亿元，增长17.2%，其中国税税收收入为520.86亿元，增长12.6%；海关代征税收收入为108.84亿元，增长45.9%。

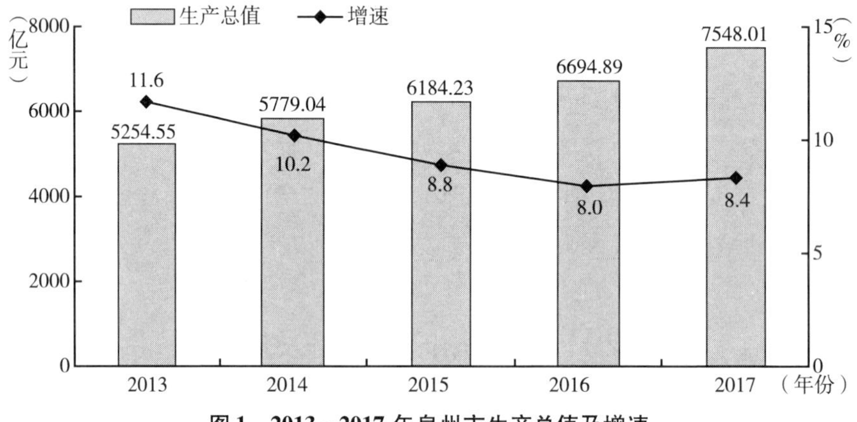

图1　2013～2017年泉州市生产总值及增速

资料来源：《泉州市国民经济和社会发展统计公报》（2013～2017年）。

2017年泉州市居民收入稳中有升，与经济发展保持同步。全年全市居民人均可支配收入为33256元，比2016年增长7.8%；其中全市城镇居民人均可支配收入为42696元，增长7.7%，农村居民人均可支配收入为18606元，增长8.3%，城乡居民家庭恩格尔系数分别为33.4%和41.2%。

2017年泉州外贸市场依然低迷。全市进出口总额达1567.6亿元，比2016年增长2%；其中出口额为1046.6亿元，下降2.1%；进口额为521.1亿元，增长11.3%；贸易顺差为525.5亿元，以美元计价为77.5亿美元，比2016年减少2.9亿美元。其中晋江市的进口额和出口额都为全市最高，分别为480.43亿元、140.41亿元（见图2）。

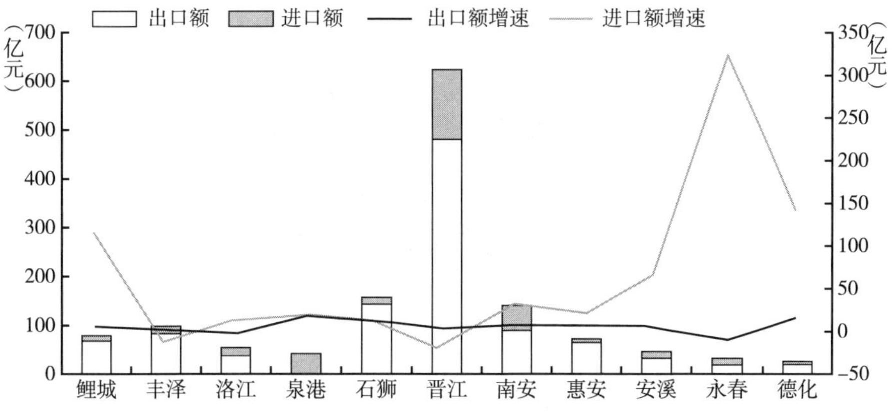

图2　2017年泉州各区县进出口额及其增速

资料来源：泉州市《2018年统计手册》。

2017年全市各区县生产总值实现稳定增长。其中晋江市生产总值为1981.5亿元，排在全市首位，占全市生产总值的26.25%，紧随其后的是南安市、惠安县和石狮市，都是块状经济、集体经济十分强势的县级市，它们挑起了泉州经济的大梁；而相对来说，市辖四区的经济总量却比较小，市辖区内丰泽区排名第一，2017年完成生产总值590.96亿元，仅占全市生产总值的7.83%（见图3）。但因各县区内人口数的不同，地区生产总值并不能全面地反映各区县的经济能力，在分析时还应该结合各区县的人均收入。从各县区的人均收入来看，前三名是石狮市、丰泽区和晋江市，人均收入分别为54457元、50330元和45883元，永春县和安溪县排在后两位，人均收入只达到前三名的一半左右（见图4）。这说明泉州市各区县的经济发展差距还是很大的，人均数据也相差很大。

特色县域经济一直都是“泉州模式”的重要动力，泉州之强更是强在县域经济。区县经济的发展对一个地区经济发展十分重要，加强本地特色产业的发展，走特色经济发展道路，能够发挥增长极效应以带动区域经济建设。近年来，泉州在发展区域特色产业方面也取得了较好的成果。在2017年福建县域经济实力“十强”中，泉州有四个县上榜，且晋江排名首位。泉州的县域经济实力在全国也居于较高位置，在2017年《人民日报》刊发

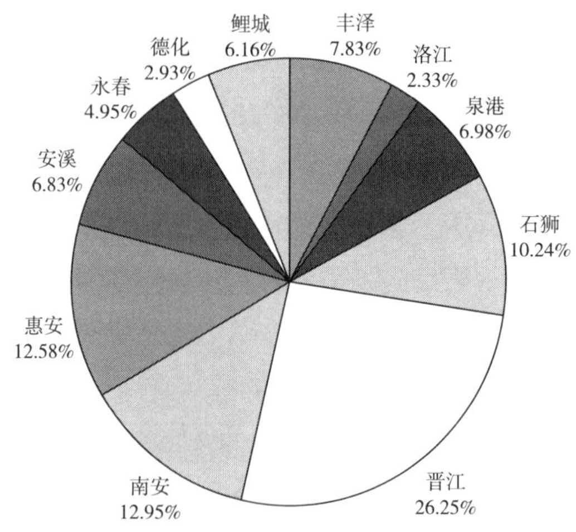

图3　2017 年泉州市生产总值各区县占比示意

资料来源：泉州市《2018 年统计手册》。

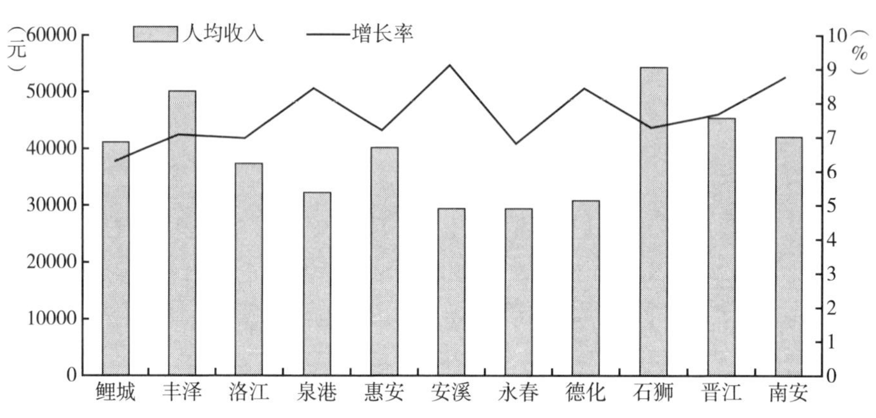

图4　泉州市各区县人均收入及其增长率

资料来源：泉州市《2018 年统计手册》。

的全国百强县中，泉州五县榜上有名，其中晋江、石狮分别位列第 8 和第 16。经过改革开放 40 年的发展，泉州各区县已经形成了各个地区的特色经济，如晋江的制鞋、石狮的服装纺织、南安的石料建材、丰泽的树脂工艺、安溪的茶叶等。分产业来看，各区县第三产业增长较快、第二产业稳中向好、第一产业基本稳定（见表1）。值得注意的是，泉州各区县第二产业与第三产业的增长存在此消彼长的关系，表现得尤为突出的是丰泽区、晋江市和石狮市。与2016年对比来看，第三产业增速普遍有所提高，其中增速在10%以上的区县有8个，比2016年增加了5个，第三产业的良好发展意味着产业转型升级的成功，对优化产业格局、提升质量效益和完善资源配置起到积极作用。

表1　2017年泉州各区县产业结构情况

单位：亿元，%

地区	第一产业		第二产业		第三产业	
	总量	增长	总量	增长	总量	增长
鲤城	0.13	-0.7	266.25	6.7	198.58	8.7
丰泽	1.82	1.6	190.43	4.6	398.7	10.8
洛江	4.03	-0.9	127.61	8.7	44.3	14
泉港	11.69	-0.3	400.33	8.3	114.87	10.4
石狮	22.43	-6.9	393.36	6.9	356.85	11.6
晋江	21.29	-1.5	1196.11	6.6	764.1	11.1
南安	27.78	3.8	575.36	7.9	374.25	9.8
惠安	30.71	0.2	644.02	7	274.58	9.8
安溪	41.75	4.3	268.2	7.9	205.38	11.4
永春	25.96	5.6	207.95	7.9	139.4	10.4
德化	10.43	3.1	128.19	6.1	82.43	10.8

资料来源：泉州市《2018年统计手册》。

二　区县竞争力评价指标构建和方法选择

（一）样本选择

泉州地处福建省东南部，是福建三大中心城市之一，经过改革开放40年的发展，泉州成为福建省发展最快、经济活力最强的地区。现辖鲤城、丰泽、洛江、泉港4个区，晋江、石狮、南安3个县级市，惠安、安溪、永春、德化、金门（待统一）5个县和泉州经济技术开发区、泉州台商投资区。在本报告实际比较中，鲤城区把经济开发区包括在内，安溪把台商投资区包括在内，不与金门进行比较。泉州北承福州，南接厦门，东望宝岛台湾，各地区自然地理环境差距较大，东南沿海属于平原地带而东北部多为山区，“山”与“海”构成了泉州最大的区域特色，同时地区的经济结构差异也非常明显，既有晋江、石狮、南安经济发达地区，又有永春、德化等经济欠发达地区。

（二）方法选择

区域综合实力评定的准确性很大程度上取决于指标体系的构建，因此指标的选择必须遵循以下原则。科学性原则，是指在进行城市经济竞争力的研究分析时，既要求建立科学的评价指标，又要求使用科学的方法进行分析。全面性原则，是指所包含的因素要全面地展现经济发展的现状和未来的发展潜力。可获取性原则，是指所选取的指标数据尽量是从官方的统计年鉴、公报等权威机构收集的，要保证数据的真实性。可比性原则，是指评价指标体系的构建要注重时间和空间上的统一性，既要适用于一个地区不同时间的纵向比较，又要适用于不同地区同一时间的横向比较。

在考虑指标选择的四个原则基础上，为了更加科学、全面地研究分析泉州各区县的经济竞争力情况，本报告采用的是多指标的综合评价方法——因子分析法。这种方法可以避免两个传统多指标综合评价方法的难题：一个是有些传统方法在计算指标权衡时有一定的主观性，如层次分析法；另一个是，多指标大样本虽然可以提供更加丰富的信息，但是也在一定程度上增加了数据评价分析的工作。而本报告采取的多元统计分析中的因子分析法可以有效地克服以上问题，对泉州各区县的经济发展水平做出科学、合理、全面的评价。

（三）评价指标选取

考虑到泉州各区县发展的现状以及基于指标选取的四大原则，本报告采取多指标选取的原则，根据国家统计局城市调查总队采用的测评方法，分别从经济发展水平、经济发展活力、经济发展潜力三个方面来衡量泉州各区县的经济综合发展状况。这些指标涉及综合经济、产业优化、投资贸易、人民生活等各个方面。既有总量指标，也有人均指标；既有反映当前经济发展状况的指标，又有反映区域经济可持续发展的指标。本报告选取经济发展水平、经济发展活力、经济发展潜力 3 个二级指标，以及 13 个三级指标构成泉州区县经济竞争力的综合指标体系（见表 2），具体数据如表 3 所示。经济发展水平指标体系代表的是一个地区经济发展的能力、产业结构的优化程度、政府对经济的调控能力以及居民的生活水平。经济发展活力指标体系代表的是地区市场的活跃程度、投资的活跃程度以及资金的来源和实际投资量。经济发展潜力指标体系代表的是地区开放的水平、利用外资的程度、对外贸易水平以及能为后续发展提供智力支持的水平。

表 2　经济竞争力评价指标体系

	二级指标	三级指标	
各地区经济竞争力	经济发展水平	第一产业生产总值(亿元)X_1	工业生产总值(亿元)X_2
		第三产业生产总值(亿元)X_3	人均地区生产总值(万元)X_4
		一般公共预算收入(亿元)X_5	城镇居民人均生活消费支出(万元)X_6
		城镇居民人均总收入(万元)X_7	—
	经济发展活力	社会消费品零售总额(万元)X_8	固定资产投资(不含农户)(万元)X_9
		期末金融机构本外币存款余额(亿元)X_{10}	金融机构年末本外币贷款余额(亿元)X_{11}
	经济发展潜力	实际利用外资(万美元)X_{12}	出口额占国内生产总值比重(%)X_{13}

资料来源：泉州市《2018 年统计手册》。

表 3　泉州区县经济指标原始数据

地区	X_1(亿元)	X_2(亿元)	X_3(亿元)	X_4(万元)	X_5(亿元)	X_6(万元)	X_7(万元)
鲤城	0.13	217.95	198.58	11.71	17.79	25367	41105
丰泽	1.82	80.39	398.70	10.21	20.71	29299	50330
洛江	4.03	107.46	44.30	8.18	10.15	22716	37392
泉港	11.69	354.02	114.87	15.78	32.43	18859	32562
石狮	22.43	254.97	356.85	11.18	41.60	26070	54457
晋江	21.29	971.89	764.10	9.42	126.77	19167	45883
南安	27.78	381.81	374.25	6.52	41.10	19279	42541
惠安	30.71	501.57	274.58	12.54	43.55	20027	40232
安溪	41.75	204.51	205.38	5.06	26.57	32694	29767
永春	25.96	174.83	139.40	8.03	11.10	27253	29795
德化	10.43	78.70	82.43	7.54	11.02	26687	31337

续表

地区	X_8(万元)	X_9(万元)	X_{10}(亿元)	X_{11}(亿元)	X_{12}(万美元)	X_{13}(%)
鲤城	417.29	156.87	622.13	543.27	11344	15.33
丰泽	248.74	222.23	600.57	516.45	10840	13.8
洛江	40.25	117.23	470.76	424.61	4500	23.36
泉港	89.40	264.62	712.84	586.09	11038	1.28
石狮	445.29	512.31	704.44	664.46	21649	18.85
晋江	667.28	1028.86	1398.48	1545.93	54600	24.25
南安	440.30	659.07	776.59	887.29	19223	8.87
惠安	273.76	523.44	441.70	573.35	16274	6.41
安溪	262.42	362.76	363.40	407.79	9205	5.84
永春	87.41	150.01	126.70	208.64	2046	5.27
德化	61.82	126.41	188.88	198.03	1001	8.14

资料来源：泉州市《2018 年统计手册》。

三　泉州区县竞争力影响因子分析

通过减少变量的数量，用少数因子代替所有变量去分析经济问题，可以简化现实分析过程。运用 SPSS 软件，采用因子分析法对 2017 年泉州各区县经济发展水平进行分析，对原始数据进行可靠性检验（如表 4 所示）。

根据泉州市各区县经济评价指标变量的相关系数矩阵，采用主成分分析法提取因子并选取特征值大于 1 的指标。11 个区县的经济竞争力评价指标变量相关系数矩阵的根值、方差贡献率如表 4 所示。从图 5 中可以看出，大于 1 的特征根有 3 个，旋转后第一个特征根为 7.98，占方差贡献率的 0.61；第二个特征根为 1.64，占方差贡献率的 0.13，累积贡献率为 0.74，第三个特征根为 1.21，占方差贡献率的 0.09，累积贡献率为 0.83，说明只要提取三个公共因子就可以对泉州经济竞争力进行比较分析。

表4　各指标变量相关关系矩阵根方差贡献率和累计方差贡献率

	SS Loadings	Proportion Var	Cumulative Var	Proportion Explained	Cumulative Proportion
PA1	7.98	0.61	0.61	0.74	0.74
PA2	1.64	0.13	0.74	0.15	0.89
PA3	1.21	0.09	0.83	0.11	1.00

由表4可以看出，三个公共因子的解释能力为83%，13个指标的多因素已经成功转化成少量的公共因子，达到了减少变量的目的。

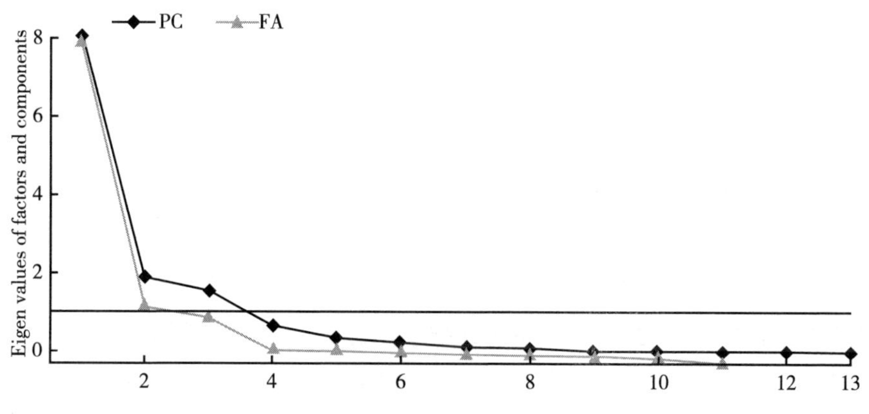

图5　碎石图

表5为各指标变量相关系数旋转前后的成分矩阵，将因子进行旋转可以得到更明显的表现含义。在表5旋转后的部分可以看出，在选取的13个指标中，X_2、X_5、X_9、X_{11}、X_{12}这5个指标的因子载荷均在90%以上，这说明选取的大部分指标对泉州各区的经济竞争力都有显著的影响。在剩下的指标中最低的是人均地区生产总值X_4，其中第一产业生产总值X_1也较低，出现这一现象的原因是泉州经济发展结构上的不平衡。首先农业产业比例一直相对较低；其次本报告在分析中以泉州本地人口作为人均基数，且没有对辖区内的经济开发区和台商投资区进行单独的分析，所以对泉州各区县竞争力的评价结果会产生一点误差，很难完全反映实际的情况。

表 5　各指标变量相关系数旋转前后成分矩阵

指标	旋转前成分			旋转后成分		
	1	2	3	1	2	3
X_1	0. 17	0. 90	0. 04	0. 474	0. 605	0. 505
X_2	0. 91	0. 21	-0. 32	0. 948	—	-0. 277
X_3	0. 93	0. 04	0. 25	0. 860	-0. 413	—
X_4	0. 13	-0. 43	-0. 54	—	—	-0. 699
X_5	0. 96	0. 14	-0. 08	0. 951	-0. 166	-0. 125
X_6	-0. 51	0. 16	0. 63	-0. 469	—	0. 682
X_7	0. 57	-0. 44	0. 32	0. 352	-0. 702	—
X_8	0. 87	0. 03	0. 27	0. 802	-0. 420	0. 114
X_9	0. 94	0. 31	0. 00	0. 990	—	—
X_{10}	0. 94	-0. 23	-0. 07	0. 797	-0. 449	-0. 313
X_{11}	0. 99	-0. 03	-0. 05	0. 914	-0. 324	-0. 197
X_{12}	1. 00	0. 03	0. 02	0. 937	-0. 320	-0. 107
X_{13}	0. 50	-0. 45	0. 41	0. 276	-0. 735	—

表 6 中，从第一个公因子的得分系数可知，除第三产业生产总值 X_3 和出口额占国内生产总值比重 X_{13} 的权重相对较低外，其他指标的相对权重都较平均，说明这些指标用于经济竞争力的相关程度比较分散。在第二个公因子的得分系数中，除了固定资产投资（不含农户）X_9 的权重最高以外，其余指标的得分系数相对平均且较高，但对比第一个公因子来看，分散程度加剧。在第三个公因子的得分系数中。各个指标的权重更加离散，无法得出规律性结论，同时 X_9 的权重为最大的负数，与权重为正的指标相反。

表 6　各指标变量成分得分系数矩阵

指标	成分		
	1	2	3
X_1	-11337682. 0	-8494467	12507524
X_2	-12856991. 3	-83125705	278636567
X_3	-4847985. 4	59377525	-211740491
X_4	12112711. 9	54776040	-175868264

续表

指标	成分		
	1	2	3
X_5	-63588907.0	-49748972	72561479
X_6	11948862.76	2678073	7168616
X_7	-14417409.8	-77196296	248224685
X_8	-13190016.0	6266019	-41949862
X_9	37366038.9	111353551	-330882792
X_{10}	-36365131.1	-38150930	92054655
X_{11}	41282568.9	30494659	-66267719
X_{12}	62821664.8	-16932038	155982158
X_{13}	523117.4	41788127	-144968774

注：提取方法为主轴法。

根据因子得分系数与原始数据标准化值求解各因子得分：

$$F_1 = -11337682.0X_1 - 12856991.3X_2 + ... + 523117.4X_{13}$$
$$F_2 = -8494467X_1 - 83125705X_2 + ... + 41788127X_{13}$$
$$F_3 = 12507524X_1 + 278636567X_2 + ... - 144968774X_{13}$$

根据公因子的贡献率，可以得出综合因子得分公式为 $F = F_1 \times 0.551/(0.551 + 0.169 + 0.114) + F_2 \times 0.169/(0.551 + 0.169 + 0.114) + F_3 \times 0.114/(0.551 + 0.169 + 0.114)$。再根据公因子得分和综合得分函数，求得泉州市11个县区的经济竞争力的综合得分并根据综合得分值的大小对11个区县进行排序（见表7）。三个因子加权综合后即表示泉州各区县经济发展的整体水平，晋江市综合竞争力排在首位，紧随其后的是南安市和惠安县，排名靠后的有洛江区、德化县和永春县，其中排名末位的是永春县。从表7可以看出，经济发展水平对经济竞争力的排名至关重要，现有的经济发展水平仍然是经济竞争力排名的决定性因素。但从经济发展活力来看，晋江市的 F_2 值在各区县中并不是最高的，这反映出可能是因为受到经济发展新常态的影响，制造业发达的晋江市易受到外部环境的影响。此外，在现有区县中东南沿海区县的经济竞争力都比较靠前，而内陆山区县的经济竞争力排名则相对靠后。从整体上看，综合得分第一的晋江市和最后一名永春县之间存在较大的差距，说明泉州市内部经济发展不平衡。

表 7 各地区的公因子得分及综合得分排名情况

综合排名	地区	F	F_1	F_2	F_3
1	晋江市	1.7854794	2.38854696	0.92675607	0.14367253
2	惠安区	0.369872886	1.02203121	-2.54172018	1.53408334
3	南安市	0.362881053	0.59491238	0.05183703	-0.29749457
4	石狮市	0.111489777	-0.09950266	1.80086558	-1.37313898
5	丰泽区	-0.082065901	-0.45129155	0.87645192	0.28156411
6	泉港区	-0.089389693	-0.3121958	-0.51903302	1.62443388
7	鲤城区	-0.148974179	-0.60137865	0.84434408	0.56509668
8	安溪县	-0.227161371	0.43002643	-1.786127	-1.09247091
9	洛江区	-0.43936693	-0.84476379	0.07388177	0.75918254
10	德化县	-0.612580781	-0.78607059	-0.47206965	0.01765171
11	永春县	-1.030184285	-1.34031397	0.7448132	-2.16258006

同时从表 7 可以看出，虽然各区县经济竞争力综合得分有较大差距，但衡量经济发展潜力的 F_3 的离散程度要比 F_1、F_2 小。南安市的经济发展竞争力排名第二，经济发展潜力排名第一，说明南安市的经济发展会有较大的后劲。此外，发展潜力排名靠前的区县还有洛江区、鲤城区等，其中最高的是泉港区。永春县的综合排名倒数第一，不仅是因为它的经济发展水平处于泉州末位，还因为经济发展活力与经济发展潜力得分都处于低水平，这说明永春县未来经济的发展前景依然不容乐观，出现根本性的好转还需要进行进一步的改革探索。

四 结语及政策建议

2018 年是贯彻落实党的十九大精神的开局之年，也是泉州深入“十三五”规划，加快打造“创新、智造、海丝、美丽、幸福”泉州的关键年。

本报告对泉州2017年各区县经济竞争力进行研究分析的目的在于提供一个正确认识泉州发展状况的参考，了解自己在区域竞争中的地位和竞争力。一个城市经济竞争力的提升不能只依靠一部分地区经济的快速发展，而是要统筹整个区域经济全面协调可持续发展。从地域上看，经济发展较好的地区主要分布在东南沿海一线，而发展较差的地区永春和德化，主要分布在山区。经济竞争力呈现南强北弱的分布特征，其中晋江市的生产总值占全市生产总值的26.25%，而德化和永春的生产总值分别仅占全市生产总值的2.93%和4.95%。因受到地理位置和资源的制约，东北部地区不仅经济发展水平位于全省末位，经济发展活力和经济发展潜力也都处于低位。泉州各地区的经济也存在产业不平衡的现象，主要是依靠第二产业拉动。2017年第一、第二、第三产业的产量占泉州生产总值的比重分别为2.62%、58.26%、39.11%。这说明泉州的产业结构依然存在不小的问题，产业集中度较低。以加工、出口为主的外向型经济依然是决定各地区经济强弱的关键因素，尤其是既从事出口贸易又有资源的区县未来的发展潜力更大。

基于上文中的分析和对泉州各区县进行的综合排名，为促进泉州经济全面协调发展，必须加强对非沿海地区的政策扶持，加快推动农村的现代化发展。将工业观念引入农业，落实农业功能区制度，围绕茶叶、水果、食用菌等特色产业发展，创建现代农业产业园、智慧农业园。扶持一批农业产业化龙头企业、农业物联网示范企业和乡村旅游示范点，同时加强对台交流，引进台湾精致农业发展模式。在统筹泉州的发展过程中，要将每一个县作为一个发展主体，将每个地区最具有优势、特色和发展后劲的产业作为主导产业，如晋江的制鞋业、石狮的服装业、德化的陶瓷、惠安的石雕、安溪的茶叶等，避免各地区之间的恶性竞争，在最大范围内实现资源的优化配置，促进全面的发展，缩小各区县之间的发展差异。对于县域经济而言，落实党的十九大精神，其中重要的一点是深入推进供给侧结构性改革。而对于泉州各县区来说，就是要在加快传统产业转型的同时，加快高新电子产业、现代服务业的发展。围绕这个思路，对泉州各区县的经济发展提出以下几点建议。泉州市应注重同步推进城市化与产业发展，“十三五”期间是泉州城市化发展和优化产业结构的关键时期，要顺应产业功能与城市功能有机结合、相互协调的时代要求，在城市形态上要形成“多中心”“网络状”的发展特征。在产业结构上，一要巩固扩大传统产业领先优势。坚持用新技术、新模式、新业态改造提升传统产业。继续保持纺织鞋服、建筑石材、水暖厨卫等产业的优势，抓好安踏一体化、九牧智慧工厂、百宏差别化纤维等项目。二要加快完善产业生态圈。鼓励龙头企业通过技术升级、主业扩张、兼并重组等方式发展壮大，努力打造典型的经济品牌，建成国内外知名的先进制造业基地、品牌之都。在“一带一路”倡议背景下，继续加大落后地区基础设施投资，改善落后地区的交通状况，远离沿海一线的区县要加大招商引资的力度，积极承接东南部的产业转移，通过加强“山海”合作，推进山区资源与沿海地区产业发展的优势互补，引导沿海产业对内陆地区的辐射，将产品做精做细，培育和延伸产业链，发挥产业集聚效应。

B.21 2017年晋江市经济形态发展与预测

付　云*

摘　要： 晋江市一直是福建省经济发展最快、实力最强、最具活力的地区之一，但近年来晋江地区经济的发展也出现了创新动力不足、产能过剩等弊端，研究晋江地区的经济发展对进一步改善晋江模式，升华晋江经验有重要意义。本报告通过研究晋江地区的对外贸易、支柱产业发展现状等，指出存在的弊端及原因，对症下药提出有效解决对策，并对未来晋江经济的发展做出合理预测，全面分析晋江经济形态，促进其经济发展。

关键词： 晋江　对外贸易　转型升级

“十二五”时期，晋江市积极适应新常态，加快改革创新并取得重大成就。主动抢抓新机遇，拓展新作为，不断创新发展“晋江经验”，扎实推动经济发展、社会进步，成功保持了经济社会平稳健康发展的良性态势，为“十三五”时期的发展奠定了坚实基础。实现了：经济发展在创新转型中量质并举、城市功能在更新改造中显著提升、民生福祉在共建共享中持续提升、生态环境在绿色变革中日趋和谐、改革开放在全面深化中迸发活力。

一　2017年晋江市对外贸易发展状况分析

晋江的对外贸易是泉州经济又好又快发展中的一个重要部分，贸易模式

---

* 付云（1978～），女，湖北荆门人，泉州师范学院讲师，研究方向为经济法、区域金融。

多元化，主要有一般贸易、加工贸易、补偿贸易、许可贸易、贸易协定、跨境电商等多种模式。改革开放以来，晋江对外贸易发展极其迅速，目前已经形成以市场为导向，以外向型、股份合作为主，多种经济成分共存的晋江经济模式。经过多年的发展，晋江外贸经济总量迅速扩大，外贸经济质量不断提高，成为拉动区域经济增长的主导力量之一。

1. 外贸进出口总额下降，但仍保持较大贸易顺差

从表1可以看出，2017年1～10月，晋江对外货物贸易进出口总额累计为1029201万美元，比2016年下降了11.2%。其中出口贸易总额为757548万美元，占进出口商品总额的73.6%，进口贸易总额为271653万美元，比重为26.4%，处于贸易顺差。然而增速较2016年快，出口比例受到世界经济增长的大幅度冲击：由于国际市场需求严重萎缩，国际市场竞争日益激烈，晋江市的对外贸易也受到直接影响。一方面，通常情况下，不宜长期大量出现对外贸易顺差，因为这样很容易引发与相关贸易伙伴的利益冲突；但另一方面，这也说明晋江在对外贸易上取得不少的外汇收入。

表1　晋江市2017年1～10月外贸进出口总额及增长情况

单位：万美元，%

项目	进出口总额	增长
出口额	757548	-8.4
进口额	271653	1.8
进出口总额	1029201	-11.2
出口额占进出口总额比重	73.60	—
进口额占进出口总额比重	26.40	—

资料来源：晋江市人民政府网，http://www.jinjiang.gov.cn/。

2. 外资和台资利用率稳定增长

晋江经济的不断发展，对泉州经济也产生了积极的影响，泉州外贸水平不断提高。从表2可知泉州利用外资具体情况：2017年泉州市的外商投资

总额达到了54600万美元，同比增长4.9%，外商实际到资额为52046万美元，同比增长3%，外资的落实有很大程度的改善。利用外资实现的总产值为249200万元，同比增长了7.8%，效率有所提高，总体上泉州2017年利用外资情况较2016年较为稳定。2017年在政策上对利用外资的企业有新的调整。

表2　2017年晋江利用外资情况一览

单位：万美元，%

项目	总额	增长
外商投资额	54600	4.9
实际使用外资	52046	3
生产总值	2492000	7.8

资料来源：泉州市商务局。

3. 对外投资合作具有绝对优势，增长迅猛，外国资本大量流入中国市场

在着重吸引外商直接投资和台商投资发展外向型经济的同时，近些年来，晋江利用民营企业所具有的对外直接投资的主体优势和战略优势，在经济方面开展对外直接投资合作，截至2017年12月，泉州晋江市对外投资合作指标完成情况如表3所示。

表3　2017年晋江外商投资完成情况

单位：万美元，%

合同外资		外商实际到资	
本年实绩	同比增长	验资口径	同比增长
36697	29.7	54600	4.9

资料来源：泉州市统计局。

2017年合同外资的实际成绩是36697万美元，较2016年增长29.7%，外商投资的实际到资的验资口径为54600万美元，较2016年增长4.9%，可以看出晋江市的外商投资都有所增长，其中的原因包括我国经济迅速发展，

市场广阔，国外企业家对我国的市场信心较大，我国改革开放力度加大，境外投资限制减少，促使国外资本大量进入中国市场。

4. 国际经济合作：劳务、技术和服务等第三产业贸易额有待提高

出口贸易合作伙伴主要集中在亚欧大陆上，非洲和拉丁美洲的合作有所收缩；进口贸易合作还是以从东亚、南亚以及非洲等进口原料为主（见表4）。

表 4　2017 年泉州对主要国家和地区进出口额情况

单位：万美元，%

国家和地区	出口额	比 2016 年增长	进口额	比 2016 年增长
亚洲地区	920732	1.9	487209	-17.8
中国香港地区	174885	-8.5	1285	-27.2
中国台湾地区	29464	-0.3	34177	-23.4
日本	45091	2.5	10737	-22.0
韩国	35807	61.5	11447	-18.1
东盟	387798	19.0	39858	-10.6
欧盟	302618	-5.6	46262	4.9
俄罗斯	20439	-2.1	19671	337.3
美国	228356	-7.4	47799	-28.4
非洲	106419	-24.3	122015	14.9

资料来源：泉州市统计局。

国家之间的经济合作对于国家或地区和企业之间的发展是举足轻重的。国际经济合作是一个随着世界经济实践而不断发展的动态过程，它是指国家间为满足各方实际的或预期的经济需求而相互调整政策和行为的过程。2017年晋江在劳务输出、国际技术贸易和服务贸易方面没有什么太大的变化，需要政府加大支持力度，促使本市企业和国外企业的合作，调整产业结构，以从根本上改变晋江市对外投资结构。从表 4 可以获得的信息是：主要国家和地区出口商品贸易额方面主要集中在亚洲地区和欧盟，接着才是非洲和美洲，从出口贸易额方面可以发现，泉州市的企业经济合作还主要集中在亚欧大陆上，非洲和拉丁美洲的合作有所收缩；在主要国家和地区进口商品贸易

额方面则集中在亚洲和非洲，接着才是北美洲的美国。其他大洲合作相对较少，主要是因为其他大洲的经济相对比较薄弱，但是另一个更深层次的原因是泉州对外贸易的层次和广度还比较少、比较窄，泉州包括晋江应该加大对外合作力度，促进与各大洲国家的合作，促进泉州地区的经济包括晋江经济更好发展。

二　晋江市五大传统支柱产业发展现状

晋江五大传统支柱产业仍旧保持较好的增长态势，依旧是晋江经济发展的中流砥柱。2017 年 1 ~9 月，晋江市纺织服装业、制鞋制革业、建材陶瓷业、食品饮料业、轻工杂品（制伞、玩具）业五大传统产业实现规模以上工业产值 568. 79 亿元，现价增长 26. 8%。其中纺织服装业、制鞋制革业、建材陶瓷业、食品饮料业分别完成产值 197. 85 亿元、200. 29 亿元、87. 44 亿元、46. 58 亿元，分别比 2016 年同期增长 20. 4%、34. 3%、29%、31. 1%。与此同时，电子机械、化纤、纸制品、新型材料、生物制药五大新兴产业实现规模工业产值 119. 08 亿元，增长 15%。其中电子机械、化纤、纸制品分别实现规模工业产值 23. 48 亿元、47. 05 亿元、45. 13 亿元，分别比 2016 年同期增长 10. 0%、31. 7%、14. 2%。五大传统产业和五大新兴产业效益保持同步较快增长，1 ~9 月实现利税总额为 71. 92 亿元，增长 30. 3%，占全部规模以上工业利税总额的 88. 3%，对规模以上工业利税的贡献率达 88. 9%，其中建材陶瓷业和制鞋制革业利税总额分别增长 43. 5% 和 41. 1%。

1. 晋江建材陶瓷业发展主要呈现产品结构多样化、生产方式规范化、营销方式多元化的特点

晋江现有陶瓷生产企业 631 家，其中规模以上企业为 166 家，2016 年实现产值 422. 15 亿元，其中规模以上产值为 340. 4 亿元，从业人员为 5. 4 万人，陶瓷年产量达 6 亿平方米，主要包括广场砖、马赛克、劈开砖、琉璃石、外墙砖、仿古砖、太阳能陶瓷、陶板等，代表性企业有华泰、腾达、恒达、豪山、美胜、阔兴、晋成、新协盛、安泰等。

2. 纺织服装业发展迅猛、经济总量大

纺织服装业发展于改革开放初期，经过20余年的快速发展，已成为泉州市第一大支柱产业，同时，泉州也成为国内重要的纺织服装生产基地之一。纺织服装业作为泉州第一支柱产业，目前已经形成抽丝、织布、漂染及后整理、服装生产一条龙的完整产业链，它已具有生产企业多，经济总量大，设备先进，技术水平高，行业分布趋于集约化、规模化、区域化，市场占有率高等特点。2017年上半年晋江实现外贸进出口总额313.7亿元，增长13.5%。其中出口额为229亿元，占泉州市总量的47.3%，同比增长9.6%，在泉州市排名第3；进口额为84.7亿元，同比增长25.3%。从出口主体来看，359家生产企业，支撑全局，实现出口额127.9亿元，同比增长15.2%；489家流通型企业降幅收窄，企稳回升，实现出口额101亿元，同比增长3.3%，此外，企业数也明显增多。2018年3月晋江市纺织服装业出口达到105.84亿元，比2017年同期的91.08亿元增长16.2%。

3. 近年来晋江制鞋制革业主要呈现产业规模实力较强、产业链配套完善、产业品牌效应显现、技术质量领先等特点

晋江作为中国鞋都，拥有庞大的鞋业市场体量及完善的鞋业产业链，2017年，晋江制鞋业产值达1112.85亿元，增长8.4%，占全市工业总量的23.14%。据不完全统计，晋江旅游运动鞋年产量占全国总产量的40%，占世界总产量的20%，产品远销全球160多个国家和地区，产业2012~2017年增长速度达61%，拥有42个中国驰名商标及安踏、特步、乔丹、贵人鸟、361°、三斯达等国内行业领先的龙头企业，是中国鞋都、国家体育产业基地。

4. 食品饮料业飞速发展，拥有较大国内市场

食品饮料业是福建省晋江市起步较早的传统优势产业，目前已形成糖果、膨化、果冻、烘焙、水产品、调味品、罐头、炒货、紫菜、蜜饯等十多个门类数百个品种，规模逐步扩大。截至2017年，晋江食品饮料业产值为443.33亿元，增长15.3%，占全市工业总产值的9.2%。2017年晋江食品饮料业销售收入超过500亿元，税金总额约3亿元，其中糖果、烘焙品产量居国内食品主产区榜首，果冻产量居国内食品主产区第二位，获

评“2016～2017年度全国食品工业强市”称号，可以说，晋江已经成为全国食品工业强市。

5. 轻工杂品(制伞、玩具)业规模大、档次高、进出口占比较大

伞是由中国人发明的，而制伞业是晋江传统产业之一。主要分布在东石镇。它起步于20世纪80年代，并在90年代得到迅猛的发展。晋江已成为全国最大的伞具制品和制伞辅料的生产、出口集散地之一，形成了分工细密、配套完整的产业链和生产协作群体。如今晋江制伞业呈现三个特点。一是规模大，晋江现有伞企30多家，其中年产值超亿元的企业达13家，年产成品伞3.25亿把，占全国的29.6%。二是档次高，注重技术创新。晋江有85%的制伞企业成立质量管理机构，有36家企业通过环境质量体系认证，有18项专利产品，产品以中高档为主。三是出口量大。晋江雨伞85%以上出口。2017年出口2.58亿把，创汇4.5亿元。已成为全国雨伞出口的重要基地，占全国雨伞出口量的3.6%。

三　晋江市经济发展存在的问题及原因分析

从对外贸易角度以及晋江五大传统支柱产业的发展状况来看，目前晋江经济发展存在以下问题。

1. 新旧动能转换速度缓慢

晋江市依靠传统制造业起家，至今经济发展依然由传统工业主导。多年来，制鞋制革业、纺织服装业、建材陶瓷业、食品饮料业、轻工杂品（制伞、玩具）业五大传统产业产值都在百亿元（制鞋制革业和纺织服装业都突破千亿元）以上，占全市工业总产值70%以上。晋江市2017年国民经济和社会发展统计公报显示，2017年，晋江三次产业之比为1.1∶60.3∶38.6，第二产业占比还是较大，是第三产业的1.6倍。其中五大传统产业总产值为3479.15亿元，占工业总产值的72.3%，而五大新兴产业的总产值仅为488.82亿元，占工业总产值的10.2%，且刚刚突破百亿元的新兴产业只有高端装备机械和新材料。从以上数据可见，晋江传统产业与战略性新兴产业

的发展存在显著的差距，晋江目前的产业结构依然以传统制造业和生活性服务业为主，以新兴产业、现代服务业为代表的新动能明显不足，转型升级的成效与深圳、东莞和温州等城市相比差距较大。2017 年，深圳第三产业增加值占 GDP 比重为 58.8%、东莞为 53.4%、温州为 51.8%，而晋江仅为 32%，并且晋江的经济发展仍然主要依靠批发零售及住宿餐饮业、房地产业等传统服务业带动，现代金融、电子商务、信息技术、工业设计等生产性服务业没有同步跟上，表明在推进新型工业化进程中现代服务业发展比较滞后，有效反哺制造业的作用不太明显。

2. 高端有效供给相对不足

改革开放以来，晋江市传统制造业通过规模经营、品牌打造、上市融资及产业振兴规划、新农村和新型城镇化建设等措施，在传统工业领域积累了庞大的产能。近年来，受国际金融危机和国内“三期叠加”因素影响，再加上企业盲目扩张低端产能，同质化竞争加剧，规模庞大的产能优势过剩，导致制鞋制革业、纺织服装业、建材陶瓷业等传统行业产品库存压力加大。传统行业低端产品产能过剩，而中高端产品的有效供给却存在不足。晋江有数千家运动鞋服企业以及数十个国内知名品牌，但与国际知名品牌等相比，无论是品牌价值还是产品的设计、工艺、质量和价格都存在一定差距。就安踏来说，安踏 2017 年业绩创历史最佳，达 166.9 亿元，增长 25.1%，而与耐克相比，虽然安踏运动鞋销量超过耐克，但耐克 2017 年仅在大中华区的销售收入就约为 286.1 亿元，明显超过安踏，这说明安踏近几年来经过转型升级，市场竞争力大幅增强，成为国产运动鞋品牌的龙头，但产品的价格、品牌影响力、消费者认可度都仍然低于耐克，无法与耐克等国际品牌相抗衡，占领高端鞋市场还需要一段时间。

3. 经营理念不够先进

晋江市制鞋业、纺织服装业、建材陶瓷业、食品饮料业、轻工杂品（制伞、玩具）业等传统企业的经营理念不够先进，普遍存在重资产偏高、债务高的情况，部分标杆企业，债务比例却在 90% 以上。一部分企业基本还停留在线下“铺摊子”、打造全产业链、“广告轰炸”、拼价格战等粗放式经营阶段，过度倚重以厂房、设备、生产线为主的有形资产，对以互联网为代表的新经济带来的“轻资产”运营模式不够重视。由于这种“重资产”运作投入高、成本高、债务重、资金回收慢、技术附加值低，一旦遇到市场需求不振或经济调整，资金链很容易断裂，它们会沦为僵尸企业或破产倒闭，风险较大。而也有相当一部分企业管理者认识到重资产有风险，不断学习和创新，利用互联网、大数据技术向轻资产转型，突破传统经营的瓶颈。

4. 科技金融服务薄弱

一般来说，传统制造业发达的县域，经商环境都比较好，但缺乏持续的创新能力，尤其是科技创新能力。晋江市2016年全社会研发投入占GDP的比重为2.6%，科研投入明显不足。截至2017年底，我国每万人口发明专利拥有量达6.3件，晋江是3.7件，说明晋江仍有较大的提升空间。目前，虽然晋江科技创新能力提升，但晋江市新兴产业成长缓慢，产业规模依然弱小，未能形成新引擎，最主要的原因在于科技金融不发达，缺乏创新氛围，企业急功近利，且高端人才短缺。其中金融尤其是创业早期投资（天使投资、VC）对科技创新至关重要。近年来，晋江市虽然创新“科技+金融”助力企业融资，不断加大对小微企业，创新型、科技型企业，“三农”，战略性新兴产业，现代服务业的扶持力度，但由于还处于摸索阶段，晋江在科技金融服务领域的成效并不是非常明显。

5. 家族经营方式弊端日益显现

（1）管理缺乏透明度

企业领导层由同一家族成员担任，采用家族式管理，以血缘或嫡系纽带维系，带有浓厚的人治色彩，这种以血缘、亲缘为基础的家族式管理不适应现代企业的发展，阻碍企业的发展壮大。一方面，家族制企业经营权与所有权过于集中，内部培训人才与外部招聘人才缺乏民主化、科学化的决策。员工离心离德，管理机制混乱，企业丧失凝聚力，各部门各自为政，缺乏有效的沟通机制。另一方面，管理人员上升度有限，资金无法筹集与运用，管理资源无法优化，并且技术缺乏创新，导致各产业链恶性竞争，因受制于人才、技术，在进行产品研发方面，晋江企业始终处于弱势地位。

（2）资金运作不合理，融资渠道单一

首先，家族企业特殊的资金构成方式，严重阻碍公司的发展。家族式管理凭经营者主观的经验和常识，以人情代替制度，缺乏健全的机制进行管理。加上企业内部封闭式的股权结构对融资和投资决策的限制，制约了企业更充分地利用外部的资源，导致企业僵化、低效率和缺乏创造性。同时，家族企业集中掌控管理权和控制权，据2005年私营企业治理结构调查，私人股份所占的比重在90%以上，其中最大的股东所占比重高达66%，处于绝对控股地位，业主与其同姓兄弟所占股份之和占企业总股份的80%左右，所以家族企业很难公开上市。其次，家族企业的融资渠道相对单一，通常是利用家族式的网络。据调查，晋江私营企业的流动资金中67.7%来源于企业积累及亲戚朋友和民间借贷。由于自身的积累总是有限的，尤其在激烈的市场竞争中，这种融资结构大大地制约了企业的发展和降低了企业的竞争力，不利于企业规模的扩大。

四　晋江市经济发展对策

1. 调整产业结构，加快发展新经济

当前，面对晋江市传统产业庞大、新兴产业薄弱的现状，必须结合本地实际，加快推动新动能的培育和壮大，加快发展新经济，通过新动能改造传统动能。第一，应当因地制宜，大力发展战略性新兴产业。晋江市新兴产业应当瞄准以石墨烯、碳纤维、高分子材料、生物基复合材料为代表的新材料；智能装备、3D打印、机器人、精密机械、智能监控装置等高端装备制造业，以及新能源汽车、智能汽车、锂电池、燃料电池及零部件产业。第二，推动商业模式的创新，促进制造业企业向服务型企业发展。推动传统制造业在包装设计、个性化定制、文化创业、大数据应用等方面的创新，从而提升市场竞争力。第三，加快推进现代服务业发展。大力培育“互联网+”、大数据、云计算等信息技术服务业，加快新经济与传统经济的融合发展。同时，建设多层次、宽领域、全方位电商生态圈，促进电商与产业、会展、物流、消费的有机衔接。另外，大力发展创意设计产业，加快文化创意、设计服务与制造业、旅游业、体育产业等领域横向融合发展。

2. 提高企业家素质，重视轻资产运营

在科技不断创新、新旧动能转换的关键时刻，部分企业主的思维观念、综合素质已不能适应新形势的发展，因此，应当由晋江的公共服务部门牵头，促使中小微企业的高管与北京、上海、深圳、厦门等发达城市的高校和专业机构进行合作，加强专业培训，涉及国内外经济形势、科技前沿、产业趋势、转型升级、经济管理知识等，不断提高企业家素质。另外，针对传统企业的重资产的问题，需要“政企资”通力合作，摒弃“全产业链”模式，先抓龙头企业和骨干企业，通过淘汰落后产能、转移过剩产能、资产置换、资产证券化等手段，逐步降低固定资产比重。同时，企业要借助“+互联网”和“互联网+”，积极向“微笑曲线”的两端发力，研发、设计、品牌、营销、融资等高端环节都可利用互联网来进行众创、众包、众筹。这样，可大大减少资产负债比例，降低金融和市场风险。

3. 强化创新驱动，构建新型生态网络

创新是发展的动力，但创新的培育需要土壤、环境、要素和机制，需要构建创新生态系统和良好的氛围。第一，创造推动创新和成果转化的制度环境。晋江市应当健全优化创新政策的供给，在财税、金融、人才、信息、土地、办公场所、仪器设备、知识产权保护等软硬件创新要素上给予相应的政策支持。第二，将人才作为支撑创新驱动的首要资源。近年来，晋江市扎实推进“人才强市”战略，实施“靶向引才”，聚天下英才，为转型升级跨越发展注入源头活水，尤其对于新兴产业人才以及紧缺人才的引进，晋江率先建立“1+N”人才政策体系，出台集成电路人才、教育人才、台湾青年人才等11份专项政策，不断健全专业化、立体式的人才创新支撑体系。第三，增强企业的创新能力。这就要求晋江市各类企业需要自主或联合开发新技术、新产品、新业态、新模式，打造发展新引擎，改造提升传统比较优势。第四，建立双创孵化平台。一方面建设满足创新人才的科研平台、工作平台和生活平台，并鼓励发展面向大众、服务中小微企业的低成本、便利化、开放式服务平台，鼓励大型企业建立技术转移和服务平台，向创业者提供技术支撑服务；另一方面则激发国家级、省市级科研机构的活力，引进培育一批新型研发机构，大力推进科研机构与企业的联合，促进科研成果的有效转化。

五　晋江市经济发展预测

2018 年第一季度，晋江市经济延续 2017 年以来的平稳增长态势，大部分经济指标增速高于全省平均水平，转型升级深入推进，质量效益持续提升，经济运行总体呈现“稳中有进、进中转优”的特点。1 ~3 月，全市完成地区生产总值 1729.60 亿元，增长 8.1%。其中第一产业增加值为 27.41 亿元，增长 1.0%；第二产业增加值为 1004.54 亿元，增长 7.5%，拉动经济增长 4.5 个百分点；第三产业增加值为 697.65 亿元，增长 9.3%，拉动经济增长 3.6 个百分点。预计未来晋江市经济会稳中求进，更上一层楼。

1. 稳中有进：主要指标运行平稳，在全省位次提升

与福建省平均水平相比，1 ~3 月晋江市 11 个主要经济指标中，6 个指标增速达到或高于全省平均水平，9 个指标在全省位次比 2017 年全年有所提升，2 个指标增速位次持平。其中 GDP 增长 8.1%，高于全省平均水平 0.2 个百分点，居全省第 3 位，位次与 2017 年全年持平，预计 2018 年全年 GDP 水平有望赶超 2017 年全年水平；规模以上工业增加值增长 8.0%，高于全省 0.1 个百分点，居全省第 2 位，位次与 2017 年全年持平，2018 年底有望成为全省第 1 位；第三产业增加值增长 9.3%，低于全省 0.1 个百分点，居全省第 5 位，位次比 2017 年全年提升 2 位，第三产业发展仍需继续加强，争取 2018 年底位次赶超 2017 年 2 ~3 位；固定资产投资增长 13.9%，高于全省 0.1 个百分点，居全省第 5 位，位次比 2017 年全年提升 3 位；社会消费品零售总额增长 13.0%，高于全省 0.3 个百分点，居全省第 2 位，位次比 2017 年全年提升 3 位；出口商品总值增长 18.4%，高于全省 10.1 个百分点，居全省第 3 位，位次比 2017 年全年提升 5 位；一般公共预算总收

入增长7.1%，低于全省5.4个百分点，居全省第8位，位次比2017年全年提升1位；一般公共预算收入增长10.8%，低于全省0.4个百分点，居全省第4位，位次比2017年全年提升5位；全体居民人均可支配收入增长8.7%，低于全省0.2个百分点，居全省第7位，位次比2017年全年提升2位；城镇居民人均可支配收入增长8.0%，低于全省0.2个百分点，居全省第8位，位次比2017年全年提升1位；农村居民人均可支配收入增长9.9%，高于全省0.4个百分点，居全省第2位，位次比2017年全年提升7位。由此可见，晋江市经济发展迅猛，在未来一年到两年内，多项经济指标都将稳步提升，其中至少5项指标将居全省前3位。

（1）工业大盘稳中向好

工业将逐渐成为晋江市经济的主导产业，对晋江市经济增长做出主要贡献。与此同时，传统产业发展速度也将越来越快；重化工业的发展虽不如工业和传统产业，但是相比以前年度，重化工业发展有所回暖，未来1~2年，重化工业或将保持缓慢回升；2018年1~3月，晋江市完成工业增加值943.35亿元，增长7.8%，对经济增长的贡献率达54.1%。其中规模以上工业增加值为820.33亿元，增长8.0%。一是两位数增长行业扩大。全市37个工业大类行业中20个行业实现两位数增长，分别比2018年1~2月和2017年同期扩大1个百分点和7个百分点。二是传统产业快速增长。2018年1~3月，实现规模以上工业增加值537.92亿元，增长10.5%，高于全市平均水平2.5个百分点。纺织鞋服增长10.8%，建材家居增长12.3%，食品饮料增长9.5%，增速分别比全市规模以上工业增加值高2.8个、4.3个和1.5个百分点。三是重化工业有所回升。2018年1~3月，实现规模以上工业增加值243.55亿元，增长3.3%，比1~2月提高1.7个百分点。石油化工下降2.6%，降幅比1~2月收窄3.3个百分点；机械装备增长11.9%，比1~2月提高0.8个百分点。

（2）服务业增长高位企稳

晋江市经济要想保持又好又快发展，就必须重视调整产业结构，加大对第三产业的发展力度，而服务业又是晋江市第三产业的重中之重，2018~2019年，晋江市服务业将稳中求进，继续保持其在第三产业中发挥的重要

作用。首先2018年1~3月，全市完成第三产业增加值697.65亿元，增长9.3%，增速比2017年同期回落1.8个百分点，但仍居三次产业之首，对全市经济增长的贡献率达44.3%。其次服务业是第三产业中规模最大、增长最快的行业，实现增加值181.34亿元，占第三产业比重26.0%，增长18.6%，对三产增长的贡献率为46.3%，拉动三产增长4.3个百分点；批发和零售业实现增加值165.76亿元，增长6.5%，对三产增长的贡献率为18.1%，拉动三产增长1.7个百分点；交通运输、仓储和邮政业实现增加值109.85亿元，增长9.4%，对三产增长的贡献率为15.8%，拉动三产增长1.5个百分点；房地产业实现增加值120.14亿元，增长9.9%，对三产增长的贡献率为17.2%，拉动三产增长1.6个百分点；金融业实现增加值94.09亿元，增长0.6%，对三产增长的贡献率为1%，拉动三产增长0.1个百分点；住宿和餐饮业实现增加值24.58亿元，增长3.3%，对三产增长的贡献率为1.4%，拉动三产增长0.1个百分点。

（3）投资增速稳步回升

通过对晋江市投资规模的比较与分析，不难知道，未来一年到两年内，晋江市投资规模呈现稳步回升的态势，2018年底有望比2017年提升3~4个百分点。其中工业投资将继续保持较高增速，民间投资相比上一年度或将有小幅度提升，房地产开发投资将稳步回暖。2018年1~3月，全市固定资产投资增长13.9%，增速分别比2018年1~2月和2017年全年提高0.8个和3.9个百分点。一是工业投资保持较快增长。全市工业投资增长27.0%，增速比2018年1~2月回落6.2个百分点，但比2017年全年提高7.4个百分点，高于全市投资平均增速13.1个百分点，对全市投资增长的贡献率达到52.3%。其中食品饮料产业投资增长234.6%，纸业印刷产业投资增长209.9%，石油化工产业投资增长43.1%，机械装备产业投资增长29.4%，对全市投资增长的贡献率分别达到15.0%、9.2%、15.7%和16.3%。二是民间投资有所回升。占全市投资比重近六成的民间投资增长16.9%，增速比2018年1~2月提高3.6个百分点，表明泉州企业投资信心有所恢复。三是房地产开发投资恢复性增长。全市房地产开发投资增长19.3%，增速分别比2018年1～2月和2017年同期提高2.7个和40.5个百分点。其中住宅投资增长41.0%，增速比2018年1～2月提高15.6个百分点，对全市房地产开发投资增长的贡献率达127.0%；土地购置费增长142.8%，增速同比提高207.2个百分点。住宅投资的较快增长和土地供应的增加，将为后期泉州房地产市场的稳定发展奠定基础。

（4）进出口贸易保持较快增长

对外贸易长期以来都在晋江市经济发展中扮演重要角色，在未来几年内都无法替代，晋江市进出口贸易仍将以惊人的增长速度继续发展。2018年1～3月，全市进出口总额为403亿元，增长18.2%，增速同比提高2.5个百分点，比2018年1～2月回落16.5个百分点。其中出口商品总值为250.9亿元，增长18.4%，增速同比提高17.1个百分点，比2018年1～2月回落20.6个百分点。从商品类别看，传统优势商品出口增速较快。全市纺织鞋服类出口增长13.5%，杂项制品出口增长32.8%，机电、音像设备及其零件出口增长21.7%，矿物材料制品、陶瓷品出口增长39.4%。从出口市场看，对六大洲出口全面增长。对亚洲出口增长16.6%，对欧洲出口增长11.4%，对北美洲出口增长21.3%，对拉丁美洲出口增长29.5%，对非洲出口增长40.8%，对大洋洲出口增长12.2%。从百家重点出口企业看，企业出口增长面较好。出口正增长企业达82家，出口总量翻番以上企业达31家。

2. 进中转优：经济结构持续优化

晋江近年的发展越来越重视产业结构的调整。从产业结构看，由工业占绝对优势将逐步转为工业和服务业齐头并进。近年来，服务业对晋江市经济增长的拉动作用不断增强，2014～2017年第三产业增加值占GDP比重分别为34.8%、36.9%、38.3%、39.1%，2018年第一季度达40.3%，创历史新高。与此同时，工业增加值占GDP比重由2014年的55.9%逐年降至2017年的52.0%，2018年第一季度占比为54.5%，但比2017年同期仍回落0.4个百分点。从工业内部结构看，传统优势产业占比稳中略降，重化产业占比不断提升。2018年1～3月规上工业增加值中，传统产业增加值占比由2016年的69.0%、2017年的66.9%逐年降至65.6%，重化产业增加值占比由2016年的26.2%、2017年的27.8%逐年提高至29.7%。从三产内部结构看，现代服务业加快发展。从增加值增速看，现代服务业集中的其他服务业增长16.9%，增速明显快于批零、住餐、交通运输等传统服务业，2018年1~2月，规模以上其他营利性服务业营业收入增长44.5%。文都泉州、海丝泉州品牌效应显现，全市第一季度接待游客1370.35万人次，增长23.8%，实现旅游总收入221.73亿元，增长29.2%，增速同比分别提高8.9个和13.5个百分点。

B.22
2017年石狮市经济发展形势报告

丁 玲*

摘 要： 在当前经济形势下，石狮市的经济发展水平整体比较平稳，作为支柱产业的服装产业和海洋产业实力雄厚，基础扎实，在“十三五”期间也取得了可喜可贺的成绩，但是局部发展仍存在问题与挑战，深入探讨这两个行业的长期发展路径将有利于石狮市经济的更好更快发展。本报告从石狮市经济发展现状方面对其代表性产业现状和困境进行全面阐述，有针对性地提出解决对策建议，以促进石狮市经济的整体向前发展。

关键词： 石狮 支柱产业 产业结构升级

2017年，石狮市经济发展整体比较平稳，在工业、农业、固定资产、消费、外商投资、财政金融等方面健康发展，但是局部仍存在短板，作为石狮市支柱产业的服装产业和亟须转型的海洋产业仍然面临问题与挑战。深入探讨这两个行业的长期发展路径将有利于石狮市经济更好更快发展。

一 石狮市经济发展现状

2017年，石狮市经济平稳健康发展。其中生产总值为772.7亿元，增

* 丁玲（1982～），女，河北省辛集市人，泉州师范学院讲师，博士，研究方向为创新经济、区域经济。

长8.5%；财政总收入（不含基金）为60.1亿元，增长0.2%；固定资产投资（不含农户）为512.3亿元，增长14.1%；限额以上商业销售额为812.9亿元，增长20.2%，社会消费品零售总额为445.3亿元，增长8.9%，限额以上社会消费品零售额为142.5亿元，增长14.4%；全体居民人均可支配收入为46955元，增长7.9%，城镇居民人均可支配收入为54457元，增长7.3%，农村居民人均可支配收入为22803元，增长8.1%。具体分析如下。

（一）国民经济平稳健康发展

石狮市生产总值为772.7亿元，增长8.5%。第一产业完成增加值22.4亿元，下降6.9%。第二产业完成增加值393.4亿元，增长6.9%，对GDP增长贡献率为45.2%，拉动经济增长3.8个百分点。第三产业增加值为356.9亿元，增长11.6%，对GDP增长贡献率为57.1%，拉动经济增长4.9个百分点。三次产业比重之比为2.9∶50.9∶46.2，第三产业增加值比重比2016年提高2.21个百分点。

全市主要行业：工业增加值为351.9亿元，增长7.2%，对GDP增长贡献率为43.3%，拉动经济增长3.6个百分点；批发零售和住宿餐饮业增加值为123.8亿元，增长7.3%，对GDP增长贡献率为13.3%，拉动经济增长1.2个百分点。

（二）工业生产加快，农业生产平稳

规模以上工业总产值为1073.2亿元，增长9.6%，其中纺织服装业完成产值528.7亿元，增长8.5%，占规模以上工业总产值的49.3%；1~11月规模以上工业经济效益指数为267.7，比2016年同期提高28.64个百分点。全社会用电量为379606万度，增长3.4%，其中工业用电量为239594万度，增长3.1%；供水量为12297万吨，下降19.9%，工业用水量为6705.1万吨，下降23.5%。

全市港口货物吞吐量为3488.8万吨，增长4.7%；全市港口集装箱吞

吐量为162.5万标箱，增长1.4%。其中：石湖港口货物吞吐量为2828万吨，增长5.0%，石湖港口集装箱吞吐量为133.7万标箱，增长1.0%；华锦码头货物吞吐量为660.8万吨，增长3.4%，华锦码头集装箱吞吐量为28.8万标箱，增长3.3%。

农业生产平稳。农业总产值为46.2亿元，下降6.8%，水产品产量为442546吨，下降2.0%。

（三）固定资产投资增速加快

固定资产投资（不含农户）为512.3亿元，同比增长14.1%。按产业分，第一产业投资为4.4亿元，增长88.5%。第二产业投资为264.8亿元，增长25.2%，第二产业中，工业投资为264.3亿元，增长25.3%，占固定资产投资的比重为51.6%，其中技术改造投资为102.2亿元，增长7.1%。第三产业投资为243.1亿元，增长3.3%。按构成分，项目投资为446.4亿元，增长15.8%，房地产开发完成投资65.9亿元，增长3.6%。

（四）消费需求稳中有升，消费价格温和上涨

截至2018年1月底，全市累计实现限额以上商业销售额812.9亿元，增长20.2%，增速比上月累计提高0.8个百分点。社会消费品零售总额为445.3亿元，增长8.9%，增速比上季度累计提高0.6个百分点；限额以上社会消费品零售额为142.5亿元，增长14.4%，增幅比上月累计提高2.1个百分点。

全市居民消费价格指数为101.1（采用泉州市数据），同比上涨1.1%，涨幅比上月累计提高0.1个百分点。消费品价格指数为100.6，服务项目价格指数为101.9。八大类商品中，食品烟酒类同比下降1.2%；衣着类同比上涨1.5%；居住类同比上涨2.0%；生活用品及服务类同比上涨2.0%；交通和通信类同比上涨0.9%；教育文化和娱乐类同比上涨2.9%；医疗保健类同比上涨1.7%；其他用品和服务类同比上涨7.0%。

（五）外商投资持续增加，外贸出口不断增长

全市新批外商投资项目 55 个，合同外资额为 27488 万元；实际利用外资（验资口径）146430 万元，增长 3.2%，完成全年任务的 106.7%。

出口商品总值为 1456504 万元（截至 12 月的累计海关口径），增长 9.8%，增速比 1～11 月提高 0.6 个百分点，完成全年任务的 104.9%。

（六）财政金融平稳发展

全市完成财政总收入（不含基金）601069 万元，增长 0.2%，完成年度任务的 100%。其中一般预算收入为 415967 万元，增长 3.1%，完成年度任务的 102%，中央级收入为 185102 万元，下降 5.9%，完成年度任务的 95.9%；一般预算支出（不含基金）为 530832 万元，增长 9.2%。国税收入为 264305 万元，增长 0.3%。地税收入为 195966 万元，下降 9.2%。

截至 2017 年 12 月底，金融机构本外币存款余额为 664.5 亿元，同比下降 2.7%；金融机构本外币贷款余额为 704.4 亿元，同比下降 2.4%；境内住户存款余额（含本外币）为 428.0 亿元，同比增长 2.0%；存贷比例由年初的 105.6% 上升到 106.0%。

石狮市 2017 年 1～12 月主要指标完成情况见表 1。

表 1　石狮市 2017 年 1～12 月主要指标完成情况

主要指标		单位	2017 年计划	目标增长(%)	1～12 月实际	增长(%)	完成计划(%)
综合	石狮市生产总值	亿元		8.0	772.7	8.5	
	第一产业	亿元			22.4	-6.9	
	第二产业	亿元			393.4	6.9	
	第三产业	亿元		9.0	356.9	11.6	
	农业总产值	亿元			46.2	-6.8	
	工业增加值	亿元		7.5	351.9	7.2	
	规模以上工业增加值	亿元			254.9	7.9	
	社会消费品零售总额	亿元		11.0	445.3	8.9	
	限额以上社会消费品零售总额	亿元			142.5	14.4	
	固定资产投资(不含农户)	亿元		12.0	512.3	14.1	

续表

主要指标		单位	2017年计划	目标增长(%)	1~12月实际	增长(%)	完成计划(%)
财税	财政总收入(不含基金)	万元	600910	5.0	601069.0	0.2	100.0
	一般预算收入	万元	407800	5.0	415967.0	3.1	102.0
	中央级收入	万元	193110		185102.0	-5.9	95.9
	一般预算支出(不含基金)	万元	552454		530832.0	9.2	96.1
	国税收入	万元	281400		264305.0	0.3	93.9
	地税收入	万元	194510		195966.0	-9.2	100.7
金融	银行存款余额(本外币)	亿元			664.5	-2.7	
	境内住户存款余额	亿元			428.0	2.0	
	银行贷款余额(本外币)	亿元			704.4	-2.4	
外经外贸	新批外商投资项目数	个			55		
	合同外资额	万元			27488		
	实际利用外资(验资口径)	万元	137280		146430	3.2	106.7
	出口商品总值(2017年1~12月海关口径)	万元	1388044	3.0	1456504	9.8	104.9
水电	供水量	万吨			12297	-19.9	
	工业用水量	万吨			6705.1	-23.5	
	全社会用电量	万度			379606	3.4	
	工业用电量	万度			239594	3.1	
邮电	邮政(不包含速递和邮政银行)收入	万元			6527	12.0	
	电信业务收入	万元			29617	0.1	
	移动电话业务收入	万元			62093	3.9	
其他	水产品产量	吨			442546	-2.0	
	居民消费价格指数	%			101.1	1.1	
	港口货物吞吐量	万吨			3488.8	4.7	
	石湖码头港口货物吞吐量	万吨			2828.0	5.0	
	华锦码头货物吞吐量	万吨			660.8	3.4	
	集装箱吞吐量	标箱			1625178	1.4	
	石湖码头港口集装箱吞吐量	标箱			1337439	1.0	
	华锦码头集装箱吞吐量	标箱			287739	3.3	
	全体居民人均可支配收入	元		7.5	46955	7.9	
	城镇居民人均可支配收入	元			54457	7.3	
	农村居民人均可支配收入	元			22803	8.1	

注：三次产业比重之比为2.9∶50.9∶46.2。

资料来源：石狮市统计局。

二　石狮市代表性产业发展现状

服装产业和海洋产业分别是石狮市的支柱产业和亟须转型的产业，其发展关乎石狮市经济的整体水平。深入分析这两个行业的发展现状尤为重要。

（一）服装产业发展现状

石狮市以纺织服装与辅料产业立市强市，先后荣膺“中国休闲服装名城”“中国休闲面料商贸名城”“中国服装辅料服饰名镇”等荣誉称号，行业产值对城市 GDP 的贡献率超过 65%，全市拥有 3600 多家纺织服装企业，产业链和产业体系比较完善。石狮市是全国主要的服装生产基地和集散中心之一，素有“有街无处不经商，铺天盖地万式装”的美誉。纺织服装业作为石狮经济的支柱产业，经过 20 余年的发展，形成了一个独立完整、配套齐全的服装产业体系，集服装生产、辅料生产、服饰配件生产、印染、产品开发、市场营销等一系列完整的行业体系于一体，更于 2002 年荣获“中国服装休闲名城”的称号。继石狮市被命名为“中国休闲服装名城”之后，先后有蚶江、灵秀、宝盖、凤里四个镇分别被命名为“中国西裤名镇”、“中国运动休闲服装名镇”、“中国辅料名镇”和“中国童装名镇”，有 8 个品牌获得中国驰名商标，2 个品牌成为中国名牌，还有一大批企业获得省著名商标等，石狮市的休闲服装在海内外占据重要地位，成为中国休闲服装的领航者。纺织服装业作为石狮经济的支柱产业，经过 20 余年的发展，已自发形成一条以服装加工生产为核心的纺织服装产业链，涵盖纺织、漂染、成衣加工生产、辅料生产、市场营销等各个领域，并使石狮市成为中国纺织工业协会、中国服装协会第一批被授予的中国休闲服装名城，也是福建省首个国家级服装名城。石狮服装城的成型及成功运营，有效整合了区域内“一盘散沙式”的众多优势资源，优化了区域内产业布局，构筑和完善闽派服装产业链。依托石狮市的产业优势，石狮服装城以增强产业和企业竞争力为立足点，大力发展特色经营，以此来壮大规模，建立了以本地休闲服装为主，各种品类服装齐全的一级服装专业批发市场，走出了一条市场链加工促市场的发展道路。石狮服装城不仅仅局限于做一个服装交易市场，还具有其他多种功能。从第八届海峡两岸纺织服装博览会开始，相继举办100多场高层次的各类文化活动，并举办中国服装年会、中国欧盟社会责任论坛、2007中国服装流行趋势发布会、新丝路模特大赛、民间寻宝记、各知名服装品牌的新闻发布会等众多活动。从文化、经济、社会、历史等诸多不同层面印证了石狮市区域服装经济的重要性。

在2017年，石狮市的服装产业发展态势良好。2017年4月19日，聚集国内外行业智囊的全球纺织服装供应链大会在石狮正式开幕。这是该大会十年来首次移师“中国休闲服装名城”石狮，成为2017年第三届海丝国际艺术节系列活动之海丝海博会的新亮点，它为石狮企业更全面地了解和参与全球纺织供应链提供了新的契机。2017年11月7日，石狮用实际行动把党的十九大报告中提出的“激发和保护企业家精神”落在了实处——由石狮法院以及石狮纺织服装产业联盟联合打造的、全国首个“石狮纺织服装法庭”及商务纠纷人民调解委员会在石狮轻纺城正式挂牌，实现了营造依法保护企业家合法权益的法治环境。石狮市人民法院主动服务，送法上门，通过“石狮纺织服装法庭”，“定向定制”地负责联盟会员企业涉诉纠纷的立案、调解、审判等工作，做到涉诉纠纷的立案、调解、审判一体化、一站式服务，产业联盟会员企业可以专心做大做强自己的实业。“一馆一院一中心”落户石狮，实现了政府引导，搭建服务平台，引导人才、科技、企业等各类创新要素有效地集聚，有利于促进石狮纺织服装产业科技创新和推动地方经济发展。

（二）海洋产业发展现状

石狮市是福建省农业现代化建设示范县（市）之一，是福建省的重点渔区之一，也是全国“五大渔港”、“渔业百强县（市）”和全省“渔业十强县（市）”之一。全市沿海有5个镇30个渔村，渔业人口近5万人，从业人员1.5万余人，在发展水产品深加工业具有许多独特优势。

1. 渔港建设步伐加快

石狮市已拥有8个国家级渔港，具体为：国家中心渔港1个，即祥芝中心渔港；国家一级渔港1个，即东埔一级渔港（在建）；国家二级渔港4个（在建）；国家三级渔港2个。近年来，各级投入8个渔港建设资金达20392.57万元，岸线长度为6500米，水域面积为151万平方米，陆域面积为44.7万平方米，码头长度为935米，防波堤长度为2588米，护岸长度为1260米，可供1500多艘大小渔船靠泊避风，基本满足了全市渔船停泊、避风、卸鱼、补给等需求，为发展海洋捕捞业创造了良好的硬环境。

2. 海洋捕捞业发达

石狮市已经拥有大马力钢质生产渔轮519艘，钢质辅助渔船146艘，占全省钢质生产渔轮一半以上，渔业船舶修造厂6家，大大提升了外海捕捞的生产能力和安全生产性能。海产品品种独特，如鲹鱼、鱿鱼及低级鱼类等品种，其中鲹鱼占10万吨，鱿鱼市场价格高。发达的捕捞业为海产品的深加工提供了丰富的水产资源。全市水产品产量为351952吨，其中海洋捕捞产品产量占91.1%。如果连外籍渔船停靠卸鱼进行的市场交易也算在内，则水产品产量超过50万吨。

3. 水产养殖业发展较快

石狮市充分利用各镇海域特点，大力推广特色养殖。全市水产规模化养殖场为26家，养殖专业户为405户，海水养殖面积为965公顷，产量为31068吨。石狮市水产品加工已有一定基础。但在海洋经济占GDP比例方面，石狮市明显落后于发达国家，因此，石狮市应加快发展海洋延伸的产业链，提升海洋产业的占比，调整城市发展结构，至少提升至50%，改变石狮市在区域发展中的地位，从而实现以海洋业发展为主体的石狮市产业转型。

三　石狮市代表性产业发展困境

石狮市虽然取得了稳步发展态势，但是极具代表性的服装产业和海洋产业仍然存在一些发展困境，具体分析如下。

（一）服装产业发展困境

1. 服装产业整体定位偏低

石狮市的服装出口长期以来都以量取胜，中低档服装产品占据很高比例。石狮市服装的出口一直以低加工度的产品为主，即借用石狮丰富而廉价的劳动力，以加工贸易为主，低档次、低价格、低效益。石狮市服装企业很多没有特有的设计研发机构，服装加工企业生产的产品大多是由国外提供样本或技术，还存在一定数量产品的抄袭。服装价格的主要影响因素是科技含量、产品附加值。一些国外知名品牌的研发设计费用能够占据销售收入的1/4左右，这正是石狮市服装企业远不可及的重要原因。

2. 品牌特色缺乏辨识度

国际大牌服装的设计涵盖功能性、科技性与独创性。而石狮市服装品牌一直模仿欧美日韩，很难在国际品牌中立足。即使有了自己的品牌，其服装定位也相当模糊，消费者很难从众多的品牌服装中识别出这些品牌，更不会涉及品牌忠诚度。模糊的品牌定位会使消费者对企业生产的服装产生不信任的心理，也会促使消费者购买其他品牌服装。目前，国内市场上能够在国际上被认可并且有较高知名度的服装品牌寥寥无几。

3. 廉价劳动力优势逐步丧失

石狮市服装行业的发展不能仅仅局限于劳动力廉价的优势，因为劳动密集型服装的价格与发达国家进口的先进技术的价格悬殊。随着国内经济水平的不断提升，劳动力价格必然相应提升，劳动力成本相对优势将逐渐降低，外商将从石狮市撤出去并寻找成本更低的生产加工基地，单纯依靠劳动力成本低廉无法保证石狮服装行业的长远发展。

（二）海洋产业发展困境

1. 海洋产业结构和层次亟待升级

石狮市海洋产业仍处于传统的以粗放开发为主的初级阶段，比如水产品加工方面。目前发达国家水产品加工率已达70%，而泉州水产品加工率不足50%，且大部分为冷冻、冷藏等初加工。而海洋工程装备、海洋生物医药、海洋文化创意、涉海金融服务业等现代海洋产业虽然近年来发展较快，但总体规模依然不大，缺乏一批层次高、带动力强的龙头企业。

2. 海洋产业集聚效应尚未形成

海洋产业园区建设进展缓慢，大部分海洋产业还停留在规划编制、基础设施建设阶段，比较成熟、独具特色的不多，低水平、简单重复和聚集现象严重，园区内企业之间业务关联性和技术关联性不大，尚未形成完整的产业链和研发链。

3. 海洋科技自主创新能力有待提高

石狮市拥有一些海洋研究机构，但海洋科技力量主要集中在海洋水产、海洋环境方面，支撑现代临港产业、海洋新兴产业发展的科技经费投入不足，领军团队和人才匮乏，关键领域缺少具有自主知识产权的核心技术和科研成果转化机制，科技转化进步对海洋经济的贡献率不高。

四　石狮市代表性产业发展的相关建议

根据石狮市服装产业与海洋产业的发展现状与困境，探索进一步发展的相关建议，将有利于石狮市经济的整体健康发展。

（一）服装产业的发展建议

1. 细分市场，重新定位

对石狮市服装产业集群而言，面向所有人群的市场定位就是没有市场，唯有实施错位经营，细分市场才是出路。经济学把一个市场分为四种竞争状态：完全竞争、垄断竞争、寡头垄断和完全垄断。其中完全垄断对于以追求最高利润为目的的企业来说最为有利，而占领细分市场，在某种意义上来说意味着在该细分领域的垄断，有利于企业发展。石狮市服装产业要突破低端锁定，实现产业进一步升级。

2. 技术创新，设计创新

产业升级最根本的驱动力是技术创新，而技术创新能力提高离不开合理的激励制度。健全的知识产权保护体系可以保护企业维护专利权，从而垄断专利内的利润。鼓励服装加工代工企业创建自己的品牌，从工艺技术、新型原材料技术等方面增强企业的创新能力，进一步提升企业核心竞争力。此外，当地服装产品的同质化现象较严重，设计观念不强，企业必须加大对服装设计方面的投入，从行动上重视设计，自成风格才是上策。

3. 与时俱进，发展电商

随着电子商务的兴起，服装产业普遍有了发展电子商务的意识，可实现降低成本、提高效益的最终目的。电子商务促进了服装产业的发展，与此同时，服装产业也促进了电子商务的发展。传统的企业之间交易往往要耗费大量的时间及资源，而电子商务可以扩大企业的活动范围，企业跨地区以至跨国界发展，都将不受高成本、高消耗的制约。网络使企业间信息的交流更方便、更快捷，容易形成互补互利互惠的合作关系，以便形成更具规模、实力增强的经营管理运营模式，一定程度上解决了劳动力价格上涨的问题。

4. 打造国际知名品牌

品牌在当今经济社会的激烈竞争中已经成为重要武器，质量是品牌的核心。品牌意味着一个企业的高信誉、高品质、高效益、高成本。品牌能够使人保持长久的忠诚以及充分的信赖，更能够传达出企业的文化、企业的历史、企业的价值和个性。良好的品牌形象可增强消费者的购买欲望，从而有利于销售。而品牌本身作为一种无形资产，是产品附加值的总称，是一个企业及其产品的综合体，它涵盖了企业管理、创新能力、市场定位、营销服务等多方面的综合特征，因此，石狮服装产业集群企业应当重视自有品牌的创建，从生产的每一个环节抓起，实现企业服装产品从石狮制造向石狮创造的跨越。

（二）海洋产业的发展建议

1. 培育壮大海洋产业龙头企业

培育龙头企业，实现结构调整和优化升级，是加快泉州海洋产业转型升级的重要路径和突破口。注重发挥比较优势，选择优势明显、特色鲜明的海洋产业和企业进行重点培育，及时跟踪分析企业发展中存在的问题，有针对性地加强指导和服务，进一步推动石狮华宝等一批海洋产业龙头企业做大做强，提升龙头企业的核心竞争力。积极引进一批世界100强、台湾百大、全国500强企业及全国500强民营企业中的涉海企业，促进石狮市海洋产业龙头企业规模实力快速壮大，质量效益全面提升。

2. 加快推进海洋产业项目建设

项目是加快泉州海洋产业转型升级、建立现代海洋产业体系的重要载体。要围绕海洋生物医药、海洋工程装备、邮轮游艇、海水淡化、海洋旅游与文化创意等海洋重点产业，梳理筛选一批重点项目，建立有效的工作推进机制，加强协调服务，落实好项目用地、用林、用海、环评、资金等相关指标需求，帮助解决项目建设中存在的问题，推动项目加快建设，争取早见成效。要借鉴泉州支持大型食品加工企业进行海洋食品加工的成功经验，鼓励和支持石狮市机械装备、食品加工等各类龙头企业进军海洋产业，策划生产一批现代海洋产业项目，不断增强海洋产业发展后劲。

3. 提升海洋科技创新能力

科技创新是加快海洋产业转型升级的重要支撑，要将海洋科技作为全市科技发展的重中之重。利用现有的科技资源，加强与外部合作，积极争取教育部、国家海洋局等加大支持力度，推动海洋研究中心加快建设；鼓励科研院校与行业协会、产业园区等开展合作，建立一批科技创新与服务平台、产学研用联盟，引进、培养一批海洋领军人才和研发团队。积极攻关海洋生物医药、海洋工程装备、海水淡化等一批海洋产业重大关键共性技术。推动更多先进适用技术、共性技术成功对接，为海洋产业转型升级提供科技支撑。

4. 深化海洋领域的开放合作

要积极融入国家“一带一路”建设。当前，国家正在研究编制“丝绸之路经济带”和“21世纪海上丝绸之路”规划，石狮市要进一步加强相关研究，制定出台相关融入措施，发挥海上丝绸之路节点城市的作用，加强与东亚、南亚、西亚等国家和地区的经贸合作与人文交流，积极争取国家加大对福建省包括海洋经济在内的政策、项目、资金等支持力度，建设海上丝绸之路的桥头堡。要落实两岸服务贸易协议等后续协议，加快推进两岸海洋生物医药、游艇、港口物流、滨海旅游等产业对接，积极支持与台湾自由经济示范区开展合作，提升两岸海洋经济合作水平。要加强与浙江、广东等海洋经济发达地区的合作，建立常态化交流机制，共同开展海洋产业技术攻关，推进跨省区域的海洋产业错位发展，构建优势互补、良性互动、协调发展的合作新格局。

B.23
2017年安溪县经济发展形势报告

张 豪　郑健体　郭 志*

摘　要： 2017年安溪县宏观经济指标稳步上升，微观经济指标也实现小幅上升，经济发展趋于平稳，但与其他县域经济发展仍存在一定差距。本报告从安溪县经济发展的各项指标中分析发展现状、发展中存在的问题及原因，从而有针对性地提出促进安溪县经济发展的措施，以促进安溪县经济朝着更好的方向发展。

关键词： 安溪　三次产业分类法　科教兴县

一　安溪县经济发展现状

（一）国民经济主要指标分析

2017年的经济统计数据显示，安溪县经济发展相对平稳。全年实现地区生产总值515.33亿元，按可比价格计算，比2016年增长8.9%。其中第一产业增加值为41.75亿元，增长4.3%；第二产业增加值为268.20亿元，增长7.9%；第三产业增加值为205.38亿元，增长11.4%（见表1）。第一、二、三产业对GDP增长的贡献率分别为4.0%、47.2%、48.8%，

* 张豪（1988～），男，福建泉州人，泉州师范学院讲师，博士，研究方向为组织战略与政策分析；郑健体（1981～），福建泉州人，泉州师范学院讲师，博士，研究方向为金融计算、量化价值投资；郭志（1978～），男，湖南常德人，泉州师范学院讲师，博士，研究方向为数理金融。

分别拉动GDP增长0.4个、4.2个、4.3个百分点。三次产业占GDP的比例之比为8.1∶52.0∶39.9。按常住人口计算，人均地区生产总值为46244元，比2016年增长8.2%。全年居民消费价格指数（CPI）比2016年上涨1.1%，其中消费品价格上涨0.6%，服务项目价格上涨0.5%。工业生产价格指数（PPI）比2016年上涨3.7%。2017年安溪县宏观经济指标稳步上升，微观经济指标也实现小幅上升，经济发展趋于平稳（见表1）。

表1　安溪县2017年1～12月国民经济主要指标

单位：亿元，%

指标	1～12月	
	实际	增长
一、地区生产总值	515.33	8.9
第一产业	41.75	4.3
第二产业	268.20	7.9
工业	234.35	8.5
建筑业	33.89	3.6
第三产业	205.38	11.4
二、农林牧渔业总产值	65.79	4.2
三、规模工业产值	735.32	11.5
规模以上工业增加值	204.51	9.1
规模以下工业增加值	15.41	4.8
四、公共财政(不含基金)	40.49	8.8
公共财政预算收入	26.57	9.3
公共财政预算支出	63.10	16.7
五、出口商品总额	30.07	4.2
实际使用外资(验资口径)	6.73	11.5
六、社会消费品零售总额	262.42	10.5

资料来源：安溪县人民政府2017年统计信息。

（二）主要经济指标的纵向比较

从表2的数据可知，2013年以来安溪县的经济发展总体上呈现稳步增长的态势。2013年安溪县地区生产总值为381.22亿元，至2017年安溪县地区生产总值已达515.33亿元，实现了5年内地区生产总值的稳步增长。2013年以来，居民消费价格累计指数呈逐年小幅下降的趋势。安溪县在2013～2017年出口不稳定，波动比较大。2013年安溪县出口商品总额为41215万美元，同比增长13.14%；2014年出口总额为53473万美元，同比增长31.5%，是安溪县五年来出口增长幅度最大的一年；2015年出口总额为42901万美元，同比增长0.6%；2016年出口总额为39950万美元，同比下降9.3%，第一次出现负增长，出口形势严峻；2017年出口总额为46019万美元，同比增长4.2%，出口形势有所回暖。2013～2017年，安溪县固定资产投资和财政收入两个项目在泉州市处于中等水平，固定资产投资力度不够大，财政收入较低。

表2　2013～2017年安溪县主要经济发展指标比较

年份	地区生产总值(亿元)	居民消费价格累计指数	出口商品总额(万美元)	出口增长率(%)	固定资产投资总额在泉州市排名(15个县)(名)	财政收入在泉州市排名(15个县)(名)
2013	381.22	102.4	41215	13.14	7	8
2014	410.19	102.1	53473	31.5	5	7
2015	424.03	101.8	42901	0.6	5	8
2016	466.37	101.1	39950	-9.3	5	7
2017	515.33	101.1	46019	4.2	5	7

资料来源：《泉州统计年鉴》(2014～2018年)。

（三）主要经济数据的横向比较

2017年安溪县与晋江市经济社会情况如表3所示。

表3　2017年安溪县与晋江市经济社会情况

县名	人口(万人)	国内生产总值(亿元)	经济增长率(%)	第一产业产值(亿元)	第二产业产值(亿元)	第三产业产值(亿元)
晋江市	210.3	1981.50	8.2	21.29	1196.11	764.10
安溪县	101.9	515.33	8.9	41.75	268.20	205.38

资料来源：泉州市《2018年统计手册》。

（四）产业结构分析

通过表 3 对安溪县和晋江市进行以下三方面的比较。

1. 县域经济实力的比较

从表 3 看，晋江市的经济规模（生产总值）大体等于安溪县的四倍左右，该历史格局多年来未发生变化。晋江市是福建省经济强市，经济体量大，产业集群优势明显，资本运作活跃，是福建省众多县域中经济较为发达的县域。安溪县经济实力同发达的县域存在较大的差距。

2. 经济增速的比较

2017 年晋江市经济增长 8.2%，安溪县经济增长 8.9%，在经济增长速度上安溪县略占优势。全国经济增长速度为 6.9%，两县域的经济增长速度都远远超过了全国平均水平，两县域在经济增长方面较为乐观。

3. 三大产业规模的比较

安溪县第一产业产值为 41.75 万元，晋江市第一产业产值为 21.29 万元，安溪县较晋江市第一产业贡献较多。安溪县第二产业产值为 268.20 亿元，仅为晋江市第二产业产值的 2/9 左右。第三产业产值为 205.38 亿元，仅为晋江市第三产业产值的 1/4 左右。从以上数据可知，安溪县和晋江市的产业结构都是“二三一”类型，但是三大产业对地区生产总值的贡献比例和绝对量存在较大差异。安溪县三大产业产值之比为 8.1∶52∶39.9，晋江市三大产业产值之比为 1.1∶60.4∶38.6，两县第三产业贡献比例相差不大，晋江市第二产业产值占地区生产总值的比例要高于安溪县，但是第一产业产值占生产总值比例低于安溪县。晋江市的第二产业发展良好，虽然两县域产业结构都具有“二三一”结构类型，但是从具体比例可以看出，晋江市的产业结构更趋合理。

根据费歇尔的“三次产业分类法”分析 2013 ~2017 年的产业结构变化情况。“三次产业分类法”将产业分为三类：第一产业是包括种植业、林业、畜牧业和渔业在内的农业；第二产业主要是工业和建筑业；第三产业包括流通和服务部门，主要服务于第一产业和第二产业。根据表 4 和图 1 可知，2013 年第一产业产值为 33.81 亿元，第二产业产值为 212.05 亿元，第三产业产值为 135.37 亿元，三次产业结构之比为8.9∶55.6∶35.5，属于“二三一”结构类型。2014年第一产业产值为35.41亿元，第二产业产值为226.55亿元，第三产业产值为148.23亿元，三次产业结构之比为8.6∶55.2∶36.1，属于“二三一”结构类型。2015年第一产业产值为36.73亿元，第二产业产值为226亿元，第三产业产值为161.3亿元，产业结构之比为8.7∶53.3∶38.0，属于“二三一”结构类型。2016年第一产业产值为41.28亿元，第二产业产值为245.68亿元，第三产业产值为179.41亿元，三次产业结构之比为8.9∶52.7∶38.5，属于“二三一”结构类型。2017年第一产业产值为41.75亿元，第二产业产值为268.2亿元，第三产业产值为205.38亿元，三次产业结构之比为8.1∶52.0∶39.9，属于“二三一”产业结构类型。2013～2017年安溪县三次产业结构比例都出现了细微的变化，但是产业结构类型一直属于“二三一”的结构类型。

表4　2013～2017年安溪县三次产业产值情况

单位：亿元

年份	第一产业	第二产业	第三产业
2013	33.81	212.05	135.37
2014	35.41	226.55	148.23
2015	36.73	226	161.3
2016	41.28	245.68	179.41
2017	41.75	268.2	205.38

资料来源：《泉州统计年鉴》（2014～2018年）。

从全国农村产业结构发展状况来看，可以分析安溪县产业结构的合理化程度。1979年以前，我国农村的产业结构存在一个明显的特征，就是以农业为主，经济结构单一，属于典型的粮食型结构；1979年以后，我国农村产业结构发生明显变化，逐渐走向合理，农业产值比重下降，第二、三产业产值超过了第一产业，实现了向“二三一”产业结构类型的转变。这是全国农村地区产业结构走向合理、科学必须经历的过程。安溪县连续五年产业结构都属于“二三一”产业结构类型，说明安溪县农业结构已不再是单一的粮食型结构，产业结构得到了一定程度的调整和升级。但是安溪县产业结构不合理没有彻底改变，县域经济供需不平衡、县域资源配置效率不佳、县域经济增长缓慢等问题仍然存在，只有很好解决以上问题，才能构建一个相对合理的产业结构。

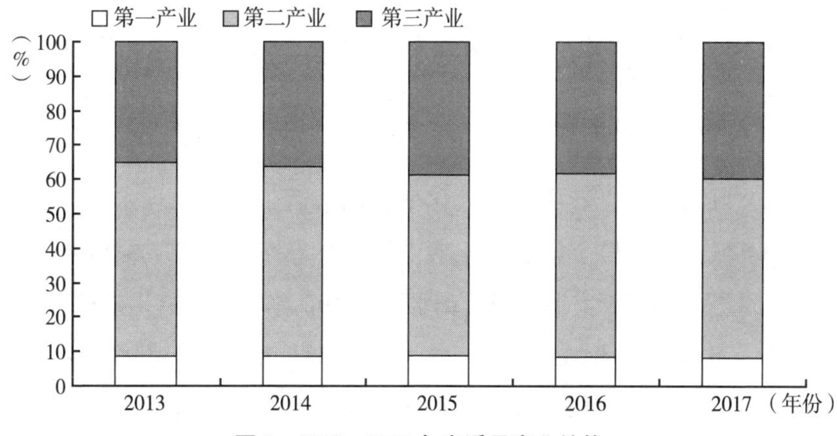

图1　2013～2017年安溪县产业结构

资料来源：《泉州统计年鉴》（2014～2018年）。

二　安溪县经济发展存在的问题

（一）安溪内外发展不平衡

安溪县以湖头盆口地西缘的阆山至龙门跌死虎岭西缘为天然分界线，分为内安溪和外安溪，安溪县内、县外发展不平衡问题十分严重，主要表现为基础设施差异和产业结构差异。

1. 基础设施差异

外安溪基础设施较为完善，各乡镇交通便捷、电力充足、供水设施完备，通信、有线电视、光纤联网覆盖所有乡镇，金融机构、涉外服务、医疗单位等较为完善。内安溪较为偏僻，交通不便，工业生产设备落后，水利工程建设力度小，农业灌溉设施落后，工业发展条件差，严重制约经济发展。

2. 产业结构差异

外安溪工业基础设施完善，聚集了众多工业小区和经济园区，形成了统一规划、统一征地、统一设计的工业走廊，地区生产总值中工业产值贡献显著，工业化水平较高。内安溪地势陡峭，受地形限制，不具备大规模工业化生产条件，以粮食、畜牧、茶业、林业为支柱产业，二、三产业贡献率不高。

（二）城镇化水平低

从图 2 可以看出，安溪县城镇化率长期落后于全国平均水平，相对来说，安溪县城镇化率较全国城镇化率变动更平稳一些。2013 ~2014 年，全国城镇化水平整体高于安溪县城镇化水平，2013 年二者城镇化率相差 15. 33 个百分点，2014 年二者城镇化率相差 12. 9 个百分点，城镇化差距逐渐缩小。2015 ~2016 年，全国城镇化水平继续高于安溪县城镇化水平，2015 年二者城镇化率相差 13. 3 个百分点，2016 年二者城镇化率相差 18. 9 个百分点，城镇化差距扩大。2017 年，由于全国城镇化率下降，安溪县城镇化率上升，两者差距缩小。长期以来，安溪县城镇化水平较低且城镇化质量不高。从区位因素看，安溪县地理位置偏僻，与城市的联系较少，县域信息资源相对封闭，阻碍城镇化水平的提高。从人口因素看，安溪县人口密度小，

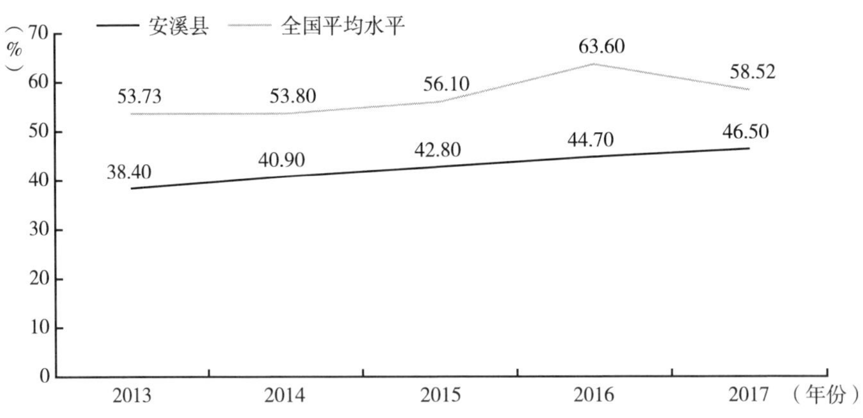

图 2　2013 ~2017 年安溪县与全国城镇化率对比

资料来源：《泉州统计年鉴》（2014 ~2018 年）。

人口结构不合理，农村人口仍占安溪县人口的一半以上，人口质量不高，2017 年安溪县青壮年人口仅占全县总人口的 30.37%，人口形势严峻。从生产因素看，县域基础设施不完善，无法满足农民生产生活需要，县域内部生产方式落后，生产设备老旧，严重阻碍县域农业发展。基于以上分析可知，安溪县城镇化率低，城镇化水平不高，城镇化的发展面临巨大挑战。

（三）对外开放水平低

县域经济的对外开放水平，一定程度上决定着县域产业结构和生产力水平。在经济全球化大背景下，县域生产不仅要面向全国市场，还要面向世界市场。近年来，安溪县在招商引资、扩大出口创汇等方面取得了一定成就，但是安溪县在对外开放的过程中仍存在许多问题和不足。

1. 出口产品质量低，大型出口企业数量少

安溪县出口产品主要为资源密集型和劳动密集型产品，附加值高的产品出口量较小。茶产品是安溪县的主要出口产品，茶产品属于资源密集型和劳动密集型产品，其对当地资源和劳动要素依赖程度较高。

2. 开放型人才匮乏，对外开放缺乏智力支持

拥有专业知识的高素质人才逐渐向大城市迁移，安溪县人才流失严重，对外开放缺乏外向型的、国际化的人才支持，对外开放战略无法实施。

3. 可利用外资少，企业开放水平低

长期以来，安溪县获得的外资投入极不稳定且数额较少。企业规模小，集聚效应难以发挥作用，对外开放水平低，产品在国际市场上竞争力差，加之国际关系复杂，严重打击了企业“走出去”的信心。

（四）教育科技水平落后

安溪县教育科技水平与经济发达的县域存在巨大差距。近年来，安溪县在调整学校布局、改进教学工作等方面取得了一定成绩，但是教学基础设施落后、村民受教育程度低的历史格局仍未打破。县域生产生活条件落后，对人才吸引力不强，县内受过高等教育的青年才俊为谋发展都向大城市迁移，

人才流失严重。安溪县基础设施落后，科技型人才稀缺，对科技创新的财政投入较少，科技缺乏资金的支持，科技创新发展空间狭小。科技是县域经济内生增长的首要动力，缺乏科技的支持就缺乏经济增长的首要动力。

（五）经济布局不合理

安溪县经济布局分散，产业集聚效应难以发挥作用，严重阻碍了安溪县经济的增长与发展。安溪县辖 13 个镇、11 个乡，以五阆山、跌死虎山为界，西部称内安溪，东部称外安溪。受自然环境影响，内安溪主要发展粮食、林业、茶叶等资源密集型产业，整个半县分布着大大小小的茶产区、农副产品加工区，然而规模较大的茶叶加工企业却坐落在较远的外安溪，相关企业在内安溪集聚效应较差，“有产业、无企业”问题亟待解决。外安溪经济发展较为良好，工业化水平相对较高，内部产业结构趋于多样化。外安溪聚集着美法、吾都、上山、龙桥园等具有一定规模的工业园区，规划形成电子机械、服装鞋帽、食品加工和石材加工等产业功能区，支柱产业为茶叶、藤铁和建材业。外安溪整体发展水平较好，工业有逐步聚集的现象。从安溪县整体经济布局看，内安溪与外安溪经济发展水平差距较大，产业结构与资源状况配合度不高，工业布局比较分散。从思想层面来看，县民思想保守，观念落后，区域发展战略意识不强，严重阻碍了区域经济一体化发展。从产业结构来看，安溪县三次产业结构呈现“二三一”结构，与全省发展状况一致，但其工业总产值一直远远落后于其他较为发达的县域，工业化还处于初级阶段，工业集聚效应不明显。从科技投入来看，安溪县科技投入少，科技型人才急缺，无法开展科技创新工作，科技水平落后，产业集聚难度大。

三　安溪县经济发展问题的原因分析

（一）自然环境的制约

内安溪和外安溪地形差异较大。外安溪以低山丘陵和盆地为主，耕地面积广阔，施工难度较小，更有利于农业的生产和工业基地的建设，为企业发展提供便利条件。内安溪以山地为主，山多地少，地势起伏大，地形陡峭，农业生产条件苛刻，工业基地建立难度大、成本高，内安溪发展受到极大约束。由于地形地貌差异，又形成了内外安溪明显不同的气候特点。东部外安溪属南亚热带，年平均温度相对较高，夏季长而炎热，冬季短而无寒，农作物一年三熟；西部内安溪山峦起伏，地势错综复杂，受西北方气流影响较大，气候复杂，农作物常受“三寒”危害，农作物一般只有两熟，气候原因直接导致内安溪粮食产量低于外安溪。地形地势复杂，交通不便，加大了安溪县基础设施建设的难度，阻碍了县域城镇化、工业化进程的推进，致使产业集聚无法实现，严重阻碍了安溪县经济增长与发展。另外，梯田层叠，田畴狭隘，耕作条件差，自然灾害频发等问题又极大挫伤了农民的生产积极性，不利于县域农业快速发展。

（二）经济基础薄弱

安溪县经济基础薄弱，1985 年安溪县工农业总产值仅为 21978 万元，农民人均纯收入仅为 270 元，为国家贫困县。经历一段时期的经济发展，安溪县经济综合实力不断增强，至 2003 年入围全国百强县，成功摆脱“贫困县”称号。但是历史遗留下来的经济发展弊端没有彻底改变，基础设施老旧、经济基础薄弱、经济体制不合理等问题依旧存在。

新中国成立以前，安溪县经济属于典型的“农业经济”，二、三产业基本停滞发展，生产力发展受到极大阻碍。改革开放以后，安溪县应国家经济体制改革要求，实行“家庭联产承包责任制”，农业得到了较快发展，农村经济逐步由单一、自给自足的落后自然经济走向开放、竞争的商品化经济。“制度因素是经济增长的关键”，经济体制的历史演进促成如今安溪县的经济发展局面，并在一定程度上限制安溪县经济发展。

（三）高素质人才稀缺

从安溪县经济发展过程中遇到的问题可以发现，由于缺乏开放型、科技型人才，安溪县经济开放水平较低、科技发展水平落后、经济布局不合理等县域发展问题一直得不到解决。高素质人才稀缺严重阻碍安溪县经济发展，主要表现为以下三个方面。

1. 高素质人才数量少且人才流失严重

安溪县城镇化水平不高，多农村人口，劳动力素质低下，高素质人才较少。安溪县属于地理位置偏僻的欠发达地区，县内科研条件差，很难吸引大城市里的高素质人才，而且县内受教育水平较高的大学生在安溪县无法大展拳脚，不断往城市转移，人才流失严重。

2. 教育体系不完善，师资力量不足

安溪县近年来在完善教育基础设施上取得一定成就，但是县域经济发展落后局面仍然存在。县域教育体系不完善，基础设施落后，师资力量不足，劳动者文化程度普遍较低，加上传统思想观念浓厚，科技意识薄弱，很难冲破传统教学的束缚，科教水平十分落后。

3. 县域人才结构和质量较差

人才的结构和质量直接影响安溪县经济的结构和质量。按照世界银行测算，人才这一生产要素对经济发展的贡献比例，发达国家可达到 50%，而发展中国家仅为 30%。安溪县人才结构较为单一，科技型、专业性人才缺口较大，县域经济现代化、信息化受阻。另外，企业管理人才和技能人才的不足也制约了生产服务业的发展。

（四）财政困难，发展资金缺口大

我国财政体制实行分税制，财力向省市集中。国内商业银行的工作重心主要在城市，安溪县属于偏远的欠发达县域，争取国内商业银行贷款支持的难度较大。另外，安溪县获取外来资金支持难度大，县内财政收入来源较少，可用财力绝大部分被用于维持政府机构和发放公务员和事业单位人员的工资，提供公共服务方面的资金缺口巨大，难以满足教育、卫生、基础建设的支出需求，不能为安溪县的城镇化、工业化进程提供资金，限制了安溪县科教活动的开展，严重阻碍了安溪县经济发展。

（五）县域政府管理能力不足

县域经济发展离不开国家发展的大背景、大环境，国家政策、体制改革等都会对县域经济产生重大影响。政府在县域经济的宏观调控和微观引导上起关键作用。安溪县政府在宏观经济布局、主体功能区规划、引导企业集群建设等方面尚存在许多不足。从宏观经济布局来看，安溪县政府肩负着调控经济日常运转、组织全县生产发展、调整结构升级等重任，在经济发展中扮演重要角色。然而政府执政能力尚有不足，缺乏大局观。县域经济总体布局分散，工业分散现象尤为严重，较大程度上制约了安溪县经济发展。从对主体功能区的规划来看，安溪县经济园区空间布局散乱，产业关联度较差，经济园区定位模糊，园区环境保护工作没有落到实处，在经济园区的管理上缺乏科学性与合理性。从引导企业集群建设上看，政府对县域微小企业的扶持要注意发挥市场的作用。政府只限于作为经济发展的“推动者”，不是县域经济发展的“主角”。政府的过分干预会对资源配置造成不利影响，还会出现“政府失灵”的问题。

四　促进安溪县经济发展的措施

（一）提高县域农业信息化服务能力

传统的农业方式已经无法助力安溪县农业快速发展，安溪县农业必须依托科学的现代化生产方式才能在经济发展中发挥重要作用。安溪县农业要走向专业化、现代化，必须提高县域的农业信息化服务能力。一是重视和加强农村农业信息化基础设施建设，完善全县的硬件设备，使互联网、无线网络覆盖全村；二是要加强对农民信息技能的培训，加强信息专业人才的培养，构建农业信息部门，组建高质量的服务团队；三是要充分发挥全社会资产要素以进行专业化、大规模农业生产，改变传

统的农业生产方式，不断完善数字化智能服务体系，让农业生产与互联网相结合，促进安溪县农业生产由劳动密集型生产转向资本技术密集型生产，增强农产品的市场竞争力。

（二）加大人力资源的挖掘力度

经济竞争是人才的竞争，是人力资源综合素质的竞争。要加快安溪县经济发展，必须重视人才的引进和发展，加大人力资源的挖掘力度。安溪县可以从以下几个方面做好县内人才的引进和培养工作。首先，吸引高素质人才进县，首要任务是优化人才成长的环境。在保障义务教育的前提下，注重发展高中教育、职业教育和专业技能培训等多种形式的教育。建立人才培养重点工程，注重培养主导产业的高层次人才，培养高质量的制造业技术人员。政府要加大对人才的投资，设立科研经费和各种奖励机制，制定优惠政策，吸引更多的高素质人才为安溪县经济发展服务。其次，要根据安溪县实际情况，合理配置劳动力资源，使人才在安溪县能真正施展他们的才华，使安溪县的实际问题能得到解决。结合县内经济发展的需要，与当地科研机构和高校院所合作，努力支持双方事业和工作，互利互惠，互帮互助。最后，人是决定企业素质优劣的关键因素，要切实提升民营企业的整体素质。民营企业产品档次低，管理方式落后，知名品牌少，其中最重要的是缺少人才。要加强企业家队伍的建设，组织企业家外出考察，开阔眼界，增长见识，提高政策和管理水平。重视对企业急需人才的引进和培训，尽快建立服务县域企业的人才中介机构，依靠先进人才的力量，提升企业市场竞争力，将企业做大做强。

（三）寻求融资途径，加大融资力度

资金筹措是项目工作的难点和关键环节，目前制约安溪县项目开发建设的最大因素是资金困难，因此，必须走出传统的筹资路子，用改革的思路、市场的办法，提倡投资主体多元化和“谁投资、谁建设、谁经营、谁受益”的原则，采取多种形式进行筹资。一是把握国家扩大内需、调整经济结构、增加投资有利契机和政策延续性，积极争取国家、省、市建设资金支持。二是积极争取金融部门的贷款支持。根据国家取消基建信贷规模，实行银行商业化管理的灵活政策，进一步沟通金融机构，把投向好、见效快、回报率高的项目向金融部门推介。三是进一步转变思想观念，积极支持和鼓励民间投资。要认真落实省政府《关于进一步促进和引导民间投资的若干规定》，在市场准入、融资渠道、建设用地、软环境建设等方面为民间投资创造良好的发展环境。四是扩大开放，加大外资利用步伐。要努力改善投资软硬环境，加深项目前期工作，简化项目审批手续，制定合理优惠政策，进一步拓展利用外资方式。五是加强山海协作和横向联合，吸引县外资金投入。六是建立重点建设基金，确保基础设施建设有稳定资金来源。七是建立投资营运和担保主体。通过组建资产营运公司，盘活现有资产，滚动发展，增加投资，并建立地方投资担保主体，积极为重点建设的贷款提供担保，进一步提高融资能力。

（四）提高乡镇政府行政效能和管理能力

政府要加强安溪县基础设施的建设，不断完善全县基础设施及其他生产设备，加大对县内基础设施建设资金的投入。林毅夫说："如果财政能够更大地来支持农村生活基础设施投入的话，则可以起到四两拨千斤的作用。"农村的基础设施本身就是一个消费需求，将创造更多的消费需求，创造更多的就业机会，消耗县内闲置的劳动力和产能。县内存在巨大的消费空间，基础设施的完善有利于调动农民的消费积极性，进一步拉动安溪县内需，促进经济增长。

安溪县政府要发挥宏观调控的职能，有统一布局、共同发展意识，秉着可持续发展的原则，科学规划安溪县的经济布局。首先，政府要清晰地认识到县内经济布局不合理，及时发现问题所在，借鉴其他县发展的经验，努力寻求专业人士的指导，根据当地实际情况，因地制宜，合理规划。产业结构要结合当地地理位置、自然资源以及生产要素的分布状况，与工业化、城镇化相适应。其次，政府要改变不合理的经济布局现象，就必须解决县内农业、工业空间布局分散的问题。建立集中处理、集中销售的农业集散地，改变农村散户的生产经营方式，促使县内农业走向规范化、统一化。关闭或合并那些规模小、效益差的工业基地，将分散的同类型企业集聚起来，集约用地，发挥产业集聚的作用。要狠抓县内龙头企业，扶持发展良好的企业扩大生产规模，借着“一带一路”的东风走出国门，走向世界。

政府要努力提高行政效能，充分发挥公共服务职能，精简干部队伍，提高干部队伍的整体素质，加强对干部队伍的培训，简化复杂烦琐的行政审查程序。不仅要考虑县内经济指标绝对量的增长，还要注重县内经济布局和产业结构的合理性、科学性。

（五）实施“科教兴县”发展战略

要加大科教兴县的力度，实施“科教兴县”的发展战略。科教兴县主要做好以下两方面的工作。一是注重人才的引进和培养。安溪县是一个欠发达的山区县，发展条件落后，无法吸引大城市高素质人才进县，思想较为先进的年轻人离县寻求发展机会，人才流失严重。安溪县应及时制定相关优惠政策，提供更多奖励机制，大力引进科技型人才，鼓励受过高等教育的年轻人毕业后回县工作，助力安溪县经济发展。同时要注重人才的培养，加大对教育的投资力度，办好骨干学校，鼓励侨胞捐资办学，加强对学校领导和教师的培训，提高各院校教学质量。二是要努力实现科技的创新。安溪县农业生产工具落后，思想守旧，城镇化水平近五年都低于全国平均水平，只有大力发展科技，才能有效改变县内落后的面貌。安溪县的茶叶、藤铁、建材、服帽、食品加工等产业发展良好，然而企业的生产依旧是资源密集型、劳动密集型的粗放式生产，无法与国内的标准化生产相统一。安溪县实施“科教兴县”的发展战略势在必行，县域必须依靠先进的生产力实现经济的起飞。另外，要提高农业、工业、制造业的机械化水平，引进先进的生产设备，提高产品技术含量，生产高质量的工艺制品，提高县域特色产品在市场上的竞争力。

（六）重视特色产业发展

增加县域经济在市场上的竞争力，最重要的是壮大特色产业的规模。安溪不仅是著名的“中国茶叶之都”，而且是中国重点的“藤铁工艺之乡”。茶叶产业和藤铁产业的发展是安溪县特色产业发展工作的重中之重。

茶叶产业是安溪县的支柱产业，大力发展安溪茶叶产业应主要从三个方面入手。一是加快安溪县内部茶叶生产环境的建设。大力改造旧茶园，努力发展生态茶园，以建设生态茶园为抓手，改善茶叶生长环境。大力改善无水灌溉问题，不断完善水利工程相关设施，努力完成家庭农场的茶园喷灌工程，最终解决群众生产条件落后的问题。二是建立高效多元的茶叶市场。建立大规模茶叶批发市场，为安溪县茶农提供统一、透明、公正的销售场所，也为广大茶叶爱好者提供优质的选茶窗口。建立网络贸易平台，使茶产业和互联网相结合，拓展国内外市场。借助网络平台打响安溪县茶叶品牌，将品牌优势转化为经济优势。通过网络平台，大力宣扬安溪茶文化，不断丰富茶叶文华的内涵。借助茶王赛、优秀茶艺师选拔等活动，进一步巩固安溪茶叶在消费者心中的地位，提高安溪茶叶的知名度。三是大力扶持茶叶龙头企业壮大。推进企业向集团化、专业化、协作化发展，鼓励企业通过兼并、合并、收购等方式团结起来，实现资本重组，提高企业组织化程度，全力打造安溪茶叶品牌。制定相关优惠政策和扶持措施，减少对中小企业的微观控制和干预，发挥市场调节作用，为企业的发展提供相对宽松的政治环境。通过以上三个方面，进一步凸显安溪茶叶产业的支柱产业地位。

藤铁产业是安溪县另一大特色产业。藤铁产业在安溪县发展良好，得益于安溪县优渥的自然资源。安溪县属于偏远山区县，县内山地较多，竹林资源丰富，建材业的兴盛又促进了安溪藤铁工艺加工业由“竹藤”走向“铁藤”。对安溪藤铁产业的发展应主要考虑以下三个方面。一是要注重安溪县藤铁产业的可持续发展，安溪县藤铁制造的原材料铁线、钢筋等都来自当地的本土产业，对当地的自然资源、自然环境的破坏不可避免，所以要更注重资源的可再生性，加强对生态环境的保护。通过转变经济发展方式，提高资源利用率，达到统筹人与自然和谐发展的目的。二是要扩大安溪县藤铁产业的市场空间。安溪县居山近海，位于闽南厦、漳、泉中间接合部，是闽中、闽南重要的交通走廊，区位优势日益突出。要利用好区位优势，依托泉厦，努力整合资源要素，发展藤铁产业。借助泉州和厦门两个窗口，扩大藤铁产业市场规模，促进安溪藤铁走向国际市场。三是要注重藤铁产业科技创新。首先，应积极从周边高校或科研机构引进人才、技术和成果，充分利用高等院校、科研院所信息资源，开展合作攻关。其次，应强化科技合作与交流，积极搭建产业技术研发、科技成果转化、科技中介服务等科技创新平台。最后，要结合县域实际情况，制定适合当地藤铁产业发展的创新驱动战略，加大对产业创新的投资力度，鼓励县域内部企业成立产品研发中心，提高产品科技含量，生产具有安溪特色的藤铁工艺品。

B.24
2017~2018年惠安县经济发展形势分析与预测

郭志　郑健体*

摘　要： 惠安县是福建省泉州市所辖的一个县级城市，改革开放以来，惠安县抓住机遇，大胆创新，始终坚持以经济建设为中心，加快发展步伐，成为福建省一个极具实力的县。本报告通过对惠安县2017~2018年经济发展状况的分析，指出发展中存在的问题及原因，在此基础上进行合理的预测分析，以使惠安县在福建经济发展中做出更大的贡献。

关键词： 惠安　产业结构　国有企业改革

惠安县隶属于福建省泉州市，其2017年的地区生产总值为688.76亿元，增长17.07%，在福建省所有的县中居第一位，2017年的人均生产总值为9.50万元，在福建省所有的县中居第八位，是福建省极具实力的县市之一。并且，惠安县在《人民日报》发布的2017年全国中小城市综合实力百强县市中位居第35。

2017年以来，惠安县政府认真贯彻落实习近平新时代中国特色社会主义思想和中央、省、市的决策部署，坚持创新、升级、海洋、美丽、幸福

* 郭志（1978~），男，湖南常德人，泉州师范学院讲师，博士，研究方向为数理金融；郑健体（1981~），福建泉州人，泉州师范学院讲师，博士，研究方向为金融计算、量化价值投资。

“五个惠安”发展战略，坚持稳增长、促改革、调结构、惠民生、防风险，坚持稳中求进，贯彻新发展理念，坚持以提高发展质量和效益为中心，以推进供给侧结构性改革为主线，全县经济发展稳中向好、稳中趋优。2017 年，惠安县全县实现生产总值 688.76 亿元，一般公共预算收入为 35.13 亿元，固定资产投资为 328.9 亿元，较 2016 年分别增长 17.07%、3.14% 和 20%。

一　2017 年惠安县经济发展形势

（一）整体经济运行稳健增长

2017 年惠安县整体经济较 2016 年发展迅速，全县实现生产总值 688.76 亿元，增长 17.07%，是 2013～2017 年发展最快的一年（见表 1）。

表 1　2013～2017 年惠安县生产总值及其增长速度

单位：亿元，%

指标	2013 年	2014 年	2015 年	2016 年	2017 年
生产总值	440.57	495.12	536.8	588.33	688.76
增长速度	13.82	12.38	8.42	9.6	17.07

资料来源：泉州市统计局。

其中第一产业增加值为 25.59 亿元，比 2016 年增长 0.6%，对 GDP 增长的贡献率为 0.29%；第二产业增加值为 452.03 亿元，比 2016 年增长 8.0%，对 GDP 增长的贡献率为 64.87%；第三产业增加值为 211.14 亿元，比 2016 年增长 9.1%，对 GDP 增长的贡献率为 34.12%。从图 1 可以看出，第二产业中的工业仍然是惠安县经济发展中的主导产业，但第三产业中的服务业逐渐扩大在三次产业中的占比，且增长速度快于第二产业。

（二）农业经济稳步提升

全年实现粮食总产量 8.41 万吨，增长 3.2%；畜牧业产量大幅提高，全年完成肉蛋奶产量2.16万吨，增长13.7%。渔业结构不断优化，生产平稳发展，全年水产品产量达25.35万吨，同比增长0.2%。农林牧渔业总产值为48.29亿元，增长1.1%，比全市平均水平高0.1个百分点。兑现各类涉农补贴1408.6万元，实施省级农民创业示范项目5个，创建农业标准化生产基地15个，新建温室大棚1024亩，引进台湾农业新品种25个，顺利完成粮食生产任务27万亩。

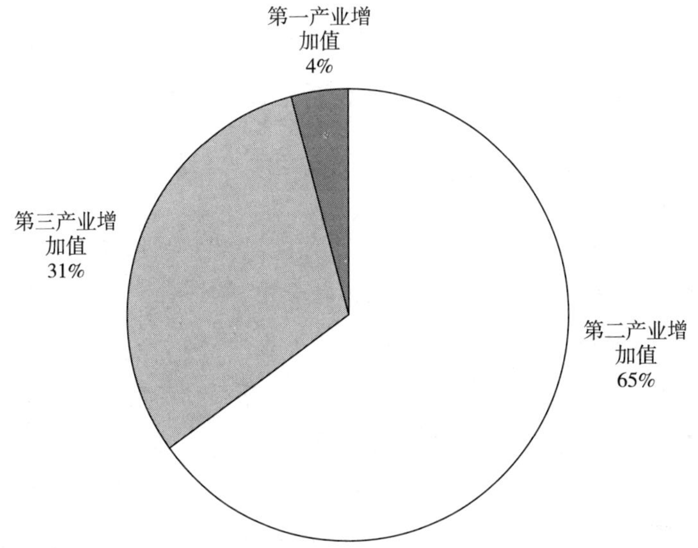

图1　2017年惠安县三次产业增加值占比

资料来源：泉州统计信息网统计资料。

（三）工业生产稳中趋优

全县工业实现增加值383.44亿元，增长8.8%，增速分别比全市平均水平和年初预期目标高1.1个和1.0个百分点，居全市各县（市、区）第4位，对全县经济增长的贡献率达58.9%，拉动经济增长4.7个百分点。其中规模以上工业增加值同比增长9.5%。据不完全统计，工业中的石化产业全年实现产值将近200亿元，对全县工业经济增长的贡献率约为52.1%。

（四）服务业发展势头向好

深入开展“第三产业提升年”活动，34 个服务业重点项目完成投资 17 亿元，实现第三产业增加值 210.99 亿元，增长 9.8%。全县规模以上服务业营业收入增长 47.2%，创近几年新高，增幅比 2016 年提高 37.4 个百分点。利用惠安独有的文化特色及地理位置，依托“一城一桥四湾”（即崇武古城、洛阳桥、半月湾、西沙湾、青山湾、大港湾），初步构建以山海城互动的旅游模式，荣获“2017 中国金牌旅游城市”称号，全年接待游客 780.3 万人次，增长 21%，实现旅游收入 71 亿元，增长 29%。

（五）投资总量开创新高

全年全县完成固定资产投资（不含农户）320.59 亿元，增长 17.0%，增速比全市平均水平高 7.0 个百分点，在全市各县（市、区）排名中居第三位。一是工业投资带动有力，全年完成工业投资 125.61 亿元，同比增长 24.5%，拉动全县固定资产投资增长 9.1 个百分点。二是房地产开发投资大幅增长。全年全县完成房地产开发投资 48.77 亿元，同比增长 43.3%，拉动投资增长 5.4 个百分点。其中民间投资增长 26.5%，增速比全市平均水平高 6.2 个百分点。三是在建重点项目投资快速增长。全年全县完成市在建重点项目投资 120.42 亿元，同比增长 150.7%，增速比全市平均水平高 31.1 个百分点。

二 2017 年惠安县经济发展存在的主要问题

（一） 总体产业结构有待优化

近几年，惠安县的地区生产总值呈稳步上升状态，但其总体产业结构仍有待优化。一是第二产业即传统产业作为惠安经济发展中的主导产业，转型升级步伐较慢，使供给侧结构性改革成效不明显。二是现代服务业和新兴行业发展相对滞后，城市服务功能难以适应产业发展的要求，第三产业的发展潜力还有待挖掘。三是高新技术产业贡献率偏低，缺少龙头企业起带领作用，使得整体竞争力不强。

（二）人才发展不良问题有待解决

人才发展不良是制约经济发展的一大因素。当前，惠安县的人才发展与经济发展未很好适应有以下两点表现。一是人才创新成果没有应用到实际生产中去。生产要发展就要有创新，人才研究出创新成果，但不被生产者应用到实际生产中去，理论与实践未很好结合，导致创新成果没有实际用处。二是人才资源不足，缺乏高素质高层次人才。大量普通工人等待就业，而企业真正需要的高层次管理人员、研发人员却一直空缺。

（三）城市规划建设水平有待提升

惠安县的城市规划建设存在以下三个问题。一是依法治理城市力度不够，违法占地、违法建设的“两违”问题突出。违法占地不仅制约城市的发展，而且影响城市的管理。违法建设的场所大多数质量低劣，存在安全隐患，同时又影响交通秩序。二是“城市病”——交通拥堵情况加重。基础交通建设不完善是造成交通拥堵的重要原因。其中农村公路贯穿于交通路网中，降低车辆、人流通过效率。城市公路路线不够合理完善，车辆绕行现象严重。三是一味追求发展，城市建设大同小异，特色流失，文化传承堪忧。为了向商业城市发展，建造商品房、高楼、广场等，无视特色建筑的修缮、传承。

（四）生态文明建设有待加强

在经济发展过程中，忽视对环境的影响，破坏了生态环境，生态文明建设还有待进一步加强。一是过度开发，植被遭到破坏，使得水土流失面积增加；二是农村污水、工业生产污水随意排放，使得整体环境质量下降；三是施工扬尘、餐饮油烟、工业废气和黄标车尾气排放，使得整体空气质量下降。

三 2018 年惠安县经济发展的几点建议

（一）推动产业结构优化升级

1. 打造现代大型石化基地

启动中化泉惠石化专属园区实质性运作，建立联合招商工作机制，对接世界先进化工技术和全球 10 强化工企业开展针对性招商，大力发展精细化工和新材料，力争落地投建一批与中化乙烯相匹配的项目，加快形成上下贯通的石化全产业链条，争创国家级石化园区。

2. 夯实传统产业发展优势

雕艺产业要继续坚持“点、线、面”协同思路，发挥“世界石雕之都”展示中心综合效益，深化国际展示交流，推进惠崇路两侧石雕展示作品更新升级，加快山霞雕艺产业集中区建设，推动石雕行业往品位高端化和环境友好型方向发展，争创国家级雕艺文化创意产业园区。

3. 促进新兴业态集聚壮大

一是依托“大交通”发展“大物流”，统筹县域内公路、铁路、港口、码头等资源，完善优化运输体系和配送节点网络，促进各类物资有效中转和快速集散，加快形成全面开放格局，确立惠安在区域供应链中的物流节点地位。二是依托“大生态”发展“大健康”，加快引进布局一批康复养生、休闲运动、健康旅游、特色小镇、中药材市场等项目，争创国家级健康旅游示范基地。三是依托“大数据”发展“大电商”，顺应互联网发展趋势，加快家世比智能家居等一批电商项目和城南、惠东电商基地平台建设，推动互联网和实体经济深度融合发展，以信息流带动人才流、物资流和资金流。

（二）完善城市规划建设

首先，深化“两违”综合治理专项行动，遏制新增“两违”，逐步清除原有“两违”。其次，公路运输是惠安县主要的对外交通联系方式，要规划好交通路线网。城市道路网采用“方格网状”的布局形式，形成“五横三纵一环路”的主干道路网骨架。最后，有序实施城市修补和有机更新，加强文化遗产保护传承和合理利用，保护闽南特色建筑，更好地延续历史文脉，展现城市风貌。

（三）优化生态文明建设

第一，深入实施以绿色城市、绿色村镇、绿色通道、绿色屏障为重点的城乡绿化一体化工程，扎实推进沿海基干林带、森林生态景观带、环城沿溪绿道等重点部位植树造林。第二，铺设污水管网，对污水进行二次处理。第三，严格环境准入标准，全力推进企业清洁能源替代改造工程，关停不达标企业。第四，坚决打击以废钢铁为原料，经过感应炉等熔化，不能有效地进行成分和质量控制生产的钢及以其为原料轧制的钢材即“地条钢”等落后非法产能。

（四）加快培育发展新动能

继续开展“项目攻坚年”活动，集中力量推进在建重点项目建设，做好预备项目前期工作。完善招商工作机制，实施“惠商接力”工程，着力引进一批具备较强核心竞争力的领军企业和较高产业关联度的基地型项目，为惠安新一轮发展积聚后劲。

（五）实施创新驱动战略

积极对接泉州“中国制造 2025”试点城市建设，加快“机器换工”，实施技改项目，持续提升工业化、信息化和管理现代化水平。深入实施人才“港湾计划”，鼓励大众创业、万众创新，进一步激发工匠精神和企业家精神，培育一批众创空间，推进政策链、资金链、人才链和创新链协调联动。

（六）推动国有企业改革

完善国有企业经营业绩考核体系，开展国有资本投资运营实体试点，逐步实现从“管资产”向“管资本”转变，力争在城市建设、文化旅游、交通设施和石化基地开发建设等领域形成多种模式的运营主体。推广 PPP 和公建民营、民建公助等模式，在化工新材料、建筑业等领域探索建立混合型产业基金，滚动策划政府和社会资本合作项目库，引导社会资本参与基础设施、教育医疗、市政环保等领域投资。

四　2018年惠安县经济发展预测

2017 年是中国实施“十三五”规划的重要一年，也是供给侧结构性改革的深化之年。在以习近平同志为核心的党中央领导下，我国经济好于预期，结构出现可喜变化。一是制造业、新兴产业及消费相关服务业增长更快，建筑业、金融业与房地产业增速显著回落；二是经济增长对货币与债务的依赖减小，M2/GDP 下降；三是工业生产明显反弹，制造业持续景气；四是投资增速回落但民间投资增速回暖；五是消费稳健，农村市场高增长，居民收入增加；六是人民币汇率回归双向波动。2017 年中国经济结构调整成效明显，一些重要指标呈稳步提升状态，中国经济基本告别中高速增长阶段，有望在不久的将来完成高速增长。

2018 年是全面贯彻落实党的十九大精神的开局之年，是决胜全面建成小康社会的一年，也是“十三五”规划承上启下的关键一年，从经济周期的角度来看，库存周期正在由主动补库存逐步转向被动补库存阶段，体现为工业企业制成品库存与 PPI 价格仍在上升，但即将接近顶点；设备投资周期仍未正式启动，随着供给侧结构性改革推动产能不断出清，产能利用率逐步提升，但设备投资并未明显增加；房地产周期已经进入下行阶段，2018 年将面临一定的下行压力；人口周期进入下行阶段，2015 年，我国适龄劳动人口占比开始下降，2016 年，适龄劳动人口绝对值也开始下降。总体上看，当前我国经济已基本告别高速增长阶段，未来势必要向高质量发展阶段转型。

从惠安县来看，惠安县 2017～2018 年总体经济保持平稳较快发展，大部分经济指标都呈回升发展趋势，服务业发展势头向好，拉动经济发展作用增强，工业生产稳中趋优，农业发展稳步提升，投资总量开创新高，但经济运行中仍然存在总体经济结构不均衡，第三产业和新兴产业发展相对滞后；人才发展不良，缺乏高素质高层次人才；城市规划建设不够完善；生态文明环境被破坏等一系列问题。

2018 年，惠安县应坚持以习近平新时代中国特色社会主义思想为指导，切实增强政治意识、大局意识、核心意识、看齐意识，紧紧围绕“五位一体”总体布局和“四个全面”战略布局，不忘初心，牢记使命，把握推动高质量发展的根本要求，深化供给侧结构性改革，积极做好资源集聚、产业转型、城市“双修”、绿色发展和民生补短等各项工作，朝着加快建设创新、升级、海洋、美丽、幸福“五个惠安”的目标不断迈进。牢牢把握稳中求进工作总基调，保持战略定力，积极抢抓机遇，有效应对挑战，努力在福建赶超、泉州跨越的发展大局中做出更大贡献。

对 2018 年经济社会发展的主要目标是：全县生产总值增长 17.7%，工业增加值增长 8.4%，第三产业增加值增长 11%；一般公共预算总收入增长 3.5%，一般公共预算收入增长 6.7%；固定资产投资增长 20%；社会消费品零售总额增长 11.5%；实际利用外资增长 2%，外贸出口增长 2%；全体居民人均可支配收入增长 7.5%；完成市下达的节能减排任务。这些目标综合考虑了各方面因素，既保持经济平稳较快发展的现实需要，也统筹各项事业发展的内在要求，在实际执行中要充分发挥主观能动性，力争全面完成。

由图 2 可知，2013～2016 年生产总值增长幅度不大，同比增长率还有所下降，2017 年生产总值增长将近 100 亿元，同比增长率增加。

2017 年第一季度的生产总值为 144.76 亿元，增长 5.1%，而 2018 年第一季度的生产总值为 172.19 亿元，增长 8.7%，对比 2017 年第一季度与 2018 年第一季度的生产总值和增长率，我们发现 2018 年第一季度的生产总值和增长率都明显大于2017年第一季度，因此2018年全县生产总值会持续增长，增长率达到17.7%。

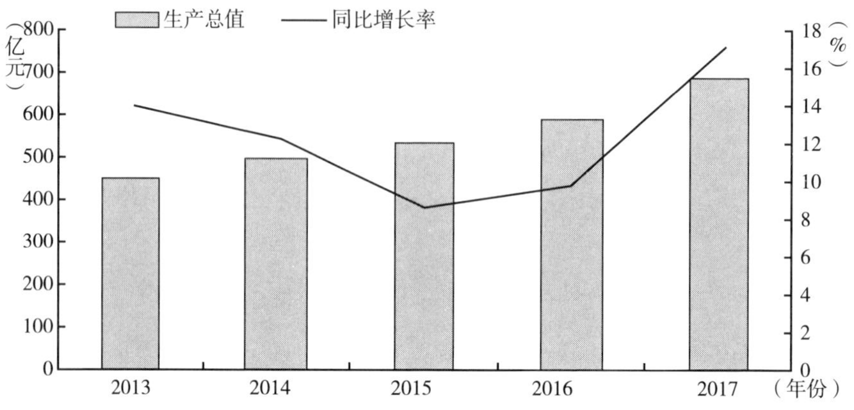

图2　2013～2017年惠安县生产总值及其同比增长率

资料来源：泉州统计信息网统计资料。

由图3可知，虽然固定资产投资额在2016年有所回落，但2017年增长速度回升。2017年第一季度固定资产投资（不含农户）增长15%，2018年第一季度增长17.9%，呈增长趋势，因此2018年仍然能保持平稳增长，达到固定资产投资增长20%。

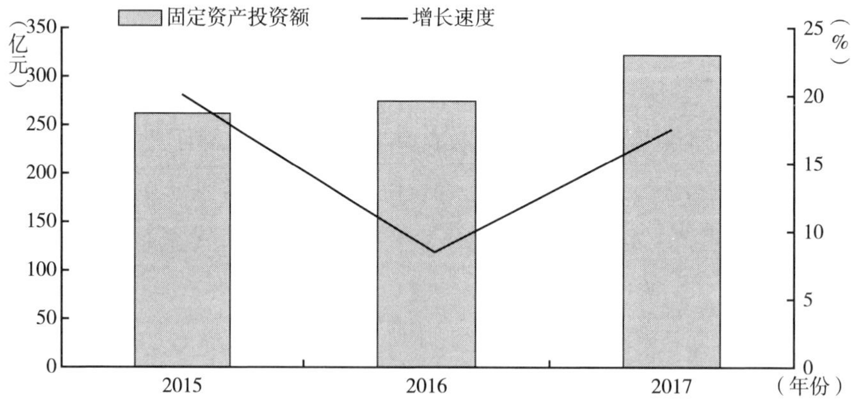

图3　2015～2017年惠安县固定资产投资额及其增长速度

资料来源：泉州统计信息网统计资料。

由表2可知，在2017年，全年固定资产投资（不含农户）达320.59亿元，比2016年增长17.0%，其中项目投资达271.82亿元，比2016年增长13.2%；房地产开发投资达48.77亿元，比2016年增长43.3%；工业投资达125.61亿元，比2016年增长24.5%；市在建重点项目投资达120.42亿元，比2016年增长150.7%。各项固定资产投资均在稳定增长，而市在建重点项目投资是近年新增加的项目，增长速度飞快。

表2　2017年惠安县固定资产投资情况

单位：亿元，%

指标	投资额	比2016年增长
固定资产投资(不含农户)	320.59	17.0
按构成成分分	—	—
项目投资	271.82	13.2
房地产开发投资	48.77	43.3
工业投资	125.61	24.5
市在建重点项目投资	120.42	150.7

资料来源：泉州统计信息网统计资料。

由图4可知，全体居民人均可支配收入2015～2017年都处于增长状态，但增长速度在2016年有所下降，2017年又恢复增长。2018年全体居民人均可支配收入增速能达到8.5%，保持稳中有升。

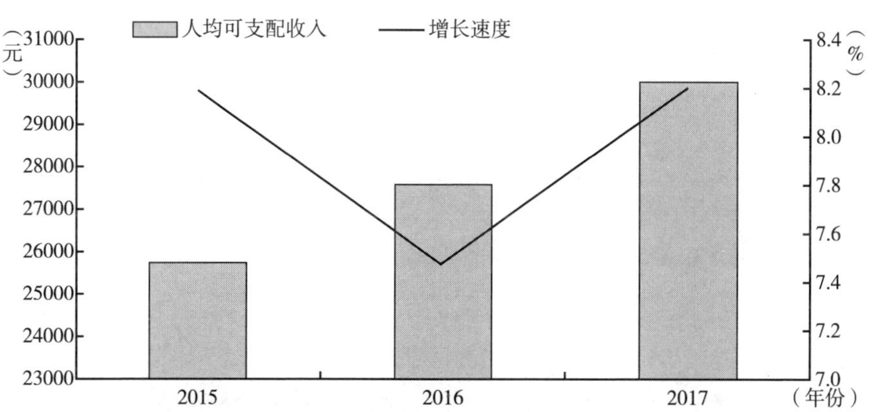

图4　2015～2017年惠安县全体居民人均可支配收入及其增长速度

资料来源：泉州统计信息网统计资料。

从2015~2017年惠安县社会消费品零售总额及其增长速度来看（见图5），2015~2017年惠安县社会消费品零售总额虽在逐年增加，但增长速度缓慢。再从2017年第一季度与2018年第一季度的社会消费品零售总额及其增长速度的比较来看，2017年第一季度的社会消费品零售总额为46.2亿元，增长率为7%，2018年第一季度为53.89亿元，增长率为13.5%，两个季度相比较总额增加了7.69亿元，增长率提高了6.5个百分点，因此2018年的社会消费品零售总额还会增加，增长率达11.5%。

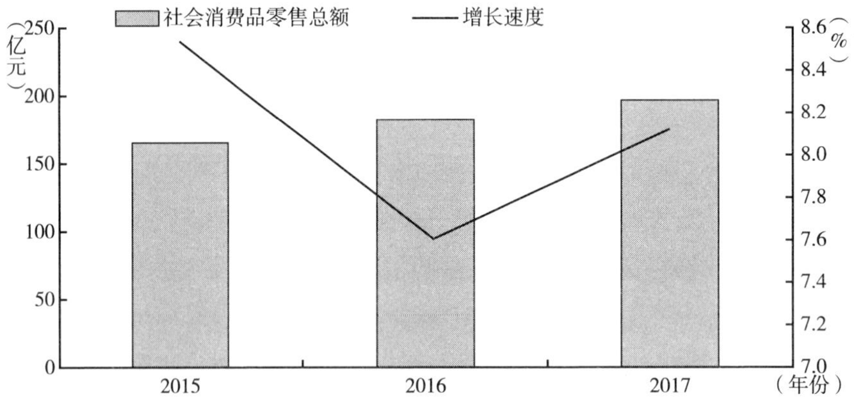

图5　2015~2017年惠安县社会消费品零售总额及其增长速度

资料来源：泉州统计信息网统计资料。

B.25

2017年南安市经济发展形势报告

颜雅英　裴彩霞*

摘　要： 南安市作为福建省泉州市下辖的一个县级市，近年来经济发展稳步攀升，在面对国际、国内经济下行压力方面，主动适应和引领新常态，全面推进供给侧结构性改革，促进创新驱动发展，在各项工作中都取得了重要成就。本报告在阐述2017年南安市经济发展状况的基础上，对南安市经济运行存在的主要困难和问题展开分析，并有针对性地提出对策建议，以促进南安市经济发展。

关键词： 南安市　供给侧结构性改革　创新驱动

一　2017年南安市经济发展状况

（一）经济综合实力稳步攀升

南安是产业大市，因石材产业成为国家外贸转型升级专业示范基地，是全球重要的石材产业基地之一；水暖厨卫产业入选“中国百佳产业集群”，为中国三大水暖产业基地之首。全年实现地区生产总值977.38亿元，按可

* 颜雅英（1979～），女，福建永春人，泉州师范学院副教授，研究方向为发展经济学和社会保障；裴彩霞（1978～），吉林吉林人，泉州师范学院讲师，博士，研究方向为组织管理、经济管理。

比价格计算，比2016年增长8.5%。其中：第一产业增加值为27.78亿元，增长3.8%；第二产业增加值为575.36亿元，增长7.9%；第三产业增加值为374.25亿元，增长9.8%。第二、三产业对GDP增长的贡献率分别为57.6%和41.1%，分别拉动GDP增长4.9个和3.5个百分点。按常住人口计算，人均地区生产总值为65202元，比2016年增长8.1%。第一产业增加值占地区生产总值的比重为2.8%，第二产业增加值的比重为58.9%，第三产业增加值的比重为38.3%。由表1看出，南安市的增长比例虽然有所下降，但是生产总值呈不断上升的状态。居民消费价格指数水平比2016年上涨1.1%。其中消费品价格上涨0.6%，服务项目价格上涨1.9%。全市新增城镇就业人口19067人，有效地缓解了企业用工问题，就业局势基本稳定。

表1　2013～2017年南安总体经济变化概况

单位：万元，%

指标	2012年	2013年	2014年	2015年	2016年	2017年
生产总值	6617604	7099816	7805053	8433800	8981400	9773800
比上年增长	12.7	12.7	11.0	8.0	8.6	8.5

资料来源：泉州市统计局统计资料。

经济指标呈现“纵比趋稳、横比分化、压力加大”的明显特点。

1. 纵比趋稳，表现为大部分经济指标与2016年同期相比增长回稳向好

除实际利用外资（验资口径）增幅同比下降较为明显外，多数经济指标增速总体平稳，特别是一般公共预算总收入、固定资产投资（不含农户）、出口商品总值（海关口径）三项指标增长明显，一般公共预算总收入为38.85亿元，同比增长14.6%；固定资产投资（不含农户）为368.31亿元，同比增长24.2%；出口商品总值（海关口径）为5.75亿美元，同比下降2.5%。

2. 横比分化，表现为对比周边县（市、区）指标增长的亮点和痛点并存、分化明显

从和泉州考核目标对比情况看，农业总产值、一般公共预算总收入、一

般公共预算收入、固定资产投资（不含农户）四项指标达到或高于泉州考核目标。与2016年同期情况对比看，规模以上工业产值、第三产业增加值、农业总产值、一般公共预算总收入、一般公共预算收入、固定资产投资（不含农户）六项指标达到或高于2016年同期水平。

3. 压力加大，虽然现在完成全年目标任务压力较大，但仍需倍加努力

对比人大审议目标任务，地区生产总值、第三产业增加值、出口商品总值（海关口径）、实际利用外资（验资口径）四项指标低于目标增幅。对比泉州市考核目标，地区生产总值、工业增加值、第三产业增加值、出口商品总值（海关口径）、实际利用外资（验资口径）五项指标低于泉州市考核目标，完成地区生产总值增长9.0%的考核任务，压力不小。面对指标压力，南安需要发展产业以拉动内需，促进经济增长。

（二）农业生产水平稳步提升

全年农林牧渔业完成总产值47.60亿元，比2016年增长3.8%。全年粮食种植面积为468527亩，减少7040亩；其中稻谷面积为360022亩，减少7104亩；油料种植面积为74742亩，增加30亩；蔬菜种植面积为256459亩，增加33176亩。粮食总产量为178922吨，比2016年减少594吨，其中稻谷为143017吨，减少2吨。粮食种类面积比例见图1。

全年肉蛋奶总产量为76406吨，增长12.1%，其中肉类总产量为62876吨，增长7.8%；禽蛋总产量为8131吨，增长13.4%；肉猪出栏数为593540头，增长9.3%，年末生猪存栏数为327734头，增长37.1%。全年水产品总产量为37023吨，比2016年增长0.6%，其中淡水产品产量为5642吨，增长2.4%；海水产品产量为31381吨，增长0.3%，全市拥有省级农业产业化龙头企业14家；泉州市级农业产业化龙头企业为37家；全年累计通过无公害农产品认证的企业为63家，产品为66个。

（三）工业经济稳中向好，企业经济效益逐渐提高

全年实现工业增加值528.53亿元，比2016年增长8.2%，工业对经济

增长的贡献率达55.8%。全年完成规模以上工业产值2070.30亿元，比2016年增长10.3%。全年规模以上工业实现销售产值2019.04亿元，其中出口交货值为158.29亿元，现价增长1.6%。拥有超亿元的企业408家，比2016年增加42家，其中超10亿元的企业为39家，同比增加7家。

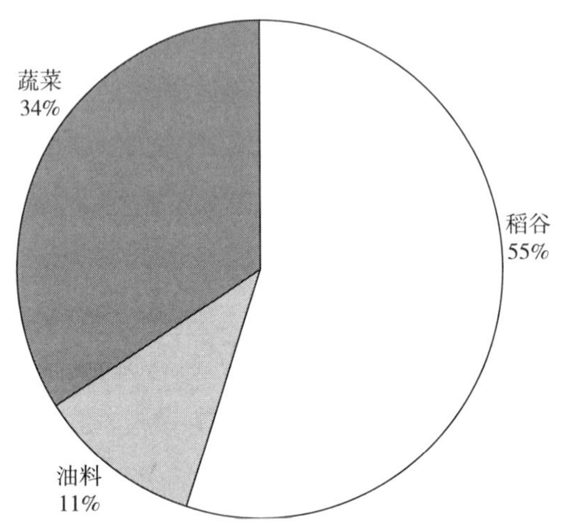

图1　粮食种类面积比例

资料来源：泉州市统计局统计资料。

规模以上工业企业经济效益综合指数为252.72，比2016年上升26.21点，其中，总资产贡献率为17.39%，同比上升2.28点；资本保值增值率为97.13%，同比下降13.24个百分点；资产负债率为45.15%，同比上升1.44个百分点；全员劳动生产率为202951.1元/人，提高30423.0元/人；流动资产周转率为3.44次，上升0.19次；工业产品销售率为97.52%，同比上升0.28个百分点。全年规模以上工业企业实现利润总额125.13亿元，同比增长28.4%。

（四）服务业呈上升趋势

从增长因素看，第三产业增长主要依靠批发和零售业、交通运输仓储和邮政业以及房地产业等。第一，全年社会消费品零售总额为440.3亿元，比

2016 年增长 12.3%。在限额以上批发和零售业零售额中，文化办公用品类零售额比 2016 年增长 137.1%；家用电器和音像器材类增长 18.2%；建筑及装潢材料类增长 64.3%；粮油和食品、饮料、烟酒类分别增长 124.0%、下降 23.8%、下降 9.1%；服装、鞋帽、针纺织品类增长 58.8%；汽车类增长 10.0%；石油及制品类增长 13.7%；体育娱乐用品类增长 1.3%。第二，交通运输仓储和邮政业。邮政业务收入为 8766 万元，增长 5.08%。全市道路总长度为 4091.77 公里，其中：国道为 102.67 公里，省道为 137.67 公里，县道为 265.11 公里，乡道为 1024.13 公里，村道为 2399.68 公里，高速公路为 160.11 公里，铁路为 62.80 公里。全年港口完成货物吞吐量 514.06 万吨。全社会货运量为 6721.11 万吨，其中航运量为 3212.07 万吨；全社会货运周转量为 532.33 亿吨公里，其中水路货运周转量为 506.90 亿吨公里；全社会道路客运量为 1137.63 万人次；全社会道路客运周转量为 4.69 亿人公里。第三，房地产业。全社会建筑业增加值为 46.92 亿元，比 2016 年增长 3.4%。全市资质等级以上的建筑企业有 75 个，完成建筑业总产值 93.29 亿元。全市建筑房屋施工面积为 590.61 万平方米。房屋竣工面积为 223.98 万平方米，比 2016 年下降 44.4%。全市建筑业总产值在亿元及以上的企业为 25 家，其中 5 亿元及以上的企业为 3 家。第四，金融业。年末全市金融系统存款余额为 876.71 亿元，比 2016 年末增长 3.2%，其中住户存款余额为 619.16 亿元，比 2016 年末增长 8.5%。金融系统贷款余额为 774.36 亿元，比 2016 年末下降 1.8%，其中住户短期贷款为 112.63 亿元，非金融企业及机关团体短期贷款为 314.92 亿元；其中住户短期中长期贷款为 179.49 亿元，非金融企业及机关团体中长期贷款为 138.76 亿元。

（五）“互联网 +”培育经济提质增效新引擎

南安市坚持以“大众创业、万众创新”为指导，围绕“互联网 + 农村”行动工作计划，结合省级电子商务进农村示范县创建工作，大力推进农村电商发展，致力于打造一批初具规模、基于该市优势产业资源、在国内有一定影响力的电商平台（园区）和知名电子商务龙头企业，有力促进全市电子

商务快速发展。南安还注重加强与阿里巴巴、京东、苏宁易购等第三方平台对接，推动“泛家居产业带”、婴童产业带在各大平台抱团上线运营，加快培育具有产业带动力和辐射力的垂直电商平台，提高增强南安优质产品在全国的市场占有率和影响力。在日渐雄厚的产业基础上，南安市农村电商的发展也步入快车道。

“互联网+”农业电子商务发展迅猛。2017年，全市农产品电商平台迅速增加。市域内企业网上销售额突破16.9亿元，同比增长30%，创历史新高；北部电商园销售额超过亿元，南安电商园销售额超过7000万元；七波辉、百汉厨卫等企业销售额超过千万元，中天、八匹马等企业销售额超过500万元。这一亮丽的成绩单，正是南安市电子商务发展规模化、集聚化效应不断凸显的集中体现。据统计，2017年1～10月，南安全市实现电子商务交易额175.2亿元，同比增长12.31%，快递业务量为3432万件，同比增长13.16%，收入逾2.21亿元，同比增长13.33%，跨境电商销售额达9580万美元，发往境外小包为2.93万件。

二 2017年南安市经济运行存在的主要困难和问题

（一）理顺社会化养老服务体系

近年来，南安的地区生产总值稳步上升，但总体经济运行质量与经济发展不够协调，其根本原因在于经济结构不合理。一是产业层次较低，虽然南安的产业结构在不断地调整，但是可以看出工业结构比例依然偏重，现代服务业和新兴行业发展相对滞后，城市服务功能还难以适应产业发展要求，第三产业发展潜能有待大力挖掘。二是传统产业“三去一降一补”压力较大。在经济新常态周期下，经济增速换挡，传统优势消费品制造业内部结构调整和转型升级的压力加大，不少企业面临“去产能、去库存、降成本”等多重压力，在融资难、担保难的情况下，企业供给侧结构性改革任务繁重。

（二）实体经济面临压力加大

1. 要素成本持续攀升

受宏观经济调控及需求拉动等因素影响，2017 年以来，原材料价格、物流费用有所上涨，带动企业成本提高，进一步挤压了利润空间。对于制造业而言，主要的生产要素都在涨价，唯独出厂价格持续下跌，企业经营者可谓欲哭无泪。中小企业生存存在要素成本持续攀升、产品内销外贸形势严峻、技术更新和知识产权保护成本较高等问题。

2. 用工问题不容忽视

“80 后”“90 后”年轻工人对待遇和工作条件的期望值较高，从事一线工作的意愿降低，导致工厂一线年轻工人偏少，对今后用工带来更大压力。并且在很多流水线上，对于加工问题是比较严谨的，所以很大程度上对一线工人的质量也有较高的要求。因此，在一些情况下，符合条件的人也逐渐减少。

3. 内外需求拉动不足

南安市主导行业出口下滑明显。受困于国际贸易形势日趋复杂化，南安市一些主导行业外贸出口下滑明显，2018 年第一季度，全市规模工业完成出口产值 32.45 亿元，同比下降 8.0 个百分点。其中：石材陶瓷、水暖厨卫和机械装备出口分别下降 8.9%、50.6%、11.7%。

4. 经济增长结构面临持续优化问题

从产业结构看，三次产业比例逐步优化，但第三产业短板问题仍较为明显，第三产业增加值增幅相比 2016 年有所下降。

（三）消费品市场前景堪忧

1. 商贸企业规模结构不均衡

限上企业和亿元以上龙头企业不多，更多的是限下企业和小微企业。2017 年第一季度销售额上亿元的龙头企业仅有 12 家，占限上批零企业（85 家）的 14.1%，占限上企业（108 家）的 11.1%。85 家限上批零企业户均销售额为 7642 万元，超过平均数的企业仅有 15 家（包括那 12 家龙头企业)。可见龙头企业的销售业绩可直接影响南安市限上批零业销售额的增长。12 家上亿元企业销售额共计 51.47 亿元，增长 26.7%，拉动限上批零业销售额增长了 21.2%，贡献率达到 78.7%。单靠几家龙头企业要支撑整个行业销售额的持续中高速增长有些难以为继。一旦龙头企业增速放缓甚至低迷，势必拖累整个大盘。长久之计是不断培育新增长极，以源源不断的增量增长拉动固有大盘存量增长。

2. 商业创新不足，传统企业压力大，零售面临挑战

传统零售业由于经营模式单一，很难满足顾客高端化、个性化需求，加上租金、营销费用和人力成本的不断攀升，多数传统企业经营压力较大、市场份额减少、利润空间进一步压缩。与之相反的是，新形势下，电子商务和网络购物等新兴业态发展迅猛，越来越多的消费者关注并参与网购，互联网零售市场份额不断提升，境外消费、海淘持续升温，日益增长的新兴消费形式加速分流了购买力，对传统消费品市场产生了一定影响。

3. 商业企业盈利能力有所减弱

面对个性化、多样化消费需求和电子商务的冲击，传统企业同质化竞争较为突出。传统商贸企业实体店销售增速放缓，人工费用、租金等经营成本却在快速攀升，其盈利能力大为减弱。

4. 餐饮业发展不均衡，线上线下差距明显

受国内外宏观经济形势影响，各类企业以压缩会议开支等措施降低成本费用，行政事业单位严格执行中央“八项规定”，厉行节约，精简会议，压缩开支，公务消费减少，商务消费、集团消费额度也同时收紧，很多限上餐饮企业接待各类会议、节庆活动、商务往来明显减少，在一定程度上影响了南安市餐饮业的经营规模和企业效益。与之形成鲜明对比的是，以大众化消费为主的餐饮单位（如知名快餐、小吃、火锅、农家乐等限下餐饮企业和个体户）基本没有受到影响，一些小有名气的特色菜馆生意还十分红火。随着“饿了么”“美团外卖”“百度外卖”等 C2C 网络订餐的普及，很多消费者更加倾向于这种方便快捷的模式，这也刺激了限下餐饮业的加速发展。

5. 商业网点布局与城乡发展不匹配

从南安市商业网点布局来看，城市和中心城镇部分区域同型商业业态过于密集，居民消费比较便利但容易导致恶性竞争；城乡接合部和新开发建设居民住宅小区的社区商业网点不足，居民日常消费不太便利；乡村商业网点偏少，便利店不多。另外，结构性矛盾也较突出，零售业态结构相对单一，比例失调。调查显示，南安市零售业态以专业店、专卖店为主，百货店和大型超市相对较少，缺少一个拥有各种品牌旗舰店以及餐饮、电影院等体验性元素的城市商业综合体以对消费品市场形成有力支撑。

（四）人才资源严重不足

人才集聚是推动和促进经济发展的关键环节，经济的发展越来越依靠、依赖于人才。人才的作用日益凸显，企业从对土地、设备、资金的依赖，转向对人才重视，人才引进工作被纳入企业发展规划，高素质人才将成为经济发展的最重要因素。拥有一支能独立开发研制新产品的专业技术人才队伍，是企业生存发展的法宝。对人才的投入可带来收益递增，也促使决策更科学化，投入产出速度明显加快，人力资源开发是适应经济增长方式转变的必要前提之一。

目前，南安市人才资源与经济社会发展要求不相适应。主要体现在：人才总量不足，高层次人才严重缺乏，特别是具有一定技术开发能力的人才，懂得国际惯例和熟悉世贸组织规则的高级经营管理、金融、保险人才，取得国际化职业资格的注册会计师、注册设计师等人才更是稀缺。人才分布不合理，南安市主要支柱产业都面临转型升级的压力，对实用型人才的技能水平也提出更高要求。通过调研发现，除了一些大型企业外，大部分企业的实用型人才技能水平还不够高，限制企业生产效率的提升，影响企业生产进度和产品质量的稳定。

近年来，南安市坚持走新型工业化道路，依托项目建设和招商引资，以“回归创业”工程为平台，以产业、某地、市场联动为特色，不断调整优化产业结构，加快转变经济发展方式，推动经济提速，构建具有南安市当地特

色的现代产业体系。南安市工业以集群挺进的方式释放出产业支撑的强劲力量，为适应经济发展步伐，应加快建立有利于各类科技人才成长和发展的激励机制和管理模式，以更加开放的态度、更加优惠的政策、更加贴心的服务，为各类人才创业和发展提供有利条件，解除人才的后顾之忧，真正让人才引得进、用得好、留得住。

（五）资本市场结构性问题突出

南安的上市公司并不是很多，但小微企业不少，总体呈现结构单一、融资规模偏小、多而不强等特征，结构性问题十分突出。一是优质的上市公司不多。二是境外上市的企业较多，总体融资规模偏小。偏小的融资规模，极大地制约了南安上市企业的后续发展。三是上市企业结构较为单一。虽然近年来在高科技、现代服务等领域也涌现出数量可观的公司，这些公司进入资本市场的积极性却不高。

三 南安市经济发展对策分析

（一）更加突出动能转换，推动产业结构转型升级

1. 深化实施创新驱动战略

2017 年是供给侧结构性改革的深化之年，要把振兴实体经济作为深化供给侧改革之年的重中之重。从服务效应发力，创新科技项目扶持机制，减少直接补助补贴，逐步转向为各类创新主体和产业投资增信、分险；引入天使、创业、产业投资基金，推行股权众筹融资，探索从研发、中试到生产全过程的融资新模式，带动银行和社会资本跟进，促进创新链、产业链和资本链高效对接。密切政产学研资介合作，促成机械科学研究总院、华中科大智能制造研究院等高端院所设立南安分支机构。发挥创新大厦、众创空间带动作用，打造一批新型创业孵化平台。从人才支撑发力，完善创业融资、居住保障、子女就学、贡献奖励等政策，加

强对科技人才项目产业化扶持。

2. 加速产业高端转型

落实重点产业转型升级路线图，用好资金，引导传统产业高端切入、迅速抢位。加快向时尚创意转型。建好石材产业展示运营中心、印象五号石文化博物馆、东星奢石文创园，拓展工程装饰、装配建筑、创意石材等高端环节，推广水暖五星定制体验模式，鼓励发展整体智慧卫浴空间，支持举办工业设计大赛，推行客户深度参与的研发设计模式，引领智能化、个性化家居新风尚。加快向智能制造转型。更加关注移动互联网、云计算、物联网等技术扩散应用，支持传统优势行业开展“机器换工”、智能化改造，全面推广数字化车间、智能工厂、网络协同制造，推动优势产业再造产品全生命周期，完成企业技改投资 200 亿元。加快向融合互促转型。完善企业上市扶持措施，支持企业精炼管理层级，构建扁平化、流程型管理系统。

3. 促进服务业量质提升

实施服务业跨越提升工程，着力推进 58 个服务业项目，重点培育现代服务业集聚区，完成投资 100 亿元以上。以产业发展需求为导向，推动生产性服务业向专业化、高端化延伸。启动发展服务型制造专项行动，鼓励开展系统集成服务、在线支持服务、装备全生命周期服务。支持发展第四方物流平台，推进天地汇公路港“无车承运人”试点。加快闽台商贸物流中心、水暖国际物流产业中心建设，补上冷链物流、临港临空物流、跨境物流薄弱点。抓好光机电贸展中心、石材外贸市场、汽贸城、闽都健康产业城等专业市场项目建设，加快南安电商园、北部电商创业园建设，进一步拓展石博会、农订会、水暖泵阀交易会办展内涵，促进专业市场、虚拟产业园和展会经济互融共促、无缝衔接。深化金融创新，试点开展小额贷款保证保险、对台跨境人民币贷款，稳步发展普惠金融、互联网金融和融资租赁，做实产业金融。引导企业分离和外包非核心业务，大力发展研发设计、信息技术服务、节能环保服务、检验检测、商务咨询和中介服务，加快向价值链高端延伸。以群众消费需求为导向，推动生活性服务业向精细化、高品质转变。实施景区创新提升行动计划，加强精品景点打包串联，推动国家 A 级景区创建，探索跨区域旅游合作联动机制，打造旅游集散地，构建全域旅游新格局。加快郑成功文化产业园、大佰岛旅游度假区、冰雪大世界、凤清生态旅游区、世界华侨故乡园等项目对接落地、建设。科学把握供地结构与节奏，抓紧解决安置房回迁问题，加快打通商品房、安置房、保障性住房的转换通道，促进房地产业健康发展。

（二）更加突出开放共赢，全力打造区域竞争新优势

1. 做优营商环境

围绕构建“亲”“清”“新型”政商关系，发挥改革牵引作用，最大限度降低制度性交易成本，逐步把营商环境细化于制、实化于效、量化于果。深化“放管服”改革。严格落实权责清单制度，全面推进“双随机、一公开”监管工作。加快市政务服务中心建设，推广“互联网 + 行政审批”服务模式，推行基层便民服务标准化，实行电子证照服务，促进项目审批各环节信息全流程联网共享，让信息多跑路、群众少跑腿。强化企业帮扶。持续开展干部挂钩联系服务企业活动，落实减税降费政策，尽可能压降技改、融资、物流等实体经济成本，助推企业转型升级。坚持分类化解企业“两链”风险，鼓励兼并重组、债务重组，严厉打击恶意逃废债，确保不良贷款余额、不良率持续下降。推进“诚信南安”建设。开展诚信南安巩固年活动，完善信用“红黑名单”制度，推进企业信用信息一张网建设，进一步规范中介机构发展，严厉打击假冒伪劣和各种欺诈违法行为，让诚信者畅行天下、失信者寸步难行。

2. 做足“海丝”文章

以“海丝”申遗为抓手，展现人文新魅力。高标准、高质量完成“海丝”遗产点本体保护修缮和环境整治工作。深挖“海丝南安、成功故里”文化内涵，加强对名镇名村、历史街区、传统村落、历史建筑及海岛的保护利用，抓好诗山古建筑文化园、闽南文化创意产业园、汉侯博物馆等文创项目建设，精确导入民宿、文创、美食和徒步游等业态，促进文化与旅游、工业等产业深度融合，建设“海丝”文化旅游先行区。推动民俗节庆、馆藏

资源和非遗传承的创造性转化，创作一批反映时代主旋律的文艺精品。开展文化惠民活动，完善城乡公共文化设施，加快公共优质文化资源向农村延伸。多渠道倡导全民阅读，打造书香南安。以“一带一路”为重点，推动产能走出去。以侨亲情感为纽带，做大“海丝”朋友圈。加强港澳侨交流，密切与侨团、商会的联系，办好世青会，涵养新华人华侨、华裔新生代资源。新设2~3个“海外南商联络点”，为企业跨国投资、商事调解和对接合作等牵线搭桥。主动策划合作项目，吸引海内外乡亲回归创业。深化南台对接合作，培育南台合作示范点，深度对接智能制造、现代农业和现代服务业等产业。办好农订会、凤山文化旅游节，拓展对台小额贸易，提升泉金航线运营水平。深化与“海丝”沿线各领域交流合作，拓展国际友城。

（三）更加突出互融共进，全力塑造城乡一体新格局

1. 优化空间布局形态

加强“环湾、拥海、连江、合群”城市发展战略研究，深化实施修编后的城市总体规划，深入推进“多规合一”，进一步调整完善土地利用总体规划和重点功能区规划、特色城镇规划、村庄规划体系。高质量编制交通路网、地下空间、公共设施等专项规划，加强对城市的空间立体性、平面协调性、风貌整体性等方面的规划和管控，做精做细城市设计，保护城市自然山水环境格局，塑造鲜明的城市气质。

2. 提升城市功能品质

加快城市扩张辐射、更新改造，抓好“五大中心”项目建设，逐步完善城北组团配套设施，并通过户籍制度改革、住房供应保障机制完善、文化教育医疗卫生资源整合配置，促进重要节点功能扩容，打造江北大道繁荣带。统筹丰霞、英仑、康雪洪等组团建设，加快城市外环路建设，打通环城产业基地交通廊道，打造生产性服务业优势明显、创新要素集聚的环城发展带。强化城市修补、生态修复，扎实推进城西滨江、河滨（二期）、柳湖、北山等城区改造项目，大力开展老城社区微改造，同步实施一批城市“补短板”项目，推动老城区焕发新颜。加强交通拥堵综合整治，规划建设一

批充电桩、公共停车位、公共自行车服务站点，打通一批瓶颈路、断头路，疏通城市“毛细血管”。以创新管理机制为保障，继续深化小城镇机构改革，抓好水头全国经济发达镇行政管理体制改革试点，扎实推进综合执法改革试点，促进城市管理扁平化。

（四）突出科技创新，提升企业科技创新能力

提高企业科技水平和创新能力，促使南安企业把经济增长的立足点放在科技进步上，加大企业科技创新力度。一是出台相关政策支持科技平台和资源向企业、社会开放，实现科技创新服务资源的信息化集成、高效利用和开放共享。二是进一步提升产业集聚度和关联度，加强企业间的合作交流。三是建立有效的激励机制，充分调动科技人员和广大职工参与企业科技创新的积极性，鼓励职工广泛开展技术发明、技术革新活动，调动一切积极因素加快企业的创新步伐。

（五）重视人才支撑，加强产业人才队伍建设

健全完善人才市场体系，解决南安高层次产业人才不足以及人才资源分布不合理问题，加大产业人才资源的市场优化配置力度。健全完善有利于南安人才引进的落户优惠政策，全面放开对高级人才、紧缺人才和企业经营管理人才的户口限制。加大对高层次留学人才回国的资助力度，建立留学人才项目风险投资补偿机制。健全完善职业教育与产业需求紧密结合的政策措施，创新职业教育助推制造业发展机制，满足产业转型升级的高技能人才和熟练工人需求。

（六）突出民生导向，全力丰富幸福南安新内涵

保障基本民生。认真办好为民办实事项目。积极落实就业创业政策。推进全民参保登记计划，落实城乡低保动态调整机制，稳步提高各项社会保障水平。开展医疗保险付费方式改革，使城乡居民医保政策内补偿比例提高。加强劳资纠纷监测预警和执法监管，推进建筑施工企业依法参加工伤保险。

加强未成年人救助保护和困境儿童生活保障，完善社会救助和残疾人康复体系，发展公益慈善事业。编制养老服务体系建设规划，继续推行为特困失能老人提供政府购买服务。进一步完善多层级住房保障体系。

加强社会治理。培育和践行社会主义核心价值观，倡导志愿服务，推进文明城市创建。扩大政府购买服务范围和规模，培育发展社会组织，增强社区自治和服务功能。实施“七五”普法规划，健全公共法律服务体系，推进人民调解、法律援助网络建设。完善矛盾纠纷预防化解机制，优化提升联合调解中心，依法规范信访秩序，妥善化解信访积案。整合提升村级视频监控系统，健全社会治安立体化防控体系，依法严厉打击各类违法犯罪行为。按照“四个最严”要求，强化食品药品安全综合治理。加强国防教育、国防动员、国防后备力量建设和海防、边防、人防等工作，巩固提升双拥模范城创建成果，推进军民融合深度发展。

B.26 2017年永春县经济发展形势报告

颜雅英　官　慧*

摘　要： 2017年是实施“十三五”规划承上启下的一年，也是深化供给侧改革重要的一年，对永春县经济发展形势进行研究对于其本身和泉州市经济发展都有重要意义。本报告在阐述永春县2017年经济发展状况的基础上，分析永春县存在的问题及其原因，最终对永春县经济形势进行预测和展望，从而激发其发展潜力，实现新的转变和跨越。

关键词： 永春县　发展潜力　智慧农业

一　2017年永春县经济运行状况

2017年实现生产总值385亿元，同比（下同）增长8%；规模工业增加值为210亿元，增长7.8%；一般公共预算收入为21.95亿元，地方财政收入为16.13亿元，总税比达66.04%，较2016年提升18.66个百分点；固定资产投资为385亿元，增长16%；社会消费品零售总额为118.4亿元，增长11.5%；全体居民人均可支配收入为24080元，增长9%，其中城镇居民收入为32202元，增长9%；农村居民收入为18105元，增长8.5%。在2017全国县域经济发展潜力榜400强样本县（市）中，永春县排第201位。

---

* 颜雅英（1979～），女，福建永春人，泉州师范学院副教授，研究方向为发展经济学和社会保障；官慧（1977～）女，湖南桃源人，泉州师范学院讲师，博士，研究方向为企业管理。

（一）农业生产稳中有升

永春县积极探索适合自身发展的路子，加快发展特色种植、养殖业，充分挖掘特色、培育特色、壮大特色，创新农业产业化发展模式，深入推进农旅结合与“互联网+”融合，通过农业加旅游、农业加互联网的现代农业发展模式，创新推动农业产业提档升级，不断提升现代农业发展水平；逐步改善传统农业弱质产业、低效产业的地位，真正把永春县的传统农业打造成生态农业、休闲农业、观光农业、智慧农业，实现农民增收、农业增效，推动全县现代农业更好更快发展。

2017年永春县完成省级农民创业园建设投资3亿元，绩效考评全省第一，蛋鸡农业智慧园获评省级现代农业智慧园。“岵山荔枝”入选国家地理标志保护产品，“永春白番鸭”获得国家农产品地理标志保护认证。完成水土流失治理4.38万亩、高标准农田建设1.9万亩、土地整理8000亩、旧村复垦500亩。建设芦柑标准示范园1500亩、生态茶园2150亩、百香果园860亩。新增农民专业合作社、家庭农场等新型经营主体178家，新增示范社6家、示范场5家。

2017年永春县现代农业发展取得新进展，形成一套比较务实的做法。一是创新农业服务机制。安排每位科级干部及中级职称以上专业技术人员挂钩一个企业，通过结对帮扶项目或种养大户。二是强化项目跟踪指导督查。落实“五个一”工作机制，成立现代农业项目工作小组，充分发挥项目工作组的指挥、调度和协调作用，加强项目跟踪指导督查。三是加强技术指导，促进示范带动。推行农业标准化生产技术，建设芦柑标准园500亩、生态茶园1600亩、设施果蔬200亩，推进食用菌示范园区建设，示范推广小型水库高产健康养殖，开展人工增殖放流活动，推广畜禽养殖污染防治新技术新模式。探索柑橘黄龙病疫区发展芦柑生产的措施，推广黄龙病防控“永春模式”。开展新型职业农民培训，提升茶、果农专业技能。四是搭建校企合作平台，实现互利双赢。与华中农业大学邓秀新院士开展“黄龙病绿色防控关键技术及栽培新模式研发与示范”项目合作；成立福建省永春绿源柑橘苗木繁育场院士专家工作站；与国家柑橘产业技术体系联合举办“黄龙病绿色防控与栽培新模式研发与示范”推进工作会，向全国推广黄龙病防控“永春模式”，来自全国各地80多名专家参与会议。五是开展现代农业项目建设竞赛活动。为更好地发挥农业重点项目在产业结构调整和转型升级中的示范、带动作用，全面提升全县现代农业发展水平，组织开展2017年永春县现代农业项目建设竞赛活动，制定印发《2017年度乡镇现代农业竞赛考评实施细则》，力争每个乡镇建成2～3个精品示范项目。

（二）工业经济稳中向好

永春县工业涉及采掘、电力、化工、造纸、陶瓷、建材、机械制造、食品加工、美术工艺、纺织、制药等20多个行业，向社会提供1000多种产品，形成以煤炭、食品加工、生物医药、陶瓷为支柱的工业体系，开发、创造一批名、特、优产品，永春老醋、养脾散、金橘糖、神香、漆篮等产品一直在国内外市场上享有较高的声誉。近年来全县各级各部门积极强化经济运行调度，力抓产业结构提升，全县工业经济持续快速发展。从总体来看，加快了结构调整和优化升级，逐步形成具有区域特色和竞争优势的工业结构体系，并且轻工业发展速度高于重工业。

2017年永春县新招引工业企业46家。绿色智能制造、新能源新材料、生物医药等产业加速发展，逐渐成为永春县实体经济的有力支撑。总投资30亿元的九牧永春智慧制造产业园正在推进中，博纯二期、永燠制药正式投产，汇源集团新增3条生产线并在永春县设立华南总部，修正药业在永春县设立福建区域总部，新奥集团投建综合能源服务项目。万家美、南德针织、永春老醋、津源醋厂等83家企业完成技改，福源锌业达成重组合作框架。香产业园二期投用，新入驻香企2家，达盛香业在海峡股权交易中心挂牌交易，国家级燃香类产品质量监督检验中心通过省级验收。

1. 主要经济指标运行方面

通过2015～2017年的数据可以看出，永春县的工业正在崛起，工业增加值攀升，工业增长率较大（见表1）。且工业增加值占生产总值比重较大，对生产总值的增长的贡献率和拉动率也较大。工业经济的发展壮大，有力地推动永春国民经济持续快速发展，综合实力不断增强，永春连续多年跨入“福建省经济发展十佳县”行列，数次获得“福建省经济实力十强县”称号。

表1　2015～2017年永春县主要经济指标数值

单位：亿元，%

经济指标名称	2015年	2016年	2017年
生产总值及其增长率	306.08 (9.5)	329.62 (8.3)	373.31 (8.7)
农业生产总值及其增长率	38.37 (3.3)	42.77 (3.5)	43.82 (5.7)
工业增加值及其增长率	154.12 (10.7)	161.35 (8.8)	186.14 (8.5)
第三产业增加值及其增长率	110.67 (8.6)	122.85 (9.1)	139.40 (10.4)
固定资产投资额及其增长率	110.79 (20.5)	129.04 (16.5)	150.01 (16.3)
社会消费品零售总额及其增长率	93.6 (12.4)	84.21 (11.9)	87.41 (10.4)
公共财政总收入及其增长率	15.65 (-5.0)	16.14 (3.1)	16.59 (2.8)
公共财政预算收入及其增长率	10.68 (-4.8)	10.75 (0.6)	11.1 (3.3)
实际利用外资(验资口径)及其增长率	0.1839 (11.5)	0.2046 (11.3)	1.4 (4.1)
外贸出口额及其增长率	5.4894 (-2.4)	3.0596 (-38.6)	19.68 (-13.7)

资料来源：永春县统计局。

2. 规模以上经济方面

（1）2015年12月，规模以上工业增加值累计完成11.90亿元，同比增长12.3%，比11月提高4.6个百分点。1～12月，规模以上工业增加值累计完成140.76亿元，同比增长11.2%。

（2）2016年12月，规模以上工业增加值完成13.34亿元，同比增长

12.3%，比11月提高2.8个百分点。1～12月，规模以上工业增加值累计完成153.27亿元，同比增长9.3%。

（3）2017年12月，从表2中可以看出，规模以上工业运行有以下几个特点。

第一，股份制、外商及港澳台商投资企业继续主导规模以上工业经济发展。2017年，股份制规模以上工业企业累计完成产值340.05亿元，同比增长17.1%，占规模以上工业经济总量比重达56.1%外商及港澳台商投资企业累计完成产值258.78亿元，占规模以上工业经济总量比重约为42.7%，同比增长10.5%。

第二，轻工业快速发展，成为规模以上工业经济增长的重要支柱。2017年，规模以上轻工业企业累计完成产值471.76亿元，同比增长14.2%。而重工业企业累计完成产值134.63亿元，同比增长14.0%。

表2　2017年12月永春县规模以上工业相关数据

指标名称	本月止累计（亿元）	同比增长（%）	本月止累计销售产值(亿元)	产销率（%）
一、规模以上工业	606.39	14.1	598.63	98.7
轻工业	471.76	14.2	466.01	98.8
重工业	134.63	14.0	132.61	98.5
国有控股企业	7.40	6.5	7.42	100.2
集体企业	1.97	54.9	1.91	97.0
股份制企业	340.05	17.1	336.71	99.0
外商及港澳台投资企业	258.78	10.5	254.44	98.3
二、工业用电量(万千瓦时)	68787	1.8	—	—
三、农业总产值	43.82	5.7	—	—

注：规模以上工业企业为规模以上工业产品销售收入2000万元及以上的工业企业。

资料来源：永春县统计局。

（三）旅游业发展稳步加快

现代服务业方面，全域旅游取得初步成效，2017年接待游客480万人次，旅游总收入为39.6亿元。成立全域旅游投资开发公司，加快整合盘活全县旅游资源。云河谷、东关桥完成修复，牛姆林景区提升工程有序推进，七匹狼高端休闲度假村项目正式签约。一都酒香古街、横口船山岩玻璃栈道等项目投入使用，天沐温泉试运营，电商销售额为13.5亿元。2016年初国家旅游局公布的首批262个国家全域旅游示范区创建单位名单，永春县榜上有名，是泉州唯一上榜的县（市、区）。据悉，这些入选地区将优先被纳入中央和地方预算内投资支持对象，优先支持其旅游基础设施建设，优先被纳入旅游投资优选项目名录，优先安排其旅游外交、宣传推广重点活动，被纳入国家旅游宣传推广重点支持范围，被优先纳入国家旅游改革创新试点示范领域，优先支持其A级景区等国家重点旅游品牌创建，优先安排其旅游人才培训，被优先列入国家旅游局重点联系区域。这对永春发展旅游事业来说，是一个很好的机会，将助推永春旅游业向“全域旅游”模式转变，构建新型旅游发展格局。

政府部门对于永春推行全域旅游十分重视，2017年2月永春县召开创建国家全域旅游示范区动员大会，号召全县上下行动起来，瞄准打造全国著名休闲度假目的地的目标，把握“立足全县抓提升、着眼全省做示范、面向全国建样板”的定位，步履坚定、足音铿锵，用心做细做好，恒心做优做精，齐心善做善成，全力推动永春旅游业转型升级。会议要求要以“拼”和“闯”的决心，举全县之力，力求走前列、出精品、建样板；开展创建工作是实现永春绿色崛起目标的重大部署，要倾力把旅游业打造成永春绿色崛起的第一窗口、第一名片、第一品牌，切实将绿水青山转化为金山银山；提升永春旅游发展的整体水平，加快实现由旅游观光型向休闲度假型、资源开发型向深度融合型、市场开拓型向规范管理型、数量规模型向质量效益型“四个提升”。

二　2017年永春县经济运行过程中存在的问题及原因分析

2017年以来，永春县部分经济指标呈现企稳回升走势，但仍有多项主要经济指标低于年度考核目标。我们结合各行业主管部门统计情况，对关注问题进行分析。

（一）工业发展增速回落压力较大

2017 年 1 ~ 12 月，全年全部工业实现增加值 186.14 亿元，比 2016 年增长 8.5%，工业对经济增长的贡献率达 49.4%。规模以上工业完成产值 606.39 亿元，增长 14.1%；规模以上工业增加值为 174.83 亿元，增长 9.0%。在规模以上工业中，国有企业产值增长 6.5%，集体企业产值增长 54.9%，股份制企业产值增长 17.1%，外商及港澳台商投资企业产值增长 10.5%。分轻重看，轻工业产值增长 14.2%，重工业产值增长 14.0%。分门类看，采矿业下降 0.7%，制造业增长 14.6%，电力、热力、燃气及水生产和供应业与 2016 年持平。主要不利因素如下。

1. 困难企业增多

受国际国内形势影响，更主要是受国内经济社会种种非理性因素影响，永春县众多企业遭遇一系列已严重影响生存与发展的困难，经济运行下行压力较大。企业的困难可概括为“两高两难”：成本高、税负高；用工难、融资难。这些困难若不加以解决，势必会影响中小企业的生存发展，进而影响国民经济正常运行。永春县全县 2017 年全年共关停规模以上工业企业近 20 家，相比 2016 年同期增加多家，约占全部规模以上工业企业总数的 6.9%。

2. 工业用电量持续低位增长

从工业用电量情况看，增速下行趋势没有得到根本改观，累计增速排位出现下降。工业用电量增速持续下行，从年初开始持续回落，2017 年 1 ~ 8 月全县工业用电量累计增长约 2.4%，低于全市平均水平 3.0 个百分点。

3. 规模以上工业支撑不足问题比较严峻

工业投资增长低迷。工业投资兼具供给和需求双重属性，但其地方经济作用主要体现在生产能力的增加上，即实现工业生产增长，无论是外延式增长还是内涵式增长都离不开投资。全县连续工业投资负增长，说明输血动力不足，工业发展后劲受制，需要高度重视。随着投资持续下降，新建企业逐年减少，全市工业经济新增力量严重不足。截至 2017 年 8 月底，全县尚无新增规模以上工业企业，造成冲刺年度目标难度加大。

（二）第三产业指标不确定性因素较多

2017 年全年第三产业增加值增长 10.4%，相比本年前三个季度回落 0.7 个百分点，存在以下不利因素。

1. 金融业指标增速冲高回落

根据市相关部门反馈，1~9 月永春县金融机构人民币存贷款余额增速比1~8 月回落 1.5 个百分点，影响第三产业增加值增速回落 0.15 个百分点。

2. 房地产指标增速回落压力较大

房地产销售面积较 2016 年 9 月、10 月实现销售 9.12 万平方米，占 2016 年全年销售面积的 25.8%，2017 年第四季度该指标增速回落压力较大。

3. 市统一采集的部分三产指标不确定性强

如由市统一采集的邮政业务总量、公路运输总周转量、电信业务总量等指标，对永春县第三产业发展影响较大，不确定性较大。

（三）固定资产投资压力逐渐加大

全县 2017 年 1~12 月实现全社会固定资产投资 150.01 亿元，增长 16.3%，高于考核目标近 3 个百分点。

1. 工业投资出现负增长

受宏观经济形势的影响，企业投资的信心严重不足，重大工业项目招商进展不明显，落地建设项目不多。永春县 2017 年前三个季度实现工业投资 26.59 亿元，同比下降 2.0%。工业性投资增速持续负增长，工业性项目投资不足使工业经济难以实现跨越式发展。

2. 缺乏重大项目支撑

重大工程对经济的拉动作用不言而喻，2017 年固定资产投资增长主要依靠5000万元以下投资项目支撑的现象异常突出，严重缺乏大项目好项目支撑，下半年增速回落压力较大。

三　2018年永春县经济形势分析与展望

近年来，永春县通过桃溪流域综合治理、美丽乡村建设、永春香产业、永春生态旅游业、轻纺鞋服产业等打出一系列厚积薄发的生态组合拳，荡清桃溪水，充分利用生态优势带动县域经济飞速发展，未来发展潜力较大。2018年，永春县深化"五大战役"重点行动计划项目281个，总投资518亿元，年度计划投资169亿元，截至2018年5月底，全县在建项目累计完成投资75.2亿元，占年度投资计划的45.7%。永春作为海上丝绸之路重要起点之一，主动融入泉州建设"21世纪海上丝绸之路"先行区，更好地打造泉州中心城市的后花园、厦泉莆都市地区最具魅力的近郊休闲旅游区以及海西生态优越环境优美配套完整的休闲养生之都。

大力发展生态经济。近年来，"生态"成为热点词。永春县伺机而动，立足生态，实施"旅游六大工程"，全面推进旅游产业跨越式发展，把旅游打造成永春县国民经济新兴带动型支柱产业和绿色经济增长点。其中永春美丽乡村游已成为省内热门旅游项目。除了美丽乡村外，永春还有牛姆林、百丈岩、仙洞普济、乌髻岩、魁星岩、东溪大峡谷、云河谷、东关桥等旅游景区。2017年，全县接待国内外游客208.61万人次，旅游总收入为18.89亿元。可见，永春县生态经济将发展得更好。

大力推进全县综合发展。"十二五"期间，全县地区生产总值年均增长11.7%，财政总收入年均增长9.4%，财政预算收入年均增长10.3%。今后五年，永春县将坚持发展第一要务，全面融入福建、泉州发展大局，紧紧围绕"乡愁故里、生态桃源、美丽永春"发展目标，以做大做强经济总量为重点，以提高发展质量和效益为中心，深入实施"全面转型、全境美丽、全域旅游、全员招商、全速崛起、全民幸福、全力保障"七大行动，加快形成引领经济发展新常态的体制机制和发展方式，真抓实干，跨越赶超，奋力谱写永春绿色崛起新篇章。主要预期目标包括：到2020年，实现地区生产总值年均增长8.5%，农业总产值年均增长3%，工业增加值年均增长9.5%，公共财政总收入年均增长6%，地方公共预算收入年均增长6%，全社会固定资产投资年均增长16%，外贸出口总额年均增长5%，社会消费品零售总额年均增长11%，居民人均可支配收入年均增长8.5%。

永春县发展潜力巨大，“十三五”期间是永春县实现新转变、新提升、新跨越的关键时期，要实现这个目标，永春县必须敢为人先、锐意进取抓发展；必须发挥优势、奋力拼搏谋发展；必须团结协作、合力合拍促发展。要以全面转型为重点，推动产业提升，夯实绿色崛起基础；要以全境美丽为引领，推动生态提质，打造绿色崛起样板；要以全域旅游为契机，推动配套提优，彰显绿色崛起魅力；要以全员招商为抓手，推动项目提效，增强绿色崛起后劲；要以全速崛起为目标，推动改革提速，拓展绿色崛起空间；要以全民幸福为追求，推动民生提档，释放绿色崛起红利。

B.27
2017年德化县经济发展形势报告

张　豪*

摘　要： 2017年德化县大部分指标呈现向好迹象，林业、农业、旅游业和陶瓷业作为德化县的主要产业，2017年都得到了良好的发展，但仍然存在动力不足、产业规模小、发展速度缓慢、市场竞争力弱、创新能力不足等问题。本报告阐述了德化县经济发展现状，并对其发展中存在的问题和原因进行详细分析，最终提出相应的对策建议，以促进德化县各个产业健康稳定发展。

关键词： 德化县　林业　旅游业　农业　陶瓷业

德化县位于福建省中部，是一个经济较为发达的山区县。境内森林资源丰富，素有“闽中绿色宝库”之称。德化有稳定的农业产业和良好的天然条件，近年在发展特色的农业产品。德化旅游业资源丰富，森林覆盖率高，素有“泉州后花园”之称，旅游业是德化县十分关注的行业。德化是中国三大古瓷都之一、福建最大的工艺陶瓷生产和出口基地，陶瓷业对德化其他经济又有带动作用。2017年德化县大部分指标呈现向好迹象，但仍然存在经济持续回升基础薄弱、动力不足、产业规模小、发展速度缓慢、市场竞争力弱、创新能力不足等问题。研究德化产业的发

---

* 张豪（1988～），男，福建泉州人，泉州师范学院讲师，博士，研究方向为组织战略与政策分析。

展，对新时期促进产业经济与生态建设协调发展，发挥生态、经济、社会效益，具有重要意义。

一　德化县经济发展现状分析

德化经济有平稳的增长，但产业发展不均衡。如图 1 所示，第一产业占比小，第二产业和第三产业占比较大。2017 年实现了经济稳步增长，全县实现生产总值 221.05 亿元，增长 7.7%。其中第一产业增加值为 10.43 亿元，增长 3.1%；第二产业增加值为 128.19 亿元，增长 6.1%；第三产业增加值为 82.43 亿元，增长 10.8%。如图 2 所示，德化 GDP 逐年平稳增长。

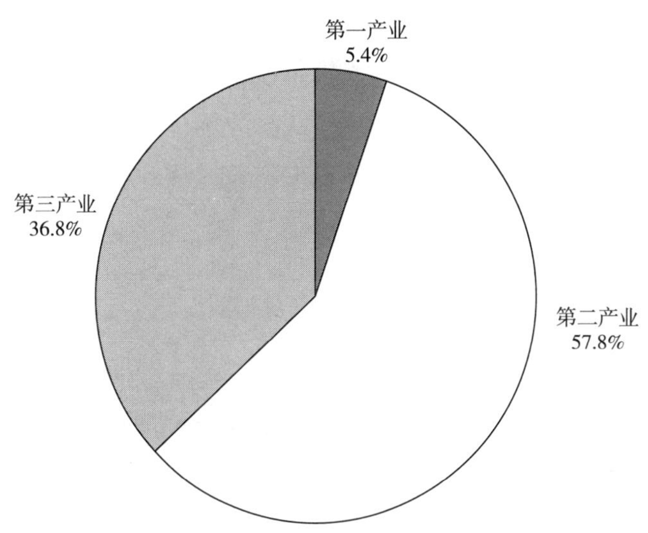

图 1　各产业占总产值的百分比

资料来源：德化县统计局。

（一）德化县林业发展现状

林业是德化县的重要产业，一方面得益于其得天独厚的自然资源优势，另一方面得益于地方政府长期以来对林业资源的保护和可持续开发。从林业资源储备方面来看，德化县的森林覆盖率、竹林面积和立竹量等指标均领先于泉州的其他县市，在林业资源总量方面也在全省排名第17。在全国性的生态环境质量评定当中，德化县力压福建省其他县市区获得第一，位居全国第29，是目前福建省生态环境最好的县，非常适合人类居住。德化县可以在自然资源方面位居全省领先地位与地方政府历来重视对自然环境的保护密不可分。德化县坐拥1个国家级自然保护区、国家级和省级森林公园各1个、自然保护区（小区）114个，总资源面积达到25000立方米，占地面积达到全县土地总面积的11%。另外，德化县规划界定国家级生态公益林45000立方米，占全县林地面积的1/4，中央财政、省财政和市财政每年都会针对生态公益林拨付补偿金，支持德化县的生态建设。德化县要发展成为福建省乃至全国生态强县，还离不开德化县对林业进行的集约化、规模化经营管理和市场运作，更应该加大力度促进林业资源的可持续开发。从相关统计数据分析可知，目前德化县的林业资源在总量上实现了稳定的增长并逐步向绿色、生态和环境友好的方向转变。

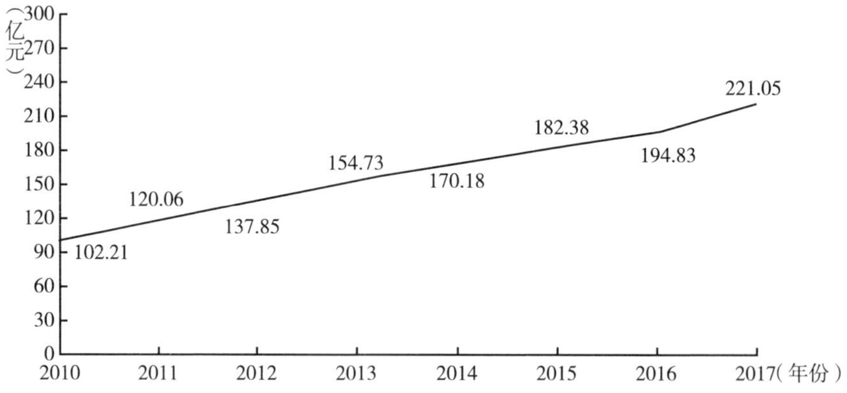

图2　2010～2017年德化县生产总值趋势

资料来源：德化县统计局。

（二）德化县农业发展现状

德化有稳定的农业产业和良好的天然条件。近年来，德化县大力发展特色农业，同时加强和台湾合作，发展早熟德化梨、黄花菜、高山云雾茶、德化黑鸡等特色产业。其中较具代表性的是早熟德化梨、黄花菜和德化黑鸡，这三个特色农业产业正逐步成为德化特色农业的支柱性产业。德化梨 1996 年开始引进试种，结合当地气候、土壤等环境条件，采取草生栽培、疏花疏果、配方施肥、人工授粉、两次套袋和生物防治病虫害等综合高新技术，试种取得成功。德化县春美乡盛产黄花菜，已有 300 多年的历史，“十八格”黄花菜尤为盛名。春美乡的地理位置、土壤和气候条件适宜黄花菜生长，造就了黄花菜香甜可口，风味独特，市场供不应求。全县“十八格”黄花菜种植面约为 1000 平方米，鲜花和干花的产量约为 1400 吨。德化黑鸡因原产地在德化县而命名，德化黑鸡的主要产区集中在三班镇、国宝镇、盖德镇和浔中镇，在这 4 个地区形成了以黑鸡原种厂为龙头的产业区。德化黑鸡是德化县自行选育的地方品种，并注册“德化黑鸡”商标。目前，德化县采用“公司 + 基地 + 农户”模式运作，带动全县大力发展德化黑鸡产业。饲养出栏德化黑鸡为 30 万只，产值为 1500 万元/年，净利润为 500 多万元/年。

（三）德化县旅游业发展现状

德化旅游业资源丰富，生态环境良好，旅游业收入在逐年增加。首先，德化县拥有优质的旅游资源。德化县全县的森林覆盖率高达 77%，在中国环境监测总站的全国性评定中被评为福建省最适合人类居住的县，拥有优质的生态资源。除此之外，德化县政府对于生态环境的保护特别重视，围绕现有的五个国家级生态品牌、绿色可持续的主题，对戴云山、岱仙湖、牛石山等国家级生态资源进行精心规划和打造，尤其是在景区生态环境的开发与维护、生态破坏和环境污染的预防教育方面花了很大的精力。对自然生态资源的合理开发和保护，是德化县旅游业发展的前提。德化县的旅游业作为全县经济发展的重要支柱，优质的生态环境资源是关键，但还需要仰仗成功的景点开发。德化县在旅游景点开发方面也取得了不错的成果。结合德化县绿色生态的标签，德化县有针对性地开发了富有地方特色的旅游主题，将农业、林业和旅游业有机结合，融合当下较为成熟的梯田开发、民宿、农家乐等乡村主题，将自然风光欣赏与竹筏漂流相融合，增加了旅游产业的收入。得益于在环境战略和旅游策略上的成功，德化县在游客数量和旅游收入两项指标中都实现了较大幅度的增长（分别增长28.6%和36.8%），旅游综合收入在全县生产总值中的占比也达到了6.4%，旅游业成为重要的支柱产业。另外，旅游业的发展也让生态环境的保护得到更大的重视，德化县的旅游业得以发展的关键在于其自身优质的自然资源，只有更合理地保护和利用这一资源禀赋，才能更好地实现旅游业与环境保护的良性互动。

（四）德化县陶瓷业发展现状

德化拥有良好的资源条件，陶瓷产品远销海内外。德化境内自然资源丰富，为陶瓷的发展提供了充足的水源和优质的矿产。陶瓷生产历史悠久，是我国陶瓷文化发祥地和三大古瓷都之一，陶瓷产品80%以上外销，销往190多个国家和地区，是福建省十大重点出口县（市）之一，在陶瓷生产加工和出口方面处于全省领先地位。由于在陶瓷艺术等方面的成就卓著，被评为“中国陶瓷之乡”“中国小水电之乡”“中国民间文化艺术之乡”“中国早熟梨之乡”“中国油茶之乡”“中国竹子之乡”等。德化县的经济自20世纪90年代以来得到了较大的发展，多次进入全省县域经济前十。全县实现生产总值154.73亿元，公共财政总收入为14.01亿元，其中公共财政预算收入为9.07亿元。

德化陶瓷产业现今的从业人员有近12万人，2016年陶瓷生产总值近200亿元，是德化县经济的支柱产业。德化目前的陶瓷产业结构主要可分为三个部分。一是瓷塑工艺产业，主要以观音、弥勒、达摩、仕女等宗教、历史人物造像为主题。瓷塑是德化陶瓷产业的金字招牌，其精湛的传统塑造技艺和独特的艺术魅力成为德化陶瓷产区独树一帜的品牌符号。二是外销工艺瓷产业。外贸出口的工艺美术陶瓷是德化陶瓷产业经济中最主要的组成部分，产品销往197个国家和地区。三是日用陶瓷产业，主要包括餐具、杯具、茶具等，其依靠规模化产区的集群生产，以质量、价格等优势迅速占领国内外市场，成为德化陶瓷产业越来越重要的组成部分。

二　德化县经济发展中存在的问题

2017年德化县大部分指标呈现向好迹象，但仍然存在经济持续回升基础薄弱、动力不足、产业规模小、发展速度缓慢、市场竞争力弱、创新能力不足等问题。以下将分别对德化县的四大产业进行分析，指出各个产业当前发展存在的问题。

（一）德化县林业发展中存在的问题

1. 林产工业企业未能形成规模经济，资源利用率低

德化县的林产工业取得了一定的发展，但仍存在许多问题需要解决。德化县目前拥有林产工业企业近100家，但能够被列入市级产业化龙头企业的仅有2家，大多数企业的规模还比较小，难以形成规模效应。这便导致德化县优质的林业资源没能得到有效的利用。一方面，企业未能实现规模生产，造成了资源浪费。陶瓷配件是德化县林产工业企业的主要产品，每年可以创造50万元的工业产值。从价值创造方面来看，这部分产值仅占全县生产总值的0.6%，但消耗了4.5万立方米木材和55万根竹材，这相当于分别占用了德化县“十三五”期间年度商品木材采伐限额和竹材年度生产计划的1/4和1/5，资源的利用率较低。另一方面，过小的企业规模也限制了林产工业企业的产业升级，不利于高新技术的推广和应用。这导致德化县林产工业企业不得不以较低的资源利用率参与到竞争较为激烈的林业产品初加工市场的竞争中。

2. 林产工业产品附加值低，缺乏竞争力

德化县林产工业企业还存在信息获取渠道不畅的问题，这对林产工业企业的产品迭代与精准营销造成不利影响。在竞争激烈的林产品市场中，商机

稍纵即逝。德化县林产行业在搜集市场信息中还需要依赖行业管理的指导和帮助，缺少在高端产品平台中与国内外先进企业交流与合作机会。受制于产业地位，德化县林产工业企业的产品结构还比较单一，以陶瓷配件、大芯板、竹香芯、松香、松脂和松节油及其产品为主，这些林业产品的附加值太低，导致德化县林产工业发展增速仅为8%，与其他行业超过10%的发展速度相比，增长相对缓慢。

林产工业消耗了德化县宝贵的自然资源，但由于企业未能形成规模效应、林业产品的附加值较低等原因，较其他行业来说发展较慢，制约了德化县经济的转型升级。

（二）德化县农业发展中存在的问题

1. 绿色农业发展滞后

绿色农业对德化县生态文明建设的可持续性起到至关重要的作用。在过往的农业生产过程中，德化县农业以粗放型、资源消耗型生产方式为主，农业从业人员的产品质量、食品安全和生态环保意识薄弱，让本应具有德化县特色的农产品失去了“特色”，难以满足市场上对特色农产品的需求，缺乏特色的农产品难以为德化县树立足够的品牌影响力。防止农业面源污染和生态退化是绿色农业重要任务，德化县在农产品生产防治病虫害方面，还缺乏相关的绿色防病防虫技术，对农药和化肥的依赖程度较高，这与绿色农产品的精神相背离，一方面农产品不能达到绿色农产品的生产要求；另一方面破坏了生态环境，不仅赔了“金山银山”，还破坏了“绿水青山”。

2. 农业科技化水平较低

德化县农业发展速度较慢，增速仅为6.8%，是四大产业中增速最慢的一项。其中的主要制约因素在于德化县农业发展的科技水平还比较滞后，农业技术不够现代化不利于生产产业附加值较高的特色农产品。一方面，德化县政府对农业的科技支持方式有待转变。德化县为农业生产提供的科技服务更多地局限于活动科学普及层次，如“科技三下乡”活动。这类活动对于农业的扶植缺乏针对性和时效性，对于提高农业产品的质量和产量缺乏足够的贡献力。另一方面，从农业生产者自身的角度来看，农业生产者对于科学技术的忽视，也是造成德化县农产品科技含量不高的关键。德化县青壮年劳动力及接受过良好教育的年轻人大都选择在外地工作或者从事非农业工作，德化县农业从业人员的文化素养较低，对于科学技术的重要性认识有限，在农业生产中较多依赖于经验而非技术，导致难以形成现代化的农业产业。

（三）德化县旅游业发展中存在的问题

1. 旅游资源开发水平低

德化县的旅游景点开发程度还比较落后，旅游营业收入主要依赖观光门票，在旅游基础设施建设方面投入不足，相关旅游配套项目尚未建立健全，在旅游文化的开发和宣传方面还存在许多潜力未能发挥。

首先，德化县旅游资源开发程度较低。德化县在自然风光和生态环境方面有着不错的先天条件，但对于旅游资源的开发程度还比较低，除了旅游基础设施和配套设施的建设以外，对于旅游文化和旅游品牌的打造还有待提升，缺乏有竞争力的旅游产品。在旅游业的供给层面，德化县的旅游服务机构在新旅游线路开发方面还未能满足游客的需求，许多旅游路线和景点有待更好地开发利用。

其次，交通不便是制约德化县旅游业发展的重要因素。从自然环境来说，德化县地处山区，要想进入德化县存在一定程度的困难。德化县以自然风光为主的旅游景点通常离县城的距离较远，与主要中心城市泉州、厦门和福州均有上百公里的距离，这进一步加剧了交通的困难。随着地方政府对基础设施建设的重视程度不断提升，德化县的基础设施建设得到一定程度的改善，203 省道和 206 省道很好地缓解了交通因素给旅游业带来的不利影响。但总体来说，德化县地处山区，山脉众多、斜坡弯路较多、公路等级较低，不利于旅游大巴等旅游车辆进出景区。在对来德化县旅游的游客进行调查后发现，有 36.8% 的游客对德化县旅游的交通问题表达了不满。旅游交通的

不便利已经对旅游产业发展产生了不利影响，成为制约德化县旅游业发展的“天花板”。

2. 旅游企业管理水平有待提升

德化县的旅游资源帮助其在文化游、生态游和休闲度假游方面具有天然优势，但是文化游、生态游和休闲度假游对从业人员的服务素质提出了更高的要求。当前德化县旅游企业存在规模小、管理落后等问题。德化县的旅游企业以零散的小型企业为主，对于旅游资源的开发与利用缺乏效率，空有一流自然资源，在管理水平和经济效益方面却处于二、三流的位置。酒店和旅行社的档次以经济型为主，且数量不足，在旅游接待能力上有局限性。旅游收入结构单一，由于缺乏合理的开发和利用，旅游收入过分依赖门票收入，旅游营收的连带销售能力较弱，利润微薄。旅游企业中专门从事旅游管理的专业人才缺乏，尤其是高端人才存在较大的缺口，人才问题制约了德化县旅游企业的发展。旅游企业在与政府部门相互协作的过程中也出现了许多责任不明确的情况，导致监管成本过高。德化县旅游事业主要由德化县文体局进行管理，但在有些地方，风景区同时又隶属建委部门，涉及宗教事务的寺庙道观又必须受到来自宗教部门的管理。面对多头管理的现状，实力弱小的旅游企业不得不疲于应付各类监管，无力进行旅游资源开发。监管部门作为旅游景区的主要管理者，其职责确定了其工作中心不会放在景点运营方面。这便使有新开发利用旅游资源的主体无暇抽身，主要负责监管决策的部门又缺乏积极性。另一个制约因素就是村镇之间缺乏统一协调管理，造成村镇之间经常发生利益纠纷。

3. 旅游业投入不足

德化县旅游业相对其他行业来说起步较晚，对于旅游业的投入和重视程度还不够。首先在资本投入方面，落后的旅游基础设施配套和闲置的优质旅游资源束缚了德化旅游业的发展。德化县对旅游的投入仅有 200 万元，这样的投入程度难以帮助德化旅游业形成规模效应。由于政府和民间资本在旅游业方面的投入捉襟见肘，优质的旅游资源难以得到合理的开发和利用，德化县的旅游产品难以实现“特色”发展。除此之外，人才投入不足也是德化旅游业难以可持续发展的关键制约，尤其是高层次旅游策划人才缺乏，德化文化游、生态游和休闲度假游方面具有的天然优势难以转化为经济效益。

4. 旅游业宣传力度不足，缺少知名度

德化县的旅游业缺乏品牌效应，难以在旅游产品消费者中形成感性的消费认知，不利于旅游业的发展。目前德化县的优质旅游资源在全国仍然缺乏知名度，旅游消费者到德化到底玩什么、看什么还有待进一步加强推广和营销。在国际上，虽然德化陶瓷制品在全球100多个国家和地区受到消费者的高度认可，但对于陶瓷产品的产地德化的好山好水，许多游客在认知上依旧是一片空白。许多省外、境外的游客由于缺乏对德化旅游品牌的认知，很难想象他们会选择将德化作为旅游目的地。

（四）德化县陶瓷业发展中存在的问题

“一带一路”倡议给德化陶瓷业走出国门创造了更好的国际国内环境，但面临来自国内外市场的激烈竞争，德化陶瓷业发展过程中出现的许多问题也逐渐显露出来，主要表现为以下几点。

1. 产品附加值过低

德化陶瓷业是出口导向的行业，产品远销海外，每年外贸出口的工艺美术陶瓷和日用陶瓷产值占到了德化陶瓷总产量的8成以上。但外销的产品中缺乏独立自主品牌，在全球产业链中扮演的是代工者的角色，提供的大多是利润较低的低端量化产品，产品附加值较低。随着全球经济形势的不确定性加剧，身处产业链中低附加值的环节的德化陶瓷业亟待转型。国际贸易摩擦和汇率波动让德化陶瓷业承担了较大的风险，加之国内原材料、人工和物流费用不断攀升，许多陶瓷企业发展面临不小压力，转型升级迫在眉睫。

2. 自主设计研发能力不足

目前，德化共有陶瓷企业1400多家，但具备独立设计研发团队的企业少之又少。大多数陶瓷企业没有自己的设计师或设计团队，更多的是靠甲方的设计图纸来进行生产，自主设计研发能力匮乏。在德化民间虽然不乏陶瓷工艺大师，但在陶瓷产业中能将这些工艺批量进行生产和营销的企业非常有限，尤其是德化最负盛名的瓷塑工艺产业，虽然从业者众多，但产品的同质化问题严重，在主题、造型和艺术风格方面难以有所突破，产品的文化符号单一，局限于宗教传统文化，难以与海外消费者形成共鸣。

3. 经营者理念保守

德化县地处山区，加之基础设施建设比较落后，形成了当地保守淳朴的民风，这一民风也对德化县当地的陶瓷业经营者形成了深远的影响。借着改革开放的春风，台湾侨胞在德化投资陶瓷业并带来当时比较先进的生产和管理方式，促进了德化陶瓷业起步发展。但由于与外界交流受限，许多陶瓷企业家仍保留着传统的生产经验管理观念，追求薄利多销，相关品牌意识薄弱，产品的独创性不足，难以在当代竞争中占据有利位置。

三　加快德化县经济发展的对策

（一）加快德化县林业发展的对策

1. 创造良好的经营内外部环境

德化县应从内外两方面构建良性产业发展平台，进一步深化以产权改革为着力点的林产企业经营模式的改革。首先要建立健全现代林产企业的产权制度，充分调动林产企业间合作的积极性，实现互利共赢，共同建设林业基地，通过股份制改革确立混合所有制，从内部对德化县林产企业进行改革，调动起生产和创新的积极性，更好地应对竞争。其次在外部环境方面，德化政府部门应当根据当前的经济形势和热点，对林业产业的发展进行有针对性的指导和帮助，积极探索新常态下林业产业运行机制，帮助林产企业管理者更加地适应现代企业制度下的企业管理，为企业营造宽松的发展氛围。通过税费改革、投融资政策扶植、林业技术服务和市场推广运营等措施，为让德化县林产企业在竞争中保持自身优势，应让林产企业中的经济要素可以更好地发挥开拓市场和技术创新的优势，实现林产工业的升级换代。

2. 保障林业资源的充足性

林产工业的发展一定要坚决贯彻可持续发展观，不可以竭泽而渔。可以通过订单、合同和股份制改造等经营模式的创新，鼓励和引导林产工业企业与林业经营主体共同建立原材料基地，将企业、市场和原材料基地三者通过租赁、合作和委托等形式紧密联系在一起，形成有力的纵向产业链条，形成林产工业的规模化经营模式，降低资源在培育和加工利用之间流动的成本。

3. 大力发展林业产业平台，促进产业升级

在林产工业发展的过程中，各种中介服务机构、协会和民间组织也发挥着重要作用。林产品和木材市场的交易需要建立起统一、有序、开放和竞争的市场规则，这便需要林业服务业的从业者在其中消除市场中信息不对称的问题。通过完善林产工业的市场信息、促进林产品和资源的高效流通，林业服务企业可以为林产企业创造更有利的发展条件。另外，林产工业在教育培训和金融保险方面也发挥着重要作用。产业平台的搭建除了需要依赖林业服务企业外，还需要改变当前林产工业存在的生产经营过于分散的问题，建设林产工业项目园区，形成产业集群效应。产业园区中的企业可以相互取长补短，实现资源共享，互惠共赢，共同发展，也有利于形成产业龙头企业，带动产业的整体发展和升级。要实现林产工业的升级，增加林产品的附加值，还必须依托其他行业。将德化的生态资源、林业资源和旅游资源相融合，促进森林生态旅游、森林房地产等第三产业的发展，是促进德化县林产工业实现升级的关键。加大林产工业与德化优势行业，如陶瓷业的合作，也是有利于提升林产品附加值的重要举措。

（二）加快德化县农业发展的对策

1. 坚持走绿色和可持续发展道路

健康绿色农业的观念如今已经越来越多地受到消费者的重视，消费者对于特色农产品的品质有着特别敏感的需求。德化县的农业发展应当坚持走绿色可持续的产业化道路，坚持使用绿色生产资料和生产技术，控制生物、环境和化学因素对农产品的污染，防止农产品在生产、加工和运输环节中的污染。德化

县在发展绿色特色农业中，应当注意在食品生产的全过程中都使用绿色生产资料和生产技术，产品的选育、饲养、种植、施肥、包装、运输等各个环节都应进行严格把关，以确保从农地到餐桌的全绿色生态，真正做好符合绿色标准的农产品，形成德化县特色品牌。另外，在农业经营发展过程中应当坚持走可持续发展的道路，通过科学技术提高生产效率，实现从粗放型生产到集约型生产的转变，实现从小农户到大农场主的转变，将农业生产与生态保护相结合，实现生态效益与经济效益共赢。农业生产如果没有和生态保护相结合，就容易造成环境污染和破坏，不利于德化县的生态保护和可持续发展。

2. 集中农业资源力量，扩大生产规模

德化县农业生产规模较小，生产经营较为分散，导致难以形成规模经济。解决这一问题，需要从两方面着手。在特色农业领域大力扶植龙头企业。德化县农业实现现代化产业升级，不仅需要提升农业生产的科技含量，还需要在管理、投融资和物流方面投入大量的资金和技术。当前以农户分散经营为主的德化县农业在这些方面都有待改进，通过将分散经营的农户整合成初具规模的农业企业，利用其在资金、技术和管理方面的优势才能更好地发挥德化县农业资源的优势。当前德化县已经拥有一些农业企业，并且在市场上呈现一定竞争优势，如黑鸡养殖有限公司、绿源农产品公司、鑫春美（泉州）农产品开发有限公司等，这些公司也正在发挥着行业龙头企业的带头作用。另外，在大力培育扶植德化农业企业的过程中，对于分散经营的农户，还应该充分发挥农业合作组织整合农业资源的优势，提高农业生产效率，发挥规模效应。对于具备积聚效应的特色农业，农业合作社可以帮助农户更好地提升自身的市场竞争力，消除农产品市场上的信息不对称，易于为农户所接受，对于快速实现小农经济向农场经济转型有着重大意义。

3. 提高特色农产品的市场占有率

德化县农业在四大产业中是增速相对较缓的产业，改变这一现状，必须提高德化特色农产品的市场占有率，主要应集中力量从以下两个方面入手：建立特色农业供应链和打造特色农产品品牌。首先，通过实现德化县特色农产品供应链的一体化，将农产品、市场和消费者有机地联系起来，通过农业企业和农场主之间的良性互动，实现资金、技术和管理的转移，提高特色农产品的质量，保证全过程的质量控制，实现农户、农业企业和消费者共赢的局面；其次，打造德化特色农产品品牌，要提升市场占有率，德化农产品就必须围绕自身自然农业资源的优势，将地域文化与农特产品相结合，树立起特色农产品品牌，加大广告宣传力度，尤其是重视新媒体和网络经济效应，实现差异化竞争，才能够在激烈的农产品市场竞争中谋得一席之地。

（三）加快德化县旅游业发展的对策

1. 农业与旅游业相结合

深度发掘德化县农业旅游资源，政府牵头引导农业与旅游业融合，鼓励旅游企业与农业企业合作，积极引入社会资本以对有待开发的农业生态旅游资源进行可持续开发。进一步加大投入，设置绿色和可持续的农业生态旅游发展目标，依托专业旅游经营管理团队，编制科学发展规划，通过促进融合来形成规模效应。

2. 加强基础设施建设

当前制约德化县旅游业发展的最主要因素在于交通，地方政府应当加大对交通基础设施的建设力度，结合本地旅游特色，在旅游交通规划中增加旅游专线，为旅客提供更加便利的交通服务，带来更好的旅游体验。

3. 提高从业人员素质

当前德化县旅游从业人员的综合素质还有待提高，应从以下两个方面着手。首先，重视对现有人员的知识和技能培训。目前德化县旅游景区的服务人员多为当地居民，在旅游服务和营销方面缺乏系统和科学的知识和方法，更多的是凭借自身的从业经验，服务缺乏科学标准，不利于形成旅游品牌。通过强化对从业人员的培训和教育，形成标准化服务，有利于形成德化特色旅游品牌。其次，加大旅游管理人才的引进力度。目前旅游管理人才在全国范围内都属于稀缺人才，德化县应积极和省内高校寻求合作，以免在人才争夺方面处于下风。

（四）加快德化县陶瓷业发展的对策

1. 提高自主设计研发能力

当前传统代工的陶瓷生产销售市场基本处于饱和状态，继续在这个市场中竞争只会让德化县的陶瓷生产者深陷泥潭。在当前市场环境下，陶瓷企业只有具备自主设计研发能力，才能更好地应对消费者的需求。瓷塑造像是德化县陶瓷行业的主要产品，但随着“90 后”“00 后”消费群体的崛起，传统的造像设计难以迎合年轻人的喜好。在保持传统工艺技法的前提下，加入时下年轻人喜闻乐见的人物形象，扩大新市场，对于德化陶瓷业实现转型升级至关重要。

2. 严格品质把控，打造优质品牌

对于陶瓷产品的质量控制，是帮助德化县陶瓷行业树立品牌的基础。陶瓷制品不同于一般快消品，同时兼具收藏投资与消费使用的功能。陶瓷制品在日常生活中需要大量使用，作为工艺品在收藏与投资市场中同样会受到投资者的青睐。作为工艺品，其投资与收藏价值的基础毋庸置疑是好的质量，作为消费和使用的陶瓷制品同样也需要严格的品质把控。尤其是以外销为导向的德化陶瓷业，必须不断提高产品的品质，在海外市场上形成竞争优势，创建高端品牌。

3. 提高“智造”水平

德化陶瓷行业长期以贴牌代工作为主要的生产方式，从业人员数量众多，是典型的劳动力密集型产业。随着国际贸易的不确定性加剧，劳动力密集型的德化陶瓷企业必须寻求转变，从“制造型”企业向“智造型”企业转变。当前德化陶瓷行业在生产技术研发中还处于较为落后的阶段，需要多方共同努力：首先，地方政府应当加大对技术性人才的培育力度，通过各种优惠政策招揽高水平人才；其次，企业必须转变自身的经营理念，增加技术研发领域的投入；最后，应建立产学研相结合的科技创新平台，通过跨界合作实现创新驱动生产。

企 业 篇

Enterprises Reports

B.28 泉州湾洛阳江河口红树林湿地的发展对泉州经济社会发展的贡献

李意敏　谢志忠*

摘　要： 泉州湾洛阳江河口红树林是全省乃至全国现存面积最大的连片乡土树种人工红树林，已形成洛阳桥与红树林完美结合的独特的湿地文化景观，极大地改善了生态环境，促进了经济社会的可持续发展。本报告从泉州湾洛阳江河口红树林湿地的发展情况方面进行全面阐述，得出了湿地的发展对泉州的发展具有一定的经济、社会、文化及生态价值，在分析影响泉州湾洛阳江河口红树林湿地发展的不利因素的基础上，提出相关对策建议。

* 李意敏（1972～），男，福建安溪人，现任泉州湾河口湿地省级自然保护区主任，高级会计师，长期从事林业工作；谢志忠（1970～），男，福建仙游人，泉州师范学院教授，博士生导师，研究方向为农村金融。

关键词： 泉州湾洛阳江河口　红树林　湿地　价值

红树林是生长在热带、亚热带地区的海岸潮间带或河流入海口，受周期性海水浸淹的木本植物群落。长期以来，红树林有着“海上森林”和“海岸卫士”的美称。俗话说：“森林是地球之肺，湿地是地球之肾，红树林既是地球之肺同时也是地球之肾。”可见，红树林在整个地球生态系统中发挥着不可替代的作用。

泉州湾洛阳江河口的红树林湿地是中国红树林自然分布北缘的红树林区域，区域内红树林生长繁茂，局部地段还保存了一定面积的天然林，在一定程度上反映出我国红树林北缘分布区的原貌，具有重要的生物地理学意义。同时，该区域保存的天然红树林形成了典型的红树林湿地生态系统，其是南亚热带上的一颗闪亮的绿色明珠。我们不仅应当注重对红树林生态价值的保护和恢复，也应当注重其在区域经济社会发展中发挥的作用。

一　泉州湾洛阳江河口红树林湿地的发展现状

泉州湾洛阳江河口的红树林坐落在泉州湾河口湿地省级自然保护区内，是保护区内的重点保护对象。目前，保护区内红树林面积达 300.8 公顷。

红树林有“海上森林”“海岸卫士”的美称，是热带、亚热带海岸滩涂特有的植物群落，是最重要的湿地资源，具有维护生物多样性、防风护岸、降解污染物、净化水质、提供海产品等重要功能，已成为科研宣教的重要阵地、生态旅游的理想场所。被划为自然保护区核心区加以严格保护的泉州湾洛阳江河口红树林，天然分布有桐花树、秋茄和白骨壤 3 科 3 属 3 种红树林，其中泉州是桐花树和白骨壤红树林在太平洋西岸自然分布的最北界。

2002年以来，洛阳江沿岸的市县两级政府各相关部门在洛阳江大力开展以治理互花米草和种植红树林为重点的湿地生态修复工作。目前，洛阳江红树林面积已由原来的257亩增加到近7000亩，红树林区域中鸟类种类由建区前的107种增加到193种，其中，国家二级保护鸟类有21种，福建省重点保护鸟类有21种，中日、中澳协定保护的候鸟有85种和47种，成为全省乃至全国面积最大的连片乡土树种人工红树林，形成了桥树相融、人鸟和谐相处的独特湿地文化景观，极大地改善了生态环境，维护了生态平衡，促进了经济社会的可持续发展。泉州湾洛阳江河口红树林的建设和保护成果得到了上级有关部门和领导、专家的充分肯定。2003年、2004年、2012年先后被确立为市级、省级和国家级科普教育基地。2005年国家林业局、中国林科院将该区域定为红树林湿地恢复与变化的动态监测点，2012年该区域设立了国家级湿地生态系统定位观测研究站。

二 泉州湾洛阳江河口红树林湿地对泉州经济社会的贡献

红树林生态系统是世界上生产力水平较高的四大海洋自然生态系统之一，红树林湿地是一种极为重要的湿地类型，近年来国内外对于红树林生态湿地的研究已经比较深入，根据较成熟红树林生态系统服务的研究成果，结合泉州湾洛阳江河口红树林湿地生态系统特征，本报告将红树林对泉州经济社会发展的贡献归纳为三大类：生态价值、经济价值、社会价值。

（一）生态价值

红树林生态价值的实现是推动其经济价值和社会价值形成的最基本保障。近年来，通过对泉州湾洛阳江河口红树林的多样化、现代化的保护开发，将森林防火、病虫害防治等工作建立在可靠的基础上，从宏观上控制了自然因素对资源和环境的影响，使中华白海豚及水禽得到最大限度的保护。而保护区内的红树林也可按其自然规律稳定地进行演替、发展，发挥其最大的生态功能，在保持生物多样性、维护生态平衡、防浪护堤、防止海洋污染及提供优美的自然景观等方面发挥更大的作用。洛阳江河口红树林生态系统的生态价值可以具体体现为：维持生物多样性价值、环境净化与调节气候价值、减轻自然灾害方面的价值、优美的景观旅游资源方面的价值。

1. 维持生物多样性价值

红树林丰富的野生物贮藏着各种遗传资源，构成了一个巨大的基因库。高度的生物多样性不仅可以提高生态系统抗干扰的能力，维持生态系统的稳定，还能被用于改良家畜、家禽和农作物，以增强其抗病力，因此，对保护区红树林生态系统、珍稀濒危野生动物资源的保护维持了生物多样性，而河口湿地也成为多种鱼类、无脊椎动物、附生植物以及各种各样有国际意义的鸟类的栖息地、繁殖地和歇脚地。

2. 环境净化与调节气候价值

湿地作为“地球之肾”能够净化生产生活污水及海洋污水，并且红树林生态系统作为森林生态系统的一种特殊类型，在吸碳释氧的同时也能够消纳扬尘。另外，红树林对于调节气温也有着十分显著的作用，夏天红树林湿地比空旷地区的气温低3℃～5℃，而在冬季，红树林湿地要比无林地区的气温高出2℃～4℃，从而为多种多样的水生生物提供了良好的栖息环境。

3. 减轻自然灾害方面的价值

红树林的作用具体体现在防洪涝、降风速、抗干旱等几个方面。在防洪涝方面，红树林生长在海岸潮间带，据测定，红树林内水流的速度是光滩的1/6～1/5，这样水体中粒径较大的泥沙就能沉积在红树林中，从而降低了航道的淤积速度，降低洪涝灾害带来的负面影响。绝大多数海岸带风速较大，而根据洛阳江河口红树林相似区域的红树林生态系统的测定，100米宽的红树林带，能把10级台风刮起的波浪化为平波。在抗干旱上，红树林作为特殊的森林类型，其中的林地及栖息生物不仅能够固土存肥，还能够发挥保持水资源的功能。

4. 优美的景观旅游资源方面的价值

保护区内的红树林具有神奇、幽静、秀丽的景观美学价值，它与洛阳桥等配套，为一流景点，同时，在最高处可鸟瞰泉州湾和晋江河口，目睹渔民耕海活动及海上田园。它成为游客观赏、娱乐的适宜场所，无论是漫步堤岸，还是泛舟林间，都让人赏心悦目，其满足了人们回归自然、远离尘嚣的心理需要，为人类提供了良好的旅游环境和极佳的保健医疗场所。

（二）经济价值

红树林的经济价值分为直接经济价值与间接经济价值，直接经济价值即人们直接能够从泉州湾洛阳江河口红树林获得的经济产品，而间接经济价值更多地依赖观光旅游、地区协调发展的贡献。

1. 直接经济价值

红树林的直接经济价值主要体现在红树林中大量物质可以转化为食用产品、药用产品、染料、饲料、肥料等。就泉州湾洛阳江河口红树林直接经济价值的获取方面而言，由于目前红树林湿地资源仍处于保护阶段，周边村民历史上都在泥质滩涂上进行养殖生产，对红树林湿地的保护管理工作产生一定压力。保护区的多种经营活动不宜再扩大规模，在现阶段，不应进行多种经营规划，因此，受制于对红树林保护的一些要求，目前泉州湾洛阳江河口红树林的直接经济价值的开发利用还处于初级阶段，在未来的科学开发中可以把直接经济价值的获取作为重点。

2. 间接经济价值

红树林的间接经济价值体现在旅游开发方面。近年来，泉州湾洛阳江河口红树林湿地周边地区的旅游业从无到有，作为“一、二、三产联动”的产业，泉州湾洛阳江河口红树林与洛阳桥等配套，为一流景点，为人们提供了良好的旅游环境和极佳的保健医疗场所，清新的空气、众多的珍稀物种吸引八方来客到此观光、旅游、科考、疗养、探索等。红树林生态旅游和多种经营活动不仅逐步实现了区域旅游收入的提高，也带动了当地旅游商品生产、交通运输、酒店服务业、通信行业等的发展，更形成了“人—自然—产业”和谐发展的良性循环。

（三）社会价值

基于泉州湾洛阳江河口红树林湿地的发展现状，其社会价值具体体现在维稳价值、科研价值、科普与教育价值、美学价值以及文化价值方面。

1. 维稳价值

红树林湿地自然环境优美、空气清新、珍稀物种较多，开展红树林生态旅游和多种经营活动能够为其周边群众提供大量就业机会，如为有效安置转岗、分流人员提供工作岗位，既增加他们的收入，减轻国家负担，又促进社会安定，拉动了内需，为旅游、运输、通信、服务等行业的发展提供契机，发挥重要作用。

2. 科研价值

泉州湾洛阳江河口红树林湿地鸟类种类由建区前的107种增加到193种，其中，国家二级保护鸟类有21种，福建省重点保护鸟类有21种，中日、中澳协定保护的候鸟有85种和47种，丰富的自然资源、景观资源，特殊的生态系统为科研者提供了具有典型意义的范本，对于监测区域气候变化、区域水质变化、区域生态变迁、区域生物多样性变化具有极大的科研价值。

3. 科普与教育价值

泉州湾洛阳江河口红树林湿地是众多珍稀鸟类的迁徙歇脚站和繁殖地，既能满足人们向往、回归大自然的愿望，又是对人们进行自然保护宣传教育和科普教育的理想场所，有利于提高民众保护生态环境的意识。

4. 美学价值

泉州湾洛阳江河口红树林湿地具有神奇、幽静、秀丽的美学景观价值，与其他绝大多数区域的红树林相比而言，有千年古迹洛阳桥与之相呼应。人工的古迹与自然环境相映成趣，无论是远眺红树林，还是通过洛阳桥漫步其间，抑或是泛舟穿行其间都给予人们以极强的美学感官冲击。

5. 文化价值

泉州湾洛阳江河口红树林湿地保护区蕴含着深厚的人文气息。红树林保护区所处区域拥有千年古迹洛阳桥，洛阳桥兴建于宋皇祐五年（1053年），采用“筏型桥基”，全部用巨大石块砌成。结构坚固，造型美观，具有极高的桥梁工程技术和艺术水平，体现了古代劳动人民的智慧。优美静谧的红树林自然景观与千年古迹的融合，形成了红树林保护区巨大的文化价值。

三　泉州湾洛阳江河口红树林湿地发展的不利因素

（一）湿地保护与社区经济发展矛盾突出

泉州湾洛阳江河口红树林湿地周边居民较多，人均资源有限，目前他们仍然依赖该湿地生存。周边居民历来都在这个区域内生产经营，如捡缢蛏苗、锯缘青蟹等有经济价值的海洋生物，这些生物是鸟类的食物。个别周边居民和企业在湿地保护区内围垦养殖、违规建设，给保护区带来一定的不利影响。这使保护区与社区经济发展矛盾突出。

（二）管理机构才设立，保护管理工作难度大

泉州湾的保护和开发利用涉及5个县（市、区）和多个部门，群众自发性开发强度高，因缺乏统一管理，造成湿地无序利用和滥用，不利于整个湿地生态系统的可持续发展。泉州湾河口湿地省级自然保护区成立后4年，于2007年8月才设立保护区管理处，管理机构成立不及时，给现有的保护管理工作带来很大困难。

（三）米草已成为生态灾难和赤潮隐患

1982年互花米草在泉州湾引种，目前互花米草和大米草在泉州湾已成为“生态灾难”。互花米草因极快蔓延和生长迅速，占据滩涂贝类养殖地，阻碍水流畅通，致使滤食性贝类摄食受阻，物种多样性大大降低。近年来，互花米草已造成泉州湾内湾严重的生态灾害，特别是对红树林产生威胁，对养殖业和水鸟栖息地的危害巨大。同时，因靠种子漂浮和地下茎萌发繁殖，互花米草难以根除，必须对泉州湾内的米草采取除草对策，提出防控措施和方案。在保护红树林生态系统和保护区的生态原貌的同时，要对防除互花米草进行研究，如通过种植红树林来控制互花米草的蔓延。

另外，泉州湾河口滩涂集中且面积大，由于污染和高密度的海产养殖，对有毒物质、赤潮、米草的生态危害情况缺乏长期监控，这使其存在发生赤潮的隐患。

（四）残存的代表性生态系统亟待保护

由于开发、排污、泥沙淤积和外来物种入侵，泉州湾的生态平衡已受到严重影响，生态景观不断改变。但目前尚残存一些典型、有代表性的生态小区和物种亟待加以保护，如千百年来就有的红树林、国家保护和有关国际组织保护的物种、河口景观等。

（五）公众保护意识、教育力度不足

虽然自然保护区成立后泉州市林业局开展了大量的宣传教育活动，但对自然保护区周边公众保护意识的宣传和教育工作尚未开展，未制订综合的公众保护意识宣传教育计划，宣传教育力度不足。

四　泉州湾洛阳江河口红树林湿地的未来发展规划

泉州湾洛阳江河口红树林湿地的保护和建设，能够促进社区经济发展，

通过强化社区共管，消除保护区的各种威胁，有效保护和恢复河口湿地生物多样性，提高河口湿地保护海洋环境的能力，对人类维护和改善海湾、河口地区的生态环境，维持生态平衡，减少自然灾害和扩大珍稀物种种群，实现人与自然的和谐发展都具有重要意义，因此，对于泉州湾洛阳江河口红树林湿地的未来发展规划应当以资源保护为核心，并在此基础上注重开发红树林资源在科研监测、教育培训、生态旅游、社会管理等经济社会发展方面的重要作用。

第一，实施保护工程，使红树林湿地生态系统得到有效的保护和恢复，各种濒危珍稀物种得以繁衍，种群数量得以增加。

第二，实施科研监测工程，不断提高保护区科研水平，有助于探索和揭示红树林生态系统、珍稀濒危动物与海洋和海岸生态系统的发生、发展规律，有利于掌握生态系统和野生动植物的动态变化情况，为保护区的综合治理与保护、生态环境的恢复与改善、野生动植物数量的增加提供科学依据。

第三，实施宣传教育培训工程，提高保护区及其周边群众的环境保护意识，提高保护区管理者的决策水平和工作人员的业务素质，不断提高保护区的知名度和对外交流与合作的能力，为保护事业的发展起到积极的推动作用。

第四，实施生态旅游、多种经营规划，提高保护区的自身建设和自我发展能力，逐步降低对国家投入的依赖水平。同时，为促进当地经济发展、增加就业机会和摆脱贫困创造条件。

第五，开展社区共管，为社区群众找到不完全依赖于保护区资源的生产、生活方式，让社区群众参与保护区的保护与管理，逐步缓解和消除保护区资源面临的各种威胁。

综上所述，泉州湾洛阳江河口红树林湿地生态系统的建设和发展，在保护自然环境、维护生物多样性以及促进经济发展、社会管理创新等方面，发挥着重要作用。通过总体规划的实施，红树林保护区在资源保护、科学研究、教育培训、开发利用等方面的功能将得以充分发挥，从根本上改变了保护区的保护管理手段以及开发利用方式，提升了红树林湿地生态系统多元化功能的开发水平，有力地为泉州市经济社会创造了一个绿色、可持续发展的生态环境。

B.29

走进新时代　奋力新作为　开启升级版泉州农商银行新征程

林向前　谢志忠*

摘　要： 普惠金融是我国农村金融供给侧结构性改革的主要方向，在“扩展普惠金融业务，着力解决小微企业融资难、融资贵问题”方面，泉州农商银行积极响应国家号召，全体干部职工孜孜不倦、不忘初心，不断进行探索。本报告阐述了泉州农商银行2017年的主要工作成效，并对其主要工作措施进行了详细梳理，提出了2018年泉州农商银行的发展思路，为更好推进金融惠民工作提供良好的模板。

关键词： 泉州农商银行　普惠金融　金融服务　金融惠民

2017年，泉州农商银行领导班子以习近平新时代中国特色社会主义思想为引领，以打造“四好银行”为愿景，以增资扩股和增贷化险为重点，把智慧和力量凝聚到落实党的十九大提出的各项任务上来，着力做好农村金融、普惠金融、民生金融“三篇文章”，打造升级版的泉州农商银行。

---

* 林向前（1976～），福建永春人，泉州农商银行董事长，高级经济师，研究方向为农村金融、普惠金融；谢志忠（1970～），男，福建仙游人，泉州师范学院教授，博士生导师，研究方向为农村金融。

一　主要工作成效

（一）存贷规模稳步增长

各项存款余额为 141.19 亿元，比年初实际增加 17.60 亿元，增幅为 14.24%。各项贷款余额为 113.79 亿元，比年初实际增加 18.70 亿元，增幅为 19.37%。其中个人贷款余额为 69.35 亿元，增加 13.25 亿元，增幅为 23.62%，占比为 60.95%，上升 6.17 个百分点。

（二）普惠金融常抓不懈

涉农及小微企业均完成“不低于”目标任务。涉农贷款余额为 47.05 亿元，增加 5.35 亿元，增幅为 12.83%；小微企业贷款余额为 83.80 亿元，增加 8.55 亿元，增幅为 11.37%。户均贷款余额为 19.51 万元，减少 8.56 万元，降幅为 30.50%。完成精准建档 68028 户，完成建档任务的 232.61%，全省排名第二。农 e 贷授信 11409 户，授信金额为 4.18 亿元，授信比例为 16.77%，全省排名第四。

（三）转型创新持续提升

共发行普惠卡 5.92 万户，增加 1.79 万户，增幅为 43.33%；授信余额为 60.93 亿元，增加 15.41 亿元，增幅为 25.08%；用信余额为 23.99 亿元，增加 4.81 亿元，增幅为 20.65%；手机银行使用者有 25.90 万户，新增 12.82 万户，增幅为 98.01%，完成全年任务的 105.60%；手机银行交易占比为 32.91%，增加 1.90 个百分点；全年电子交易占比为 88.67%，增加 1.24 个百分点。

（四）党建引领群团发展

在省联社党委的正确领导下，以新思想为引领，以“四好银行”为目标，推动各项工作发展，荣获第二届全国敬老文明号、泉州市创建文明行业工作先进单位称号，被中央金融团工委授予“银团合作优秀派出机构”称号，被全省农信系统评为2016～2017年度信息宣传工作先进单位；网络银行部被团省委评为第十四届“福建青年五四奖章集体标兵”；“1358”金融服务机制获团中央颁发的“银团合作优秀项目奖”、第四届金融青年双提升活动“金点子”方案大赛优秀奖、机制创新类一等奖；青创贷2.0获团省委、福建银监局颁发的“金点子”产品创新类三等奖。

二　主要工作措施

（一）坚持定位，坚守一份初心

1. 坚守靠的是初心，回归服务本源

加大对制造业、服务业等实体产业以及产业园区的建设，“泉州制造2025”等重点项目的信贷投放力度，推进科技、绿色、普惠金融领域信贷稳步增长和传统产业改造升级，先后推出了“数控易贷”“光福贷”“林易贷”等绿色信贷产品。共发放“数控易贷”19笔，贷款金额为3775万元；“光福贷”215笔，贷款金额为2200万元；“林易贷”249笔，贷款金额为4601万元，其中林权抵押贷款10笔，贷款金额为2275万元。持续推广“两权”抵押贷款62户，余额为5853万元，其中土地承包经营权抵押贷款为19户，余额为1799万元，农房抵押贷款为43户，余额为4054万元。

2. 坚守靠的是传承，回归内涵发展

一是“金融＋慈善”。推广以慈善为主题的“观音卡”系列金融服务产品，融合慈善文化和金融服务于一身，已发行观音卡25942张，打造慈善金融品牌。目前已使用100万元善款支持近200名贫困优秀学生、教师，连续两年共为198名老人发放敬老慰问金。二是“金融＋创业”。积极响应国家青年发展优先战略，扶持青年客户群体，已发行“青创卡”2.1万张，授信金额为22.71亿元，用信余额为10.39亿元，对创业青年授信41.14亿元，用信26.79亿元；新增青创贷2.0服务“青创板”挂牌企业20家、意向授信1450万元，打造“青年圆梦计划”。三是“金融+扶贫”。在为418户贫困户100%建档立卡的基础上，持续推广“跨村联带”“公司+农户”“一笔资金”模式，持续做好扶贫小额贷款、小额计生贴息贷款、石结构房屋改造贷款、生源地信用助学贷款等民生信贷投放工作，共投放3.05亿元。推选优秀青年干部分赴泉州四个县域团委挂职副书记，共组织金融知识下乡集中宣讲130场次，累计发放金融知识宣传材料28430份，推动其所在的支行发放农村青年创业小额贷款18034万元，扶持青年创业人数为1930人，帮助农村合作社38个。四是“金融+文化”。推出首张助力泉州申遗的金融卡——“海丝卡”，着力开发“一卡一贷一路”海丝文化金融服务体系，首次对非遗传承人发放贤达·成功卡59张，授信金额为989万元，助力海丝文化传承与发展。

3. 坚守靠的是创新，回归普惠金融

围绕“互联网+普惠金融”的要求，大力推进智慧普惠。一是线下延伸服务半径，优化网点布局，通过布设流动服务车、新增移动柜员机36台、新增iPad 206台、使用移动便民终端等，在数字化、智慧化、社区化、个性化等方面下功夫。二是线上完善服务功能，持续推广云闪付、二维码扫码收单等新型移动支付业务，依托福建农信网贷平台，推广农e贷等线上贷款产品，推广“福e购”农村电商业务，实现从单一的资金扶持向“资金+信息+平台”的综合服务转变。

（二）提质增效，夯实三个基础

1. 守土有责

在继续推广“房好贷”“分期贷”的基础上，创新推出“公分贷”，公分贷授信4238笔，授信金额为4.08亿元，用信余额为3.46亿元；房好贷授信939笔，授信金额为4.36亿元，用信余额为3.40亿元；分期贷授信5169笔，授信金额为7.81亿元，用信5153笔，用信余额为6.47亿元。

2. 守土负责

一是创新发“力”，以普惠金融卡为载体，先后推出了公职·普惠卡、

双创·普惠卡、青创卡、成功卡、留联卡等系列产品，实行“1358”金融服务机制，其获团中央颁发的“银团合作优秀项目奖”、第四届金融青年双提升活动“金点子”方案大赛优秀奖、机制创新类一等奖，青创贷2.0获团省委和福建银监局颁发的“金点子”产品创新类三等奖。成立了全省首家服务青年创新创业的“青年支行”，并参展“6·18海峡项目成果交易会”，与高校签订共建协议，创新推出校园普惠卡、青创贷2.0，对接大学生创新创业基地。中共福建省委办公厅出版的第160期《八闽快讯》专门刊登了青年支行的特色做法。二是服务给“力”，坚定不移地落实“背包银行”精神进村到户，推进信用村建设，简化放贷流程、提高授信额度和优惠贷款利率，实行“一张表”审批。2017年，农户贷款覆盖率为17.74%，比年初上升7.42个百分点。信用户为13464户，比年初增加7294户，信用村为52个，金牌信用村为6个，增加1个，信用镇为2个。

3. 守土尽责

一是做活金融市场。在金融去杠杆以及强化同业监管的大背景下，适时调整投资策略，并为2018年资产到期情况做好前瞻性的资产配置。全年实现创收1.70亿元，资金运作收益率达6.03%，在福建农信系统中名列前茅。理财产品存款余额为18.75亿元，其中结构性存款余额为17.85亿元，同比增加8.80亿元，增幅为97.84%。已到期的理财产品全部为客户实现预期的投资收益，创利1342万元，同比增加373万元，增幅为38.44%。二是做优国际业务，国际结算量为5467万美元，外汇业务中间收入为198万元，同比增加115万元，增幅为138.55%，着力打造区域性中小金融机构外汇业务合作平台，搭建同业外汇业务拆借平台；实现外汇协议存款业务零突破，在全省农信系统内率先办理了外汇单位存款，深化银企合作，实现共赢。三是做全中间业务。扩大代理业务领域，增加签约客户，实现银医通、物业费代收、住宅公共维修资金三项中间业务落地。四是做深跨区经营。指导主发起设立的村镇银行坚定“小特精好”的经营方针，总体上持续保持“稳中向好、稳中有进”的发展态势。12家村镇银行资产总额达69.46亿元，增加6.80亿元，增幅为10.85%，其中各项贷款余额为39.63亿元，增加 7.35 亿元，增幅为 22.78%；负债总额为 56.53 亿元，增加 5.24 亿元，增幅为 10.21%，其中各项存款余额突破 50 亿元，达 50.78 亿元，增加 8.22 亿元，增幅为 19.30%；所有者权益总额为 12.93 亿元，增加 1.56 亿元，增幅为 13.75%。12 家村镇银行贷款总户数为 23965 户，比 2017 年年初增加 7598 户，增幅为 46.42%；户均贷款为 16.54 万元，下降 3.18 万元，降幅为 16.14%，贷款金额户均持续下降；涉农及小微企业贷款余额为 35.92 亿元，占比为 90.64%，支农支小持续保持较高水平；五级不良贷款余额为 0.33 亿元，增加 0.17 亿元，占比为 0.84%，上升 0.34 个百分点；资本充足率为 29.33%，杠杆率为 19.73%，贷款拨贷比为 2.94%，拨备覆盖率为 348.94%，流动性比例为 43.86%；全年实现账面利润 2.05 亿元，净利润为 1.53 亿元，资本回报率为 15.15%，盈利能力持续提高。

（三）党建引领，落实四项清单

全行充分发挥基层党组织的政治优势、组织优势和制度优势，把基层党建、金融支农、脱贫攻坚和服务实体经济等工作有机融合，进一步强化党建引领、服务、推动发展的理念，打造“党建 + 金融”品牌。

1. 强化责任清单，描深问责红线

一是把握“一个重点”，强化党建工作引领。牢固树立“抓好党建是最大的政绩”理念，强化“抓好党建是本职、不抓党建是失职、抓不好党建是不称职”的意识。二是抓好“两个关键”，增强党建工作自觉。抓好支部书记这一关键，制定各党支部书记抓党建工作责任清单。抓好党支部这一关键，引导各党支部找准发挥作用的切入点，落实“三会一课”，建设坚强的战斗堡垒。三是完善“三项制度”，丰富党建工作内容。建立常态化学习机制，学习党的十九大精神，持续推进“两学一做”学习教育常态化制度化，切实强化基层党员的理想信念教育和党性锻炼；建立常态化推进机制，按“一岗双责”要求，积极支持和指导挂钩党支部的党建工作，形成党建与业务齐抓共管的工作责任机制；建立常态化考核机制，制定党建工作考核办法，将综合评价结果纳入各党支部领导班子和领导干部考核评价体系。

2. 制定联动清单，找准发展路线

一是党建＋普惠金融。进一步发挥党员先锋模范作用和党支部的战斗堡垒作用，设立党员先锋岗，组建党员志愿服务队，与全行中心工作紧密结合，推动业务转型发展。二是党建＋客户建档。进村入户，通过实地走访、交谈了解等形式，认真做好客户调查、建档工作，实现存款、贷款、手机银行、普惠金融卡、农 e 贷、云闪付等业务营销，及时将助农惠农举措落到实处。三是党建＋精准服务。发扬“垄上行”、背包银行精神，推广落实“551 服务模式”，提供普及金融知识、建立客户档案、手机信贷需求、受理业务申请、开办电子银行等业务，打通金融服务“最后一公里”。

3. 推进项目清单，丰富工作连线

一是持续推进“党建带团建，青创当先锋”活动，加强与团市委、泉州市金融团工委等团组织的对接，推广青创卡、青创贷、校园普惠卡、福吧卡、创 e 贷等产品，逐步形成“以党建带团建，抓党建促团建，党团共建促发展”的工作格局。二是持续推进基层党支部结对共建活动，主发起行与村镇银行基层党组织以“班子联建、党员联培、实事联办、发展联促、阵地联享”为主要内容开展结对共建活动，把共建活动有效地融入经营、管理、服务等工作的各个环节。目前已围绕红色金融、绿色信贷、精准建档、普惠金融服务站、电子银行业务营销等主题开展 4 期结对共建活动。

4. 落实扶贫清单，探索致富路线

通过打造“金牌信用村”支农典型，十几年如一日为泉港区惠屿村村民建立信用档案，共评定信用户 212 户，授信总额为 4011 万元，用信余额为 3610 万元，无不良贷款，贷款户数占全村总户数的 63%，不定期上岛办“夜校”，手把手教村民使用手机银行、网上银行、微信银行等，并布设普惠金融便民点，让村民不出岛就可以自助缴费、查询、转账，以信用惠农帮助孤岛村民走上致富之路，使其从单一的牡蛎养殖发展到多元化海产品养殖，逐步形成泉港沿海养殖第一村，其从穷得只剩下信用到人均收入 10 年翻 20 倍，成为“幸福村”。人行福州中心支行单强行长一行到惠屿岛开展实地调研，给予我们充分肯定，要求总结推广惠屿岛普惠金融模式。同时，深入开展联学联建活动，泉港支行党支部与人行惠安县支行党支部、惠屿岛党支部通过理论联学、阵地联建、工作联动等措施，理论联系实际支持惠屿村联建项目，打造“支农再贷款示范村”，设立反假货币工作服务站，推进泉港区信用镇、信用村建设，把支农惠农政策落到实处。

（四）队伍建设，提升四种能力

1. 优化用人机制，提升竞争力

坚持“公开竞聘、平等竞争、择优聘任、严格考核”的原则，积极通过开展竞争上岗和双向选择等形式选拔人才。在“定编、定岗、定员”的基础上，通过“员工选择中层，中层选择员工”的方式进行双向选择，机关本部人员除审计监察部外 78 人参与双向选择，共 61 人成功选择上岗，17 人通过转岗、内退、分流基层支行等形式进行优化组合，机关人员分流率达 21.79%。2017 年 8 月通过竞岗形式，择优选拔基层骨干员工 3 人充实到审计监察部，新组建的特殊资产经营部人员采用双向选择形式择优选聘，试用期为半年，经考核合格后方可正式调入，考核不合格退回原单位，建立用人淘汰机制。坚持“人往市场走”原则，规范网点柜员人员岗位设置，将网点柜面人员控制在 200 人以内，降幅为 20% 以上。通过实行双向选择和岗位竞聘，增强团队意识，致力于打造“有情怀、有责任、有担当”的农商银行铁军。

2. 加强人才培养，提升凝聚力

一是严格干部提拔任用程序，加强干部梯队建设，2017 年提拔中层干部 29 人次、基层干部 23 人次，储备一批优秀的管理型人才。二是积极组织新员工参加省联社入职培训、相关岗位操作培训、配备专职导师辅导、重要岗位工作实践学习，做好人力资源储备。三是建立高校社会实践基地，共招募 146 名在校大学生到银行开展社会实践，取得良好的社会反响。四是加大交流轮岗工作力度，认真贯彻执行“四项制度”，严格落实重要岗位轮换制度及中层管理人员交流制度，建立员工“上山进城”制度，强化多岗位轮岗或机关基层岗位交流，加强综合型管理人才的培养。

3. 完善薪酬绩效管理，提升创造力

一是按照经营导向和实际情况，进一步加强对关键指标的考核，更好地发挥薪酬管理“指挥棒”作用，激发员工营销的积极性。二是推动合规文化建设，制定《泉州农商银行任（延）期激励薪酬管理办法》，明确了延期激励薪酬额度、兑付办法、会计核算和管理等，充分发挥薪酬激励约束作用。三是为加强总行机关效能建设，制定《泉州农商银行总行部门绩效考核办法》，切实提高各部门工作质量。四是制定《泉州农商银行劳务派遣从业人员薪酬待遇实施暂行办法》，鼓励劳务派遣从业人员提高素质、提升服务水平。

4. 强化员工培训教育，提升学习力

深入开展“创建学习型企业，争当知识型员工”活动，采用内训、外训相结合等形式，聘请外部专家、讲师前来授课。2017 年 4 月组织对全行员工进行信贷法律风险防范与不良贷款清收处置培训；2017 年 9 月启动“全员营销项目”培训，有力提升全行员工整体营销水平，强化全行综合竞争力；组织骨干、管理人员外出参加培训、调研，选派优秀员工到省联社、泉州办事处、泉州银监分局等单位学习锻炼。坚持周一学习“例会”制，建立“微课”巡讲制，有效提升队伍的综合素质及业务技能。积极组织员工参加专业技术职称、银行业专业人员职业资格考试，其中初级银行职业从业考试 6 科全部通过 229 人，比 2016 年底增加 130 人；高级别柜员共有 26 人；初级客户经理共有 64 人，中级客户经理共有 35 人。

三　2018年工作思路

2018 年是泉州农商银行全面完成增资扩股走上稳健发展轨道的“行稳致远”之年，是贯彻实施乡村振兴战略的“绿色金融”之年，是践行习近平新时代中国特色社会主义经济思想推动高质量发展的“提质增效”

之年。

1. 初心如磐新征程，党建引领再发力，在政治历练中“补钙健脑”

把党建工作放在重要的位置，更好地发挥党的政治优势，以党建促发展，把党的领导融入法人治理各个环节，履行党建工作责任，落实党建工作“十个一”工程，推进“两学一做”学习教育常态化制度化，引导党员尊崇党章、遵守党规，以习近平新时代中国特色社会主义思想武装头脑、指导实践、推动工作，进一步增强“四个意识”，坚持忠诚、干净、担当，推动支部标准化建设，发挥战斗堡垒作用和先锋模范作用。

2. 乡村振兴新战略，普惠金融再发力，在实践锻炼中“强身健体”

围绕实施乡村振兴战略，找准坐标定位，坚持支农支小、扶贫扶绿，落实乡村振兴战略行动计划，围绕产业结构、人居环境、就业方式、消费方式等一系列转变的需要，以支持农业供给侧结构性改革为主线，以普惠金融为重点，以客户需求为中心，使涉农信贷投放更有力、乡村金融服务更便捷、乡村金融产品更丰富、乡村信用环境更和谐、乡村居民获利更充分，打通金融服务“最后一公里”。

3. 合规建设新体系，风险管理再发力，在砥砺锤炼中“排毒养颜”

强化“一个体系，两大保障，四个机制”的依法治行工程，完善内控制度，做好不良贷款降旧控新、全面风险预警机制、内外合力管控等工作，有效防范和化解风险。持续倡导“稳健经营、内控优先、全员参与、过程管理”的全面风险管理文化，搭建全面风险管理体系，强化内控机制建设，提升风险管理水平，培育合规风险文化，构建“制度执行、检查执行、监督执行”的风险管理三道防线，夯实稳健发展的根基。

4. 业务转型新模式，产品创新再发力，在升级精炼中“匠心独运”

坚持“小而特、小而精、小而美”的经营道路，前瞻性、有针对性地开发一系列普惠金融产品，打造一站式服务模式、链条式服务模式、综合化服务模式、“信贷 +”金融服务模式，优化产品服务体系，做精做细传统信贷业务，做大做实综合负债业务，做稳做强金融市场业务，做广做优国际业务，打造“移动银行 + 移动生活 + 移动支付 + 移动营销”四位一体的移动金融生态圈，推进智慧农商银行建设。

5. 队伍建设新导向，厚植文化再发力，在素能训练中“固本强基”

坚持“高管履职、中层忠诚、员工操守”的原则，发挥班子核心领导作用，抓住中层管理人员模范作用，培育员工职业操守，锻造想干事、能干事、不出事的高效团队，实现队伍建设全面升级。从加强职业教育、优化人员结构、做好职业生涯指导方面加强各业务条线队伍建设，发挥组织的整体效应，打造一支高效率、高绩效的团队，增强主人翁创新创业意识，坚持严管和厚爱结合、激励和约束并重，打造一支有情怀、有责任、有担当、懂农业、爱农村、爱农民的发展“铁骑”。

B.30

乡村振兴战略下的泉州农商银行普惠金融实践

林向前　谢志忠*

摘　要： 党的十九大报告提出“实施乡村振兴战略”，这是以习近平同志为核心的党中央统揽全局、把握规律，在统筹城乡发展方面做出的重大战略部署，为农业农村改革发展指明了方向。泉州农商银行以服务“乡村振兴战略”为抓手，扎实推进以党建促乡村振兴。本报告从红色党建与绿色发展双融合、乡村能人兴业与巾帼创业致富双带动以及乡村产权改革与乡村生态文明双推进三个方面对泉州农商银行的普惠金融实践进行全面阐述，总结了乡村振兴战略下泉州农商银行的普惠金融成果，为下一步金融更好地服务乡村振兴战略打下基础。

关键词： 乡村振兴战略　泉州农商银行　普惠金融

党的十九大报告提出“实施乡村振兴战略”，这是以习近平同志为核心的党中央统揽全局、把握规律，在统筹城乡发展方面做出的重大战略部署，为农业农村改革发展指明了方向。泉州农商银行以农为本，为农而生，因农

* 林向前（1976～），男，福建永春人，泉州农商银行董事长，高级经济师，研究方向为农村金融、普惠金融；谢志忠（1970～），男，福建仙游人，泉州师范学院教授，博士生导师，研究方向为农村金融。

而兴，更有条件、更有感情、更有责任把服务乡村振兴战略作为普惠金融的有力抓手，按照“产业兴旺、生态宜居、乡风文明、治理有效、生活富裕”的总要求，进一步发挥农村金融、普惠金融、民生金融三大主力军作用，实现普惠金融与乡村振兴“同频共振”。

为更好地推动实施乡村振兴战略，泉州农商银行出台《服务乡村振兴战略行动计划》，提出五个目标、十条措施、五项保障，进一步改进“三农”金融服务，助力加快实施乡村振兴战略。目前，泉州农商银行涉农贷款余额为49.58亿元，小微企业贷款余额为85.11亿元，精准建档6.90万户，发行普惠卡6.47万户，授信余额为65.66亿元，有力助推“三农”发展，为乡村多领域发展持续输血。

一　红色党建与绿色发展双融合

泉州农商银行以服务乡村振兴战略为抓手，扎实推进以党建促乡村振兴，印发《“红色党建、绿色发展”乡村振兴金融服务方案》。泉港支行开展“三支”共建活动，以“支部、支行、支委”为切入点，以“红色党建”为抓手，充分发挥党的组织优势和党员的先锋模范作用，深入开展农户信息档案和金融服务工作，把“基层党建促脱贫”和“金融服务助三农”有机结合起来，推动惠屿岛经济绿色发展，把服务乡村振兴工作落到实处，推进惠屿岛的“绿色生态休闲渔村旅游岛”发展。

成立乡村振兴服务队，金融服务送到家。与惠屿村共同成立乡村振兴服务队，由支行、村支部、双方支委和客户经理组成，为惠屿配备两名驻村客户经理，每周固定时间上岛办理业务。推行驻村客户经理公示栏上墙机制，通过村两委、普惠金融综合服务点，宣传驻村工作；在岛上设立金融便民点，为村民提供服务；在岛内开设金融夜校，免费教授使用手机银行等实用性操作，让村民足不出户就能享受金融便利；不定时进行金融宣传，推广观音卡、海丝卡、普惠卡、福e贷、扫码付等金融产品以为惠屿乡村振兴战略注入金融力量。

推进金牌信用村建设，提高普惠金融覆盖面。依托乡村振兴服务队，在惠屿村开展整村建档授信，对信誉好、主动按期还款的村民在贷款额度、期限、利率上给予优惠，筑牢农村“信用高地”，把惠屿村打造成为“金牌信用村”。目前共为惠屿岛 202 户贷款户授信 4011 万元，用信余额为 3610 万元，无不良贷款，受益户数占全村总户数近 63%。通过信用共建、整村授信，逐步把“信用乡村”打造成乡村振兴新引擎。

发挥党建引领作用，联学联建促乡村发展。深化“红色党建、绿色发展”工作模式，中国人民银行惠安县支行党支部牵头组织开展中国人民银行惠安县支行党支部、泉州农商银行泉港支行党支部、惠屿村党支部三个党支部的联学联建活动，即通过理论联学、阵地联建、工作联动等措施，在联系实际中优化党建服务项目，将普惠金融政策落到实处，完善“征信 +”惠屿建设模式，巩固、强化信用建设成效，切实提高信贷资源对农民等弱势群体的扶持力度。

支持信用岛青年创业，助力绿色经济发展。广泛掌握信息，建立惠屿岛青年创业人才库和项目库，对符合办理“青创贷”“青创卡”条件的惠屿岛青年，大力推广青年创业贷款等产品；建立惠屿村青年创业小额贷款的“绿色通道”，对经团组织和惠屿村委共同推荐的惠屿村青年创业者，实施优先调查、优先评级、优先授信、优先发放贷款。目前已为 77 户惠屿岛青年发放贷款，金额为 1240 万元。

作为泉州市唯一的海岛建制村，惠屿岛曾经是全市农户人均收入最低、发展最滞后的一个行政村，“全村穷得只剩下信用”。如今，惠屿岛不再是当年“娶不起媳妇”的贫困村，全村旧貌换新颜，建起了绿化道路、污水处理厂、无害化公厕，海岛生态得到了保护，已成为“金牌信用村”，惠屿岛村干部早已不需要敲锣打鼓提醒村民按时还款，岛上的村民贷款不用抵押，靠信用就可从泉州农商银行贷款 8 万 ~30 万元，养殖规模也从 100 多亩发展到现在拥有海带养殖 5000 多亩，鲍鱼养殖 5000 多万粒，网箱养鱼 15000 多箱，牡蛎养殖 800 亩，海参养殖 300 万粒，江蓠菜养殖 500 亩，渔船39艘，拥有养殖专业合作社，全村年产值达1.2亿元，人均收入超过6万元，是2002年的20倍多，每年上岛游客为7万~8万人，被评为中国“最美渔村”。

二　乡村能人兴业与巾帼创业致富双带动

泉州农商银行以服务乡村振兴为总抓手，推出“乡村振兴贷”，以福e贷和小微宝等产品为载体，满足乡村创业能人在生产经营、日常消费等方面的金融需求，截至目前，共办理315笔，授信3255万元，用信3127万元。同时积极响应“创业创新巾帼行动”和“巾帼脱贫攻坚行动”，与泉州市妇联签订《战略合作框架协议》，联合推广“巧妇贷”创业贷款模式，五年内将对泉州市妇女创业项目实施“巧妇贷”授信100亿元，并对泉州市2017年15个省级妇字号基地各授信100万元，累计发放巾帼创业贷款、妇女创业小额贴息贷款、巾帼消费贷款、计生贴息贷款、“巧妇贷”等妇女创业系列贷款8195户，授信16.12亿元，用信14亿元。

支持乡村致富带头人发展。支持农民合作社、家庭农场、种养大户等新型农业经营主体带头人创业兴业，助力实施新型职业农民培训和素质提升工程，发挥乡村致富带头人增收致富“领头雁”作用。白潼村在泉州农商银行的支持下建成了虎头山林果场、争艳果蔬农场等农业综合示范基地，组成了4个“巾帼科技致富服务小组”，成功培植了36户“巾帼科技致富示范户”，培育了龙眼、香蜜阳桃等3个妇女科技示范基地、2个妇女就业保障基地及榕泉和杨桃园示范基地，它们在信贷规模、利率定价、贷款期限、业务创新、妇女创业就业等方面得到了泉州农商银行的倾斜和优惠。目前，该村妇女就业率在95%以上，帮助24户贫困妇女家庭脱贫，较好地发挥了农业科技集成创新与推广的辐射示范作用，先后荣获了全国妇联基层组织建设示范村、省级“千村整治百村示范”美丽乡村示范村、市级“生态村”等荣誉称号。

支持返乡下乡人员创业。产业振兴是乡村振兴的基础，人才则是发展产业的关键。泉州农商银行助力实施“回家工程”，支持发展“归雁经济”，推广“青创卡”等乡村创业贷款产品，满足返乡农民、大学生“创客”、下乡科技人员创业资金需求，缓解农村“空心化”等问题。“80后”青年李甲辉，在2006年大学毕业后，积极返乡创业，在自家湖头镇湖二村的土地上，开展创业行动。受农村土鸡鸭珍贵难求的启发，李甲辉毅然决定建立生态农园，养殖土鸡鸭。面对贫困户生活艰难、以地为生的问题，李甲辉积极将收益返补到贫困户身上，让出30%的股份给贫困户，不仅让贫困户生有所依，还让贫困户参与到生态农园的管理当中，使得贫困户从中获得经济收入，助力贫困户脱贫和精准扶贫工作。当李甲辉面临资金周转困难时，安溪团县委联合泉州农商银行积极出力，为李甲辉提供10万元“青创贷”解决资金困难，帮助李甲辉创业项目的拓展。

支持乡村能工巧匠发展。围绕传承、振兴传统工艺和加强非物质文化遗产保护等要求，推广“海丝卡”等产品，支持在制造业、加工业、建筑业、服务业等领域的能工巧匠发扬工匠精神，促进乡村传统工艺品牌化经营。许兴星从事陶瓷雕刻20多年，是德化县名人窑陶瓷研究所陶瓷艺术设计师、高级技师，先后获得“中华传统工艺大师”“泉州工艺美术大师”“福建省雕刻艺术大师”等称号，入选市政府人才港湾计划中的高层次人才，得到了泉州农商银行信贷支持100万元，并享受了利率下浮10%的优惠，进一步创新陶瓷生产技术，向高科技陶瓷转型发展。

三　乡村产权改革与乡村生态文明双推进

长期以来，农民贷款一直是个难题，目前全国在59个县（市、区）开展农民住房财产权（含宅基地使用权）抵押贷款试点，泉州农商银行作为泉州市政府指定的推进农村产权抵押融资试点银行，积极响应国家号召，依

据政策要求对原有的农民住房财产抵押贷款进行了优化升级，新产品具备贷款手续简便、还款方式灵活、产品定价合理、申请渠道多样等多种优势。通过不断探索创新，泉州农商银行涉农贷款领域也取得发展，相继开发了三大系列30余款零售信贷产品，业务覆盖各个农业经营领域，极大地满足了农村客户的融资需求。

“以前做生意的时候，资金比较紧张，想贷款，可我的房子又是农村集体产权，一直无法用来抵押贷款。后来听说泉州农商银行有这方面的金融产品，我便抱着试试看的心态进行了申请，没想到真的很快就批下来了。这笔贷款真是及时雨，解决了我的资金困难，让我的生意做得更好。”蔡仁棍正是通过农村集体产权抵押获得泉州农商银行的信贷支持。这是泉州农商银行积极开展农村承包土地经营权、农民住房财产抵押贷款试点工作的一个缩影。

创新担保方式，扶持乡村经济，经营权成为助推器。以农村土地承包经营权作为担保，既有效缓解现代农业公司资金困难，又创新农权贷款新形式。永春县阳升禽畜有限公司得到信贷支持，蛋鸡存栏量由原来40万羽增加到将近100万羽，年销售收入从5000万元增加到近1亿元，为农村剩余劳动力提供了更多就业岗位，缓解了就业压力，增加了农民收入。目前该公司已成为福建省最大的蛋鸡养殖基地、福建省农业龙头企业。截至目前银行共发放土地承包经营抵押贷款21笔，金额为2432万元。“我家的房顶安装了光伏太阳能发电板，现在一年的发电收入能顶好几亩地的粮食钱，日子越来越好过了。”谢瑞真家办理“光福贷”贷款，一次投资安装，可使用25年，光伏发电不仅可供家庭使用，剩余电还可并入电网销售，每月可增加近1000元的收入用以补贴家用，实现真正脱贫，开启农民向天要钱的新举措。截至目前，共办理“光福贷”351笔，金额为3525万元。同时开展以森林资源资产抵押为核心的金融服务创新，稳步推广林易权等产品，支持林业生产、加工经济发展，助推林业发展、林农增收和生态保护。截至目前，共办理“林易贷”302笔，金额为4449万元。

创新服务模式，助力海洋经济，小渔船铺就致富路。坚持把破解海洋经济担保难作为支持海洋经济信贷的切入点，与泉港区政府共同设立渔业贷款风险补偿专项资金和贴息专项资金，实行封闭运作、动态管理、专款专用，政府与银行共同承担渔贷风险。在这两笔资金的撬动下，泉州农商银行仅向泉港区当地渔民发放无抵押物担保贷款和木质渔船抵押担保贷款总额就超过 1 亿元，惠及渔民 1000 多户。还积极创新符合区域经济发展的新业务、新产品、新服务，把峰尾支行打造成为渔贷专业支行，在全省率先打破钢质渔船才能抵押贷款的限制，推出“钢质渔船抵押贷款”“木质渔船抵押贷款”，为渔民发放“普惠卡”，推广“农商行 + 专业合作社 + 社员联保”“农商行 + 专业合作社 + 社员联保 + 风险基金”的贷款模式，加大金融支持养殖业、海洋捕捞、贸易加工、滨海体验游、渔家乐等发展。目前累计完成渔船客户建档 722 户，其中钢质渔船客户建档 88 户，木船客户建档 717 户；成功为 29 户发放渔船贷款，金额为 2326 万元。

创新金融产品，助力乡村脱贫，“输血”变“造血”。在“精准扶贫”的国家战略背景下，为了推动“农业产业升级、农村经济发展、农民脱贫致富”，用好上级的政策，拓宽财源渠道，产业转型升级，最终实现从“输血”到“造血”的转变，这一切，在农村不可避免都存在资金短缺的问题。在德化县相关部门和市派德化驻村蹲点工作队的支持下，泉州农商银行以驻村干部为致富带领人，以当地创业村民为致富带头人，专门构建“一笔资金”金融支农模式，进村入户走访调查，到农户家里宣传政策、验收项目、帮助制定脱贫规划，实现工作部署精准化、目标任务精准化、对策措施精准化、建档信息数字化，推出“快、简、好、省”的系列“助村”融资产品，实现一证可贷、一纸可贷、一键可贷，为一批有发展意愿但缺少发展资金的农户发展淮山等特色产业。针对驻村地贫困学生上学难、难上学的问题，加大扶智力度，为贫困学生发放期限长达 15 年的“生源地助学贷款”，帮助贫困学生圆大学梦，并为毕业大学生、创业青年提供青创卡、青创贷、驻村贷等服务，使“帮出来的金苗子”通过自主创业造福桑梓。

泉州农商银行紧紧围绕乡村振兴战略，坚持“普惠金融，小特精美”的战略定位，扎实推进普惠金融提升工程，“严”字当头，“管”字支撑，“改”字助力，争当乡村振兴金融主力军，服务好乡村振兴大业！

B.31

泉州市丰泽区留学人员创新创业园的发展现状与特点分析

陈超新　帅泽明*

摘　要： 吸引留学人员回国创业是中国留学政策和经济发展政策的重要组成部分，留学人员创业园是为吸引留学人员回国创业而专门建立的科技孵化器。本报告在阐述丰泽区留学人员创新创业园的成立与发展现状的基础上，总结了该双创园的发展模式，并分析了其未来发展方向，为创业园更好地发挥作用提供合理的政策建议。

关键词： 泉州丰泽留创园　发展模式　人才服务

近年来，留学后归国成为广大海外学子的首选，吸引高层次留学人员回国工作也成为留学政策和华人华侨政策的重心。《2018 年中国留学白皮书》的统计数据显示，2017 年留学回国人员总数为 48.09 万人，同比增长 11.19%。2011 ~2016 年，海归求职人数增长 232%。在留学回国人数不断增加的背景下，留学人员创业园（简称“留创园”）也孕育而生，主要就是为吸引高层次留学人员利用在国外学到的技术、管理经验等，到国内投资创

---

* 陈超新（1978 ~），福建惠安人，致公党党员，“丰泽留联”首任理事会会长，长期从事石材石雕生产、设计以及建筑设计行业工作，现任福建盛地建筑装饰工程有限公司总经理、泉州隆发石业有限公司总经理、惠安隆富石材制品有限公司总经理、福建省闽武建筑设计院有限公司泉州分公司副总经理；帅泽明（1964 ~），男，祖籍湖南，出生于台湾台北，泉州师范学院副教授，博士，研究方向为区域经济。

业。泉州市丰泽区留学人员暨归国创业人员联谊会创新创业园（简称“丰泽留创园”）在国家“大众创业、万众创新”的经济增长引擎的推动下成立，为泉州市丰泽区的留学归国人员提供了一个较高层次的创新创业平台，对加快推进地方经济社会的发展发挥着重要作用。

一 丰泽区留学人员创新创业园的成立与发展现状

丰泽留创园是由泉州市丰泽区留学人员暨归国创业人员联谊会（简称“丰泽留联”）创立的第一个双创落地项目。该双创园的建立意义重大，李克强总理曾提出，“双创”是推动发展的强大动力，是扩大就业的有力支撑，是发展分享经济的重要推手，是收入分配模式的重大创新，是促进社会公正的有效途径。在“大众创业、万众创新”被誉为经济增长新引擎的背景下，丰泽留创园依靠科技、人才、项目、资金、文化等要素开展新一轮的创新创业，进一步完善海外留学人员、归国人员等各类国际人才的创新创业服务机制，建设国际化创新创业平台，引导国际创新资源为泉州建设服务，因此，科学合理地推动丰泽区留学创业园的发展是推动泉州市经济社会健康发展的重要组成部分。

目前，丰泽留创园在充分整合丰泽留联会员优质的科技创新资源、智力资源、国内外资源的基础上，以全面整合国内各个留学生创业园以及相关产业创新资源为手段，将园区建设成为具备完善的教育开发、创业孵化、科技研发、金融服务及相关配套等综合服务功能的创新社区，成为丰泽区从创新源头推动“泉州制造2025”制造强区战略、培育产业自主创新能力、提升本土企业创新产出水平的重要支撑，有力地推动丰泽区构建结构优化、附加值高、竞争力强的产业体系。

二 丰泽区留学人员创新创业园的发展模式

（一）园区的命名

丰泽留创园的主力军基本是青年海归学子，既然是年轻海归人的事业，园区的命名就必须得考虑两个方面的问题：一方面，园区的名字应当符合当代青年人的思想价值取向和情感寄托；另一方面，园区的名字应当符合当前经济社会发展的趋势。因此，丰泽留创园最终确定以“海归 E 谷”作为园区的称呼，E 不仅指移动网络时代，还映射着情感（Emotion）的汇合与交融，而“泉出通川”谓之“谷”。可见，丰泽留创园的命名在寄托着丰泽留联会员企业对于自身未来发展的愿景的基础上，也希望其美好纯真的情感在这块土壤生根发芽。

（二）园区的定位

根据丰泽留联会员企业的行业类别、主体形态和经营规模，确立了以复合型商务为主，以配套商业为辅，以个性定制服务为特色的产业园基本模式，正式提出了“全功能商务馆”、“全生态经济体”和“众筹型服务群”三大功能定位；并根据双创产业的企业大多为小微企业与蜂鸟型企业，在复合型商务的基本格局之下，共享功能、联合办公以及 VIP 定制商务公关服务等时兴甚至超前的规划策划均被纳入整体运营体系之中。

（三）园区的功能规划

目前，丰泽留创园在设计时设立了四个主要的功能区：商务中心、创客中心、文体中心以及文化商业中心。

1. 商务中心

该中心包含了园区服务行政大厅、园区运营服务中心、园区丰泽区政府行政服务中心、留学生公司以及项目办公室等商务场所。同时，商务中心引进了职能化公共服务企业（包括人力资源服务企业、财务咨询服务企业、法务咨询服务企业、技术支持服务企业、产品研发服务企业、管理咨询服务企业等）、高新技术企业服务机构（包括国内外先进制造技术服务公司、科研机构、测试机构、技术转移机构等）以及其他多元化的企业（例如教育培训、健康养生、文化体育、理财融资、福利、公益基金等），为园区内企业的发展提供了多元化的业务合作平台。

2. 创客中心

该中心包含了创客运营及服务中心、创客公共办公区、公共会议室、公共休闲茶水间、创客服务功能机构（研发设计、科技中介、金融服务、成果交易、认证检测等）办公区、创客活动（沙龙、培训、路演、比赛）区、创客团队/企业系独立办公室等创客场所。目前，创客中心采取众创、众包、众扶、众筹的方式，打造一批低成本、便利化、开放式的众创空间，吸引聚集创新资源和创业人才，并招募一批资深创客、知名创客以及企业家、技术专家，组建志愿创客导师队伍，为初创企业“把脉问诊”。

3. 文体中心

该中心由文化广场、体育中心和会展中心组成。文化广场是园区人们精神文化的体现，这一文化载体跟随时代的进步在不断发展，赋予广场文化新的角色和定位，提升广场在社会、经济、文化方面的影响力、辐射力和竞争力，为城区打造出一张与时俱进的文化名片。体育中心包含电子竞技馆、篮球竞技场馆、羽毛球场、网球场、乒乓球场、射击场、壁球馆、游泳馆、天台足球场等康体场所，并不定期举办竞赛，促进互动交流。会展中心主要用于专业举办各种展览活动，以及各种行业组织和专业机构各式规格的会务活动。

4. 文化商业中心

该中心从海丝文化出发，以传承国际商贸往来为目的，由海外精品商业、海外艺术文化与创意体验商业组成。主要汇集中外文书籍图书馆、海外文具精品礼品店、益智互动体验店、精致休闲咖啡厅、多国精致料理特色餐厅、混业复合商铺、特色酒店/民宿等。

（四）园区的运营

考虑到丰泽留创园的整体筹划运营包括改造升级都靠自筹资金，因而在初期落地规模体量上有着尺度的把握，规模大了难启动，小了则难出效果，也难以承担和检验后续运营管理系统的成本和实效。经过多方评测考量，园区确定一期实验示范区的运营面积在 2 万平方米左右。除了充分利用场地空间外，以整体适应未来园区的品质要求，同时，园区还严格按照复合型商务办公的设计增加了诸多共享空间和人性空间，并对空间形态的视觉观感和艺术美感提出了全新的要求。另外，以甲级写字楼标准设计配置地下停车场和楼宇底层机械停车库，虽然增加了总体改造成本，但从长远来看最大限度地保证了园区品质。

（五）园区的物业配套

值得一提的是，对应“海归 E 谷”的运营规模和品质等级，丰泽留联对于园区未来的物业管理提出了升级方案，除了常规物管业务范畴之外，增加了诸多定制服务、个性服务以及超级 VIP 定制服务，并计划成立专属的商业服务联盟，将园区配套的各项商务公关服务纳入物业服务的体系之中，既可为进驻企业提供管家式服务，也可进一步扩展“海归 E 谷”的商业影响力，为全新商务模式的构建奠定一个扎实的基础。

（六）园区的服务体系

丰泽留创园以创业者实际需求为导向，构建“1 +4 +3”的孵化服务体系。“1”是指一个基础，包括政府服务、科技服务和行政服务；“4”是指四个增值服务，包括创业辅导、创业融资、创业交流和市场推广；“3”是指三个服务平台搭建，包括园区管理服务平台、留创众创空间孵化平台、留学生人才智库。

三　丰泽区留学人员创新创业园的未来发展方向

作为“载体支撑工程”，为了顺应泉州市委“港湾计划”重大发展战略及政策，丰泽留创园在未来发展上始终把“以人才为中心”作为主线，聚焦产业发展，重视平台建设。为了激发和释放人才创新创造创业活力，推动人才工作由“服务支撑产业”向“引领产业发展”升级，让人才在推进泉州经济社会发展过程中与泉州共成长，体现自身价值，增强获得感，打造人

才“引得进、留得住、过得好”的梦想港湾、事业港湾、生活港湾，园区主要从以下几个方面进行人才的服务。

第一，园区整合相关部门人才服务职能，构建统一的人才综合服务职能，实行“一站式”受理、办结、答复制度，为各类高层次人才提供政策咨询、项目申报、业务办理等“一揽子”服务，简化优化服务流程，提高服务效率。

第二，实施企业家素质提升培训专项计划，引进对应高级人才与课程开展培训，推动企业完善治理、强化激励、突出主业、提高效率，突出专业技术人才的职业素养和专业能力提升。

第三，鼓励人才自主选择科研方向、组建科研团队，开展原创性基础研究和面向需求的应用研发，充分发挥核心技术人才在创新驱动和创业实践中的主体作用。

第四，推动人力资源服务建设，强化对人才中介服务机构的招募引进，营造法制规范、公平公正的人才市场环境。引导人才中介服务机构有序承接政府转移的人才培养、评价、流动、激励等职能。

第五，组织推进金融机构对符合条件的高层次人才创业融资提供无须担保抵押的平价贷款，与金融机构共同协调完善人才创业投资风险补偿机制，优化补偿比例、放宽条件设定，对种子期、初创期科技型企业，符合条件的给予信用贷款和贷款担保支持。

第六，紧扣企业行业发展，组织开展层次较高的学术交流活动。联系协调国内外知名学术机构、学术组织举办高水平的学术论坛、科技峰会，为企业家提供一批有较强影响力的高端学术交流机会，汇聚企业行业发展需要的前沿性高端智力资源。

第七，发挥“海丝”先行区和港澳台侨资源丰富的优势，主动融入国家“一带一路”布局，与部分“海丝”沿线国家和地区共建人才协同创新联盟，对接留学人员组织，建设一批引才联络站。同时，协助有需求及条件的企业，在境外设立研发机构，或为境外专业机构搭建合作平台，推动高新技术研发成果在园区转化。

B.32
惠安隆富石材制品有限公司发展状况分析

陈超新*

摘　要：　惠安隆富石材制品有限公司积极响应国家号召，诚信为本，质量先行，创造出了独特的管理文化，产品远销日、韩、欧、美、东南亚等国家和地区，为当地经济发展、就业等做出巨大贡献。本报告在阐述惠安隆富石材制品有限公司概况的基础上，对企业发展现状进行简要分析，并指出该企业未来的发展方向，以供参考。

关键词：　石材　惠安隆富石材制品　企业管理

目前，石材是我国最主要的建筑装饰材料，在国民经济的发展和现代化建设中占有重要的地位。改革开放以来，随着我国经济社会的繁荣以及房地产行业的兴起，石材行业在我国逐步发展壮大，并逐步形成了石材产业集聚区。福建省为我国重要的石材大省，也是国内重要石材的加工地，其中南安市水头镇被誉为“中国石材城”，惠安县被誉为“中国石雕工艺之乡”，晋江永和镇被称为“中国石材之乡”。

---

* 陈超新（1978～），福建惠安人，致公党党员，“丰泽留联”首任理事会会长，长期从事石材石雕生产、设计以及建筑设计行业工作，现任福建盛地建筑装饰工程有限公司总经理、泉州隆发石业有限公司总经理、惠安隆富石材制品有限公司总经理、福建省闽武建筑设计院有限公司泉州分公司副总经理。

一　企业概况

惠安隆富石材制品有限公司创建于1992年初，企业占地面积为2万平方米。隶属于该公司的隆发石雕厂位于中国著名的世界石雕之都——惠安县，专业生产各式建筑石材幕墙、别墅干挂，各种大小石雕刻品、建筑环境石、城市雕塑、景观石材等系列产品。其产品远销日、韩、欧、美、东南亚等国家和地区，深得广大客商信赖和支持。

二　企业发展现状

长期以来，惠安隆富石材制品有限公司坚持“诚信为本、质量先行”的宗旨，获得了较高的社会评价，被评为“重合同守信用”的企业，曾被评为福建省300强民营企业。同时，在企业文化建设方面，企业将以“质量至上，诚信为本”为核心内容的文化融入ISO9001质量管理标准当中，创造出了属于本企业独特的管理文化。

惠安隆富石材制品有限公司凭借管理、生产经验，无论在项目服务还是设计水平上都具备了丰富的实战经验和独特的行业优势。公司坚持以市场为导向，逐渐形成产品多样化、系列化、专业化等行业竞争优势，并积极引进先进的生产设备和完善管理经验，市场遍及世界多个国家和地区，企业不断发展壮大，在激烈的竞争中处于领先的地位。

三　企业未来发展方向

经过多年的努力探索，惠安隆富石材制品有限公司虽然奠定了坚实稳固的发展基础，但在技术创新、资源开发、成本控制等方面也存在诸多不足，因此，在未来的发展中，惠安隆富石材制品有限公司应当更加注重自身的产业结构调整，优化开发环境，提高行业的技术水平，逐步朝着更加高端、绿色的方向发展。

B.33

砥砺前行，做行业的领航者

——洲建集团有限公司发展纪实

许旭红　吴庆春*

摘　要： 在“一带一路”“工业4.0”经济浪潮，国家建设海峡西岸经济区的历史潮流中，洲建集团“先行先试”的时代步伐，奋力拼搏、创新发展，用一流的服务水平与一流的产品质量来迎接时代的考验，在跨行业、跨地区等方面实现重大突破。本报告对洲建集团有限公司的概况进行了梳理，从企业定位和发展目标、管理机制、品牌塑造、企业家精神以及社会责任等方面总结了该公司的发展特点，并提出了公司未来的发展战略。

关键词： 洲建集团　品牌塑造　社会责任

一　洲建集团有限公司概况

洲建集团成立于2002年12月，是装修、幕墙双甲资质企业，装配式装修倡导者，属于国内一流的建筑装饰装配式企业。洲建集团的总部位于闽南海滨城市——泉州，公司旗下拥有泉州洲建酒店投资有限公司、泉州柏宏家具有限公

* 许旭红（1970～），男，福建惠安人，泉州师范学院陈守仁商学院副院长、副教授，研究方向为制造业及区域经济；吴庆春（1981～），男，福建晋江人，泉州师范学院副教授，博士，研究方向为区域金融。

司、泉州洲建门窗有限公司、泉州柏宏贸易有限公司、福建闽南人园林建设有限公司5家子公司。同时，集团拥有国家批准的建筑装修装饰工程专业承包一级、建筑幕墙工程专业承包一级、建筑装饰工程设计专项甲级、建筑幕墙工程设计专项甲级、钢结构工程专业承包二级、城市及道路照明工程专业承包二级、建筑智能化设计与施工二级、消防设施工程设计与施工二级、机电设备安装工程专业承包三级、特种工程（结构补强）专业承包等多项资质。

企业成立十几年来，始终秉持“诚信、高效、优质、创新”的企业精神和“以人为本、科技为先、合作共赢”的企业发展理念，形成了矿山开采、材料加工、家具门窗生产、装饰工程设计施工为一体的综合性企业，集团业务涵盖建筑装饰、材料加工、园林绿化、酒店投资管理、物资贸易等，相继在国内各大中城市设立了三十多家分公司、办事处；企业现为中国装饰协会会员单位、福建省装饰协会理事单位、泉州市装饰协会副会长单位（见表1）。同时，在社会认同方面，洲建集团也获得了较高的社会评价。企业连续荣获“2012年度泉州市先进建筑企业”“2014年度泉州市先进建筑企业”“2011年度泉州市诚信建筑企业”“2013年度泉州市诚信建筑企业”“2008~2012年度福建省先进建筑企业”，2011~2015年连续被评为“守合同、重信用单位”，2008~2013年连续被评为“工商信用良好企业”，2010年被评为“福建省知名品牌企业”，2012年被评为“福建省AA级信用企业”，2013年被评为“市级工商信用良好经营户”，2013年被评为“工商信用优异企业”，2015年荣获“泉州市建设工程安全文明标准化示范工地”称号，2008~2016年连续荣获福建省“闽江杯”优质工程奖等诸多荣誉。另外，公司还通过ISO9001：2000质量管理体系认证。

表1　洲建集团有限公司的发展历程

时间	主要事纪	时间	主要事纪
1996年8月	恒利装饰洛江工作室成立	2004年8月	“恒利模式”掀起泉州家装界第二次革命
2002年5月	恒利装饰设计工程有限公司成立		
2004年1月	乔迁至田安南路千亿华园	2006年9月	晋江分公司开业

续表

时间	主要事纪	时间	主要事纪
2006 年 11 月	乔迁至泉秀路茶业大厦 7 楼	2014 年 5 月	上海分公司开业
2008 年 6 月	加入福建省建筑业协会装饰装修分会	2014 年 6 月	杭州分公司开业
			乔迁至丰泽区浔美工业区浔丰路洲建大厦
2008 年 7 月	荣任市建筑业协会装饰装修分会理事单位	2014 年 7 月	陕西分公司开业
		2014 年 9 月	济南分公司成功加盟
2010 年 7 月	水头分公司开业		洲建星幕酒店正式开业
2011 年 3 月	福建闽南人园林建设有限公司成立	2014 年 9 月	济南分公司成功加盟
			洲建星幕酒店正式开业
2011 年 9 月	福州分公司开业	2015 年 2 月	龙岩分公司开业
2011 年 3 月	福建闽南人园林建设有限公司成立	2015 年 5 月	天津分公司开业
			长春分公司开业
2012 年 8 月	柏宏家具有限公司成立	2016 年 1 月	开始成立北方总部,业务辐射京津冀
2013 年 7 月	北京分公司开业	2017 年 5 月	北方运营中心正式成立
2013 年 8 月	洲建门窗有限公司成立	2017 年 8 月	洲建众创平台成立
2013 年 12 月	洲建集团有限公司正式更名成功	2017 年 12 月	豪装事业版块开启
	柏宏贸易有限公司成立	2018 年至今	—

二　洲建集团有限公司的发展特点

（一）企业定位及发展目标契合泉州经济社会发展

洲建集团致力于打造国内一流的建筑装饰装配式企业。面对当前建筑行业的广阔市场和激烈竞争，洲建集团始终坚持质量第一、客户为上的品牌之路，积极响应泉州市政府号召，投身“一路一带”“工业 4.0”经济浪潮，在国家建设海峡西岸经济区的历史潮流中，紧跟“先行先试”的时代步伐，奋力拼搏、创新发展，用一流的服务水平与一流的产品质量来回报社会各界和广大客户的关心与支持。

（二）企业管理机制不断创新

为了适应日益激烈的市场竞争环境，洲建集团经过多年的实践探索，对企业的组织架构不断调整和完善，设置了商学院、企划部、法务部、技术部、研发部、质安部以及物联科技公司等（见图1）。目前，洲建集团的组织架构由7大中心和1个总裁办公室组成，各中心、部门各司其职、各负其责，各级管理机构和人员实行高度的专业化分工，各自履行一定的管理职能，形成了一个规范合理的企业组织架构，极大地推动了企业和谐团队氛围的营造，使得每一个职能部门所开展的业务活动更好地为整个集团服务。

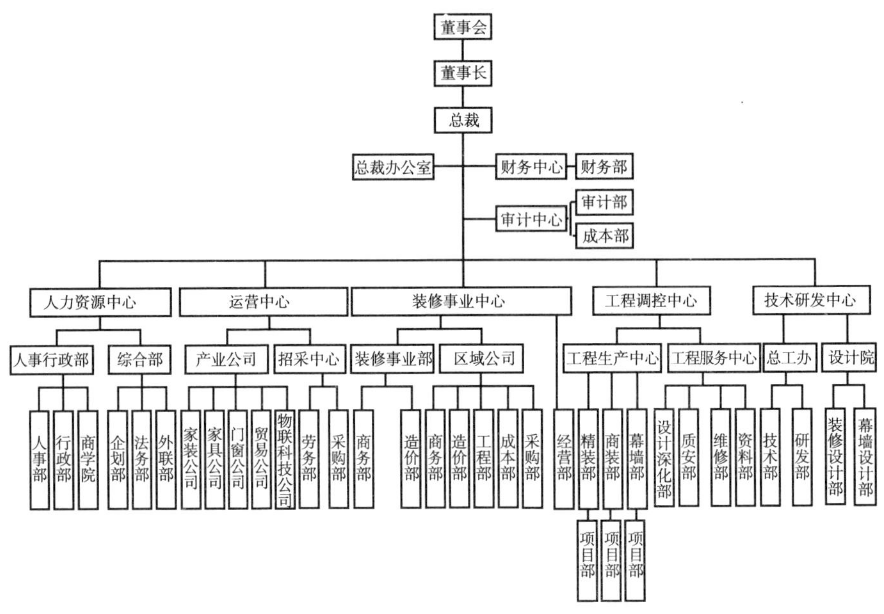

图1　洲建集团的组织架构

（三）注重企业品牌的塑造

企业品牌的塑造是提升企业竞争力的有效手段。当前，在我国竞争激烈的建筑装饰行业中，洲建集团抓住行业环境中的机遇并规避风险是其发展过程中应当关注的焦点。洲建集团在日常的业务竞争中，始终倡导“上下认同、全员践行、全民营销”的品牌推广方式，不仅注重企业内部的文化打造，同时也注重外部的企业品牌形象建设。

1. 内部：企业文化的打造

（1）核心价值观的提炼：核心价值观是一个企业存在和发展的最关键因素。只有一个企业拥有正确的核心价值观，才能不断发展自身、造福社会，因此，洲建集团在企业文化打造的过程中，首先注重企业核心价值观的培养和塑造。经过从长期实践中的提炼，洲建集团对企业使命、企业宗旨、企业愿景、企业精神、管理理念、经营理念和用人理念都进行了科学合理的归纳总结（见表2）。

表2　洲建集团有限公司核心价值观的重要组成部分

组成要素	具体内容
企业使命	为客户创造价值，为企业创造效益 为员工创造财富，为社会创造繁荣
企业宗旨	对外成就客户之心，永远不变 对内成就员工之心，永远不变
企业愿景	砥砺前行，做行业的领航者
企业精神	诚信、高效、优质、创新
管理理念	实事求是，求真务实
经营理念	以人为本、科技为先、合作共赢
用人理念	惜才、爱才、识人、用人

（2）企业文化氛围的营造：企业文化氛围是笼罩在企业整体环境中，体现企业所推崇的特定传统、习惯及行为方式的精神格调，其以潜在的运动形态使企业全体成员受到感染，体验到企业的整体精神追求，因而产生思想升华和自觉意愿。企业文化氛围对于企业员工的精神境界、气质风格的影响十分重要。洲建集团一方面通过在办公环境中设立文化墙、展板、壁画等载体，宣扬企业文化，营造浓厚的文化氛围；另一方面，组织开展企业文化日活动，包括中秋、尾牙、拓展训练等类型的活动，并对公司重要活动通过照

片、文字及录像等影像资料进行记录、整理和推广，以提升整个集团的企业文化氛围，使企业员工能够产生一种归属感，共同推动企业的进一步发展壮大。

（3）企业CIS系统的建立与完善：CIS系统全称为企业形象识别系统，通过建立和完善企业的CIS系统，能够有效识别和传达企业理念，树立企业形象。洲建集团不仅创造了属于本公司独一无二的LOGO、企业色、字体等，还做了符合本公司形象的画册、手提袋、纸杯、信笺、工作牌等，并进一步固化了公司标识，为展示公司统一的企业形象奠定了坚实的基础。

2.外部：品牌形象建设

品牌形象是企业或其品牌在市场上、社会公众心中所表现出的个性特征，主要体现消费者对该品牌的评价与认知。品牌形象反映了一个企业品牌的实力与本质，因此，如何塑造和建设品牌形象是企业有效获得消费者认同的关键。洲建集团在企业发展的过程中注重塑造品牌形象，主要通过以下几个方面来提高企业知名度及品牌美誉。①建立健全的官方网站：对网站改版升级、完善功能，将其作为企业对外展示的窗口。②物料宣传：制作产品画册、品牌推介资料（PDF、H5）、企业宣传片，以扩大企业的知名度。③媒介媒体宣传：主要依托《泉州晚报》、微信、微博、腾讯视频进行品牌的宣传。④建立健全的项目现场安全文明标识规范标准：包括五图一牌、安全文明施工标识、横幅等。

（四）着实践行企业家精神

企业家精神是一种思想形式，是一种驱动智慧发展的意识形态，其体现着企业家独有的显著的经营意识、经营理念以及胆识和魄力。企业家精神的形成和践行是推动企业向前发展的强大动力。洲建集团始终秉承着“诚信、高效、优质、创新、共赢、共享”的企业家精神，不断在生产实践、技术研发、经营管理、社会服务等方面锐意进取，不断提升企业的核心竞争力。

（五）具备强烈的社会责任感

企业在创造利润、对股东和员工承担法律责任的同时，还应当关注自身在生产过程中对人的价值的重视，对消费者、环境以及社会的贡献，这是当代企业社会责任感的重要体现，也是评价一个企业核心竞争力的重要指标。

作为上市集团，洲建集团主动融入泉州城市经济社会的建设与发展，积极响应政府号召，投身“一带一路”“工业 4.0”经济浪潮，在国家建设海峡西岸经济区的历史潮流中，紧跟“先行先试”的时代步伐，奋力拼搏、创新发展。集团获得“泉州市先进建筑企业”“泉州市诚信建筑企业”“最富工匠精神企业”“省 AAA 级信用企业”“守合同、重信用单位”“工商信用良好企业”等诸多荣誉。

近年来，洲建集团还密切跟踪市场形势变化，注重技术创新，科学组织生产运行，及时调整优化经营策略，突出抓好提质增效，生产经营持续向好。集团年营业额数以亿元计，并呈现逐年增长的态势，故纳税金额也随之上涨，累计约为千万元。与此同时，随着集团运营规模不断壮大，公司提供了近千个就业岗位。集团总部下设 30 余个职能部门，拥有专业技术和管理人员 600 余人，其中包括高级工程师、高级经济师、高级设计师、一级注册建造师、注册造价师、注册会计师等各类专业人员。另外，企业聘任的各类劳务班组、基层劳务人员不计其数。当然，在企业发展的前提下，洲建集团还积极投身扶贫公益事业，反哺社会。

三　洲建集团有限公司的未来发展战略

未来发展战略选择是洲建集团健康可持续发展的重要环节。从以上的分析可以看到，目前，洲建集团已发展成为国内一流的建筑装饰装配式企业，形成了以内外装饰业、高新产业、园林生态产业、酒店投资、金融投资业为主的五大业务板块。企业正在导入全新经营理念，充分实现客户资源共享，发挥品牌集聚效应，强化网络经营实力，构筑建筑业“一体化”的服务系

统，形成集团多元化发展格局。未来，洲建集团将本着“以人为本”“科技为先”的理念，力争为每一位客户创造价值，一起分享企业发展的成果。当前世界进入“互联网+”时代，洲建集团也响应泉州市政府号召，跻身“一带一路”“工业4.0”的建设大军，紧紧抓住时代脉搏，提速实现资产总量、营业收入和利润总额的增长，在跨行业、跨地区等方面实现重大突破，并加速开展集团上市的筹备工作，最终使洲建集团成为国内享有盛誉的知名企业，为主营业务板块跨出国门奠定基础。

B.34

中国鞋都电商创业园发展现状分析

胡凌松 郭建宏 吴远仁*

摘　要： 作为晋江首个电商创业园，福建首个集电子商务区、精品展示区、物流配送区及配套服务区于一体的现代化、智慧型电子商务园区，中国鞋都电商创业园不断引进电商人才和进行企业孵化，推动地区产业互联化的转型升级，促进产业、金融和网络一体化发展。本报告在阐述中国鞋都电商创业园成立与发展状况的基础上，对其在晋江经济社会发展中的作用展开分析，并总结成功经验及成效。

关键词： 中国鞋都　电商创业园　电子商务

一　中国鞋都电商创业园的成立与发展

（一）中国鞋都电商创业园的成立

1979 年，晋江制鞋第一人——陈埭镇洋埭村村民林土秋在自家的石头房里，以一把钉锤、一张饭桌、一把剪刀和几台家用缝纫机，开办了第一家制鞋家庭小作坊。经过 30 多年的发展，一家不知名的家庭小作坊从小企业

* 胡凌松（1966～），男，福建泉州人，泉州师范学院陈守仁商学院党委副书记，副研究员，研究方向为行政管理；郭建宏（1973～），男，甘肃定西人，泉州师范学院副教授，博士，研究方向为数据挖掘、电子商务；吴远仁（1976～），男，泉州师范学院陈守仁工商信息学院讲师，中国社会科学院数量经济与技术经济研究所在站博士后，研究方向为经济地理、数量经济。

逐渐成长为引领国内运动鞋、运动服装新潮流开发、生产、销售一体化的大型龙头企业，制鞋产业也逐渐成为晋江经济社会发展的主导产业。2001 年 3 月 19 日，晋江被中国皮革和制鞋工业研究院等四家机构联合命名为“中国鞋都”。2013 年 4 月，由晋江市陈埭镇政府发起、社会企业共同参与建设的社会公众服务平台——中国鞋都电商创业园正式成立，坐落于晋江市陈埭镇苏厝村电商路，建筑面积近 4.2 万平方米，经过近 5 年的历练和不断完善现已颇具规模和社会影响，成为中国鞋都新名片，晋江首个电商服务智慧型龙头企业。

（二）中国鞋都电商创业园的发展现状

近年来，随着国内电子商务快速迅猛发展，跨境电商同样迎来爆发式的增长，为落实推动国家“互联网 + 外贸”的跨境电商发展战略，晋江市源泰创业基地有限公司从 2017 年开始筹划鞋都跨境电商园项目，并于 2018 年 3 月 22 日通过晋江市发改局审核成功备案。园区占地面积为 150 亩，已建成电商综合大楼，建筑面积也近 4.2 万平方米。

目前，园区平均入驻率已为 85% 以上，吸引来自国内四个省份和 30 多个国家（地区）600 多家商户和企业入驻，设有大学生创业基地、培训基地、商学院、设计摄影基地、电商平台运营中心、校企战略合作中心等多项配套项目。同时，园区周围聚集了行业上下游企业 3000 多家，鞋都得天独厚的运动产业链优势，为鞋都电商创业园打造极具影响的电商网批专业市场奠定了坚实基础。园区培育网商 600 多家，提供就业岗位 1 万多个，实现年销售额 20 多亿元，主要经营类目为男鞋、女鞋、童鞋、潮鞋、户外鞋等，品类齐全，逐步形成海西独具特色的运动产业带电商服务平台。

二　中国鞋都电商创业园在晋江经济社会发展中的作用

（一）在区域电子商务发展方面

中国鞋都电商创业园是福建省重点项目、省电子商务示范基地，推动着当地电子商务的全面发展。园区依托国内最大的鞋产业生产基地陈埭，整合了当地苏厝、涵口、梅岭三大网商集聚区，形成了较为完整的电商生态圈。同时，园区通过构建配套线上产业园商城“中国鞋库网”，辐射带动陈埭淘宝重镇（19 个淘宝村）的产业互动，形成了更具规模的产业集聚效应。

（二）在社会服务方面

中国鞋都电商创业园注重为行业中的中小企业（商家）、社会青年以及大学生创业就业提供优质的社会服务和人才保障。园区通过引进三方优质服务机构和高校，设立鞋都科技商学院、大学生创业基地、省高技能人才培训考核基地、淘宝大学培训基地、速卖通培训基地、设计与摄影基地、校企战略合作实训基地等，依托多项人才引进孵化配套措施，为来园区创业、就业者及企业（商家）提供一站式的全程服务，在帮助中小企业和当地生产制造业通过互联网拓宽视野、广辟市场渠道以及扶持社会青年、大学创业、就业等方面发挥着重要的桥接承启作用。

（三）在快递、物流整合方面

中国鞋都电商创业园对推动区域快递和物流资源的整合具有集群优势。园区通过引进“四通一达”主流快递、物流优势资源入驻园区，形成极具竞争的快递服务价格优势，全国除西藏、新疆外，2 公斤 3.5 元实现全国通票，大大降低园区商家（企业）的快递物流成本。

（四）在电子商务平台资源整合方面

目前，国内电子商务平台资源主要有淘宝、天猫、京东、1688、拼多多、折 800 等，跨境电商平台资源主要有 Amazon、ebay、Wish 和环球易购、雨果网、国际快递物流等优质主流平台，中国鞋都电商创业园通过平台资源整合，极大地方便了园区内企业（商家）匹配到各自合适的平台。同时，中国鞋都电商创业园还积极组织商家参加各类展会和供货对接会，如厦门、深圳供货对接会，阿里巴巴全球速卖通晋江品牌跨境出海推介会等活动，为与会企业（商家）提供全球速卖通“中国好卖店”全面扶持计划，切实为企业（商家）创造业务拓展的平台。

（五）在党、工、团组织建设方面

自2014年以来，中国鞋都电商创业园陆续成立了园区党支部、团支部和工会组织。通过引导积极分子向组织靠拢并发展壮大组织，中国鞋都电商创业园积极发挥支部组织在园区建设中的先锋模范带头作用和战斗堡垒作用，让园区处处充满正能量，共同构建平安和谐园区。

三　五年来中国鞋都电商创业园的建设成效

经过五年的发展建设，中国鞋都电商创业园在砥砺前行的过程中也获得了较丰硕的成果：2013年10月，晋江市大学生创业基地落户园区；2013年11月，在“越秀”2012~2013年中国鞋业十佳评选活动中被评选为最受欢迎鞋类服务机构；2014年5月，被评为晋江首个电商服务智慧型龙头企业；2015年2月，被列为福建省重点扶持项目，同时获得“福建省青年创业示范园区”的称号；2015年5月，获得“第二届晋江青年五四奖章集体标兵”称号；2015年7月，作为福建省唯一一家入选“首届朱雀奖全国十佳电商园评比”的园区，入围全国园区20强；2016年2月，获得2015年度十佳“互联网+”经济产业园区称号；2016年11月，被评为“福建省电子商务示范基地”；2018年4月，被评为“阿里巴巴1688商人节十大先锋市场”。

附　　录

Appendix

B.35
云计算物联网电子商务智能福建省高校工程研究中心简介

许旭红　郭建宏*

一　基本情况

云计算物联网电子商务智能福建省高校工程研究中心（以下简称工程中心）于 2013 年 1 月经福建省教育厅批准设立（闽教科〔2013〕4 号），依托泉州师范学院开展建设。2018 年 5 月，获评为福建省高校优秀工程研究中心（闽教科〔2018〕30 号）。

近三年，工程中心累计投入建设资金 1000 多万元，围绕云计算、物联

* 许旭红（1970～），男，福建惠安人，泉州师范学院陈守仁商学院副院长、副教授，研究方向为制造业及区域经济；郭建宏（1973～），男，甘肃定西人，泉州师范学院副教授，博士，研究方向为数据挖掘、电子商务。

网、电子商务智能等领域的研究前沿，立足智能信息技术科学研究与相关应用服务，研究方向主要集中在云计算及电子商务智能关键技术、物联网与传感技术应用、云计算物联网及电子商务智能应用等。

工程中心现有设备总值649.2万元，拥有科研及办公用房1160平方米，固定研究人员为32人（副高以上职称占68.8%、博士比例占56.3%）、外聘专家3人、流动研究人员有10人。2015～2017年，发表学术论文104篇、出版著作4部、获得发明专利6项，四技服务总金额为66.7万元。

二　研究单元构成

（一）云计算及电子商务智能关键技术研究室

主要从事云计算技术和物联网技术的应用研究、电子商务智能应用研究、实时电子商务智能与云数据中心企业数据池连接技术研究。新增网络集群服务器系统、核心交换机、网络存储系统、科学计算工作站等设备，可以提供云计算和信息综合处理的应用基础研究，实现大规模的电子商务软件开发、海量数据挖掘、数据挖掘算法开发等。

（二）物联网与传感技术应用研究室

主要从事传感网体系结构研究、不同传感设备与云数据中心的接口功能设计、基于云计算的传感网智能信息处理与传感网应用系统开发、传感技术在Android手机的应用研究。可提供无线传感网体系结构及协议分析研究、智能体的无线传感网关键技术等研究及面向农业、交通、物流、家居、医药健康等产业的传感网应用的研发，同时能提供学生进行传感网技术设计、创新设计、创业设计等相关赛事。

（三）云计算物联网及电子商务智能应用研究室

主要从事云计算和虚拟化等关键技术研究、电子商务智能关键技术及应用研究、云数据中心和数据仓库的构建技术研究、基于云计算的数据安全设置，主要面向中小企业、政府机关、事业单位和个人，为用户提供超大规模、虚拟化、高可靠性、通用性、高可扩展性的云计算服务。

三　科学研究

2015~2017年，工程中心根据自身学科发展的优势和特色，积极投身地方经济建设和社会发展主战场，承担和参加一大批应用基础和关键技术攻关项目以及科技成果转化项目。2015~2017年，主持各级各类项目64个（其中国家级项目3个、省部级项目21个、横向项目13个），获得科研经费累计337.47万元。设立本校内师生开放课题18个，资助经费总额为36.4万元。

获得省级教学成果奖（三等奖）1个，获得泉州市科学技术奖（自然科学奖二等奖）1个、泉州市科学技术奖（科技进步奖二等奖）1个，获得发明专利1项、软件著作权5项。出版学术著作4部，发表学术论文104篇（其中SCI、SCIE、EI、CPCI-SSH收录52篇，占50%）。

积极服务地方经济发展和企业生产经营重大需求，组织开展技术开发、技术转让、技术咨询、技术服务等活动。2015~2017年，获得来自省市地方政府部门、行业企业的委托项目10多个，总金额为66.7万元。

工程中心取得的科研成果和良好的服务地方能力，为建设依托单位（泉州师范学院）2017年申报获批立项建设工商管理省级应用型学科提供了有力的支撑。该省级应用型学科主要服务“海丝”核心区和先行区电子商务、现代物流、创新金融等重点产业，凝练三个主要建设方向即物流与供应链管理、市场营销和投资管理。

四　学术活动

工程中心技术委员会由8人组成，主任由大连理工大学系统工程研究所副所长金淳教授担任。技术委员会每年召开技术委员会会议，就研究团队建设、研究计划制订、课题提炼立项、建设项目申报、工作条件建设等问题进行讨论，指导工程中心建设发展工作。

2015～2017年，工程中心固定研究人员共38人次分别参加中国信息经济学年会、中国管理科学年会、全国高校物联网最新技术应用研讨会、阿里云开发者大会、香港国际港口物流交通运输研讨会等境内外高级别学术会议。先后邀请美国佛罗里达大学DiMatteo教授、台湾辅仁大学齐学平教授、台湾龙华科技大学陈佳莉博士、西安交通大学桂小林教授和齐勇教授、大连理工大学金淳教授和郭崇慧教授、厦门大学彭丽芳教授、昆明理工大学刘文奇教授等境内外专家来访，进行学术交流。选派学术骨干前往香港高等科技教育学院、澳门大学、澳门科技大学、澳门城市大学等境外高校开展学术交流活动。

五　人才培养

2015年以来，工程研究中心持续加大高层次人才内部培养力度，队伍建设效果良好。

在“走出去”方面，选派14名中青年学术骨干外出访学、进修、攻博和开展博士后研究。所派人选中，2人前往国外高校访学，7人进入博士后工作站开展专题研究工作，4人攻读博士学位（其中2人已获学位，2人在读），1人入选福建省教育厅高校师资闽台联合培养计划。

在高级职称晋升方面，2人晋升教授职称，6人晋升副教授职称。同时，通过内引外联，搭建各种平台，加强学术交流与团队合作，着力培养学术带头人和科研骨干，累计30人次在各级各类学术组织中任职，不少研究人员多次参加国际学术会议并在大会上做报告。

在高层次人才项目方面，苏金泷教授获批2017年福建省高等学校优秀学科（专业）带头人培养计划海外访问学者项目，颜双波教授入选福建省高校新世纪优秀人才支持计划，苏金泷教授、张小玲博士先后入选福建省高校杰出青年科研人才培育计划，黄英艺博士、张小玲博士、吴晶晶博士、吴春秀博士入选泉州市引进高层次创业创新人才，黄英艺博士和余鲲鹏博士入选 2017 年泉州市高校中青年学科专业带头人培养计划。

目前，工程中心已形成以中青年骨干为主体，结构合理、思想活跃、年富力强、学风优良、工作勤奋、勇于创新、具有较强的科研能力水平的学术队伍。固定研究成员的年龄大多分布在 35～45 岁，平均年龄为 41.8 岁；100% 拥有硕士以上学位，其中博士学位占比为 56.3%；教授为 6 人（占比为 18.8%），副教授、高级工程师为 16 人（占比为 50.0%）；硕士生导师为 4 人，具有海外留学或工作经历的有 10 余人。

为了加快对后备学术带头人的培养，增设 1 名工程中心常务副主任即苏金泷教授。该教授是加州大学伯克利分校劳伦斯国家实验室访问教授、福建省杰出青年科研人才。参与国家科技支撑计划重大项目，主持多个省部级项目，发表 SCI/EI 论文近 30 篇，出版 2 部专著。担任国际信息论与系统论协会在美国举行的“系统论、控制论和信息论世界综合大会”（WMSCI）执行委员会委员，在国际工程与技术发展年会（IMETI）、IEEE 计算机与网络技术国际会议（ICCNT）、计算机应用与建模（International Conference on Computer Application and System Modeling，ICCASM）年会、*Journal of Mechanical Engineering Research* 等担任审稿人。

2015～2017 年，在工程中心固定研究人员的指导带动下，电子商务、物流管理、国际经济与贸易、市场营销等专业学生创新创业活动取得优良效果。在全国大学生电子商务“创新·创意·创业”挑战赛总决赛、“挑战杯”大学生课外学术科技作品竞赛、“创青春”全国大学生创业大赛电子商务专项赛、“互联网+”大学生创新创业大赛、福建省物流仿真设计大赛等学科专业赛事方面，累计获得省级以上奖励 16 个，其中国家级奖励 4 个。此外，累计获批省级以上大学生创新创业训练计划项目 10 个（其中国家级 5 个，省级 5 个）。

在指导毕业生创业实践方面，据不完全统计，2015 年以来相关专业 39 名毕业生创办 40 家企业，其中国际经济与贸易专业 15 人（占 38%）。

六　条件建设

工程中心在着力培养内部高层次人才的同时，也高度重视从境内外引进

高层次人才。2013 年以来，累计引进 10 名优秀的高层次人才。其中聘任 3 名“闽江学者”讲座教授（分别是大连理工大学系统工程研究所副所长金淳教授、西安交通大学电信学院副院长桂小林教授、上海财经大学创业学院执行副院长刘志阳教授）；聘任 2 名境外全职研究人员（白俄罗斯 Yuliya amatok 博士和台湾周静芝博士）；引进 5 名青年博士。

保持建设经费投入，不断完善工程中心设备建设。截至 2017 年 12 月，累计投入建设经费 1009.7 万元，用于数据中心开源虚拟化平台和云资源调度系统建设，新增 10 万元以上设备 31 台（套），其中 30 万元以上设备 3 台（套），现有设备总值达 649.2 万元。

目前，工程中心所有区域在逻辑上使用核心交换机及防火墙进行底层网络隔离，性能以百兆为主，拥有基层架构即服务（IaaS）、平台即服务（PaaS）、应用即服务（SaaS）三个层次对外服务能力。

数据中心采用主流业界通用的 X86 计算平台，在总体硬件架构部分主要分为密集型前端应用集群和分布式后端数据分析集群。密集型前端应用集群采用了华为系列刀片框为容纳主体，配合大容量内存扩展性双路 M630 刀片式服务器实现密集型前端应用硬件承载，同时配备了分布式双活存储节点，存储容量最高可达 PB 级别扩展能力。分布式后端数据分析集群由高性能多节点分布式 X86 机架服务器构建，同时配置高性能节点用于存储关键的元数据索引名，以保障整个系统的后续扩展能力和高可用性。数据中心在有限空间内实现形式多样的前端应用，通过资源动态调度满足科学研究和企业应用需求。生产区域和实验区域的有效划分使得数据中心既能满足工程中心的科研要求，又能有效提供社会服务。

七　制度建设

工程中心管理实行技术委员会指导下的主任负责制，增设常务副主任 1 名、副主任 1 名，协助主任处理本中心的日常管理工作。

工程中心各研究室实行研究室主任负责制。研究室主任把握研究方向和研究内容，负责制定研究方案并组织实施。采用两级模式进行管理，各研究室的人员经研究室主任推荐后由工程中心主任聘任，由研究室主任负责考核。

2015～2017年，工程中心建立相对完善的规章制度，对人、财、物、教学、科研及服务等进行全面管理。完善《研究室管理暂行办法》《研究室知识产权保护暂行条例》《研究室专项费用管理暂行办法》《研究室办公室管理暂行条例》《研究室行政管理暂行条例》《研究室学术活动管理暂行条例》《研究室成果论文奖励暂行办法》《研究室开放课题基金申请指南（暂行）》《研究室流动人员管理暂行办法》《研究室仪器设备管理暂行办法》等规章制度。

工程中心设办公室主任1名，秘书1名，工程师1名，协助主任和副主任完成日常行政管理、会议组织、文件档案、仪器设备管理等。工程中心组织管理系统如图1所示。

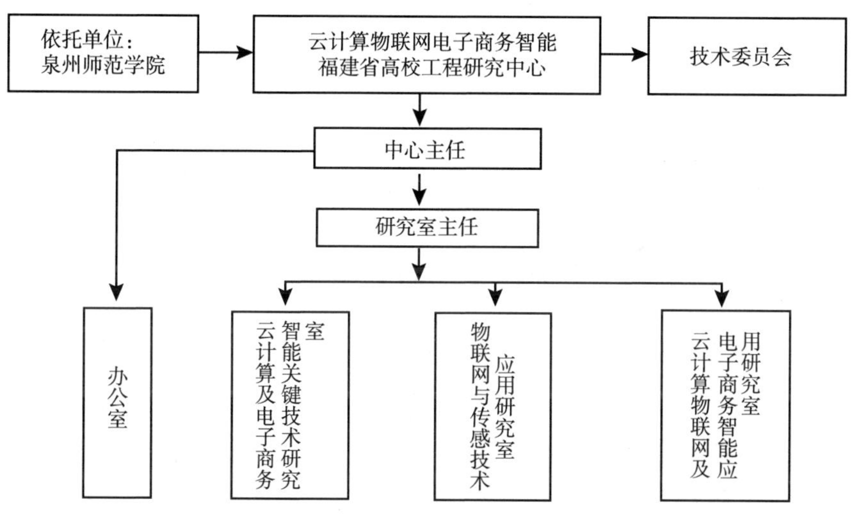

图1　工程中心组织管理系统

八　努力方向

三年来，工程中心在科学研究、人才培养、服务地方、制度建设等方面取得不少成绩，但在创新团队、学术交流、研产融合、成果转化等方面存在明显短板，需要在今后的建设中着力解决。

（一）继续加大建设力度，创新发展路径

目前，工程中心建设投入主要来自学校和上级主管部门的专项经费投入，如果想长期发展与运营，就必定要搞活各个研究室，理顺各方利益关系，提高社会各方面投入的积极性，引入社会资金、企业资金，才能开展具有先导性和前瞻性的科研部署，引进或培养高水平科研团队和开展实质性合作与服务，真正实现工程中心共建共享。

（二）进一步凝练研究方向，加强创新团队建设

紧密围绕区域经济社会发展需求，以云计算物联网电子商务智能技术及方法为主要研究内容，吸收人工智能、逻辑学、认知科学等领域最新研究成果，在高性能计算与信息处理、云计算及大数据信息处理技术、传感网信息处理技术及应用等方向进行深入研究，进一步凝练研究方向，重构优化人员队伍，力争在三年内获批 3 个有特色、高水平的创新团队。

（三）进一步提升科研质量，产出一批标志性成果

紧密围绕研究方向，提炼科研项目，集聚优势资源，进一步加大科研联合攻关力度，力争在三年内获得 5 项以上省部级科研奖励，获批 20 项以上专利成果和通过 10 项技术鉴定，发表 60 篇以上的高水平学术论文，出版 5 部以上学术专著。

（四）进一步加强研产融合，增加成果转化效益

加强与相关行业龙头企业合作，牵头或以主要参与单位承担国家、地方和行业的重大科研任务。力争在云计算及电子商务智能关键技术、物联网与传感技术、电子商务智能应用取得突破，主持或参与制定行业、地方重要标准或规范。密切与本地区相关产业的联系，建立大数据特色服务专业平台，

着力加强技术开发和技术转让，协助企业及时解决生产经营中遇到的技术问题，及时将具有商业潜力的新成果推向企业，使其尽快转化为社会生产力，力争三年内获得1000万元以上的经济效益。

（五）积极举办学术会议，开展学术交流合作

积极举办或承办省级、全国性乃至国际性的相关学术会议，邀请国（境）内外高水平研究人员和高校的同行专家参加会议，努力邀请国内外知名专家、学者进行讲学或合作研究，聘请国内外兼职教授，共同申报国内和国际科研项目。有计划、分批次派教师赴国（境）内外实验室进行合作研究。

（六）进一步健全制度建设，完善“开放、流动、联合、竞争”的运行管理机制

全面深入研究各级各类科研政策措施，修改或废除有碍科研积极性和创新性发挥的管理规章，进一步健全工程中心的管理制度。坚持体制机制创新与科技创新相结合，加强以工程中心资源为主体的科学仪器协作共享平台建设，提升开放服务水平。通过积极开展国内外、省内外的科学技术合作与交流，提高资源利用率和社会效益，实现资源共享和优势互补，高效运行的“开放、流动、联合、竞争”的管理机制。

B.36

中国经济研究中心与侨乡区域经济发展研究中心简介

刘义圣　谢志忠*

一　中国经济研究中心简介

2014年，泉州师范学院与中共中央主办的理论刊物《求是》杂志社联合成立了中国经济研究中心，目标是研究我国新时期改革开放中的宏观经济、金融和区域经济发展问题。研究中心目前汇聚了校内外20余名经济学专业的相关专家、学者。2015年9月，中国经济研究中心盛邀著名经济学家林毅夫来我校讲学，取得轰动效应。2016年，中心组织本校20多名教师，集体编撰了《泉州经济社会发展报告（2017）》，其涉及30多个有关泉州经济与社会发展的选题。《泉州经济社会发展报告（2017）》是泉州市第一部经济社会发展蓝皮书，取得了良好的社会影响，是泉州市社科科普优秀读物。2016年11月，中心承办了第24届中华外国经济学说史研究会年会。

二　侨乡区域经济发展研究中心简介

"侨乡区域经济发展研究中心"主要依托我校政治与社会发展学院进行建设，该基地确定了侨乡区域创新驱动与海丝核心区建设研究、侨乡区域金

* 刘义圣（1958～），男，福建福州人，泉州师范学院二级教授，博士生导师，研究方向为政治经济学；谢志忠（1970～），男，福建仙游人，泉州师范学院教授，博士生导师，研究方向为农村金融。

融创新研究、侨乡民营经济转型升级研究、海外人才与侨乡创业研究四个研究方向，学科优势明显，软硬件设施比较完善，研究团队结构合理，具有较丰富的研究成果和较扎实的研究基础，契合地方经济社会发展需求。今后学校将加大经费投入和人才引进力度，提高解决重大实践问题的综合研究能力和参与重大决策的能力，使基地成为知名的思想库和咨询服务基地，以为建设高等学校哲学社会科学创新体系提供有力支撑。

B.37 福建民营经济发展研究院简介

谢志忠　刘义圣*

一　建设背景

2012年12月12日，福建省人民政府以闽政〔2012〕58号文件印发《关于推进泉州民营经济综合配套改革试验的若干意见》。该意见分明确总体要求和主要目标、提升民营经济产业层次、推动民营企业自主创新、促进民营经济集聚发展、引导民营企业制度创新、完善民间投资扶持政策、扩大民营经济对外开放、推进金融服务实体经济改革试验、健全土地保障体制机制、创新城镇和社会管理、优化服务民营经济发展的政务环境、强化组织保障12部分。2014年国家发改委批复的《福建省泉州莆田民营经济综合改革试点总体方案》（以下简称《总体方案》），标志着泉州市继省级民营经济综合配套试验区后，成为国家发改委六个改革试点地区之一，迎来民营经济改革发展的又一重大政策利好。

泉州是中国民营经济重镇，有着“民办特区”的美誉，几乎涵盖了第二产业、第三产业的所有行业。2013年，泉州民营企业超过7.82万家，其中产值超亿元的企业超过1848家，居中国地级市第一；民营经济实现生产总值4291亿元，占全市地区生产总值的82%；工业增加值为2658.89亿元，占全市工业增加值的91.7%；就业人数占全市九成以上，缴纳税金占全市财政收入的81%以上。2017年泉州市GDP为7548.01亿元，同比增长

---

* 谢志忠（1970～），男，福建仙游人，泉州师范学院教授，博士生导师，研究方向为农村金融；刘义圣（1958～），男，福建福州人，泉州师范学院二级教授，博士生导师，研究方向为政治经济学。

8.4%，连续19年排名福建省第一；福州紧随其后排名第二，为7104.02亿元，同比增长8.7%。

二 建设基础

智库负责人刘义圣现任泉州师范学院商学院教授、工商管理学科带头人、博士生导师，2014年被聘为泉州市“桐江学者”。1982年北京大学经济学本科毕业获学士学位，1988年北京大学经济学院硕士研究生毕业获硕士学位，2005年福建师范大学经济学院博士研究生毕业获博士学位。2001年入选“百千万人才工程”，2005年开始享受国务院政府特殊津贴，2010年被评为福建省“四个一批”人才中的理论人才，2014年被评为福建省第一批哲学社会科学领军人才。

智库首席专家程恩富系泉州师范学院讲座教授、清源学者，著名经济学家，中国社会科学院学部委员，中国社会科学院大学教授，上海财经大学马克思主义研究院院长、海派经济学研究中心主任、博士生导师，部级跨世纪中青年学科带头人，兼任中国《资本论》研究会、中华外国经济学说研究会、中国社会主义经济规律系统研究会、中国高等财经院校政治经济学研究会和上海市经济学会5个重要学会的副会长，教育部中青年理论经济学研究组组长，中国海派经济论坛主席，上海市社联常委，上海市委理论创新咨询专家，并任俄罗斯圣彼得堡国立大学、北京师范大学、复旦大学、黑龙江大学、安徽财经大学等兼职教授和研究员，被中日等权威报刊认为是“我国第四代经济学家的代表之一”“中国最有创见的经济学家之一”。

三 研究团队

泉州师范学院已经初步形成具有民营经济发展研究特色的学科优势领域，已初步凝练形成了具有民营经济发展研究特色的研究方向，取得了一批

具有相当特色和一定影响力的科研成果，多项相关研究成果被省部级以上相关部门采用或获得省部级以上领导批示，一批高质量、有水平的咨询报告直接转化为各级政府部门的决策或为决策提供了重要参考。主要特色成果包括:《泉州经济社会发展报告（2016)》、《泉州经济社会发展报告（2017)》(社会科学文献出版社出版)。

（一）产业转型升级方向的研究团队

团队负责人为刘义圣教授。该团队由6位教授、3位副教授、3位讲师组成，先后承担国家自然科学基金、国家社科基金、教育部人文规划基金，省科技厅、省社科规划等省级以上多项项目，在核心期刊上发表论文多篇，多项相关研究成果被省部级以上相关部门采用或获得省部级以上领导批示。

（二）民营企业投融资方向的研究团队

团队负责人为谢志忠教授。该团队由9位教授、4位副教授、3位讲师组成，先后承担国家自然科学基金、国家社科基金、教育部人文规划基金，省科技厅、省社科规划等省级以上项目32项，在核心期刊上发表论文100多篇，多项相关研究成果被省部级以上相关部门采用或获得省部级以上领导批示。团队负责人现任泉州师范学院陈守仁商学院教授、博士生导师，全国农村金融学科组副组长，福建省九三学社经济委员会副主任，福建省统计局评审专家，其农村金融理论与实践系列研究处于国内领先水平；孔子学院国际经贸发展系列研究处于国内领先水平；福建省区域经济可持续发展系列研究处于福建省先进水平。

（三）企业家精神和品牌建设方向的研究团队

团队负责人为吕振奎教授。该团队由6位教授、4位副教授、3位讲师组成，先后承担国家自然科学基金、国家社科基金、教育部人文规划基金，省科技厅、省社科规划等省级以上项目12项，在核心期刊上发表论文50多篇，多项相关研究成果被省部级以上相关部门采用或获得省部级以上领导批示。

（四）科技创新能力培育及知识产权保护方向的研究团队

团队负责人为屈广清教授。该团队由7位教授、8位副教授、4位讲师组成，先后承担国家自然科学基金、国家社科基金、教育部人文规划基金，省科技厅、省社科规划等省级以上项目18项，在核心期刊上发表论文60多篇，多项相关研究成果被省部级以上相关部门采用或获得省部级以上领导批示。屈广清教授为泉州师范学院校长、教育部法学教学指导委员会委员、福建省人民政府顾问、福建省人大常委会立法咨询顾问。许多研究成果成为各级政府立法决策的重要依据。

四 建设目标

（一） 研究领域

习近平同志在党的十九大报告中指出，“支持民营企业发展，激发各类市场主体活力”，“努力实现更高质量、更有效率、更加公平、更可持续的发展”，“建设现代化经济体系，必须把发展经济的着力点放在实体经济上，把提高供给体系质量作为主攻方向，显著增强我国经济质量优势”。研究院结合泉州市民营经济发展实际，凝练形成了四个特色鲜明、具备雄厚研究基础的研究方向，包括：产业转型升级、民营企业投融资、企业家精神与品牌建设、科技创新能力培育及知识产权保护。

（二）研究院定位

本研究院充分发挥泉州师范学院特色领域的研究优势，整合全国高校、政府部门、金融机构等多方研究力量，搭建更合理的决策咨询团队、更开放的科学研究平台，针对民营经济发展中的现实问题和长远问题，开展全局

性、战略性、前瞻性研究，为政府和民营企业发展提供具有重要应用价值的决策咨询和政策建议，着力打造成为泉州市民营产业经济领域中具有引领作用和重要话语权的决策咨询和人才培育基地，在福建省地方智库中能够发挥中坚作用并成为福建高校智库中处于领先水平的专业研究机构，最终成为立足福建、辐射全国的开放型高端智库。

（三）发展目标

1. 本研究院秉承“公平、包容、共享、共赢”的理念，整合社会资源和研究力量，打造结构合理、业务精良的研究团队，推动协同攻关，实现民营经济发展智库的目标。

2. 打造具有地方特色和影响力的决策咨询基地。

3. 搭建特色研究平台，在产业转型升级、科技创新能力培育及知识产权保护、投融资服务、企业家精神与品牌建设等特色领域形成国内外有显著影响的一系列成果。

4. 建设民营产业经济研究的人才队伍的集聚与培育基地，汇聚国内外民营产业经济领域研究专家和业界人士智慧，形成民营产业经济专家库和思想库，并积极培养民营产业经济后备人才，努力在民营产业经济领域打造结构合理、业务精良的研究团队和全国知名的民营产业经济人才的培养基地。

（四）人才队伍建设规划

1. 建立福建省各研究部门、全国各高校、部分海外大学的民营产业经济领域知名人才名册，对其近两年内完成的各类课题、公开发表论文等情况全面摸底，按照产业转型升级、民营企业投融资、企业家精神与品牌建设、科技创新能力培育及知识产权保护这四个研究方向，扩大智库人员数量。

2. 通过政策倾斜和增加投入，面向海内外引进 2 ~ 3 名民营产业经济领域的高层次人才，将其作为智库的专职研究人员。

3. 通过课程开发和吸收青年教师参加课题组，促进最新研究成果向教学层面转化，并资助智库骨干青年人才前往国内外知名高校交流访问、参加国内外经济学科的相关学术会议，逐步形成一支以中青年为学术骨干、学术梯队合理、团结协作的科研团队。

（五）管理体制机制创新

实行“特区制”管理，突破管理体制机制的障碍，本研究院成为福建省科研体制及管理机制改革的示范区。

1. 研究院以“任务牵引、深度融合”的创新模式，创新人事管理模式与机制，实行全员聘任制和项目合同制。

2. 全过程督导课题研究。对课题研究进行全过程调度管理，确保智库专家结合福建实际情况，提出能解决实际问题的工作思路、有效举措和对策建议，在规定时限内提交研究成果。

3. 构建联合研究、协作攻关平台。课题研究原则上由课题组承担，为课题组成员与有关部门和单位开展联合攻关、合作提供帮助。

4. 推进成果转化。智库研究成果以《成果呈阅》《智库专家建言》报省委、省政府领导。有全局意义的研究成果，印发相关部门。

泉州师范学院作为地方高校，将积极促进福建民营经济发展研究院的进一步发展，推动政府、民营企业、国内外高校及研究机构的交流合作，努力创建和完善民营企业经济发展研究平台及数据库，在为政府和民营企业提供指导建议的同时，力争把该研究院建设成为福建省区域经济发展的知名高端智库。

依托单位：泉州师范学院

参考文献

[1] 习近平：《决胜全面建成小康社会 夺取新时代中国特色社会主义伟大胜利——在中国共产党第十九次全国代表大会上的报告》，《中国经济周刊》2017年第42期，第68~96页。

[2] 杜志雄：《建设现代化经济体系需补齐短板》，《经济研究参考》2017年第63期，第12~15页。

[3] 黄身发：《文化创新促使泉州传统产业转型研究》，《全国流通经济》2018年第13期，第57~59页。

[4] 蒋永穆、周宇晗：《着力破解经济发展不平衡不充分的问题》，《四川大学学报》（哲学社会科学版）2018年第1期，第20~28页。

[5] 杨承训、刘武阳：《中国特色社会主义政治经济学的新发展——系统领会习近平新时代中国特色社会主义经济思想》，《思想理论教育导刊》2018年第3期，第21~28页。

[6] 张燕生、逯新红：《2017—2018年世界经济企稳向好 要重视防范和化解不确定性风险》，《全球化》2018年第3期，第32~52、134~135页。

[7] 梁亚民、张文辉：《新时代中国经济运行特征与发展战略研究》，《兰州财经大学学报》2017年第6期，第1~8页。

[8] 刘兴远：《江苏现代化经济体系：目标与路径》，《唯实》2017年第12期，第36~41页。

[9] 黄清：《能源全球化与命运共同体》，《中国发展观察》2018年第7期，第48~49页。

[10] 顾钰民：《推进现代化经济体系建设》，《中国特色社会主义研究》

2017 年第 6 期，第 15 ~ 19 页。

[11] 林青：《泉州市现代服务业发展的 SWOT 战略模式》，《鸡西大学学报》2012 年第 7 期，第 77 ~ 79 页。

[12] 刘伟：《坚持新发展理念建设中国特色社会主义现代化经济体系》，《中国高校社会科学》2017 年第 6 期，第 13 ~ 18 页。

[13] 赵瑾、申恩威、张宁：《构建开放型经济新体制的方向与趋势》，《开放导报》2018 年第 2 期，第 23 ~ 28 页。

[14] 钟碧忠、许文兴：《泉州民营企业的人才现状及对策》，《福建农林大学学报》（哲学社会科学版）2010 年第 3 期，第 43 ~ 48 页。

[15] 黄水木：《城乡协调发展的典型分析——以福建泉州为个案》，《福建师范大学学报》（哲学社会科学版）2007 年第 3 期，第 23 ~ 26 页。

[16] 《发改委主任详述现代化经济体系》，《黑龙江粮食》2017 年第 11 期，第 34 ~ 36 页。

[17] 刘志彪：《建设现代化经济体系：新时代经济建设的总纲领》，《山东大学学报》（哲学社会科学版）2018 年第 1 期，第 1 ~ 6 页。

[18] 潘悦：《新时代中国引进外资的新态势》，《理论视野》2017 年第 12 期，第 29 ~ 35 页。

[19] 黎苑楚、徐东、盛建新：《湖北科技人才队伍建设现状分析与对策思考》，《科技进步与对策》2005 年第 3 期，第 33 ~ 35 页。

[20] 叶敏弦：《创新型省份建设需要人才支撑》，《发展研究》2008 年第 5 期，第 93 ~ 96 页。

[21] 吕振奎：《泉州品牌经济可持续发展之抱团“走出去”路径》，《泉州师范学院学报》2016 年第 1 期，第 49 ~ 56 页。

[22] 陈丽霞：《如何加强泉州市科技创新服务体系建设》，《厦门科技》2015 年第 6 期，第 28 ~ 30 页。

[23] 陈志强：《福建农业产业化龙头企业科技创新能力及效率研究》，福建农林大学博士学位论文，2013。

[24] 蒋兴华、张征、邓飞其、陈炤：《区域产业自主创新体系建设及其对

策研究》，《科技管理研究》2008 年第 7 期，第 34 ~ 36 页。

[25] 林秋玲：《福建自贸区对泉州经济的影响研究》，《中国国情国力》2017 年第 7 期，第 76 ~ 79 页。

[26] 王莉莉、吴文生、吴声怡：《福建现代农业发展现状及其对策思考》，《台湾农业探索》2009 年第 3 期，第 52 ~ 55 页。

[27] 张航、刘新智：《成渝经济区产业整合模式创新及其实现路径》，《中国科技投资》2013 年第 26 期，第 7 ~ 8 页。

[28] 颜雅英、苏天恩：《泉州实施创新驱动发展战略的问题及对策研究》，《福建论坛》（人文社会科学版）2018 年第 3 期，第 166 ~ 171 页。

[29] 王飞：《海峡西岸经济区总部经济发展战略研究》，集美大学硕士学位论文，2008。

[30] 关爱萍：《产业群战略：新型区域经济发展战略》，《甘肃省经济管理干部学院学报》2005 年第 4 期，第 25 ~ 27 页。

[31] 万庆良、姚洪珠、蒋兴华、邓飞其：《后发展地区产业发展的自主创新战略研究——以揭阳市“沿海经济产业带”为例》，《科技管理研究》2007 年第 1 期，第 4 ~ 6、39 页。

[32] 施湘锟、谢志忠、林文雄：《福建省海水养殖业科技成果转化绩效评价研究》，《福建论坛》（人文社会科学版）2015 年第 2 期，第 157 ~ 162 页。

[33] 卢志渊：《发展总部经济以促成泉州民营企业二次创业探讨》，《当代经济》2013 年第 5 期，第 75 ~ 77 页。

[34] 福建省农办课题组、张昌平、杨根生、赖诗双、黄跃东、连伟如、王建华：《加快发展福建现代农业》，《发展研究》2008 年第 4 期，第 79 ~ 81 页。

[35] 刘飞翔、刘伟平、钱鼎伟：《福建现代农业建设的问题、目标与途径》，《中国农学通报》2007 年第 2 期，第 469 ~ 474 页。

[36] 谢志忠、赵莹、刘海明、黄初升：《福建省区域经济协同发展的现状与趋势分析》，《福建论坛》（人文社会科学版）2010 年第 11 期，第

145 ~ 150 页。

[37] 尹成杰：《关于建设中国特色现代农业的思考》，《农业经济问题》2008 年第 3 期，第 4 ~ 9、110 页。

[38] 刘飞翔：《福建现代农业发展：难点与对策》，《华东地区农学会学术年会暨福建省科协第七届学术年会农业分会场论文集》，2007，第 6 页。

[39]《今年 GDP 预计增长 8.7% 以上》，《泉州晚报》2018 年 1 月 8 日第 003 版。

[40] 韩俊：《建设新农村钱从哪里来》，《瞭望新闻周刊》2006 年第 5 期，第 19 ~ 21 页。

[41] 易洪海：《财政分权视角下的新农村建设公共财政投入研究》，中南大学博士学位论文，2009。

[42] 于晓琳、路鸣、戚扬学、于玲玲：《提高辽宁科技创新能力对策问题研究》，《辽宁经济》2017 年第 12 期，第 16 ~ 19 页。

[43] 马祥建、韩娟、戴晖、姜永平：《加快推进南通现代农业发展的对策》，《江苏农业科学》2010 年第 6 期，第 611 ~ 613 页。

[44] 曹洪军、王鹏飞：《建立和完善我国产业集群创新体系的对策研究》，《科技进步与对策》2005 年第 7 期，第 107 ~ 109 页。

[45] 刘兵、曾建丽、梁林、牛楠：《京津冀经济发展的动力源泉：科技人才集聚的关键影响》，《科技管理研究》2018 年第 3 期，第 120 ~ 126 页。

[46] 万劲波、叶文虎：《地方政府推进区域可持续发展能力建设的思考》，《中国软科学》2005 年第 3 期，第 8 ~ 17 页。

[47]《全市 502 家企业入围》，《泉州晚报》2017 年 8 月 10 日第 008 版。

[48] 谢志忠、黄初升、赵莹：《福建省社会、经济、人口与环境资源发展的协调度分析》，《经济与管理评论》2012 年第 1 期，第 133 ~ 137 页。

[49] 田光辉、赵宏波、苗长虹：《基于五大发展理念视角的河南省区域发展状态评价》，《经济经纬》2018 年第 1 期，第 22 ~ 28 页。

［50］李全：《新旧动能转换下济南市文化旅游产业发展对策研究》，《人文天下》2017 年第 24 期，第 76 ~ 80 页。

［51］陈德金、李文梅、林继扬：《以科技创新促进新旧动能转换的机制研究》，《中国培训》2017 年第 20 期，第 31 ~ 32 页。

［52］方长：《发挥技术优势 推动石狮服装行业发展》，《福建质量技术监督》2010 年第 10 期，第 38 ~ 39 页。

［53］《泉州市人民政府关于进一步推动产业转型升级的实施意见》，《泉州晚报》2015 年 9 月 23 日第 004 版。

［54］苗圩：《全面贯彻党的十九大精神奋力谱写制造强国和网络强国建设新篇章》，《中国工业报》2017 年 12 月 26 日第 001 版。

［55］《2018 年工业和信息化系统重点做好八项工作》，《中国电子报》2017 年 12 月 26 日第 002 版。

［56］《2018 年全国工业和信息化工作会议在京开幕》，《智能制造》2018 年第 1 期，第 16 ~ 19 页。

［57］《工信部：大力破除低端无效钢铁产能》，《世界金属导报》2018 年 1 月日第 A01 版。

［58］温家宝：《政府工作报告——2008 年 3 月 5 日在第十一届全国人民代表大会第一次会议上》，《时政文献辑览》2008 年 8 月 15 日，第 128 ~ 149 页。

［59］姜长云、杜志雄：《关于推进农业供给侧结构性改革的思考》，《南京农业大学学报》（社会科学版）2017 年第 1 期，第 1 ~ 10、144 页。

［60］本刊评论员：《乡村振兴 富民强国》，《宏观经济管理》2018 年第 2 期，第 1 页。

［61］本报评论员：《走中国特色社会主义乡村振兴道路》，《人民日报》2018 年 1 月 1 日第 002 版。

［62］马金书：《实施乡村振兴战略的意义和方向路径》，《社会主义论坛》2018 年第 2 期，第 15 ~ 16 页。

［63］《泉州制造加速“出海”》，《泉州晚报》2018 年 1 月 25 日第 007 版。

[64]《数控一代，助力泉州制造跨入新时代》，《福建日报》2017 年 12 月 6 日第 001 版。

[65]《发展农业产业化联合体 促进乡村振兴——农业部副部长叶贞琴就〈关于促进农业产业化联合体发展的指导意见〉答记者问》，《农村经营管理》2017 年第 12 期，第 9 ~ 11 页。

[66]《农业产业化联合体重在风险管控》，《金融时报》2017 年 11 月 9 日第 012 版。

[67]《2012 年中国对外贸易发展环境分析》，《中国经贸》2012 年第 1 期，第 30 ~ 31 页。

[68]《商务部召开例行新闻发布会》，《中国外资》2018 年第 9 期，第 12 页。

[69] 韩燕：《孔雀东南飞：泉州纺织鞋服产业转移趋势研究》，《湖北经济学院学报》（人文社会科学版）2014 年第 4 期，第 28 ~ 33 页。

[70]《泉州制造加速“出海”》，《泉州晚报》2018 年 1 月 25 日第 007 版。

[71]《打造外贸持续发展新动能》，《经济日报》2017 年 2 月 5 日第 008 版。

[72] 黄阳平、杨霞、黄怡潇：《2017 年中国区域经济高峰论坛会议综述》，《区域经济评论》2018 年第 3 期，第 124 ~ 128 页。

[73]《加快开创“五个泉州”新局面》，《泉州晚报》2018 年 1 月 6 日第 002 版。

[74]《2018 年以造福人民为最大政绩》，《泉州晚报》2018 年 1 月 6 日第 005 版。

[75]《十三五时期实现外贸结构进一步优化》，《国际商务财会》2016 年第 12 期，第 57 页。

[76] 夏杰长、张颖熙：《夯实现代产业体系是建设现代化经济体系的核心要义》，《中国经济时报》2018 年 2 月 12 日第 005 版。

[77] 张颖熙、夏杰长：《农业社会化服务体系创新的动力机制与路径选择》，《宏观经济研究》2010 年第 8 期，第 12 ~ 17 页。

[78] 王龙浩：《共话我国供给侧结构性改革——基于与美国供给革命的比较》，《商业经济》2018年第2期，第110~111、130页。

[79] 张莉：《泰安市现代服务业发展问题研究》，《经济研究导刊》2018年第6期，第124~125页。

[80] 刘伟：《现代化经济体系是发展、改革、开放的有机统一》，《经济研究》2017年第11期，第6~8页。

[81] 王薇：《习近平眼中的"饭碗"问题》，《西部大开发》2018年第5期，第18~20页。

[82] 王受文：《对当前贸易、外资和多边区域合作问题的几点看法》，《中国经济周刊》2018年第6期，第77~79页。

[83]《以新发展理念引领现代化经济体系建设》，《经济日报》2017年10月22日第007版。

[84] 张燕生、逯新红：《2017—2018年世界经济企稳向好 要重视防范和化解不确定性风险》，《全球化》2018年第3期，第32~52、134~135页。

[85] 肖文金：《加快湖南省现代服务业发展的对策》，《当代经济》2017年第36期，第90~92页。

[86] 魏秀华、何奕桥：《当前宏观调控下泉州地区房地产业的发展前景探析》，《湖南工程学院学报》（社会科学版）2012年第4期，第33~38页。

[87]《一场国家治理的对话（一）》，《中国经贸导刊》2018年第4期，第4~31页。

[88] 人力资源和社会保障部：《人力资源服务业相关政策法规》，载萧鸣政主编《中国人力资源服务业蓝皮书（2016）》，人民出版社，2017，第47页。

[89] 徐勇：《借鉴上海、天津、广东自贸试验区先进经验，全力推进福州自贸试验区建设》，《科学发展》2015年第11期，第42~46页。

[90] 何婧莹：《泉州市房地产市场调控政策产生的主要效应分析》，《中国集体经济》2016年第31期，第27~28页。

[91] 朱云平：《企业与产业集群的经济性垄断实现能力比较分析》，《宏观经济研究》2015 年第 11 期，第 63 ~ 71 页。

[92] 梁培金：《地方财政收入与房地产业的依存度分析——泉州实证》，《福建金融》2011 年第 9 期，第 26 ~ 28 页。

[93] 卞文志：《利用集体建设用地建设租赁住房意义重大》，《资源与人居环境》2017 年第 10 期，第 37 ~ 39 页。

[94] 李永华：《转让、停工……2017 的“地王”们日子有点惨》，《中国经济周刊》2018 年第 2 期，第 82 ~ 84 页。

[95] 叶颉、付云：《新常态下“泉州模式”的创新发展及路径选择》，《福建论坛》（人文社会科学版）2017 年第 9 期，第 174 ~ 179 页。

[96] 姜跃春：《“安倍经济学”与日本经济走势展望》，《亚太经济》2017 年第 1 期，第 93 ~ 96、175 页。

[97] 魏伟：《银行业助力“海丝”核心区建设的思考——以福建省泉州市为例》，《福建金融》2017 年第 12 期，第 63 ~ 66 页。

[98] 王华芹：《泉州海丝路上的文物史迹》，《东方收藏》2015 年第 8 期，第 106 ~ 110 页。

[99] 骆文伟：《作为文化线路的“海上丝绸之路：泉州史迹”遗产保护研究》，《福建省社会主义学院学报》2013 年第 6 期，第 53 ~ 58 页。

[100] 罗景峰：《泉州海上丝绸之路文化遗产旅游开发适宜性评价研究》，《广东外语外贸大学学报》2017 年第 1 期，第 107 ~ 115 页。

[101] 潘黎明：《古泉州（刺桐）史迹遗产的保护与开发对策思考》，《大众文艺》2017 年第 15 期，第 62 页。

[102]《新时代的中国出版业需有新作为》，《中国新闻出版广电报》2018 年 1 月 11 日第 T03 版。

[103] 谢建社、李改霞、张晓琳、田晓妮：《广州城中村流动儿童阅读环境现状及其对策研究》，《青年发展论坛》2017 年第 6 期，第 11 ~ 21 页。

[104] 边哲：《我国科技体制现状及改革方向研究》，《科技经济市场》2017

年第12期，第170~172、196页。

[105]《加快开创“五个泉州”新局面》，《泉州晚报》2018年1月6日第002版。

[106]《李克强作的政府工作报告（摘登）》，《人民日报》2016年3月6日第002版。

[107] 归宝辰：《重基础 提效益 谋发展 为乡村振兴优先发展贡献智慧和力量》，《人大建设》2018年第S1期，第142~145页。

[108]《“健康泉州”提速护航美好生活》，《泉州晚报》2017年12月28日第013版。

[109]《印发〈“健康中国2030”规划纲要〉》，《人民日报》2016年10月26日第001版。

[110] 李克强：《在第九届全球健康促进大会开幕式上的致辞》，《人民日报》2016年11月24日第004版。

[111]《“就地化”“专业化”双轮驱动》，《福建日报》2017年11月21日第002版。

[112]《日照社会办养老的新实践》，《中国报道》2015年第1期，第66~67页。

[113]《国务院办公厅印发〈关于促进和规范健康医疗大数据应用发展的指导意见〉》，《中国医药生物技术》2016年第4期，第313页。

[114] 魏伟：《银行业助力“海丝”核心区建设的思考——以福建省泉州市为例》，《福建金融》2017年第12期，第63~66页。

[115]《学前教育入园率达97.44%》，《泉州晚报》2017年1月6日第002版。

[116]《力促在建重点项目投资超1400亿元》，《泉州晚报》2018年1月3日第002版。

[117]《养老金收支失衡不能归结于缴费基数低》，《中国商报》2015年11月24日第P02版。

[118]《职工医保退休比降至七年最低》，《经济参考报》2016年8月16日

第003版。

[119] 任洁:《基于边际支出与效率测评的公共文化服务供给研究——以福建为例》,《中国海洋大学学报》(社会科学版)2017年第6期,第72~77页。

[120] 徐天文:《增强公民法律意识的思考》,《中共珠海市委党校珠海市行政学院学报》2011年第5期,第61~64页。

[121] 胡雪萍、陶静:《绿色发展理念引领现代化经济体系建设的六大进路》,《社会科学动态》2018年第6期,第20~26页。

[122] 张威:《转换开放型经济发展动能的路径研究》,《理论学刊》2018年第3期,第51~58页。

[123] 王俊文、王暾:《"十八大"以来"三农"问题研究的回顾与展望》,《湖南社会科学》2018年第3期,第86~91页。

[124] 黄阳平、杨霞、黄怡潇:《2017年中国区域经济高峰论坛会议综述》,《区域经济评论》2018年第3期,第124~128页。

[125] 范玲:《供给侧结构性改革背景下的农业保险发展对策研究》,《求是学刊》2018年第3期,第64~73页。

[126] 周跃辉:《习近平新时代中国特色社会主义经济思想的理论特征与逻辑框架研究》,《经济社会体制比较》2018年第3期,第12~18页。

[127] 晓宇:《多部门酝酿一揽子新政促消费升级扩大信息消费将成政策发力点》,《经济研究参考》2018年第24期,第50~51页。

[128] 李青:《农业供给侧结构性改革成效、问题和对策——以安徽省安庆市为例》,《安徽农业科学》2018年第7期,第203~205、213页。

[129] 关雪凌、张猛:《普京政治经济学解析》,《政治经济学评论》2018年第2期,第143~170页。

[130] 周劲:《工业形势分析、展望与建议》,《宏观经济管理》2018年第3期,第48~52页。

[131] 陈泳:《习近平农村基本经营体制改革思想及基本方略》,《管理学刊》2018年第1期,第1~8页。

[132] 何建民：《我国旅游业供给侧结构性改革的理论要求、特点问题与目标路径研究》，《旅游科学》2018年第1期，第1~13页。

[133] 陈迪桂：《2017年我省经济运行特点及2018年展望》，《山东经济战略研究》2018年第Z1期，第28~30页。

[134] 瞿建蓉：《落实乡村振兴战略 加快新疆农业现代化发展》，《新疆社科论坛》2018年第1期，第57~60、91页。

[135] 刘兵、曾建丽、梁林、牛楠：《京津冀经济发展的动力源泉：科技人才集聚的关键影响》，《科技管理研究》2018年第3期，第120~126页。

[136]《建筑业总产值增速重回两位数时代》，《中华建筑报》2018年1月23日第002版。

[137] 胡建斌：《构建现代制造业体系向高端化、智能化、绿色化迈进》，《中国科技产业》2018年第1期，第70~71页。

[138] 李子豪：《清远市房地产去库存政策的成效、问题及解决对策》，《经营与管理》2018年第1期，第10~12页。

[139] 周跃辉：《习近平新时代中国特色社会主义经济思想的丰富内涵及指导意义》，《前线》2018年第1期，第17~21页。

[140] 胡书芝：《城市住房获得方式、社区类型与政治参与——基于广州、长沙、岳阳2266名乡城移民的调查分析》，《求索》2017年第12期。

[141] 梁亚民、张文辉：《新时代中国经济运行特征与发展战略研究》，《兰州财经大学学报》2017年第6期，第1~8页。

[142] 朱云平：《企业异质性视角下的产业集群产业链优化分析》，《宏观经济研究》2017年第12期，第129~136页。

[143] 周普国：《创新思路 勇于担责 扎实工作 努力开启药检事业发展的新征程》，《农药科学与管理》2017年第12期，第1~8页。

[144]《建设现代化经济体系需补齐短板》，《中国财经报》2017年12月12日第007版。

[145] 迟福林：《以高质量发展为核心目标建设现代化经济体系》，《行政管理改革》2017年第12期，第4~13页。

[146] 盖凯程:《坚持习近平新时代中国特色社会主义思想，不断开拓当代马克思主义政治经济学新境界》，《经济学家》2017 年第 12 期，第 15 ~16 页。

[147] 廖俊平:《观察租购问题的视角》，《中国房地产》2017 年第 34 期，第 8 页。

[148]《夺取新时代中国特色社会主义伟大胜利——热烈庆祝中国共产党第十九次全国代表大会胜利召开》，《对外经贸》2017 年第 11 期，第 2 ~5 页。

[149] 田光辉、赵宏波、苗长虹:《基于五大发展理念视角的河南省区域发展状态评价》，《经济经纬》2018 年第 1 期，第 22 ~28 页。

[150] 王学峰、朱云平:《服务与催化：民营经济转型升级中的地方政府行为——以福建泉州为例》，《科技和产业》2017 年第 11 期，第 41 ~44、66 页。

[151] 刘伟:《现代化经济体系是发展、改革、开放的有机统一》，《经济研究》2017 年第 11 期，第 6 ~8 页。

[152] 蔡之兵:《新发展理念与建设现代化经济体系的关系研究与探讨》，《经济研究参考》2017 年第 63 期，第 30 ~37 页。

[153] 吴金萍、占兴群、周沛、代朋超:《文化创意产业财税政策研究》，《合作经济与科技》2017 年第 7 期，第 170 ~172 页。

[154] 朱敏:《新经济视角下县域产业转型升级面临的主要问题与路径——以福建省晋江市为例》，《经济纵横》2016 年第 12 期，第 22 ~28 页。

[155] 苏瑞波:《培育创新型产业集群 推动区域创新驱动发展——基于国内几种主要集群培育模式的分析》，《广东科技》2016 年第 12 期，第 85 ~87 页。

[156] 蔡佳顺:《南安市农业产业化的发展现状与建议》，《农业开发与装备》2016 年第 3 期，第 6 ~7 页。

[157]《关于召开 2015 年乙醛、醋酸及其衍生物技术、市场研讨会暨全国醋酸醋酐行业协作组年会预备通知》，《乙醛醋酸化工》2015 年第 5

期，第 4～5 页。

[158] 刘城、林平凡：《传统产业集群产业链和创新链融合升级的模式——来自广东中山古镇灯饰集群的经验》，《南方经济》2015 年第 5 期，第 120～126 页。

[159] 刘玉生：《资源禀赋视角下泉州模式转型升级的路径选择》，《福建论坛》（人文社会科学版）2015 年第 5 期，第 135～140 页。

[160] 吴顺天、马旭弘：《泉州科技人才队伍建设的对策分析》，《海峡科学》2014 年第 3 期，第 56～57 页。

[161] 王传宝、王华壮、贺胜兵：《全球价值链视角下宁波服装产业集群升级研究》，《当代经济》2013 年第 22 期，第 109～111 页。

[162] 陈湃麒、吕庆华：《泉州民营文化产业发展的对策探讨》，《市场周刊》（理论研究）2013 年第 1 期，第 29～31 页。

[163] 刘志阳、施祖留、程华：《泉州模式的发展创新》，《福建论坛》（人文社会科学版）2012 年第 1 期，第 132～137 页。

[164] 张颖熙、夏杰长：《农业社会化服务体系创新的动力机制与路径选择》，《宏观经济研究》2010 年第 8 期，第 12～17 页。

[165] 刘效梅：《泉州现代服务业发展策略研究》，《市场论坛》2009 年第 5 期，第 54～56 页。

[166] 苏东水：《再论“泉州模式”》，《福建论坛》（人文社会科学版）2006年第8期，第4～9页。

皮书起源

“皮书”起源于十七、十八世纪的英国，主要指官方或社会组织正式发表的重要文件或报告，多以“白皮书”命名。在中国，“皮书”这一概念被社会广泛接受，并被成功运作、发展成为一种全新的出版形态，则源于中国社会科学院社会科学文献出版社。

皮书定义

皮书是对中国与世界发展状况和热点问题进行年度监测，以专业的角度、专家的视野和实证研究方法，针对某一领域或区域现状与发展态势展开分析和预测，具备原创性、实证性、专业性、连续性、前沿性、时效性等特点的公开出版物，由一系列权威研究报告组成。

皮书作者

皮书系列的作者以中国社会科学院、著名高校、地方社会科学院的研究人员为主，多为国内一流研究机构的权威专家学者，他们的看法和观点代表了学界对中国与世界的现实和未来最高水平的解读与分析。

皮书荣誉

皮书系列已成为社会科学文献出版社的著名图书品牌和中国社会科学院的知名学术品牌。2016 年，皮书系列正式列入“十三五”国家重点出版规划项目；2013~2018 年，重点皮书列入中国社会科学院承担的国家哲学社会科学创新工程项目；2018 年，59 种院外皮书使用“中国社会科学院创新工程学术出版项目”标识。

中国皮书网

（网址：www.pishu.cn）

发布皮书研创资讯，传播皮书精彩内容
引领皮书出版潮流，打造皮书服务平台

栏目设置

关于皮书：何谓皮书、皮书分类、皮书大事记、皮书荣誉、
皮书出版第一人、皮书编辑部

最新资讯：通知公告、新闻动态、媒体聚焦、网站专题、视频直播、下载专区

皮书研创：皮书规范、皮书选题、皮书出版、皮书研究、研创团队

皮书评奖评价：指标体系、皮书评价、皮书评奖

互动专区：皮书说、社科数托邦、皮书微博、留言板

所获荣誉

2008 年、2011 年，中国皮书网均在全国新闻出版业网站荣誉评选中获得“最具商业价值网站”称号；

2012 年，获得“出版业网站百强”称号。

网库合一

2014 年，中国皮书网与皮书数据库端口合一，实现资源共享。

S 基本子库
UB DATABASE

中国社会发展数据库（下设 12 个子库）

全面整合国内外中国社会发展研究成果，汇聚独家统计数据、深度分析报告，涉及社会、人口、政治、教育、法律等 12 个领域，为了解中国社会发展动态、跟踪社会核心热点、分析社会发展趋势提供一站式资源搜索和数据分析与挖掘服务。

中国经济发展数据库（下设 12 个子库）

基于“皮书系列”中涉及中国经济发展的研究资料构建，内容涵盖宏观经济、农业经济、工业经济、产业经济等 12 个重点经济领域，为实时掌控经济运行态势、把握经济发展规律、洞察经济形势、进行经济决策提供参考和依据。

中国行业发展数据库（下设 17 个子库）

以中国国民经济行业分类为依据，覆盖金融业、旅游、医疗卫生、交通运输、能源矿产等 100 多个行业，跟踪分析国民经济相关行业市场运行状况和政策导向，汇集行业发展前沿资讯，为投资、从业及各种经济决策提供理论基础和实践指导。

中国区域发展数据库（下设 6 个子库）

对中国特定区域内的经济、社会、文化等领域现状与发展情况进行深度分析和预测，研究层级至县及县以下行政区，涉及地区、区域经济体、城市、农村等不同维度。为地方经济社会宏观态势研究、发展经验研究、案例分析提供数据服务。

中国文化传媒数据库（下设 18 个子库）

汇聚文化传媒领域专家观点、热点资讯，梳理国内外中国文化发展相关学术研究成果、一手统计数据，涵盖文化产业、新闻传播、电影娱乐、文学艺术、群众文化等 18 个重点研究领域。为文化传媒研究提供相关数据、研究报告和综合分析服务。

世界经济与国际关系数据库（下设 6 个子库）

立足“皮书系列”世界经济、国际关系相关学术资源，整合世界经济、国际政治、世界文化与科技、全球性问题、国际组织与国际法、区域研究 6 大领域研究成果，为世界经济与国际关系研究提供全方位数据分析，为决策和形势研判提供参考。

法律声明